# 新药科大学生
# 职业生涯规划与就业指导

主　编　竺丹军　娄小娥
副主编　赵妮娜　沈晓琦　王玮蔚
编　委（按照姓名首字母排序）
　　　　陈　坚　陈珊珊　方　艳
　　　　冯轲杰　林世杰　毛　燕
　　　　钱雨露　石春宇　王寒寒
　　　　王静雯　王乐燕　王一宏
　　　　汪周起　邬益男　杨　磊
　　　　叶子渊　俞金杭

南京大学出版社

图书在版编目(CIP)数据

新药科大学生职业生涯规划与就业指导 / 竺丹军，娄小娥主编. -- 南京：南京大学出版社，2025.8.
ISBN 978-7-305-29468-6
Ⅰ. G717.38
中国国家版本馆 CIP 数据核字第 20257HW366 号

| | |
|---|---|
| 出版发行 | 南京大学出版社 |
| 社　　址 | 南京市汉口路 22 号　　邮　编　210093 |
| 书　　名 | 新药科大学生职业生涯规划与就业指导<br>XINYAOKE DAXUESHENG ZHIYE SHENGYA GUIHUA YU JIUYE ZHIDAO |
| 主　　编 | 竺丹军　娄小娥 |
| 责任编辑 | 尤　佳 |
| 照　　排 | 南京开卷文化传媒有限公司 |
| 印　　刷 | 南京新世纪联盟印务有限公司 |
| 开　　本 | 787 mm×1092 mm　1/16 开　印张 19.25　字数 469 千 |
| 版　　次 | 2025 年 8 月第 1 版 |
| 印　　次 | 2025 年 8 月第 1 次印刷 |
| ISBN | 978-7-305-29468-6 |
| 定　　价 | 52.00 元 |

网　　址：http://www.njupco.com
官方微博：http://weibo.com/njupco
官方微信：njupress
销售咨询热线：025-83594756

\* 版权所有，侵权必究
\* 凡购买南大版图书，如有印装质量问题，请与所购
　图书销售部门联系调换

# 前　言

当前，我国正迈上全面建设社会主义现代化国家新征程，经济社会进入高质量发展新阶段。医药产业作为守护人民生命健康的战略性支柱产业，其创新发展正处于转型跨越的关键期。就业是最基本的民生，事关人民群众切身利益，事关经济社会健康发展，事关国家长治久安。高校毕业生是党和国家宝贵的人才资源，医药类高校毕业生作为就业市场的重要生力军，承载着服务"健康中国"战略的时代重托，肩负着为医药产业高质量发展成才赋能的崇高使命。

为精准对接新形势下的人才培养需求，助力医药学子系统掌握职业规划方法、切实提升就业创业能力，作为全国第一所药科类职业本科院校，我们秉持深厚的育人使命与责任，精心编写了本书。本书牢牢把握就业工作的政治属性、人民属性、战略属性，立足职业教育本色和医药行业特色，以职业、学业、就业一体融合设计职业发展理论与实践，旨在引导学生树立正确职业观、科学规划职业生涯、锻造核心就业竞争力，努力成为推动医药产业发展和"健康中国"建设的栋梁之材与卓越工匠。

本书以"新药科"建设与发展为内在脉络，创新构建"职业规划—就业指导—竞赛辅导"三阶递进培养体系，共分三篇十三章。第一篇为医药职场导航篇（规划篇）：引领学生走进新药科、认知职业生涯全景、深度探索自我特质与多元职业世界，掌握科学决策方法论与综合素质精进之道。第二篇为医药职场扬帆篇（就业篇）：聚焦产业发展趋势和行业就业形势深度研判，求职实战全流程准备及合法权益保障，为毕业生就业提供精准的就业导航和实践指导。第三篇为医药创业启航篇（拓展篇）：夯实创业认知基础，并专设竞赛辅导模块，赋能学生征战高水平职业规划与创新创业大赛。

本书核心特色鲜明。一是突出思想政治引领，以习近平总书记关于就业工作的系列重要论述和对青年大学生成长成才的谆谆教诲为各章节内容学习的根本遵循和核心要义，为学生职业发展引领航向。二是紧贴行业变革前沿，汇聚医药领域权威专家智慧，精准捕捉产业发展新图景、新赛道、新规范，为学生锚定职业坐标提供精准导航。三是强化实践赋能成长，植根医药职业本科学子的真实成长案例库，深度融入求职场景化策略与生涯决策工具，显著提升内容的实践转化价值与职业胜任力培养效能。四是厚植家国情怀担当，将"祖国负我重托，人民健康所系"的行业誓言融入职业发展教育，引导学生深刻体悟个人理想与国家医药卫生事业宏伟蓝图的同频共振，激发服务人民健康的赤子情怀与时代担当。

本书编写得到行业企业鼎力支持,多家医药行业标杆企业全程参与框架设计与核心内容共创,贡献了极具价值的产业实践真知。资深行业专家(涵盖高级药剂师、药企战略HR负责人、企业导师)不仅提供了前沿案例洞察,更对职业规划体系如何紧密对接医药行业,特别是应用型、复合型人才需求提出了关键性优化建议。高校教师与企业导师组建跨界团队,确保了理论体系的严谨性与实践经验的鲜活性深度融合。谨此致以崇高敬意与衷心感谢!

大道如砥,行者无疆。医药事业关乎人类健康福祉,其征程壮阔而艰辛。作为全国药科职业本科教育的先行者,培养兼具家国情怀、扎实学识与精湛技艺的高素质医药人才,是时代赋予的光荣使命。大学生职业生涯规划与就业创业指导,正是陪伴青年学子在这条如砥大道上认知自我、明确方向、磨砺本领、勇敢启航的重要基石。编者深知,面对日新月异的产业变革与知识更新,本书难免有疏漏之处,诚盼广大师生、业界专家和读者朋友们不吝赐教,惠赐宝贵意见,我们将持续打磨,力求精进,以期更好地助力一代代医药学子肩负使命,奔赴无疆之境,为民族复兴和人类健康事业贡献卓越力量!

编 者

2025年6月

# 目 录

## 第一篇

**第一章 药香培元·走进新药科** ... 1
  第一节 认识新药科及其职业前景 ... 3
  第二节 新药科大学生核心素养 ... 13
  第三节 规划人生，成就自我 ... 21

**第二章 药路领航·认识职业生涯** ... 27
  第一节 职业生涯概述 ... 28
  第二节 职业生涯规划与学业生涯规划 ... 38
  第三节 大学生职业生涯规划的原则和意义 ... 45

**第三章 药石可镂·自我探索** ... 50
  第一节 自我认知 ... 51
  第二节 职业兴趣 ... 55
  第三节 职业性格 ... 59
  第四节 职业技能 ... 64
  第五节 职业价值观 ... 71

**第四章 药海遨游·职业探索** ... 78
  第一节 理解职业 ... 79
  第二节 了解专业 ... 86
  第三节 学校专业与未来职业发展 ... 90

**第五章 药道职行·职业决策与行动计划** ... 99
  第一节 职业决策概述 ... 100
  第二节 职业决策的方法 ... 103
  第三节 实施行动计划 ... 110
  第四节 撰写职业生涯规划书 ... 114

**第六章 药素赋能·提升综合素质** ... 126
  第一节 提升职业能力 ... 128
  第二节 提升职业素养 ... 135
  第三节 提升职业道德 ... 142

## 第二篇

**第七章 药闯职场·就业形势导览** ... 147
  第一节 就业形势分析 ... 148
  第二节 就业政策解读 ... 152

  第三节 医药类院校毕业生就业渠道 ······ 160

## 第八章 药苑撷香·大学生求职准备 ······ 170
  第一节 求职信息的获取 ······ 171
  第二节 求职心理的调适 ······ 179

## 第九章 药你出彩·求职材料与面试技巧 ······ 188
  第一节 求职流程与材料 ······ 189
  第二节 笔试技巧与策略 ······ 199
  第三节 面试技巧与策略 ······ 203
  第四节 面试与求职礼仪 ······ 208

## 第十章 药盾护航·大学生就业权益保障 ······ 217
  第一节 大学生就业权益的基本概念与法律依据 ······ 218
  第二节 正确签署《就业协议书》和劳动合同 ······ 221
  第三节 了解五险一金 ······ 232

# 第三篇

## 第十一章 大学生职业规划和创新创业竞赛概况 ······ 238
  第一节 大学生创新大赛与职业规划大赛的重要性 ······ 238
  第二节 大学生职业规划大赛概述 ······ 240
  第三节 大学生创新大赛概述 ······ 242

## 第十二章 职规启航·大学生职业规划大赛指导 ······ 247
  第一节 个人兴趣探索 ······ 247
  第二节 职业的初步选择 ······ 250
  第三节 职业行业的现状调研 ······ 251
  第四节 自我能力的评估 ······ 254
  第五节 实习实践的经验 ······ 256
  第六节 未来职业的规划方向 ······ 258
  第七节 动态评估 ······ 260
  第八节 竞赛的技巧 ······ 262

## 第十三章 药创未来·创新创业大赛指导 ······ 265
  第一节 探寻创业项目 ······ 265
  第二节 医药行业商业模式类型 ······ 269
  第三节 评估创业资源 ······ 274
  第四节 选择创业团队 ······ 277
  第五节 研讨产品与服务 ······ 281
  第六节 市场定位与分析 ······ 283
  第七节 财务计划与分析 ······ 286
  第八节 竞赛的技巧 ······ 290

## 参考文献 ······ 297

# 第一篇

## 第一章 药香培元·走进新药科

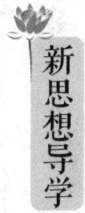

**新思想导学**

衷心希望浙江医药高等专科学校坚持社会主义办学方向,全面贯彻落实科学发展观,按照全国职业教育工作会议精神,抢抓机遇、加快发展,办出水平、办出特色,培养出更多符合时代要求的高素质医药人才,为推进浙江卫生强省和教育强省建设,为发展祖国的医药事业作出更大的贡献。

——习近平致浙江医药高等专科学校建校20周年的贺信

### 学习目标

1. 理解"新药科"人才培养模式和专业设置。
2. 明晰"新药科"学生的核心素养,初步明确专业就业方向。
3. 积极做好职业规划,在"知行合一"中成就自我。

### 课前导入

#### AI+医药的赛道微风已起

AI+医药是指人工智能技术在医疗健康领域的应用,即通过机器学习、深度学习、自然语言处理等 AI 技术处理和分析医疗数据,形成 AI 驱动的医疗产品或解决方案,以提升医疗诊断、药物治疗、医院服务等效率与质量。

2024 年 11 月,国家卫生健康委、国家中医药局和国家疾控局联合发布了《卫生健康行业人工智能应用场景参考指引》,该指引深入探讨了人工智能在医疗服务管理、基层公卫服务、健康产业发展、医学教学科研等领域的应用,共划分了四个主要领域,明确了 84 个具体实施案例。

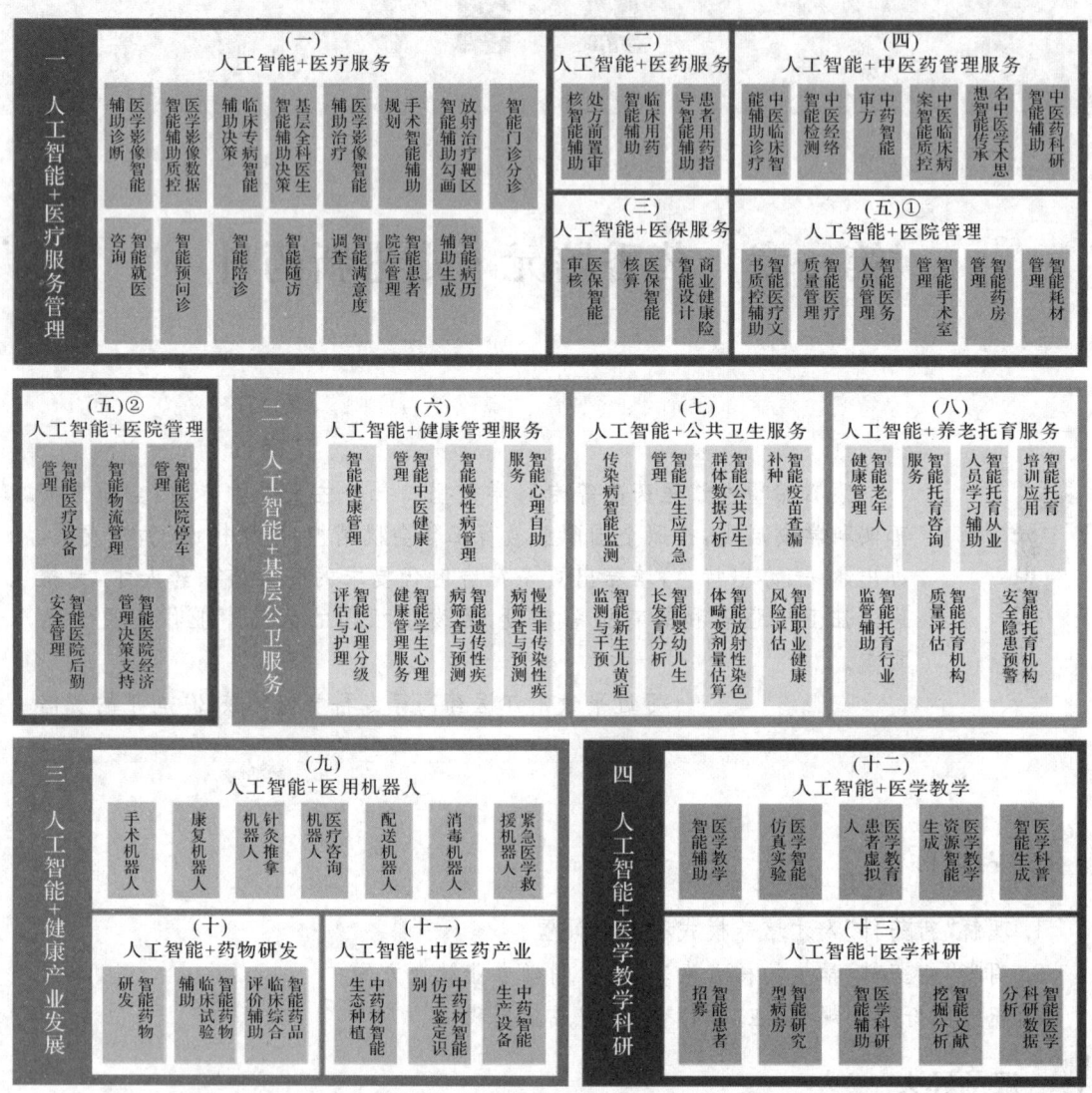

**图 1-1　卫生健康行业人工智能应用场景参考指引全景图**①

在2025年全国两会期间,"AI+医药"议题再次成为代表委员们热议的焦点。这一议题广泛涵盖了多个领域,包括利用人工智能技术赋能基层医疗,推动医疗资源下沉;加速药物研发与创新,提升医药产业的科技含量;推动中医药的传承与创新,结合现代科技提升中医药服务;以及通过智能化手段改善慢性病管理,促进健康老龄化。然而,当前医疗数据利用率低及碎片化问题依然严重,成为制约"AI+医药"发展的关键因素。两会代表建议加快建设医疗健康可信数据空间和国家医疗数据共享平台,实行柔性监管,推动数据共享与安全治理。

"AI+医药"已从技术探索迈向规模化应用,未来需推动跨领域协作,构建一体化生态,

---

① 国家卫生健康委办公厅.国家卫生健康委员会办公厅关于印发卫生健康行业人工智能应用场景参考指引的通知.国卫办规划函〔2024〕420号[A/OL].(2024-11-6)

平衡创新与安全,助力健康中国战略目标实现。

（根据《国家卫生健康委员会办公厅关于印发卫生健康行业人工智能应用场景参考指引的通知》整理）

**思考**:医疗行业的新形势对医药类人才提出了哪些新的要求？

## 第一节　认识新药科及其职业前景

当今时代,人才是推动社会进步和经济发展的核心力量。党的十八大以来,党中央作出人才是实现民族振兴、赢得国际竞争主动的战略资源的重大判断。职业教育作为培养技术技能人才的主阵地,其质量直接关系到人才供给的成效。近年来,国家高度重视职业教育发展,出台了一系列政策措施。中共中央、国务院印发的《教育强国建设规划纲要（2024—2035年）》明确指出,需加速构建现代职业教育体系,大力培养大国工匠、能工巧匠、高技能人才,重点推进以下任务:(1) 塑造多元办学、产教融合新形态;(2) 以职普融通拓宽学生成长成才通道;(3) 提升职业学校关键办学能力;(4) 优化技能人才成长政策环境。这一战略部署既为技能人才成长开辟了广阔通道,也为职业教育提质培优指明了方向。

"抢抓机遇、加快发展、办出水平、办出特色。"浙江药科职业大学作为全国第一所药科类本科层次职业学校,不忘教育教学初心、牢记立德树人使命,学校深入实施了"培根铸魂强基"工程,适应人才发展需求、教育发展需求、社会发展需求而持续优化提质,并在"新药科"背景下,创新性地提出了"三色·三药·三能"新药科人才培养体系。

### 一、立足新时代要求的"新药科"

#### （一）新药科的意涵

随着"健康中国"国家战略的贯彻实施以及"四新"建设的深入发展,新药科旨在满足"健康中国"战略和医药产业创新发展的需求,并与国际药学教育接轨[1],培养具备跨学科知识、创新精神和实践技能的高素质药学人才[2]。

全国药学院校根据医学教育创新发展的理念,指导以药学人才培养模式改革和专业建设为主要内容的药学教育高质量发展路径,探索"新医科"教育背景下的"新药科"内涵。在过去的十年内,全国药学院校根据自身办学定位和特色,制订人才培养目标和方案,总体形成"创新药物研发型""制药工程技术型""药学服务型"3 种药学类人才培养模式[2]。① 以双一流高校为代表的研究型药学院主要培养创新药物研发型人才,通过科教融汇优势,将流学科的创新能力和人才优势转化为教育资源,典型形式为基础药学拔尖创新人才培养计划、国家基础药学理科基地和国家生命科学与技术人才培养基地。② 以工科优势高校、地方高校、应用型大学为主体

---

[1] 徐蓉,侯爱君,刘燕.新药科背景下药学人才实践能力培养体系的研究与探索[J].实验室研究与探索,2024,43(03):204-207.

[2] 姚文兵,王欣然,樊陈琳.我国高等药学教育改革十年来的创新与实践[J].中国药学杂志,2023,58(10):849-855.

的药学类专业结合区域生物医药产业发展需求,通过产教融合、校企合作方式开展制药工程技术型人才培养,典型形式为卓越工程师教育计划、现代产业学院。③ 以医学院校为主体、临床药学专业为依托,探索以药学服务和药物治疗管理为核心的药师人才培养模式。

从2018年起,在"四新"教育理念指导下,按医学教育创新发展所提出的"懂医精药、善研善成"的药学人才培养要求,各药学院校进一步深化创新型、复合型、应用型药学类人才培养改革,立足一流专业的"双万计划",走不同层次、不同类型的追求卓越教学改革之路。上海交通大学药学院打造"新药科"体系,推动产学研医协同育人,结合临床需求开展生物技术药物实验,培养"懂医精药、善研善成"的药学类人才①。浙江大学药学院通过根植理想信念,以重大科学问题为导向,聚焦科研创新能力提升,深化联合培养机制,全方位拓展学术视野,探索应用型药学创新人才培养体系②。厦门大学药学院从建设创新实验室的角度出发来培养药学创新人才③。中国药科大学以"新药研发"为导向,依托"药学+X"理念,注重创新能力和国际化视野,通过产学研基地强化实践教学。哈尔滨医科大学提出"药学+"模式,提倡"学科融合、结构重塑、创新驱动、开放共享和尊重人性",强调多学科交叉融合,如药学与医学、经济、人文等结合,培养复合型人才④。浙江药科职业大学立足新质生产力发展需求,着力打造具有"厚药德、明药规、强药技、懂制造、接国际、能创新"特质的"三色·三药·三能"复合型新药科人才。各院校的共同趋势包括学科交叉融合、实践创新能力培养、考核评价改革等,但也面临资源整合、师资优化等挑战。这些探索为新药科人才培养提供了多样化路径,助力"健康中国"战略实施。

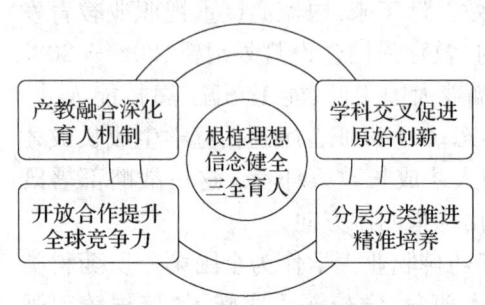

图1-2 浙江大学药学院应用型药学创新人才培养体系②

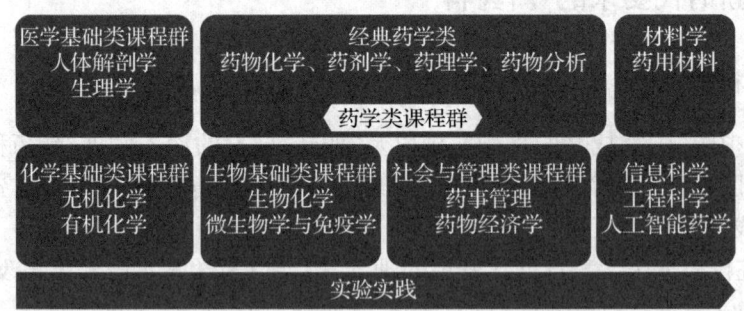

图1-3 上海交通大学"1+N"药学课程体系①
(图片引用自文献《新药科背景下药学人才实践能力培养体系的研究与探索》)

---

① 徐蓉,侯爱君,刘燕.新药科背景下药学人才实践能力培养体系的研究与探索[J].实验室研究与探索,2024,43(03):204-207.
② 杨慧蓉,吴结兵,梁佳.应用型药学创新人才培养路径探究[J].中国现代应用药学,2024,41(02):248-252.
③ GAO X M, LI F N, ZHU X, et al. Exploration on pharmaceutical innovation laboratory construction oriented to the cultivation of innovative talents[J]. The Theory and Practice of Innovation and Entr-epreneurship(创新创业理论研究与实践),2020,3(4):136-139.
④ 胡莹莹,张勇."药学+"模式助力构建复合型药学人才培养体系[J].中国医学教育技术,2021,35(04):520-522.

### (二) 新药科的背景

1. 国家政策指引

在"健康中国"战略和"四新"建设的深化推进下,我国医药高等教育正加速转型。2018年,教育部印发《关于加快建设高水平本科教育全面提高人才培养能力的意见》等文件,实施"六卓越一拔尖"计划2.0,全面推进新工科、新医科、新农科、新文科的"四新"建设,提高高校服务经济社会发展能力。2020年,时任教育部高教司司长吴岩(现任教育部副部长)在对《关于加快医学教育创新发展的指导意见》解读中,提出创新"懂医精药,善研善成"药学人才培养模式。根据《"健康中国2030"规划纲要》"共建共享、全民健康"的核心要求,以及国务院办公厅《关于深化医教协同进一步推进医学教育改革与发展的意见》的部署,药学人才培养呈现三大转向:(1)目标重构:从单一专业教育转向"生命全周期,健康全过程"的复合型培养;(2)模式创新:通过产教融合、校企合作、医教协同强化实践能力;(3)学科融合:新药科作为新医科建设的关键组成部分,推动药学与公共卫生、人工智能等领域的交叉融合。这一改革直指医药产业对"高层次、应用型、多学科背景"药学人才的迫切需求,为"健康中国"提供人才支撑。

2. 产业结构升级驱动

随着社会经济水平的增长和我国医药产业结构的升级,融合了生物、化学、医学等多学科的医药技术领域,更呈现出了交叉渗透、综合发展的趋势。生物医药作为攸关人民健康、维护国家安全的重要战略性产业,已被国家创新驱动战略列为重点突破的十大领域之一,并提出了"到2030年,药品质量标准全面与国际接轨,跨入世界制药强国行列"的愿景。当前,中国医药创新的格局已经展开,药学领域正面临由仿制药为主向原创新药为主的战略转移,中国的创新药物研究也正由最初的"跟跑"进入"并跑",并逐步向"领跑"发展。当前,新质生产力正驱动医药产业结构升级,对医药产业的数字化转型、生物医药产业的原始创新力提升及绿色制药等领域发挥着关键作用。因此,针对新质生产力的发展需求,高等药学教育需着力培养具备"厚药德、明药规、强药技、懂智造、接国际、能创新"等素质的"三色·三药·三能"新药科人才。

3. 教育改革需求

药学人才的培养亟须更新教育理念,创新教学模式,并构建一个多学科交叉、医药融合的课程体系。当前,医药行业正面临显著的人才缺口,高等药学教育因此承受着巨大压力。① 培养目标定位尚不明确。人类发展带来的前沿需求变化和新科技革命对医药研发、临床转化、生产管理等多维度、多层次人才提出了更高的要求。目前,一些高校在培养目标的定位上尚不明确,缺乏基于需求侧的宏观思维,传统的药学育人模式可能已经无法满足时代需求[1]。② 课程体系尚不完善。部分高校医药类专业课程间衔接不畅,连贯性较弱,且缺乏必

---

[1] 姚文兵,王欣然,樊陈琳.我国高等药学教育改革十年来的创新与实践[J].中国药学杂志,2023,58(10):849-855.

要的学科交叉与融合①。③ 实践教学环节薄弱。部分高校药学实践课程偏重化学、生物类实验,与临床实际应用脱节,不利于推进"科研—实践—教学"一体化发展②。④ 师资队伍建设不足。培养高能力、高素质的应用型创新药学专业人才需要多方力量的联动耦合。当前,高校普遍存在"重研轻教"现象,部分高校师资队伍结构不合理,缺乏"双师型"教师,导致基础理论与临床实践难以有效融合③。⑤ 产教融合深度不够④。高质量产教融合人才培养基地匮乏,校企合作模式时效性不足,共赢一体化模式亟须优化升级⑤。企业参与人才培养的积极性不足,导致学生对医药领域内"卡脖子"问题的认知和实践能力未能得到充分培养与锻炼。

### (三)新药科"三色·三药·三能"人才培养体系

人才培养体系是学校办学理念和教育思想的集中体现,是实施专业人才培养和开展质量评价的基本依据。立足新时代,面向新征程,浙江药科职业大学以教育强国、技能中国、健康中国建设和办好人民满意的教育为己任,着力提升人才自主培养质量,为职业本科教育的高质量发展积极贡献"浙药"智慧与力量。"三色·三药·三能"是浙江药科职业大学为满足国家战略和区域行业发展需求,适应新生产力发展而提出的新型人才培养体系。当前,"三色·三药·三能"人才培养体系明确了以"立足区域发展兴校,围绕产业发展布局专业,聚焦技能培养培育英才,紧抓数字化转型推动治理创新,紧跟大国外交步伐提升影响力,系统推进体系建设谋划长远发展"为学校人才培养和专业建设的核心导向与工作重心。

1. "三色·三药·三能"人才培养体系的建设目标

一方面,当前"三色·三药·三能"人才培养体系旨在服务国家战略与行业发展,瞄准"健康中国""健康浙江"等重大战略部署。另一方面,当前"三色·三药·三能"人才培养体系旨在推动医药产业高质量发展,深度对接浙江省"415X"先进制造业产业集群及宁波市"361"万千亿产业集群需求。通过产教融合、校企合作等多元化途径,着力培育兼具实践能力与创新精神的药学精英,为医药产业数字化转型、绿色制药发展及生物医药原始创新能力飞跃提供坚实的人才保障,打造高素质新药科人才梯队。

---

① 熊友谊,张孝林,马世堂.药学复合创新型人才培养所面临的问题分析及应对方法探讨[J].现代职业教育,2021,(50):8-9.
② 尤启冬,姚文兵,席晓宇.创新型药学人才培养面临的问题及对策研究[J].中国工程科学,2019,21(02):79-83.
③ 熊友谊,张孝林,马世堂.药学复合创新型人才培养所面临的问题分析及应对方法探讨[J].现代职业教育,2021,(50):8-9.
④ 胡鸿毅.产教融合背景下的中医药高校人才培养问题与对策研究[J].国家教育行政学院学报,2020,(01):38-43.
⑤ 蔡婉玉.黄炎培职教思想视域下高职学生工匠精神培养现状及路径研究[J].辽宁农业职业技术学院学报,2024,26(05):45-48.DOI:10.20127/j.issn1671-0517.2024.05.010.

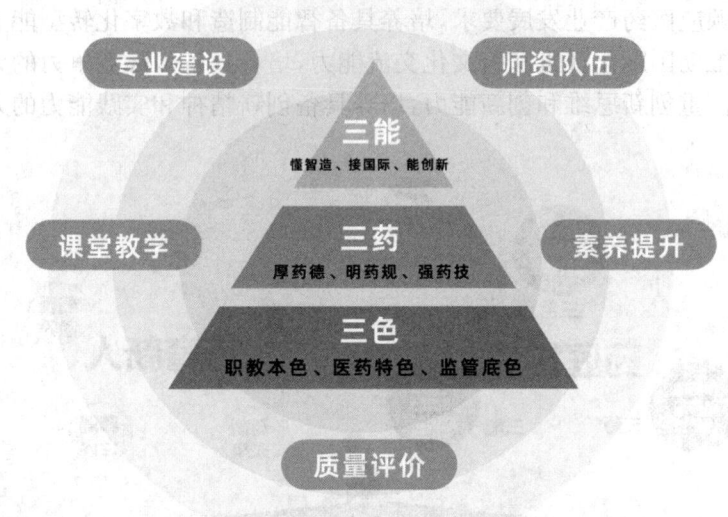

图1-4 "三色·三药·三能"人才培养体系

**2. 始于办学历史传承积淀的"三色"人才培养新定位**

浙江药科职业大学的办学历史始于1986年创建的浙江医药学校,2002年升格为浙江医药高等专科学校,成为全国较早独立设置的医药类高等专科学校。2021年经教育部门批准,统筹原浙江海洋大学东海科学技术学院与原浙江医药高等专科学校办学资源,升格为浙江药科职业大学。近40年来,学校从中等职业教育到专科层次的高等职业教育,再到职业本科教育,实现了两次跨越式发展。办学层次跃升本科后,学校仍然一直深耕职业教育,瞄准医药行业产业链建设专业链,形成了始于办学历史传承积淀的"职教本色、医药特色、监管底色""三色"办学特质新定位。

① 职教本色:深耕职业教育,瞄准医药行业产业链建设专业链,形成始于办学历史传承积淀的"职教本色"。

② 医药底色:因医药行业具有其特殊性,学校人才培养在兼顾"三色"属性的基础上,确立了"敬畏生命、敬业奉献、诚实守信、守正创新、严守药规、追求卓越"的职业特质。同时,学校发挥学校医药专业特色,构建了"医药+X"交叉课程体系,旨在培养复合型人才,实现教育效果的倍增。

③ 监管特色:截至2024年,80名教师获得省市药品GMP、GSP、医疗器械规范检查员资格,42人入选浙江省职业检查"双百尖兵"工程,为医药产业的高质量发展贡献智力支持与人才力量。

**3. 源于医药行业多重特性的"三药"人才培养新目标**

① 厚药德:强调职业素养和道德规范,培养具有高尚职业道德和敬业精神的人才。

② 明药规:注重法律法规和行业规范,培养熟悉医药行业法规和标准的人才。

③ 强药技:强化专业技能和实践能力,培养具备扎实专业技能和创新能力的人才。

**4. 基于医药产业转型升级的人才培养"三能"新要求**

① 懂智造：顺应医药产业发展要求，培养具备智能制造和数字化转型能力的人才。

② 接国际：推动国际化视野和跨文化交流能力，培养具备国际竞争力的人才。

③ 能创新：注重创新思维和创新能力，培养具备创新精神和实践能力的人才。

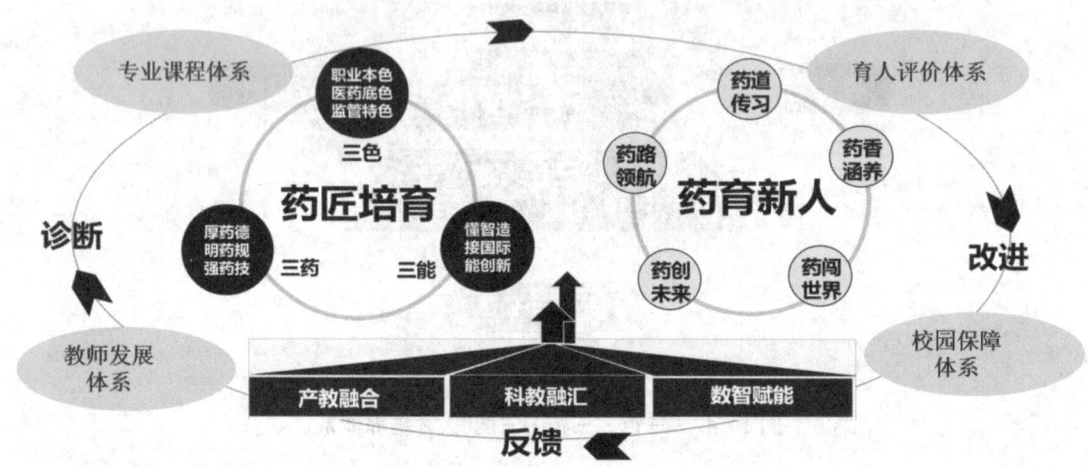

图1-5 "三色·三药·三能"人才培养体系的实施路径

**5. "三色·三药·三能"人才培养体系的实施路径**

（1）将"三色·三药·三能"融入专业建设

① 专业布局：当前，学校围绕"四品一械"大健康产业链，依托"药物制剂"与"医疗器械工程技术"两大"双高"专业群，构建药学类、健康护理类专业群为主体，医疗器械类、食品类、化妆品类专业群协同发展的"智能+新药科"专业矩阵。

② 专业督导：当前，学校成立校院两级教学督导组织，对"三色·三药·三能"融入人才培养过程进行监督、检查、评估和指导。截至2024年，学校依据"国家—省域—校本"三级体系，分层推进专业标准体系建设，积极牵头全国同类院校参与国家专业教学标准的建设。在药学类专业教学标准中融入"三色·三药·三能"，并牵头申报了药品质量管理、中药制药、药物制剂、药物分析等4个职业本科专业。截至2024年，学校牵头制定了包括药品质量与安全、食品药品监督管理、保健食品质量与管理、医疗器械经营与管理在内的7个专业的国家专业教学标准，并主持制定了1个药学类国家专业实习标准和3个药学类国家职业技能等级标准。

图1-6 六大专业群建设

(2) 将"三色·三药·三能"融入课堂教学

① 课程与教材建设:推进"五金"新基建任务,推进实训教学模式数字化改革,遴选培育高级别教学成果奖,大力推进教师教学能力竞赛,形成一批标志性教学改革实践成果。学校推进"双百"课程教材工程,创建100部优质教材。教材结合医药产业和学校特色,融入医药和药德教育元素,与企业合作编写,引入行业新规范、技术和工艺。同时凸显职业本科类型特色,开展"岗课赛证"融通教材建设,结合订单培养、学徒制、"1+X"证书制度等,将岗位技能要求、职业技能竞赛、职业技能等级证书标准有关内容有机融入教材。

② 实践教学迭代提升:通过建设药学类专业群产教融合实践基地、食品药品质量安全与科学监管实习实训基地、药学类示范性虚拟仿真实训基地、省级应用技术协同创新中心、中药百草园等具有医药行业特色和辨识度的产教融合实践基地,全力打造"沉浸式"教学环境,搭建科教协同育人平台;开设"卓越创新人才班"和"现场工程师班",将技术研发项目开发成教学案例,将企业真实项目作为毕业设计(论文)的选题来源,不断提升实践教学效能。

(3) 聚焦"三色·三药·三能",打造师资队伍

① 实施"药聚人才"计划,集聚一批高层次教科研人才。

② 依托浙江省医药行业协会、浙江医药职业教育联盟、浙药健康创客公社等平台,以及

现代产业学院、产教融合共同体等新路径与平台,形成校企协同育人机制,选聘医药行业企业高管、技术骨干等担任学院兼职副院长。

③ 实施"药育人才"计划,培养"药匠型"教师。

④ 组织专任教师培训,组织数字工程师培训、教师能力培训等,选派教师到医药企业挂职锻炼,提升教师的实践能力和教学素养。

(4) 实施"三色·三药·三能"素养提升工程

① 以"药道传习"新思想育人,构建"浙药"特色"大思政"格局。

② 以"药路领航"职场育人,深化医药职业道德和工匠精神教育。

③ 以"药创未来""双创"育人,培养学生创新创业能力。

④ 以"药闯世界"开放育人,拓宽国际交流渠道,提升国际交流能力。

⑤ 以"药香涵养"素质育人,通过校园文化、劳动实践等培养学生综合素养。

(5) 围绕"三色·三药·三能"闭环质量评价

当前,学校不断完善课堂教学质量管理等系列质量评价制度,在学科专业、课程建设、师资队伍、学生发展等方面制定质量标准,思考构建科学完善的"三色·三药·三能"质量目标管理体系。

① 过程性质量监控。制定以行业企业为主体的第三方人才培养评价标准,建立面向人才培养目标达成的"定量和定性相结合""内部评价与外部评价相结合",覆盖学生、教师、教学督导全员范围的评价体系;

② 三级管理机制。以网格化教学检查、教学督导反馈督办、教学巡回诊断、校长办公会教学质量月报、专项评估检查、专业课程认证等系列措施,贯穿"学校、学院、教研室"三个层级,健全"评价—诊断—反馈—改进—再评价"管理机制,形成覆盖教师教学、学生学业、反馈改进全过程的质量管理闭环。

## 二、"新药科"专业培养方案和就业方向简介

浙江药科职业大学秉持着"以就业为导向,以专业为支撑"的教育理念,致力于将人才培养与就业机会紧密结合。学校将就业比作一座山,而专业培养方案则是通往山顶的阶梯。在"新药科"背景下,学校的专业培养方案紧密对接行业需求,以产业链的人才需求为导向,以能力培养为核心,以岗位胜任力为重心。通过精心整合课程、优化课程结构、纵向贯通课程体系,为人才培养提供了坚实的支撑,帮助学生在毕业后能够迅速适应市场需求,助力实现高质量就业。

学校的课程体系由通识课程平台、专业课程平台和实践课程平台构成。通识课程平台涵盖公共必修课和选修课,旨在提升学生的综合素质;专业课程平台细分为专业基础课、核心课和拓展课,帮助学生构建扎实的专业知识体系;实践课程平台则致力于集中实践教学环节的贯通,强化学生的实际操作能力。此外,针对职业本科人才的需求,学校特别设置了"1+X"书证融通课程,确保学生在校期间能够掌握相关行业资格认证。这一举措不仅提升了学生的就业竞争力,也为他们的职业发展打下了坚实的基础。

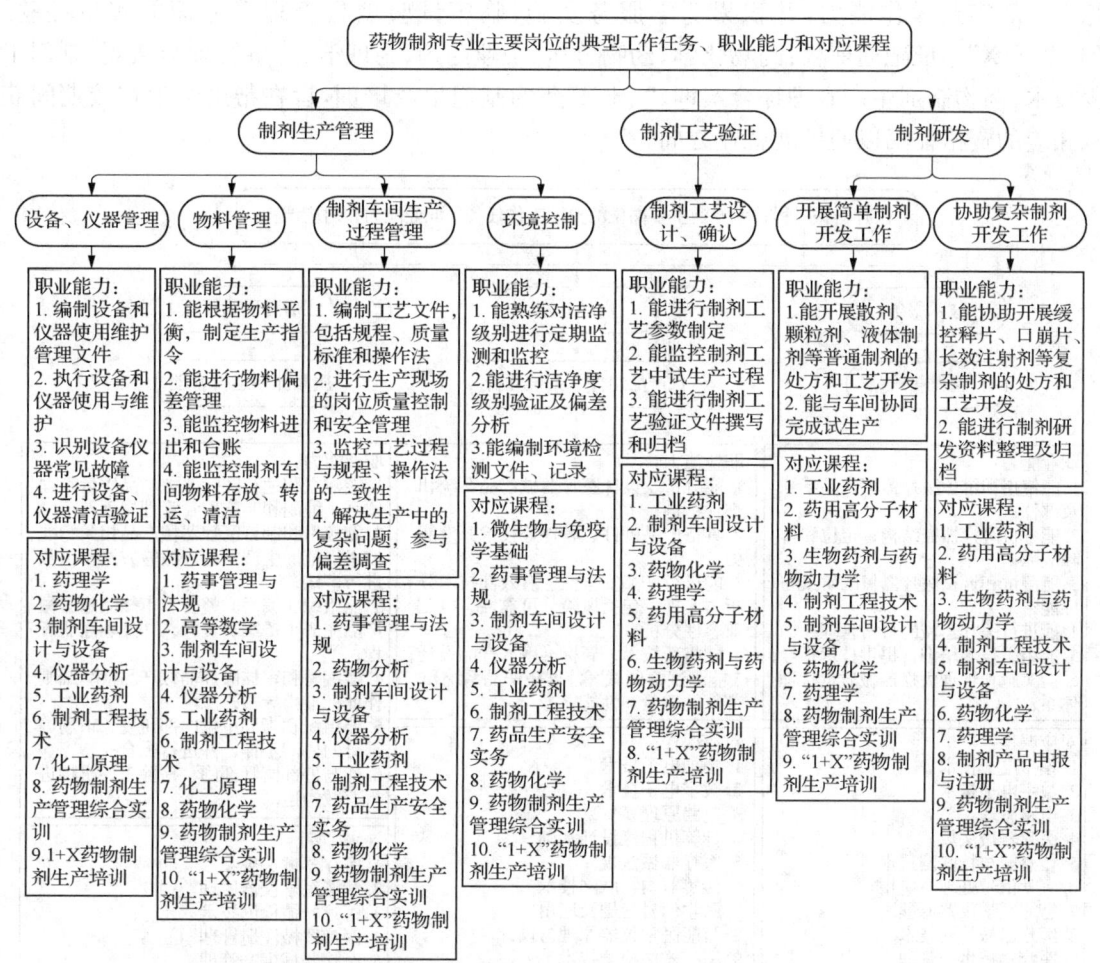

图1-7 药物制剂专业主要岗位的典型工作任务、职业能力和课程分析对应

## （一）药物制剂专业培养方案和就业方向

以"省双高专业群"药物制剂专业群为例，学生未来的就业方向涵盖药学服务、临床试验研究等多个领域，典型的工作任务包括药品调剂、用药咨询与指导、静脉药物配置、临床试验监察与协调、科研助理等。在药学专业的培养方案中，这些专业课程平台、实践课程平台以及"1+X"书证融通课程均紧密围绕上述就业方向进行设计。其中（1）专业核心课程：药物化学、药理学、工业药剂、药物分析、药事管理与法规、药用高分子材料、制剂车间设计与设备、生物药剂与药物动力学、制剂工程技术、GMP实施与管理。专业核心课程通过案例化教学、项目化教学等方法，旨在帮助学生深入理解药物作用机制，掌握常用药物的结构特点、理化性质、剂型、药理作用、作用机制、临床应用、不良反应、药物间相互作用以及合理选用药物，从而更好地指导临床合理用药。（2）集中实践教学环节涵盖药物制剂生产管理综合实训、"1+X"药物制剂生产技能培训、劳动教育实践、药德培育实践、创新创业实践、大学生综合素养提升活动、岗位实习实训、毕业设计（论文）指导及职业生涯规划辅导，旨在全方位锻

炼学生的实践操作能力,并积累药学服务实施、临床试验项目管理等方面的实战经验。
(3)"1+X"书证融通课程:药物化学、药物分析、工业药剂、药理学、药事管理与法规、制剂工程技术、药物制剂生产管理综合实训、"1+X"药物制剂生产培训,旨在帮助学生在校期间获取相应的资格证书以便扩展就业方向。

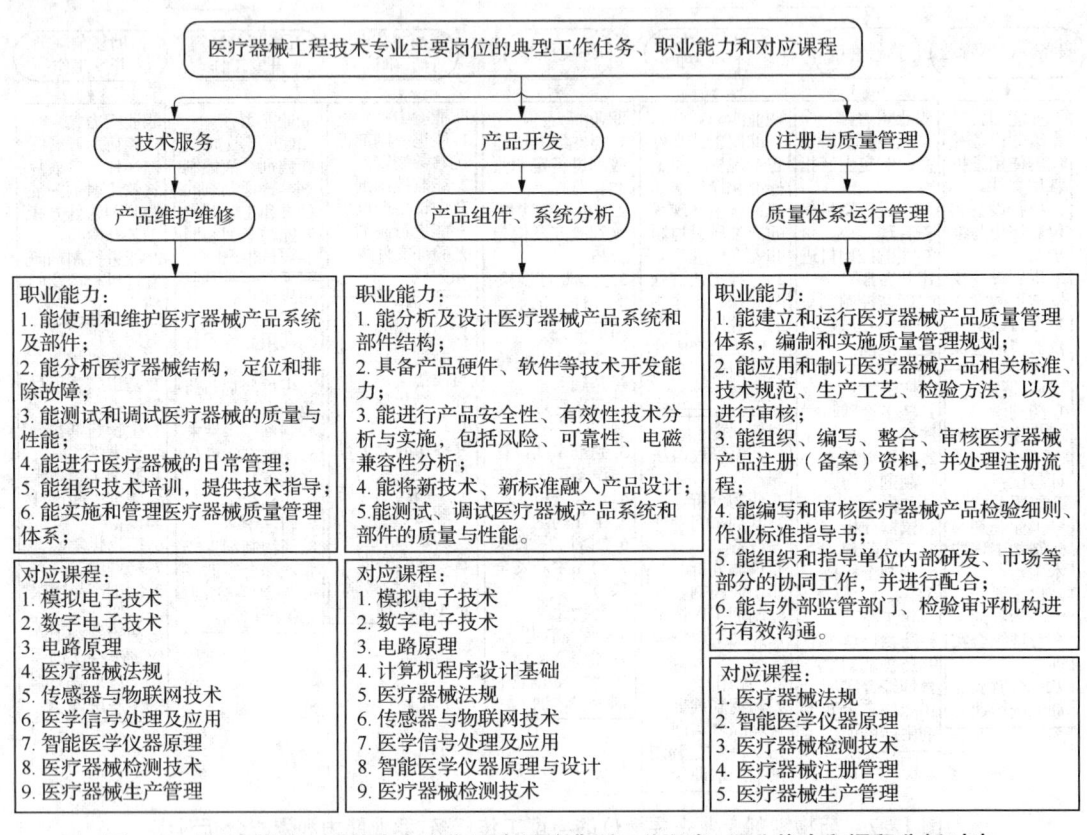

图1-8 医疗器械工程技术专业主要岗位的典型工作任务、职业能力和课程分析对应

### (二)医疗器械工程技术专业培养方案和就业方向

以"省双高专业群"医疗器械工程技术专业群为例,学生未来的就业方向涵盖技术服务、产品开发、注册与质量管理等多个领域,典型的工作任务包括产品维护维修、设备管理、技术支持、质量体系运行管理、管理文件、技术文档编写、审核等。在医疗器械工程技术专业的培养方案中,专业课程平台、实践课程平台及"1+X"书证融通课程均紧密围绕既定的就业方向进行精心设计。其中(1)专业核心课程:医疗器械生产管理、传感器与物联网技术、医学信号处理及应用、医疗器械注册管理、医疗器械检测技术、智能医学仪器原理与设计。专业核心课程采用案例化教学、项目化教学等多元化教学方法,旨在使学生深入理解医疗器械结构,并具备测试与调试部件质量与性能的能力。(2)实践教学课程:计算机程序设计综合实训、智能医学仪器设计开发综合实训、医疗器械质量评价与控制综合实训、劳动教育实践、药德教育实践、创新创业实践活动、职业生涯规划活动、岗位实习、毕业论文(设计),旨在培养学生实际操作技能,具备医疗器械项目管理等经验。

本章提供相关专业的培养方案和就业方向,以帮助学生针对性地选择适合自己的课程与实践活动,结合自身兴趣和职业目标,有目的地进行学习。学生在规划学习路径时,应考虑医药类行业发展趋势和个人职业规划,合理地确定自己未来努力发展的方向,从而在职业道路上稳步前进。

各专业人才培养方案

## 第二节　新药科大学生核心素养

核心素养是学生在学习过程中形成并贯穿整个职业生涯的品质、能力和态度。结合新质生产力对人才的需求,新药科大学生在掌握"厚药德,明药规,强药技"等传统能力的基础上,还需着重培养"懂智造,接国际,能创新"等现代职业素养。这些核心素养对于新药科大学生在瞬息万变的医药健康行业中保持强劲竞争力具有举足轻重的作用。本节将探讨新药科大学生核心素养的含义,并简述在新药科人才培养体系中围绕核心素养实施的教育项目与教育成果。

### 一、厚药德

"医者仁心,药者德为先。"在医药行业中,药德不仅是职业道德的体现,更是保障患者生命健康的关键。药德要求从业者敬畏生命、敬业奉献、诚实守信、厚朴守正、严守药规、精益求精,以高度的责任心和专业素养,确保药品的质量和安全,为患者提供优质的医疗服务。

(1)爱国爱党敬业:有坚定正确的政治方向,热爱祖国,热爱人民,拥护中国共产党的领导;具有正确的世界观、人生观、价值观,具有良好的思想品德、健全的人格、健康的体魄,践行社会主义核心价值观。

(2)理解社会责任:理解医药类从业人员对社会公众的安全、健康和福祉,以及对环境保护的社会责任,能够在制剂生产管理和质量控制等工程实践中自觉践行责任。

(3)遵循道德规范:深刻领悟"敬畏生命、敬业奉献、诚实守信、厚朴守正、严守药规、精益求精"的职业道德精髓,自觉践行于制剂生产、管理及质量控制等实践环节。

浙江药科职业大学以药德教育为学生培根铸魂,形成了独具特色的"二元三全四维"药德教育模式,通过党建统领、校企"二元协同"、全员全程全方位育人、"四维"课堂体系(理论教学、实践教学、社会服务、国际交流)将药德教育贯穿于人才培养全过程[1],成果入选原全国食药行指委产教融合案例。在教材建设方面,学校编写出版了国内医药类院校药德教育专用教材《医药职业道德》,被全国多所院校选用[2]。此外,学校采用"三阶段"递进培育医药职业道德岗位素养[3]:① 入校即入行:通过开学第一课、医药专业学生仪式教育等,让学生了解药学职业道德的核心精神,牢记医药人的神圣使命。② 在校即从业:通过思政课程、药德课程、专业课程的学习,以及药德主题活动的参与,让学生坚定为医药行业做出贡献的理想和抱负。③ 离校不离业:选择优质企业开展专场招聘会,为学生搭建就业平台,让学生在顶岗实习中感悟医药人的职责使命,体会医药职业道德的重要性。此外,药德教育融入校园文化,校园内药香四溢,建筑如方舟楼、思邈楼、松茂楼以及神农塔、鹿鸣湖等,处处体现教育氛围,让学生时刻感受到浓厚的药德氛围[4]。

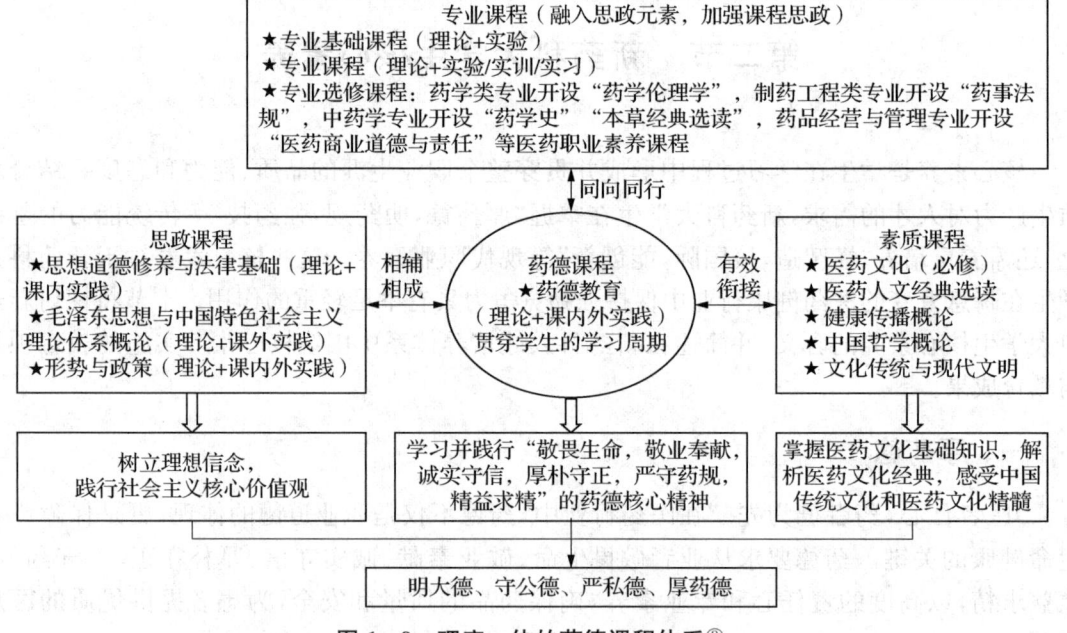

图 1-9 理实一体的药德课程体系[3]

---

[1] 汪东平,许烽."让药德教育为学生成长成才培根铸魂"[N].光明日报

[2] 陶慧.产教融合模式下医药类职业院校药德教育体系构建研究[J].中国多媒体与网络教学学报(中旬刊),2022,(12):44-47.

[3] 何俊峻.新时代背景下医药类高职院校职业道德教育教学体系的构建与实践[J].中国职业技术教育,2020,(32):38-42.

[4] 王华锋,王玖姣.医药类高职院校加强药德教育的实践与思考[J].学校党建与思想教育,2016,(08):38-40.

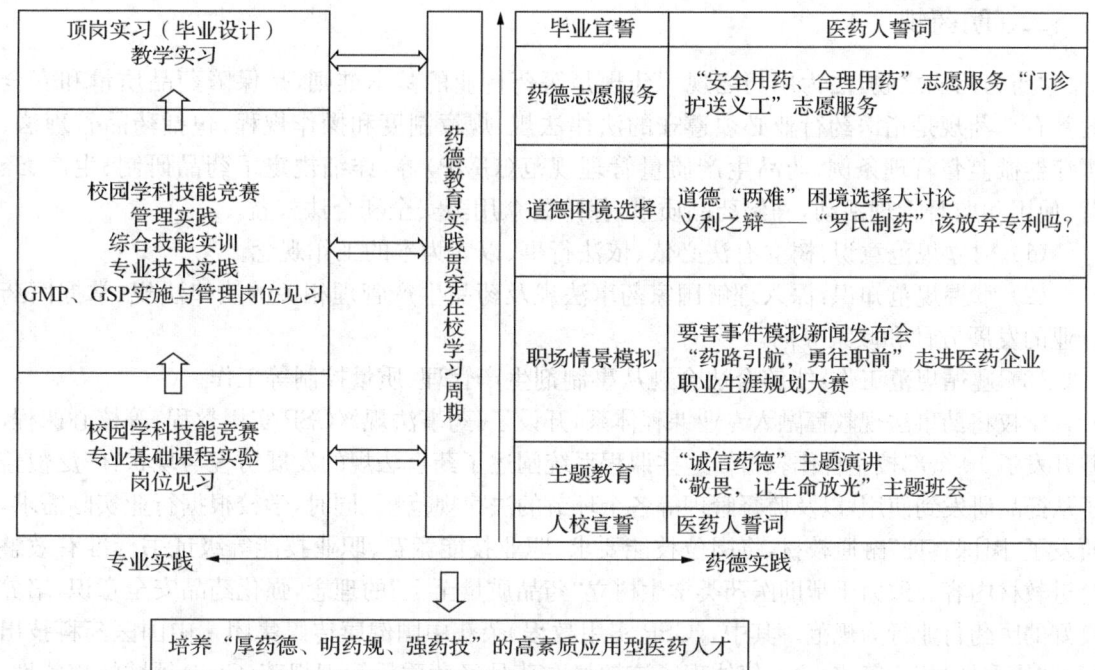

**图 1-10　药德实践与专业实践有效递进**[①]

## 思政小课堂

戒　欺

"戒欺"是胡庆余堂的核心古训，意思是制药过程中要杜绝欺诈行为，以诚信为本，因为制药关系到人的生命健康，容不得半点虚假。这一古训要求胡庆余堂的员工在药材采购、加工、制作等环节中，必须保证药材的真实性和药品的质量，直接关系到中药的安全性和疗效。对医药人而言，"戒欺"是在无人监督的情况下，以高度的责任心和诚信完成制药工艺，严格遵循道德和行业规范，体现医药人的自律和担当。

胡庆余堂是"戒欺"价值观的倡导者和践行者。作为"江南药王"，胡庆余堂至今已有150余年的历史。在其发展历程中，经历了无数风雨，但始终坚守"戒欺"的古训。创始人胡雪岩在创办药号时，便立下"采办务真，修制务精"的准则，要求员工在采购药材时必须确保真实可靠，在制药过程中必须精益求精。胡庆余堂的员工始终牢记"凡百贸易均着不得欺字，药业关系性命尤为万不可欺"的教诲，以"是乃仁术"为宗旨，树立"戒欺"的自律意识，铸就了胡庆余堂"选料上乘、炮制精细、疗效显著、信誉至上"的品牌特色。

**思考：** 胡庆余堂古训"戒欺"给你的启示是什么？

---

[①] 何俊峻.新时代背景下医药类高职院校职业道德教育教学体系的构建与实践[J].中国职业技术教育，2020，(32)：38-42.

## 二、明药规

"药为治病之物,法为用药之规。"药规是医药行业的基本准则,是保障药品质量和安全的基石。药规是指医药行业必须遵守的法律法规、规章制度和操作规程,包括药品管理法、医疗器械监督管理条例、药品生产质量管理规范(GMP)等,详细规定了药品研制、生产、经营、使用和监督管理活动,确保药品质量,保障公众用药安全和合法权益。

(1) 树立规范意识:树立有法必依、依法行事、以人为本的工作观念。

(2) 掌握规范知识:深入理解国家药事法规及药品生产管理相关的法律法规,掌握医药行业的发展方针和政策导向。

(3) 遵循规范工作:能够合法合规从事制剂生产管理、质量控制等工作。

学校将药事法规教育融入专业课程体系,开设了《药事法规》《GSP 实用教程》等核心课程,并开发了 10 余部校企合作教材。这些课程系统阐述了药事法规的发展历程与现状,广泛覆盖了从药品研发到使用,以及监督管理等各个环节的法律规范[①]。同时,学校根据行业实际需求,研发了"岗课赛证"融通教材,将岗位技能要求、职业技能竞赛、职业技能等级证书标准有效整合进教材内容。致力于帮助医药类学生树立"药品质量至上"的理念,强化药品安全意识,培养良好的医药行业行为规范。其中,《GSP 实用教程》荣获中国健康传媒集团·中国医药科技出版社"优秀教材"一等奖,这不仅体现了该教材在药品经营质量管理规范(GSP)领域的权威性,也反映了其在教育界的广泛认可。《药事管理与法规》被评为全国食品药品职业教育优秀教材,证明了其在药事法规教育中的重要地位。此外,《GSP 实施与管理》和《药店经营与管理》被评为浙江省高职院校"十四五"首批重点教材,彰显了这些教材在实践应用和理论教学中的双重价值。

## 三、强药技

"心心在一艺,其艺必工;心心在一职,其职必举"。药技涵盖了医药工作者在实战中所必需的专业技能与操作能力,这些技能贯穿于药品的研发、生产、质量检验及临床应用等多个关键环节。

(1) 掌握工程知识:能够灵活运用医药生产理论、数学原理、自然科学法则、工程基础以及专业知识,精准解决各类医药领域难题。

(2) 深入分析问题:善于运用基本原理,精准识别并深入分析医药工程中的复杂问题,通过广泛查阅文献,寻找并实施有效的解决方案。

(3) 设计/开发解决方案:设计创新的制剂生产管理和质量控制解决方案,考虑多方面因素。

(4) 实践探索与研究:依据科学原理,精心设计实验方案,严谨分析实验数据,科学得出结论,推动医药技术的不断进步。

(5) 项目管理:理解专业原理和经济决策方法,在多学科环境中应用。

### 炮制虽繁必不敢省人工,品味虽贵必不敢减物力

"炮制虽繁必不敢省人工,品味虽贵必不敢减物力"是寿全斋的古训,意思是制药的工序

---

① 梅新路.基于"三药"要求的临床试验监查人才课程体系研究[J].科技视界,2021,(11):105-106.

再复杂,也不能省略一丝人工;药材再珍贵,也不能减少一点物力。这一古训体现了寿全斋对中药炮制工艺的严格要求和对药材品质的极致追求。炮制是中药生产的核心环节,涉及药材的采集、加工、炮制等过程,每一个环节都直接影响中药的疗效。对医药人来说,"炮制虽繁必不敢省人工,品味虽贵必不敢减物力"就是在无人监督的情况下,用一丝不苟的态度完成制药工艺,并严格按照规章制度进行生产、经营,体现医药人的高度自律。

封岳云是寿全斋的杰出代表,也是中药炮制技艺的传承人,曾多次荣获"全国技术能手""全国中药鉴别比赛一等奖""浙江省技术能手""宁波市领军人才"等称号。他自20世纪80年代初进入中药行业,至今已坚守40余年。在他的职业生涯中,始终遵循"遵古法,重工艺"的原则,从药材的采集、加工到炮制,每一个环节都一丝不苟,严格把控质量。他深知中药炮制的火候、时间和工艺直接影响药效,因此始终坚持用心感受、用时间沉淀,将传统技艺发挥到极致。

思考:封岳云践行寿全斋古训"炮制虽繁必不敢省人工,品味虽贵必不敢减物力"给你的启示是什么?

图1-11 世界职业院校技能大赛高职组医药卫生赛道中药传统技能赛项铜奖

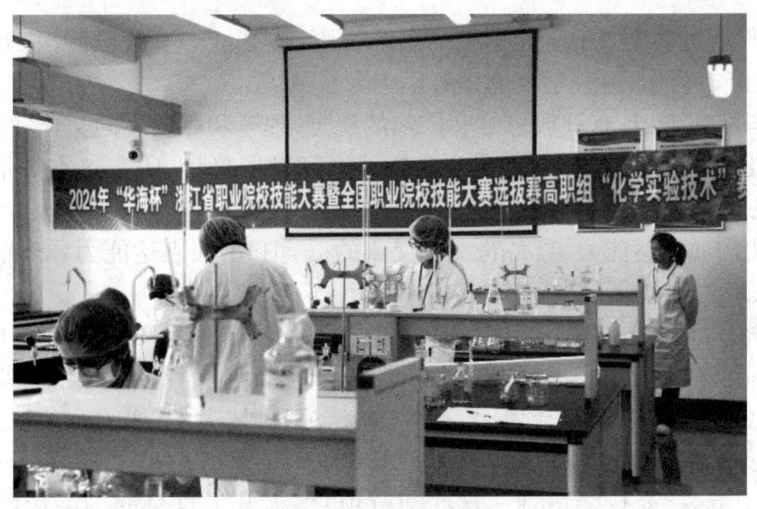

图1-12 2024"华海杯"浙江省职业院校技能大赛"化学实验技术"和"药品生产"赛项一等奖

## 四、懂智造

懂智造,即医药工作者需掌握的智能制造知识与技能,涵盖自动化生产流程、智能检测技术、大数据分析能力以及人工智能应用等多个方面。学校注重培养学生的智能制造能力,使其能够适应医药行业的智能化发展趋势,能够使用现代工具、应用数学模型、应用工程知识,提高生产效率和产品质量。

（1）释放效能,打造多元化阵地体系。与企业深度合作,打造"1+N"产教融合生态圈,促进"政校行企园"多方协同育人。例如,与新昌县共建"新昌现代智能制药产业学院",与奉化区政府、浙江大学药学院共建"浙江省高端制剂和先进药物创新实验室"。此外,学校还联合233家单位组建了生物制药、中药、食品、化妆品、医疗器械、现代医药等6个产教融合共同体。

（2）串点成线,建设示范性实践基地。医疗器械学院构建了"五位一体"实验实训基地定位于实践教学、社会培训、企业真实生产、社会技术服务、合作开发,服务于医疗器械工程技术、新材料与应用技术、康复辅助器具技术、医疗器械经营与服务专业群,构建理念先进、机制健全、队伍优化、设备精良、特色鲜明的具有示范和引领作用的省内一流医疗器械现代产业学院实验实训基地。

（3）深挖资源,建设数字化校园平台。学校积极响应国家教育信息化发展战略,落实《浙江省数字教育高质量发展行动计划（2024—2027年）》,基于数字校园开展技术创新应用研究,推动智慧教学、智慧科研、智慧校园与智慧管理的建设。在智慧教学方面:学校打造了"数智课堂",教室配备了多功能讲台、智慧黑板、智能扩音系统等先进设备,支持线上线下融合、课内课外联动的教学模式。此外,学校还开展了AI赋能智慧课程改革与建设培训会,借助知识图谱、AI智能助教等尖端技术工具,推动了智慧教学的深化与发展。在智慧管理方面:借助"五育并举"数智管理平台项目,实现了多场景融合应用,运用大数据技术深入挖掘"五育"数据价值,为学生提供个性化教学服务和精准帮扶。

## 五、接国际

浙江药科职业大学致力于培养学生的国际视野,使其能够了解国际医药行业的发展趋势,参与国际交流与合作,提升学校的国际影响力。

（1）具有国际视野:具有开放思维和广阔的视野,理解和尊重不同文化和观点。

（2）信息处理能力:具有收集医药专业领域国际发展趋势、研究热点等信息,以此开展调查研究、实践探索的能力。

（3）跨文化沟通表达能力:具备跨文化交流的语言和书面表达能力,能就医药领域方面的专业问题,在跨文化背景下进行基本沟通和交流。

（4）终身学习:具有自主学习和终身学习的意识,有不断学习和适应发展的能力。

学校凭借宁波港口及中东欧战略合作的地缘优势,响应"一带一路"倡议,成功入选教育部"中国文化之旅"交流学习计划,与芬兰东南应用科技大学、澳大利亚科廷大学等十多所知名高校建立了稳固的合作关系,吸引了来自美国、芬兰、马来西亚、苏丹等国家的青年学子前来参观交流、接受技能培训。这些交流项目,提升了自身的国际影响力,为师生提供了国际视野和合作机会,推动了医药教育国际化发展。

## 六、能创新

医药行业正处于快速变革之中,新技术、新疗法不断涌现。例如,生物制药、基因治疗、AI辅助药物研发等领域的发展,要求医药类学生能创新,才能在未来的医疗实践中运用这些新技术。能创新是指医药工作者应具备创新思维和创新能力,从而在医药行业的方法、技术或产品上寻求突破与改进。(1)树立创新意识:具备批判性思维、创新思维及计算思维,并拥有创业能力;(2)具备团队精神:能够在多学科背景下的团队中承担个体、团队成员以及负责人的角色。

近年来,浙江药科职业大学致力于"产学研"一体化发展,深入实施"育才计划",着力构建"产业链、科创链、技术链与人才链"四位一体的创新生态系统,持续激发人才的创新活力,为培育创新文化注入了"源头活水"。学校打造了"浙药健康创客公社"省级创客中心,为学生搭建了一个优质的创新创业平台。在人才培养模式上,依托各二级学院和创新创业学院,开设了医疗电子、药品生产技术、药品质量与安全、中药等系列创新班,为学生提供专业化、系统化的知识教育和技术技能训练,助力学生在其专业领域深耕细作。"浙药健康创客公社"致力于为创客提供全方位的"一站式"服务,涵盖技术培训、政策咨询、技术研发、科技中介、成果交易、认证检测、项目申请、项目推介、对外合作交流、融资对接以及市场开拓等多个领域,满足创客在创新创业过程中的多样化需求。

近年来,创新创业与职业规划大赛成为学生展现创新思维和实践能力的重要舞台。在比赛中,学生们围绕医药行业的人才需求,通过团队协作、市场调研、项目策划等环节,不断提升自己的综合素质和创新创业能力。本书第三板块围绕创新创业大赛和职业规划大赛介绍比赛规则和提供相关参赛指导。

学校课程体系的设计旨在有效支撑和促进学生核心素养的实现与提升。如图1-14所示,药物制剂专业学生的毕业要求围绕核心素养展开,通过专业课程,紧密对接核心素养(厚药德、明药规、强药技、懂智造、接国际、能创新)的实现。以药物制剂专业为例,培养理想信念坚定,德、智、体、美、劳全面发展,具有一定的科学文化水平,良好的人文素养、医药道德和创新意识,精益求精的工匠精神和信息素养,较强的就业能力和可持续发展的能力,熟悉法律法规和标准,掌握药物制剂处方、工艺知识和制剂生产管理、在线质量控制、技术创新及应用等技术技能,面向医药制造业行业的药物制剂职业群,能够从事药物制剂生产管理、质量控制、工艺验证、制剂研发等工作的高层次技术技能人才。

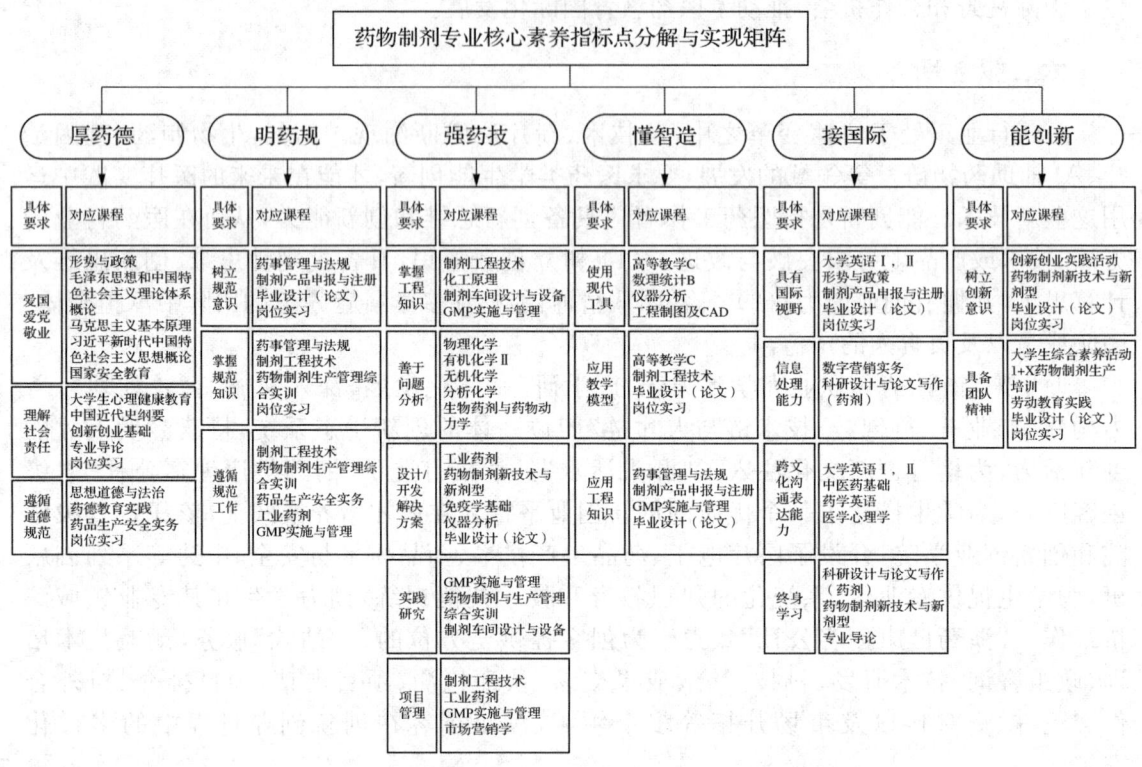

图 1-13 药物制剂专业核心素养指标点分解与实现矩阵

## 企业导师说

当你们翻开这本就业指导教材时，或许正站在校园与职场的交界处，既充满期待，又有些许迷茫。希望我接下来的话能够对你们有一些启发。

首先我想告诉你们的一句话是——深耕是底气，跨界是机遇。在职场中没有标准答案，只有层出不穷的新问题，你们在课堂中所学到的知识只是你们未来发展的地基，但真正的能力源于实践，在课余时间，参加志愿活动、企业实习、社团领导经历都能帮你积累经验，培养情商和领导力，遇到难题时，先问"为什么"，再想"怎么办"，企业更愿意把机会交给主动的人。

其次，永远不要局限于眼前的一亩三分地，学编程的可以了解营销，学管理的可以接触数据分析，复合型人才永远是企业的"稀缺资源"。职场没有"重启键"，但优秀的人总能把挫折变成升级的"经验包"。职场是一场马拉松，而非短跑，企业看重的不只是你现在的成绩，更是你的潜力和成长性。在大学期间，希望你们能勇敢尝试，不怕失败，因为每一次挫折都是未来成功的铺垫。

最后，送你们三颗"职场心"。一是好奇心：对新事物永远保持"这个我能学"的热情。二是平常心：接受职场初期从"打杂"做起，但记住：小事做到极致就是绝活。三是感恩心：未来无论走多远，别忘了给母校老师发条消息——你永远不知道，机会会从哪份善意中萌芽。

同学们，职场没有"通关秘籍"，但每一个认真准备的你，都已自带光芒。愿你们以专业为剑，以素养为盾，在属于自己的战场上，赢得漂亮！

——张丽云（贝尼菲特药业有限公司执行总裁）

## 第三节　规划人生，成就自我

自古以来，职业规划的重要性不言而喻，它涉及众多因素的综合考量，是一个复杂的过程。孔子曾言："志于道，据于德，依于仁，游于艺"。对个人而言，职业规划是连接人生理想与追求的桥梁，体现个人品德，提升技能。它使个体通过工作助人、服务社会，实现'己欲立而立人，己欲达而达人'的崇高境界。曾国藩认为职业生涯是"修心、修身、修行"的"三修"过程，同时职业规划应当考虑个人兴趣与能力。梁启超提出"职业不分贵贱"的观念，认为职业是发展个性、挖掘潜能的良机，鼓励学生树立正确职业观，将个人价值与社会需求结合，实现自我超越。"近代中国职业生涯教育第一人"黄炎培倡导"职业陶冶—职业指导—职业教育—职业补习"的系统体系，注重"人职匹配"，即职业指导应帮助个人找到与才能适合的职业。因此，职业规划是个人根据自身的主观因素和客观环境，确立自己的职业发展目标，选择实现这一目标的职业，以及制定相应的工作、培训和教育计划，并按照一定的时间安排，采取必要的行动实现职业生涯目标的过程。

"人人皆可成才、人人尽展其才"。职业规划的目的正是帮助青年学生充分发挥自己的才能和潜能，体现个体价值，让每个青年学生的人生都有出彩的机会。聚焦于"新药科"，新时代为医药类专业学生搭建了实现个人价值的广阔舞台，提供了多样化的职业梦想实现机遇，同时也对医药类专业学生的个人素养提出了更为严格的要求。

对于大学生而言，自己所学专业的发展前景如何，何种职业适合自己，未来是选择就业还是继续深造，大学期间应如何规划以实现自己的职业目标，这些问题都是职业规划的重要议题。对于医药类专业学生而言，具有其专业的特殊性，医药类学生的培养也有其特殊的规律。医药类毕业生因其专业性强、培养周期长及职业匹配度高的特点，更需提前规划职业生涯，确保职业规划贯穿于整个教育培养过程。同时，医药类专业学生面临以下就业挑战：① 专业性强，就业领域相对狭窄，主要集中在医药教育、研发、生产、流通及销售等领域。② 就业市场地域性差异显著，中国医药制造业主要集聚于东部沿海地区科研院所集中和创新能力较强的省份以及少数中西部中心城市，初步形成以长三角、环渤海地区为核心，珠三角等中东部地区快速发展的空间格局，医药类人才也向这些地区集聚。③ 用人单位聘用标准提升，随着医药企业现代化水平提高，对高素质人才的需求日益增加，入职门槛相应提高。从事研发、学术类的岗位一般倾向于硕士以上学历的毕业生；而从事生产质量管理、临床监察和药学服务等岗位的毕业生则以本科生为主。然而部分毕业生择业思想准备不足、知识储备不足、不能准确自我定位从而加剧了供求矛盾。

总体而言，职业规划并非一蹴而就，而是一场贯穿始终的修行。职业规划从职业生涯认知到自我探索，从职业探索到决策行动，再到素质提升，层层递进，环环相扣，从而助力学生逐步明晰职业方向,稳步迈向理想岗位。

## 一、探索职业路径,培育创新型医药人才

在党的二十大报告中,习近平总书记高瞻远瞩地指出,必须"坚持科技是第一生产力、人才是第一资源、创新是第一动力"。近年来,我国对医药创新人才的培养予以高度重视,并推出了一系列政策支持措施。例如,《中共中央关于进一步全面深化改革、推进中国式现代化的决定》明确指出,需培养具备国际视野、创新精神和实践能力的医药创新人才。国务院办公厅发布的《关于加快医学教育创新发展的指导意见》提出,应加速培养高层次复合型医学人才,并完善以职业需求为导向的人才培养体系。一方面,致力于培养具有仁心仁术的医学人才,加强医学生的职业素养教育,以及护理专业人才的培养。另一方面,注重中医药教育的传承与创新,扩大中医药主干专业的规模,培育少量但精良、高水平的中西医结合人才。

近年来,我国医药产业正经历从"跟随"和"并跑"向"领跑"的历史性转变,这一伟大进程迫切需要大量创新型人才的推动。在浙江省,医药产业正朝着高端化、国际化、专业化、数字化方向发展,亟须大量具备国际视野和数字化技能的创新型人才。例如在数字化转型方面,借助大数据、云计算、人工智能等尖端科技,推动医药研发、生产、流通及服务领域的全面智能化转型。因而,创新型医药人才须具备三大核心能力:跨学科知识整合能力(生命科学+数据科学+工程技术的交叉融合);临床需求导向的研发创新能力;全球化视野与成果转化能力。

为响应时代对创新型医药人才的呼唤,医药类学生应至少做好以下三件事:① 清晰的学业规划;② 精准的自我认知;③ 明确的职业认知。第二章"药路领航·认识职业生涯"概述了职业生涯规划的基本概念、基本理论及其与学业生涯规划的关系,强调了医药类专业学生进行职业规划的原则与意义。第三章"药石可镂·自我探索"探讨了自我认知的重要性,涵盖职业兴趣、职业性格和价值观等方面。本章有助于医药类专业学生提高自我认知,培养职业兴趣,深入剖析职业性格,提升职业技能,培养正确的职业价值观,为职业选择和发展提供依据,明确自身在医药行业中的定位,从而制定出更为精准的职业发展路径。第四章"药海遨游·职业探索"介绍了职业的内涵、分类与标准以及多样的职业选择、职业发展。本章有助于学生了解医药类各专业的职业发展前景以及未来主要就业岗位,并帮助学生提升专业适应性,从而提升职业竞争力,为未来在医药领域的创新与发展奠定坚实基础。

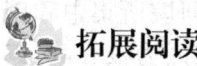

## 拓展阅读

**创新者的处方**

## 二、助力职业决策,推动人才成长出彩

医药类学生常见的职业决策包括传统的研发、生产、销售和新兴领域的临床药学、医药咨询、移动医疗及医药新媒体等方向。① 在研发类工作中,学生可选择成为药物研究员、临床监察员或药品注册人员,分别从事新药研发、临床试验组织和药品上市申报工作。② 生产类岗位有车间工艺员和 QA/QC,负责药品生产过程中的工艺调整、质量监控和检验。③ 销售类方向涵盖医药代表、医疗器械代表和学术推广专员,负责药品或医疗器械的推广销售、市场开拓及学术知识传播。④ 新兴领域中,临床药学专业学生可在医院从事用药方案制定和药物不良反应监测;医药咨询行业为制药企业和医疗机构提供市场调研、药物经济学评估等专业服务;移动医疗和医药新媒体领域则涉及医疗健康 App 开发运营及医药新媒体平台的内容创作与推广。

对于医药专业的学生而言,坚持"先就业再择业"的理念显得尤为关键。职业生涯初期,应着重积累实践经验,提升专业技能,并注重综合素养的培养。随着对行业认知的深化和自身能力提升,适时寻求更符合规划及长远目标的岗位,实现从"就业"到"择业"的转变。第五章"药道职行·职业决策与行动计划"阐述了职业决策的概念、类型、方法,职业行动计划的实施以及职业规划书的撰写、评价与调整。本章助力医药类专业学生明确职业兴趣与方向,细化目标,分析可行性,并制定实现步骤,为职业生涯提供清晰蓝图。

### 企业导师说

**一、行业发展趋势**

一是健康消费品销量持续增长。拜耳健康消费品业务五年多来持续增长,2024 年各品类均有增长,尤其是镇痛和心血管品类、皮肤健康品类增长强劲。二是创新研发成果显著。中国参与了拜耳 80% 以上的关键多中心临床试验,北京的全球研发中心已向中国引入 19 款创新药物,上市速度大幅提升。

**二、需要的岗位**

医药代表:有教学医院两年以上工作经验,有大客户管理、准入经验者优先,具备争第一的意愿和能力,学习、抗压、应变能力强,乐观开朗,沟通和执行力强,医药相关专业本科及以上学历。

高级药品注册经理:负责药品注册工作,需要有深厚的专业知识和丰富的注册经验,熟悉药品注册法规和流程。

生物总监:博士学历,负责领导和管理相关生物领域的研发工作,需要在生物科学、药物研发等方面有深入的研究和丰富的经验。

零售区域市场推广专员:协助管理第三方服务专员,推动店铺业绩提升,规划区域产品增长策略,监测和执行推广活动等,要求临床医药或药学专业优先,有 3 年左右销售和营销经验,具备强数据敏锐度、分析能力、文案编辑、谈判沟通能力,能适应频繁出差。

——王朋(拜耳医药亚太地区前销售经理)

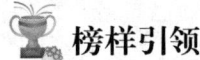**榜样引领**

深耕技能沃壤，绽放成才之花

◆ **人物简介**

姓名：刘诗行

毕业院校专业：浙江药科职业大学（原医药高等专科学校）中药学

现任岗位/职务：浙江药科职业大学中药学院实验员、中药学院团委副书记

职业成就：全国行业职业技能竞赛——第七届全国医药行业特有职业技能竞赛（学生组）中药调剂员获优秀指导教师奖

◆ **个人发展路径**

**青春践行，不负韶华**

2017年，她怀揣着对未来的憧憬踏入浙江药科职业大学中药学专业，开启了求学生涯。开学第一课上，史志超老师用生动讲解展现中医药文化魅力，让她心生向往。后来，她成为中药传统技能大赛助手，在班主任沙秀秀老师和专业老师悉心指导下，明确目标，克服困难，获国赛一等奖，为留校工作奠定基础。

**迎难而上，前行不倦**

2020年毕业后，有幸留校成为实验员，负责实验实训课程准备及中药传统技能大赛炮制项目训练与辅导。初入职场，面临诸多挑战，如实验耗材采购不精准、中药饮片管理不善等。陈云老师作为她工作上的指导老师，给予大量帮助。如今她已能合理规划耗材采购，科学管理中药饮片，降低教学成本。

**踔厉奋发，传承精华**

作为中药学院第二批"师徒结对"成员，师从封岳云导师，学习中药传统技艺。在企业实践中，深入了解中药传统技艺精髓和现代中药企业管理理念，为培养新时代中药传承人积累实践经验。师徒在授业解惑、传承技艺、弘扬文化等方面共同努力，作为浙江省职业院校技能大师工作室成员，在人才培养、社会服务等方面贡献力量。

◆ **案例启示**

首先，扎实掌握专业知识是职业发展的根基。职业教育注重理论与实践结合，不仅要深入学习专业理论，还要关注行业前沿动态，通过课堂学习、课外活动拓宽知识面，提升专业素养。

其次，实践能力是职业本科学生的优势。在校期间应积极参与实习、实训等活动，将理论知识转化为实际操作能力，通过与企业合作、参与实际项目积累经验，培养解决问题的能力，通过参与创新创业比赛、科研项目锻炼创新思维，为职业发展注入活力。

最后，秉持"先就业再择业"的理念。在职业生涯初期，先积累实际工作经验，提升专业技能和综合素质。随着对行业的深入了解和自身能力的不断提升，再根据个人职业规划和长远发展目标，寻求更合适的工作岗位，实现从"就业"到"择业"的转变。

◆ **校友寄语**

热爱自己的专业，立足自己的专业。

## 三、提升综合素质,满足宽口径人才需求

2023年8月,国务院常务会议审议通过《医药工业高质量发展行动计划(2023—2025年)》《医疗装备产业高质量发展行动计划(2023—2025年)》,提出要提高医药工业和医疗装备产业韧性和现代化水平,鼓励和引导龙头医药企业发展壮大,提高产业集中度和市场竞争力。当前,我国医药工业已进入高质量发展的关键阶段,带动医药行业持续向数字化方向转型升级。《"十四五"智能制造发展规划》提出,到2025年,规模以上制造业企业大部分实现数字化网络化,医疗设备/器械、医药制造数字化转型日渐加速。2024年,亿欧智库数据显示,在制药企业的生产环节中,有44.2%的企业部署了WMS仓储管理系统,30%的企业部署了EAM设备管理系统,43.3%的企业部署了MES生产执行系统,47.5%的企业部署了PCS生产自动化系统。面对此趋势,高校需构建医药健康领域"学科交叉、能力复合"的人才培养新模式,医药人才需全面提升综合素质,掌握跨领域知识,强化实践能力,以适应行业需求。

第五章介绍了提升职业能力、职业素养和职业道德的方法和途径。现代职业素养包含家国情怀、抗压与韧性、创新思维和情绪智商。本章有助于学生了解如何提升医药行业的职业能力和素养,掌握职业道德规范,培养适应医药行业发展的综合素质,为职业生涯的可持续发展奠定坚实基础。

因此,本板块立足于"新药科"背景下,通过系统的章节设计,帮助学生和家长全面了解职业规划的重要性和实施方法。从职业生涯认知到自我认知探索,再到职业探索、职业决策与行动计划,最后到提升综合素质,每一步都为学生的职业发展提供了清晰的指导和支持。通过学习这本教材,学生和家长能够更好地理解职业生涯规划的意义,掌握规划方法,为未来的职业发展奠定坚实的基础。

## 生涯实践

### 任务1:核心素养提升计划

围绕核心素养,请你讲一讲你对以下六个素养内涵的理解,并认真分析,思考如何行动以培养自己的核心素养。

| 我的定义 | 我的提升计划 |
| --- | --- |
| 厚药德 | 1.<br>2.<br>3. |
| 明药规 | 1.<br>2.<br>3. |

续　表

| 　 | 我的定义 | 我的提升计划 |
|---|---|---|
| 强药技 | | |
| 懂智造 | | |
| 接国际 | | |
| 能创新 | | |

## 任务2：采访职业楷模

请寻觅自己的导师与榜样。他们的经历、他们所展现的责任感与力量，犹如指引我们职业生涯发展的灯塔之光，成为激励我们勇往直前的精神财富。

1. 简要介绍您的职业楷模

2. 他/她的故事给你怎样的启发？

本章提供医药专业学生"1+X证书"的详细信息，学生可自行根据相关专业了解资格证考试时间和考试网站，为学习生涯和职业规划提供明确指引。

**医药类专业资格证考试信息**

# 第二章　药路领航·认识职业生涯

> 一代青年有一代青年的历史际遇。我们的国家正在走向繁荣富强，我们的民族正在走向伟大复兴，我们的人民正在走向更加幸福美好的生活。当代中国青年要有所作为，就必须投身人民的伟大奋斗。同人民一起奋斗，青春才能亮丽；同人民一起前进，青春才能昂扬；同人民一起梦想，青春才能无悔。
>
> ——致全国青联十二届全委会和全国学联二十六大的贺信

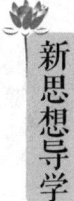

## 学习目标

1. 了解职业生涯、职业生涯规划的内涵与外延。
2. 了解国内传统文化中的职业生涯理论、西方职业生涯规划的著名理论。
3. 理解职业生涯规划与学业生涯规划的联系。
4. 掌握学业生涯规划、自我管理能力提升的基本方法并加以运用。
5. 理解大学生进行职业生涯规划的原则和意义。

## 课前导入

### 本草逐梦：李时珍的职业蓝图

李时珍，中国古代著名的医药学家，他的职业生涯可以说是在对医药学的热爱、对知识的追求以及为民众健康服务的信念驱动下，逐步形成和发展的。虽然没有现代意义上明确的职业生涯规划，但他的人生轨迹却彰显着清晰的职业脉络。

他出生于医药世家，父亲李言闻是当地有名的医生。受家庭环境的影响，李时珍从小就对医药学有着浓厚的兴趣。他自幼苦读医药典籍，对《内经》《难经》《伤寒论》等医学经典有深入的研究。14岁时他就考中秀才，但此后三次乡试均未中举，逐渐将经历和兴趣完全转向医药学领域。

放弃科举后，李时珍开始跟着父亲行医，用心观察每一位病人的症状，记录病情变化，研究药物疗效。因为医术精湛，38岁时他被推荐到了太医院任职。在接触了大量宫廷医药藏书和各种珍稀药材之后，他意识到与本草有关的书籍，还存在诸多问题，如内容的错误、分类的混乱等等。于是他立志要对本草学进行全面的整理和研究，便辞去了太医院的工作。

在大量资料收集、充分实地考察,艰苦编写工作的基础上,经过27年的努力,李时珍终于完成了药学巨著——《本草纲目》。这部著作共52卷,总计收录了1 892种药物、1 109幅附图、11 096首附方,是中国古代药学的集大成之作。

李时珍的一生都奉献给了医药学事业,为中国医药学的发展做出了重要的贡献。他的职业生涯,也成了后世医药学工作者学习的典范,激励了无数仁人志士投身于医药事业,为人类的健康福祉而努力。

(戴鸿铭:从本草纲目读李时珍[M].武汉:湖北科学技术出版社,2018.)

# 第一节　职业生涯概述

## 一、职业生涯规划的基本内涵

### (一) 生涯与职业生涯

1. 生涯的内涵

生涯的英语为 career,其中"生"是"活着"的意思,是与一个人生命的联系;"涯"是"边界"的意思,是指一个人的人生经历、生活道路和职业、专业以及事业。因此,"生涯"就是指人们从事某种活动或职业的生活。

"生涯"一词最早出自《庄子·养生主》——"吾生也有涯,而知也无涯",是一个丰富且多元的概念,同时具备了时间、空间、发展等多方面的内涵。

从时间维度上看,生涯涵盖了我们整个生命历程中与职业、生活相关的所有经历。因此,生涯不是某个特定阶段的短暂行为,而是贯穿我们一生的长期过程。按照不同的时间,生涯可以划分为不同的阶段,每个阶段生涯都有其独特的任务和特点。

从空间维度上看,生涯不仅局限于职业角色,还包括我们在家庭、社会等不同环境中所扮演的角色。例如我们同时可以是医药工作者、父母、子女、社区志愿者等等,而且这些角色相互影响、相互作用。此外,生涯与我们所处的社会环境、经济环境、文化环境等密切相关。不同的环境,一方面为我们的生涯发展提供了机会,但另一方面也会限制我们的生涯发展。

从发展维度上看,生涯不是一成不变的,而是随着我们成长环境的变化,在不断发展和演变。我们可能会因为兴趣的改变、技能的提升、市场需求的变化等原因,在生涯中经历多次职业转换或角色调整。我们通过在不同领域的努力和探索,不断挖掘自己的潜力,追求自己的梦想,实现自己的人生目标。

从综合维度上看,生涯是一个复杂的系统,涉及个人的心理、生理、社会、经济等多个方面。它既包括我们内在的兴趣、能力、价值观等因素,也包括外在的职业机会、社会关系等因素。这些因素相互交织、相互影响,共同决定了我们的生涯轨迹。因此,我们每个人的生涯都是独一无二的,没有完全相同的两条生涯路径。即使是在相同的职业领域,由于我们的性格、经历、家庭背景等不同,也会有不同的生涯发展方式和结果。

2. 职业生涯的内涵

职业生涯是一个人一生所有与职业相连的行为、活动以及相关的态度、价值观、愿望等连续性经历的过程,也是一个人一生中职业、职位的变迁及职业目标的实现过程。简单地说,一个人职业发展的状态、过程及结果构成了我们的职业生涯。

根据中国职业规划师协会定义:所谓职业生涯,是指人的一生中的职业历程。具体地说,职业生涯是指一个人在其一生中所从事的一系列与职业相关的活动、经历和角色的总和,它涵盖了个人从职业探索、进入职场、在职业中发展以及最终退出职业领域的整个过程,具有丰富的内涵和多方面的意义。

值得注意的是:

(1)职业生涯不是一个孤立的事件,而是一个从开始到结束的整个连续过程。但通常可以划分为不同的阶段,而每个阶段又都有其独特的任务和特点。

(2)职业生涯包含了我们在不同工作岗位上所从事的具体工作内容和任务。这些具体的工作活动构成了职业生涯的主体部分,也是个人积累工作经验、提升专业技能的基础。

(3)在职业生涯中,我们需要不断学习和掌握新的专业技能,提升沟通能力、协作能力、领导能力、问题解决能力等综合素质。

(4)职业生涯是我们实现自我价值的重要途径。每个人在职业生涯中都有自己的职业目标,这些目标可以是短期的,也可以是长期的。

(5)职业生涯受到社会环境的制约和影响,包括经济形势、政策法规、行业发展趋势等。此外,人际关系也会影响我们的职业生涯。

职业生涯还可以从内职业生涯和外职业生涯两个方面来理解。

内职业生涯是指从事一项职业时所具备的知识、观念、心理素质、能力、内心感受等因素的组合及其变化过程。知识与技能是内职业生涯的基础部分,涵盖专业知识、通用知识以及各种工作技能,如企业数字化管理人员对编程语言和开发工具的掌握,药事服务与管理人员对市场分析和企业管理的能力等。心理素质包括情绪管理能力、抗压能力、意志力等,如在面对工作中的重大挑战和压力时,能够保持冷静、积极应对,不会轻易被困难打倒。观念与认知包括职业价值观、对职业发展的认知以及自我的认知等,如清晰地知道自己想要从职业中获得什么,对自身的优势和劣势有客观地评估,能准确把握行业发展趋势和职业机会。

外职业生涯是指工作单位、工作地点、工作内容、工作职务、工作环境、工资待遇等因素的组合及其变化过程,主要体现在工作单位与平台、工作内容与职务、工作环境与待遇几个方面。工作单位与平台指所在的企业或组织的规模、行业地位、发展前景等。一般认为,一个知名的大型企业往往能提供更广阔的发展空间和资源,而新兴的创业公司可能会带来更多的创新机会和快速成长。工作内容与职务指具体承担的工作任务和所承担的职位。工作环境与待遇则包括办公环境、工作时间、工作强度以及薪资福利等。良好的工作环境和有竞争力的薪资待遇可以提高工作的满意度和内驱力。

内职业生涯的发展水平,直接影响着外职业生涯的发展高度。具备丰富知识、卓越技能和良好心理素质的人,往往更有可能获得晋升机会,进入到更加优质的工作平台,承担更加重要的工作职务。另外,我们的观念和认知也会影响对职业生涯的选择和追求。一个具有创新意识和开拓精神的人,可能更倾向于选择具有挑战性的创业项目,而不是在稳定的传统企业中按部就班。

外职业生涯中的工作环境、培训机会等能为内职业生涯的发展提供条件。在一个重视员工培训和发展的企业中,员工有更多机会学习新的知识和技能,提升自己的能力。外职业生涯的成功,比如获得更好的职位和更好的薪资待遇,往往会带来更多的资源和机会,反过来又能促进内职业生涯的进一步发展,比如有机会参加更高级别的行业研讨会,与顶尖专家交流,从而拓宽视野,提升专业水平。

内职业生涯和外职业生涯是相辅相成的关系。只有两者相互协调、共同发展,才能实现职业生涯的可持续发展和我们的职业目标。

**(二) 职业生涯规划的含义**

职业生涯规划最早起源于1908年的美国。有"职业指导之父"之称的弗兰克·帕森斯(Frank Parsons)针对大量年轻人失业的情况,成立了世界上第一个职业咨询机构——波士顿地方就业局,首次提出了"职业咨询"的概念。从此,职业指导开始系统化。到五六十年代,舒伯等人提出"生涯"的概念,于是生涯规划不再局限于职业指导的层面。

职业生涯规划也叫"职业规划"。在学术界人们也喜欢叫"生涯规划",在有些地区,也有一些人喜欢用"人生规划"来称呼。也称职业生涯设计,是指个人与组织相结合,在对一个人职业生涯的主客观条件进行测定、分析、总结的基础上,对自己的兴趣、爱好、能力、特点进行综合分析与权衡,结合时代特点,根据自己的职业倾向,确定其最佳的职业奋斗目标,并为实现这一目标做出行之有效的安排。

职业生涯规划是一个动态的过程。它帮助我们在职业发展道路上,明确自己的方向,提高自己的职业核心竞争力,实现自我的价值和职业目标。同时,对于组织来说,个人的职业生涯规划有助于提高我们的忠诚度和工作积极性,进而促进组织的发展。

大学生职业生涯规划是指大学生在大学期间,结合自身实际情况与外部环境因素,对自己未来职业生涯进行的一系列有目的、有计划地设计与安排,旨在帮助大学生在未来的职业道路上更好地发展,实现自我价值。其含义主要体现在:自我认知探索、职业探索、职业决策与行动计划。自我认知探索,需要我们对自己的兴趣、性格、技能、价值观等进行全面的探索,并在自我认知的基础上,明确自己对未来职业的偏好和期望。职业探索,需要我们关注社会经济发展动态,了解不同专业的现状和未来发展趋势,并对感兴趣的职业进行深入研究,掌握其具体的工作内容、技能要求、职业发展路径等。职业决策与行动计划,需要我们基于自我认知和职业环境探索,确定自己的职业目标,规划合理的发展路径,制定具体的行动计划,并定期对职业生涯规划进行评估和调整。

大学生职业生涯规划除了具有职业生涯规划的一般特点外,还因大学生这一特定群体的身份和发展阶段,具有一些独特的特点,包括探索性、基础性、易变性、目标导向性与理想性并存、与学业规划紧密结合等。如许多大学生在大一大二时可能对自己未来要从事什么职业只有一个模糊的概念,通过参加不同类型的社团活动,发现自己在组织协调方面的特长,进而开始考虑医药市场营销、产品/项目管理等相关职业方向。再如一名企业数字化管理专业的学生,为了将来能从事专业相关工作,在大学期间会专注于学习编程语言、数据结构等基础课程,通过参加一些"互联网+"大健康产业的竞赛,提升自己的实践能力,为进入职场做好充分准备。有的大学生原本计划毕业后从事药学相关行业,但在参加一次化妆品公益活动后,对化妆品领域产生了浓厚的兴趣,于是开始考虑转向化妆品相关的职业方向。一些大学生将成为一名成功的企业家作为自己的职业目标,想象着自己能够创造出具有影响力的产品或服务,但对于创业过程中可能面临的资金压力、市场竞争等困难缺乏足够的认识。想要从事翻译工作的学生,在大学期间除了学好本专业课程外,还会选修翻译相关的课程,参加翻译社团和实践活动,提升自己的翻译技能,为实现职业目标做准备。

## 二、职业生涯规划理论

### (一)中国传统文化中的职业生涯理论

中国传统文化中虽没有直接与现代"职业生涯"完全对等的概念,但蕴含着丰富的与职业发展、人生道路选择等相关的思想和理念,强调个人修养、社会责任和道德品质,认为职业不仅是谋生的手段,更是实现个人价值和社会贡献的途径。这些思想在现代职业规划和就业选择中仍具有重要的参考价值。

儒家强调"修身、齐家、治国、平天下",主张通过个人修养实现社会价值,职业选择应与社会责任相结合,倡导积极入世的实践精神。《大学》中提到"自天子以至于庶人,壹是皆以修身为本",认为只有不断修身,我们才能在职业生涯中具备担当重任的基础。在职业选择上,儒家以"仁、义、礼、智、信"为准则,追求符合道德规范和职业价值的职业,比如为官要清正廉洁、为民谋福祉,再如为学要追求真理、教化众人等。此外,儒家还强调全面发展,比如提出"君子不器"的论述,意思是君子不应像器具那样,只具备一种用途,而是要具备多方面的才能和素养。在职业选择和发展上,儒家鼓励人们不要局限于单一的技能或职业,要有更广阔的视野和综合能力,以便适应不同的工作环境和社会需求。同时,儒家还强调个人对社会和家庭的责任,认为在职业生涯中要尽忠职守,为国家和社会做出贡献,比如"士不可以不弘毅,任重而道远"的论述,体现了一种为实现理想和承担社会责任而不懈努力的职业精神。

道家强调顺应自然,追求内心的平和与自由。在职业发展中可理解为不过多干预、不刻意强求,让事物按照自然的趋势发展。在就业时,不过于执着于某种特定的职业或职位,而是以一种平和、从容的心态面对职业选择和发展中的各种困难,相信自然而然的力量,注重在工作中和生活中保持内心的宁静和平衡。顺应自然源自《道德经》,主张要顺应自然规律,在职业和生涯选择上,不要刻意追求功名利禄,而是要根据自己的天性和自然禀赋来选择适合自己的道路,如庄子决绝出仕,逍遥于天地之间,以追求精神自由为人生目标,体现了一种顺应内心、不随波逐流的职业价值观。

墨家倡导"兼爱"和"非攻",强调社会公平和劳动价值。认为人们在职业活动中应该相互关爱、互利共赢。在就业和职业交往中,倡导合作互助,反对自私自利和损人利己,通过共同努力实现共同利益,这种观念有助于营造和谐的职业环境,促进职业活动的顺利开展,也体现了一种社会责任和职业道德的思想。墨子主张不论出身贵贱,只要有才能就应该被任用,"官无常贵,而民无终贱,有能则举止,无能则下之",这一理论打破了当时的等级观念,为社会底层有才能的人提供了职业发展的机会和希望,强调了才能和品德在职业选拔中的重要性,对促进阶层流动和人才培养具有积极意义。

法家主张"以法为本"和"因能授官"的理念,强调以法律为根本。在职业领域中,法家的思想体现为建立明确的职业规范和奖惩制度,通过法律和制度来规范人们的职业行为,激励人们努力工作,提高职业效率。同时,法家的主张也保障了当时职业活动的公平性和有序性,例如商鞅变法中的军功爵制,以明确的法律规定,激励士兵在战争中建立功勋,为他们的职业发展提供了明确的规则和动力。

佛教传入中国后,与本土文化融合,影响了职业观念。佛教认为职业选择和行为会影响个人命运,强调善行和职业道德。同时,佛家倡导在职业中保持内心平和,不为外物所扰,这种思想对现代职场压力管理有借鉴意义。

## 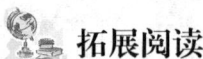拓展阅读

杏坛志笃,儒业心坚
——孔子的职业信念

孔子一生经历了多个历史时期,在不同阶段他的职业信念有着不同的表现和侧重点。但不管在哪个时期,他对职业的坚定信念,以及积极入世的态度都值得我们深思和学习。

**1. 早年学习与探索**

(1) 立志于学与求道

孔子早年生活艰苦,但他勤奋好学,"吾十有五而志于学",此时他的职业信念初步萌芽,立志通过学习古代文化知识和礼仪制度,探索人生的道理和社会的治理之道,为日后的发展奠定了基础。

(2) 以礼为基的职业向往

孔子对周礼极为推崇。他深刻认识到了"礼"的重要性,尤其发现"礼"对于个人修养和社会秩序的重要性。此时的孔子已经对恢复周礼、推行礼教的职业追求,有了初步的想法。孔子希望通过"礼"来规范人们的行为,实现整个社会的和谐有序。

**2. 出仕与政治实践期**

(1) 为政以德的初实践

孔子在51岁出任中都宰时,开始将自己的政治理念付诸实践,秉持"为政以德"的信念,以道德教化作为治理的根本手段,取得了良好的治理效果,使得四方皆来效法,这一时期他坚信通过统治者的道德引领,可以让百姓安居乐业,可以让社会走向安定繁荣。

(2) 积极推行周礼的努力

在担任大司寇等官职期间,孔子试图推行"堕三都"等举措,以此削弱卿大夫的势力,加强公室的权力,从而恢复周礼所规定的等级秩序和政治格局。体现出他在政治实践中,以恢复周礼为核心的职业信念。同时,也体现了孔子希望重建西周时期的政治秩序,让社会回到理想状态的决心。

**3. 周游列国**

(1) 坚守理想与弘道天下

在周游列国的14年里,孔子四处碰壁,遭遇了诸多的困难和挫折。但他始终坚守自己

的政治理想和道德信念,带着弟子们不辞辛劳地奔走各国,宣传"仁政"和"德治"思想。孔子希望能够找到一位愿意推行他主张的君主,以此来实现他"天下有道"的理想。

(2) 文化传播与教育拓展

在周游列国的过程中,孔子逐渐意识到单纯依靠政治途径来实现理想的艰难。因此,他开始更加注重文化传播和教育,认为文化传播和教育对社会变革具有更为重要的作用。他在各地讲学授徒,传播自己的思想学说,培养了众多优秀的学生,将自己的职业信念,从单纯的政治实践拓展到了文化教育领域。孔子希望通过培养人才,来传承和弘扬自己的思想,为社会的变革和发展储备力量。

**4. 晚年归鲁期**

(1) 文化传承与教育总结

晚年时期的孔子,回到鲁国后,专注于教育和文化整理工作。他修订六经,将自己一生对历史、文化、道德等方面的思考和研究融入其中,为后世留下了宝贵的文化遗产。他通过总结自己的教育理念和方法,培养出了一批优秀的文化传承者,如子夏、子游等。此时他的职业信念,更多地体现在了文化传承和教育事业上。

(2) 对理想社会的终极思考

晚年的孔子虽已不再直接参与政治,但他依然关心社会的发展,关注国家的命运。在回顾历史和反思现实的基础上,孔子对其一生所追求的"仁政""礼治"等理想社会模式,作了更为深入的思考。理想社会的终极思考,为后世儒家思想的发展,提供了重要的理论基础。孔子的职业信念,也在此时升华为对人类社会理想模式的探索和追求。

(李硕.孔子大历史[M].上海:上海人民出版社,2019.)

## (二) 西方职业生涯规划的著名理论

**1. 帕森斯的特质——因素理论**

特质——因素理论,由美国职业指导专家弗兰克·帕森斯(Frank Parsons)在1909年他的著作《选择一个职业》中提出,是最早的职业指导理论之一。该理论认为每个人都有自己独特的人格特征,如兴趣爱好、能力倾向、价值观等,同时每种职业也有其特定的要求和特点。职业选择的关键在于将个人的特质与职业的因素进行匹配,当个人特质与职业要求相契合时,个体在职业中更有可能取得成功和满足感。

该理论认为,我们首先应该了解自我,即全面了解自己的生理和心理特点。生理方面包括健康状况、体力等;心理方面涵盖兴趣、性格、能力、价值观等。可以通过心理测试、自我反思、他人评价等多种方式来获取对自我的认识。其次我们应了解职业,对职业世界进行探索和研究,了解不同职业的工作内容、工作环境、技能要求、发展前景、薪资待遇等因素。这些职业信息可以通过查阅资料、实习、访谈从业者等途径来获取。最后进行人职匹配,在充分了解自我和职业的基础上,我们可以将个人的特质与各种职业因素进行对比和匹配,找到最适合自己的职业。

特质——因素理论为职业指导和职业生涯规划提供了重要的理论基础,为职业选择提供了较为科学的方法和依据,推动了职业指导领域的发展。该理论的一些方法和理念被广泛应用于职业咨询、人才选拔、职业培训等领域,有助于我们做出合理的职业选择。但该理论将职业选择仅仅归结为个人特质与职业因素的匹配,相对忽视了社会环境、家庭背景、机遇等其他因素对职业选择的影响。而且该理论假设个人特质和职业要求是相对固定的,没有充分考虑到个人在职业生涯中的成长和变化,以及职业环境的动态性。此外,该理论依赖心理测评等工具来评估个人特质,而这些测验本身可能存在一定的局限性,不能完全准确地反映一个人的真实情况。

2. 舒伯的生涯发展理论

(1) 生涯发展阶段理论

美国著名职业生涯规划大师舒伯(Donald E. Super)的职业生涯发展阶段论,是职业生涯规划理论中最常见,也是应用最广的理论之一。根据不同年龄阶段人们的主要任务与角色差异,该理论将生涯发展分为成长阶段(Growth Stage)、探索阶段(Exploration Stage)、建立阶段(Establishment Stage)、维持阶段(Maintenance Stage)和衰退阶段(Decline Stage)(具体见表 2-1)。

表 2-1 生涯发展阶段理论

| 生涯阶段 | 主要任务 | 子阶段 | |
|---|---|---|---|
| 成长阶段<br>(出生~14岁) | 儿童开始发展自我概念,对职业的好奇和兴趣逐渐产生。通过与周围环境的互动,如玩耍、学习等,了解自己的能力和兴趣,并开始形成对不同职业的初步印象。 | 幻想期<br>(4~10岁) | 儿童主要通过幻想来认识职业。 |
| | | 兴趣期<br>(11~12岁) | 开始对某些职业表现出明显的兴趣。 |
| | | 能力期<br>(13~14岁) | 更多地考虑自己的能力与职业的匹配。 |
| 探索阶段<br>(15~24岁) | 青少年和青年人开始深入探索各种可能的职业选择,尝试将自己的兴趣、能力与职业要求相匹配。他们会通过教育、培训、兼职工作、社会实践等方式,获取更多关于职业的信息,逐渐明确自己的职业方向。 | 试探期<br>(15~17岁) | 对职业进行一般性的探索。 |
| | | 过渡期<br>(18~21岁) | 开始进行专业学习或职业培训,对职业选择进行进一步的细化和调整。 |
| | | 试验承诺期<br>(22~24岁) | 初步确定职业方向,并开始在实际工作中检验自己的选择。 |
| 建立阶段<br>(25~44岁) | 个体在选定的职业领域中开始稳定发展,努力在工作中建立自己的地位,追求职业成就和晋升。这个阶段通常包括寻找工作、适应工作环境、与同事建立关系等。 | 尝试期<br>(25~30岁) | 在工作中尝试不同的角色和任务,以确定最适合自己的职业发展路径。 |
| | | 稳定期<br>(31~44岁) | 在职业中逐渐稳定下来,致力于提升自己的技能和专业水平,追求职业上的成功和成长。 |
| 维持阶段<br>(45~65岁) | 个体在已经建立的职业领域中继续维持和巩固自己的地位,努力保持职业成就,应对工作中的各种挑战和变化。<br>他们可能会通过更新知识和技能、指导年轻同事等方式,为自己的职业发展注入新的活力。 | | |

续 表

| 生涯阶段 | 主要任务 | 子阶段 |
|---|---|---|
| 衰退阶段<br>（65岁以后） | 随着年龄的增长，个体逐渐从工作角色中退出，开始准备退休生活。<br>这个阶段可能包括减少工作、逐渐移交工作责任等，个体需要调整自己的心态和生活方式，适应从工作到退休的转变。 | / |

(2) 生涯彩虹图

舒伯认为，生涯是一个人在一生中所扮演的各种角色的综合，这些角色包括子女、学生、休闲者、公民、工作者和持家者。他用"生涯彩虹图"（具体见图2-1）来形象地展示个体在不同生命阶段，所扮演的各种角色及其相互关系。在生涯彩虹图中，横坐标代表年龄，从出生到退休可以分为不同的阶段；纵坐标代表生活空间，即个体在不同阶段所扮演的各种角色。

生涯彩虹图强调了生涯的多样性和复杂性，提醒我们在规划职业生涯时，要考虑到不同角色之间的相互影响和平衡。

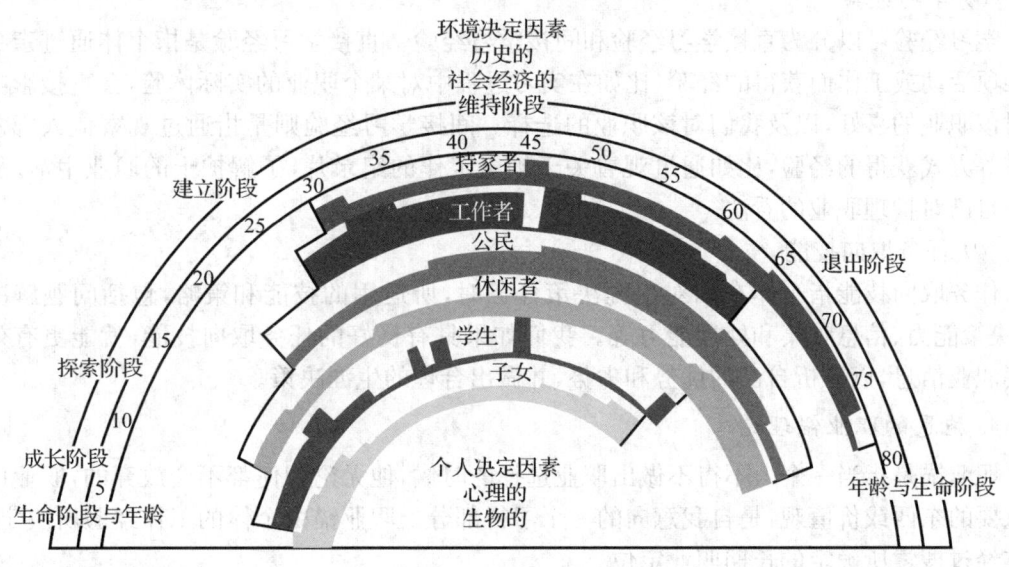

图2-1 生涯彩虹图

(3) 自我概念理论

舒伯认为，自我概念是生涯发展的核心。自我概念是个体对自己的兴趣、性格、能力、价值观等方面的认知和评价，它会随着个体的成长和经历不断发展和变化。个体在选择职业时，会倾向于选择与自我概念相符合的职业，以实现自我价值和满足感。

自我概念理论为生涯规划提供了重要的理论依据，能够帮助人们更好地了解自己，从而做出更符合自身特点和自我需求的职业选择。

### 3. 克朗伯兹的社会学习生涯理论

克朗伯兹(John D. Krumboltz)的社会学习生涯理论，又称社会学习理论在生涯发展上的应用，强调个体的生涯决定受到多种因素的交互影响。该理论以班杜拉(Albert Bandura)的社会学习理论为基础，认为人类的行为是通过观察、模仿和直接经验学习而来的，个人的职业选择和生涯发展同样受到社会学习过程的影响，而不仅仅由个人特质或职业环境所决定。

(1) 遗传因素

该理论认为个体从父母或家族继承而来的生理特征、能力倾向等，会对生涯发展产生影响。例如，有些人天生在音乐或数学方面具有较高的天赋，所以他们会在相关领域的职业发展上具有一定的优势，更容易对音乐创作、数学研究等职业产生兴趣和倾向。

(2) 环境因素

环境因素包括社会文化环境、家庭环境、教育环境等。社会文化中的职业价值观、职业期望等，会影响个体对不同职业的看法和选择。家庭的经济状况、父母的职业和教育程度、家庭对职业的态度等，也会对个体的生涯发展产生重要的作用。教育环境如学校的课程设置、师资力量等，也会为个体提供不同的职业探索机会。

(3) 学习经验

学习经验可以分为直接学习经验和间接学习经验。直接学习经验是指个体通过亲身参与某项活动或工作而获得的经验，比如在实习过程中对某个职业的实际体验，会直接影响我们对该职业的喜好，以及我们对该职业的选择。间接学习经验则是指通过观察他人、阅读、听讲等方式获得的经验，比如通过观看关于护士工作的纪录片，了解护士的职业生活，从而影响自己对护理职业的看法。

(4) 任务取向技能

任务取向技能指个体在面对生涯决策任务时，所运用的技能和策略，包括问题解决能力、决策能力、信息收集和处理能力等。我们如果具有良好的任务取向技能，就能更有效地收集职业信息，以分析自己的优势和劣势，并做出合理的生涯决策。

### 4. 施恩的职业锚理论

职业锚是指当一个人不得不做出职业选择的时候，他无论如何都不会放弃的，职业中至关重要的东西或价值观，是自我意向的一个习得部分。职业锚由个体的工作经验所决定，是个体经过搜索所确定的长期职业定位。

施恩(Edgar H. Schein)的职业锚理论，是在对麻省理工学院斯隆管理学院毕业生的职业生涯研究基础上提出来的，对理解个人职业选择和发展具有重要意义。最初提出的职业锚理论包括五种类型：技术/职能型职业锚、管理型职业锚、自主/独立型职业锚、安全型职业锚和创造型职业锚，20 世纪 90 年代又发现了三种类型的职业锚：安全/稳定型职业锚、生活型职业锚和服务型职业锚。至此职业锚类型增加到八种(具体见表 2-2)。

表 2-2　职业锚类型

| 类型 | 特点 | 典型职业 |
| --- | --- | --- |
| 技术/职能型职业锚 | 强调在专业领域的深度发展,追求对技术或职能的精通。对自己的专业技术能力充满自信,注重个体在技术或职能方面的成长和成就,喜欢独立工作,享受解决技术问题带来的成就感。 | 工程师、科学家、会计师、律师等。 |
| 管理型职业锚 | 具有强烈的管理愿望和领导能力,追求承担更多的管理责任,希望能够整合和协调组织资源,实现组织目标。他们看重的是管理权力和职位晋升,具备较强的决策能力、人际沟通能力和组织协调能力。 | 企业经理、部门主管、项目经理等。 |
| 自主/独立型职业锚 | 追求最大限度的自主和独立,希望能够按照自己的方式工作和生活,不愿意受到过多的约束和限制。可能会选择独立创业或从事自由职业,比如自由撰稿人、独立顾问、个体设计师等,以实现自己的职业理想和生活方式。 | 自由职业者、创业者、独立咨询师等。 |
| 安全/稳定型职业锚 | 注重工作的稳定性和安全性,追求可预测的未来。更愿意选择在大型企业、政府机构或事业单位工作,希望有稳定的收入、良好的福利和可靠的职业保障,对工作的变动和不确定性有较高的抵触情绪。 | 公务员、大型企业的行政人员、银行职员等。 |
| 创业型职业锚 | 具有强烈的创业冲动和创新精神,追求创造属于自己的事业。敢于冒险,愿意承担创业的风险和责任,通过创建新的企业或组织来实现自己的价值和梦想,对成功有着强烈的渴望,享受从无到有创造一番事业的过程。 | 创业者、企业创始人等。 |
| 服务型职业锚 | 将帮助他人、服务社会作为自己职业的核心价值,愿意为了满足他人的需求和社会的利益而努力工作。通常在非营利组织、公益机构、教育、医疗等领域工作,比如教师、医生、社会工作者等,从为他人提供服务中获得满足感和成就感。 | 教师、医生、护士、社工等。 |
| 挑战型职业锚 | 喜欢迎接各种挑战,追求超越自我和战胜困难的成就感。渴望从事具有高度挑战性的工作,不断突破自己的能力极限,对那些能够提供高难度任务和竞争环境的工作充满兴趣,比如极限运动员、高级风险投资顾问等,从克服困难和战胜挑战中获得职业满足感。 | 极限运动员、风险投资家、特种部队成员等。 |
| 生活型职业锚 | 强调工作与生活的平衡,注重个人生活质量。认为工作只是生活的一部分,不希望工作过度影响自己的家庭、休闲和个人兴趣。在职业选择时,会优先考虑那些能够给予足够生活空间和时间的工作,比如弹性工作制的岗位、远程工作岗位等,以实现生活各方面的和谐与满足。 | 一些互联网公司的远程办公岗位、部分高校的兼职教师等。 |

## 第二节 职业生涯规划与学业生涯规划

### 一、适应大学生活

#### (一) 正确认识大学

大学是一个高等教育机构,涵盖了多种学科领域。大学旨在培养具有高深知识、拥有一定的专业技能和综合素养的高级专门人才,同时开展科技研究、社会服务和文化传承创新等活动。大学是知识传播、创新和应用的重要场所,也是人才成长和社会进步的重要推动力量。

"大学"一词最早出自《礼记·大学》——"大学之道,在明明德,在亲民,在止于至善",这里的"大学"指的是大人之学,即相对于"小学"而言的道德、哲理等高深学问的学习。中国古代的太学、国子学等可视为现代大学的早期形态,主要为国家培养政治、文化等方面的人才,同时以儒家经典为主要教学内容,注重道德修养和经世致用。

现代意义上的大学起源于欧洲中世纪。最初是一个由教师和学生组成的行会组织,旨在保护师生的权利和利益,提供专业的知识教育。

大学是一个多元化的教育和生活环境,对个人的成长和发展具有重要意义。

1. 大学的教育功能

大学是知识的殿堂,涵盖了各种学科领域,比如药理学、药物化学、生物信息学、药剂学等。我们可以通过系统的课程学习,深入掌握专业知识,从而构建起完善的知识体系。大学教育注重培养我们的批判性思维、创新思维和逻辑思维能力。也鼓励我们对所学的知识进行深入思考,提出自己的观点和见解,学会分析问题和解决问题的方法。为了让我们更好地将理论知识应用于实际,实现产教融合,大学会提供丰富的实践教学环节,如实验课、创新创业类课程、实习、毕业设计等。通过这些实践活动,我们的动手能力和实践操作技能得以提高,解决实际问题的能力得以增强。

2. 大学的个人成长作用

大学是一个自我探索的阶段,我们离开熟悉的环境,开始独立面对生活和学习中的各种问题。与此同时,我们也有机会重新审视自己的兴趣、性格、技能和价值观,明确自己的人生目标和职业方向。在大学,我们还可以参加各种社团组织、团学组织、科创团队等,从而锻炼自己的沟通能力、团队协作能力、领导能力等,学会与不同背景的人相处,提高自己的人际交往能力。大学是一个思想碰撞的地方,我们来自不同的地区,拥有不同的文化背景,在这里可以接触到各种不同的思想和观念。通过与其他人进行交流和互动,我们可以不断地反思和调整自己的价值观,从而形成更加成熟且稳定的世界观、人生观和价值观。

3. 大学的社会价值

大学可以为社会培养大量高素质的专业人才,满足社会各个领域对人才的需求。这些人才毕业后进入各行各业,成为推动社会发展和进步的重要力量。大学是科研的重要阵地,教师们和学生们在各个学科领域开展前沿研究,推动科学技术的创新和发展。许多重要的科研成果都来自大学的实验室和研究机构,这些成果为社会的经济发展、科技进步和文化繁荣提供了强大的动力。大学肩负着传承和弘扬传统文化的使命,同时也在不断创造和传播新的文化成果。通过学术研究、文化活动等形式,大学促进了不同文化之间的交流与融合,推动了社会文化的创新和发展。

此外,大学所学的专业知识和技能是未来职业发展的基础,良好的学业成绩和专业素养,可以为我们在就业市场上赢得更多的机会。在大学期间结识的老师、同学和朋友,都可能成为我们未来职业发展中的重要人脉资源。这些人脉关系可以为我们提供信息、建议和合作机会,帮助我们在职业生涯中获得更好的发展。

当然,我们也要清醒地认识到,大学只是人生学习的一个阶段,毕业后我们还需要不断学习和更新知识,以适应社会的发展和变化。大学培养的学习能力和自我管理能力,将为我们终身学习奠定坚实的基础。

(二) 专业选择与职业发展

大学专业的选择与职业发展紧密相关,专业选择在很大程度上会影响职业的方向和发展路径。

一方面,专业学习为职业发展提供了基础。大学专业课程设置具有一定的专业性和系统性,我们通过学习专业知识和技能,可以为未来的职业发展打下基础。例如制药工程技术专业的学生,会学习制药工艺学、制药自动化与智能制造、制药分离工程等课程,这些知识是从事药品生产/质量管理、药品研发、生物工程/生物制药等职业的重要技能。

另一方面,职业发展是专业学习的实践和应用。职业是将大学所学专业知识和技能应用于实际工作的过程。比如护理专业的学生毕业后成为护士,在工作中运用所学的护理学知识和技能为患者提供专业的医疗护理,实现专业知识向职业技能的转化。

那么,在专业选择上,我们可以结合自己的兴趣、性格、能力、价值观,以及职业前景等加以考虑:

1. 个人兴趣

兴趣是最好的老师,选择感兴趣的专业,在学习过程中会更有动力和激情,也更容易取得好成绩。如对化妆品成分、配方设计有浓厚兴趣的同学,选择化妆品工程技术专业,可能会在化妆品研发等方面有更好的发展;如对药品研发、生物制药等有强烈的好奇心,喜欢在实验室进行研究工作,那么药物分析、药物制剂等专业可能比较适合。

2. 个人能力

要结合自身的学习能力、思维能力等选择专业。逻辑思维能力、对数字敏感的同学,适合选择偏理科类的专业,如药物分析、中药制药等对化学知识和实验技能要求较高的专业;而沟通能力强、文字表达能力好的同学,更适合选择药事服务与管理、智慧健康养老管理等需要与医护人员、患者或企业人员沟通协作的专业更有优势。

3. 职业前景

了解专业对应的职业市场需求和发展趋势也很重要。一些新兴专业,如医疗器械工程技术、智慧健康养老管理等,随着科技的发展,相关职业需求旺盛,就业前景广阔;而一些传统专业,虽然市场需求相对稳定,但竞争也较为激烈。

大学所学专业,往往决定了我们职业的起点和初始方向。大部分毕业生会选择与专业相关的工作,如应用英语专业学生,通常会进入贸易公司,从事跨境电商、客户服务等工作。

另外,不同专业的毕业生,职业发展路径有所不同。如制药工程技术专业的同学,可能会在药厂的生产线上担任操作工,负责药品的生产和包装,然后逐渐进入质量控制部门,担任质检员或质检主管,负责药品的质量检测和把关,当然也有部分优秀的同学会成为生产部门的经理或主管,负责整个生产线的运营和管理;而药学专业的同学,可能会从医院药房的药剂师做起,负责药物的调配和发放,慢慢晋升为主管药师,负责药房的管理和药品的质量控制,甚至可以成为药学部门的主任,参与医院的药品采购和临床药学研究。

专业学习过程中培养的专业技能、思维方式和解决问题的能力,是职业核心竞争力的重要组成部分。如化学专业的同学,在实验操作、数据分析等方面具有独特的技能,在化工、制药等行业中具有竞争优势。

虽然大学专业对职业发展有重要影响,但也不是绝对的。在实际工作中,很多人会根据自身的发展需求和市场变化,转换职业方向。比如通过自学、培训等方式,我们可以获取新的知识和技能,从而实现职业的多元化发展。

 **拓展阅读**

职业生涯认知的常见误区

大学生在职业生涯认知方面,常常会出现一些误区,这些误区可能会影响我们对未来职业的规划和发展。

**误区一:对专业与职业关系的认知误区**

很多同学觉得学了新药科专业,就只能从事与专业知识紧密相关的药物研发、生产等工作。事实上,新药科专业的学生还可以从事医药管理、医药销售、医药政策法规制定等多个领域的工作,专业只是为职业发展提供了一个基础和方向,而非绝对的限制。

新药科专业有药学、药物分析、药物制剂等多个细分方向,每个方向对应的职业路径有所不同。部分同学没有深入了解这些细分方向与职业的具体联系,在选择课程和实践方向时比较盲目,导致在求职时发现自己的知识和技能与目标职业不匹配。

**误区二:对行业发展的认知误区**

近年来医药行业发展迅速,有些同学就会过于乐观,认为只要是新药科专业的毕业生,就一定能轻松找到理想的工作。然而,随着行业的发展,企业对人才的要求越来越高,人才之间的竞争也日益激烈，实际的就业情况并非如此简单。

只看到行业对高学历、科研人才的需求，部分同学认为只有继续深造、从事科研工作才有前途，而忽视了行业对应用型人才、管理型人才等多方面的需求。比如，在药物生产、质量控制、医药市场营销等岗位，也需要大量具备扎实专业知识和实践技能的职业院校毕业生。

**误区三：对职业发展路径的认知误区**

不少同学认为在医药行业，职业发展就是从普通研发人员做起，逐步晋升为研发主管、研发经理等，或者从普通生产员工做起，晋升为生产主管等，只有这一种单一的上升通路。实际上，除了管理岗位晋升，还可以走技术专家路线，或者在不同部门之间进行横向发展，如从研发部门转到临床部门、注册部门。

同学们往往局限于本行业的职业发展，没有意识到可以利用自己的专业优势，向相关行业领域发展。比如可以进入金融领域，从事一些医药投资分析工作，或者进入法律行业，成为医药专利律师，通过跨行业的知识和技能融合，开拓新的职业发展空间。

**误区四：对自身职业竞争力的认知误区**

有些同学认为只要拿到高学历、取得好成绩，就一定能在职业生涯中占据优势。但是在实际工作中，企业除了关注学历和成绩外，更看重我们的实践能力、创新能力、团队协作能力等综合素质。例如在药物研发项目中，良好的沟通能力和团队协作能力能够确保项目的顺利进行。所以，如果我们仅仅依靠学历和成绩，而缺乏其他能力，很可能在职业发展中遇到瓶颈。

## 二、学业生涯规划

### （一）确定学业目标及路径

确定学业目标是学业生涯规划的关键一步，它能为我们的学习之旅提供清晰的方向和动力，帮助我们充分利用大学时光，从而提升自身能力，实现个人价值，为未来的职业发展和人生道路奠定坚实基础。值得注意的是，我们在进行目标设定的时候，需要综合考量自身情况与外部环境，思考适用于不同年级的学业目标。

规划学业路径关键在于结合自身情况和专业需求，合理安排学习和实践，以实现全面发展。学业目标和规划路径密不可分，在规划学业路径时，要紧密结合学业目标开展，如此才能在大学期间高效学习与成长，减少走弯路的可能。

表2-3　四年制本科学业目标及规划路径示例

| 年级 | 不同阶段的重点 | 学业目标及规划路径 |
|---|---|---|
| 大一 | 探索适应 | • 专业认知目标：了解学校专业，熟悉校园环境、图书馆资源等；掌握所学专业的人才培养方案，明确课程设置和未来职业发展方向。比如和本专业的学长学姐或辅导员/班主任/任课老师进行沟通，了解本专业的就业方向、发展前景和未来深造路径，梳理获取的关键信息，明确自己在专业领域内的初步发展方向。<br>• 适应性目标：适应大学学习节奏，培养自主学习能力，摸索适合自己的学习方法。参加社团活动，拓宽社交圈，提升沟通、团队协作能力。比如在能力范围内，选择1—2个感兴趣的团学/社团加入，提升自己的能力。 |
| 大二 | 定向发展 | • 专业深化目标：根据自身兴趣和职业规划，确定专业细分方向，提升专业技能，通过选修相关课程、参加学科竞赛等方式，加深对专业知识的理解和掌握。<br>• 技能提升目标：考取与专业相关的证书。比如全国大学英语四六级证书、"1+X"职业技能证书（如"1+X"芳香疗法职业技能等级证书、"1+X"药物制剂生产职业技能等级证书、"1+X"药品购销员职业技能等级证书、"1+X"运动营养咨询与指导职业技能等级证书、"1+X"食品合规管理职业技能等级证书、"1+X"跨境电商B2B数据运营职业技能等级证书……），增加未来就业竞争力。 |
| 大三 | 实践提升 | • 实践应用目标：寻找实习机会，获取与专业相关的实习岗位。如有机会，加入老师的科创团队，参加科研项目，锻炼科研思维和实践能力。参加高质量创新创业类竞赛，如职业生涯规划大赛、"互联网+"大学生创新创业大赛、"挑战杯"全国大学生系列科技学术竞赛等，以赛促学，学创并行。<br>• 深造/就业准备阶段：根据自己的实际情况和职业规划，考虑深造（如考研、出国留学）或就业。若选择深造，开始收集资料，确定目标院校和专业，制定复习计划；若选择就业，着手制作简历，参加求职培训。 |
| 大四 | 冲刺收获 | • 顺利毕业目标：完成学业任务，确保修满学分，顺利完成毕业设计。<br>• 深造/就业目标：若选择深造，全力准备考试、申请学校等相关事宜。若选择直接就业，应积极参加各类招聘会、企业宣讲会，了解企业文化和岗位要求，投递简历，参加面试，做好职业衔接。 |

## 企业导师说

"在如今科技革新的浪潮中，作为未来专业人才的一员，同学们不仅要扎实掌握专业知识，构建坚实的知识体系，更要培养持续学习与自我迭代的能力。同时，应努力提升自我修养，锤炼坚韧不拔的品格，培养对事业的热爱与专注。企业更看重的是你们能否运用所学解决实际问题，以及在团队协作和沟通中展现出的综合素质。"

——王健（制药工程与生物技术学院、化妆品学院兼职副院长，宁波大红鹰药业股份有限公司生产总监）

### （二）学会自我管理

与中学段的学习方式不同，大学期间的学习更加注重自我的管理。因此，在大学期间除了要学会进行学业生涯规划外，还应该学会自我管理。在大学里更加自律的同学，往往毕时收获的成果会相关更多。自我管理，也被称作自我管控或自我调节，是指个体对自己的思想、情绪、行为等进行调节和控制，以达到既定的目标、实现个人成长和提升生活质量的过程。通常包括时间管理、学业管理、健康管理、情绪管理、行为管理等。

1. 时间管理

我们可以利用日历类 App，提前规划一周的学习与生活，将课程学习、作业完成、团学活动、个人休闲等时间清晰划分。比如除了上课时间外，晚上抽出 2 小时用于完成作业和复习，1～2 小时参与团学活动或锻炼申请；每周至少安排 5 小时自主学习时间；每个月完成 2 本书籍的阅读，拓宽知识面等。

根据事情的重要性，对每日任务进行优先级排序，先完成重要且紧急的任务，如考试复习；合理安排重要但不紧急的任务，如专业技能提升学习；避免将大量时间浪费在不重要且不紧急的事物上，如长时间刷娱乐视频等。

2. 学业管理

结合专业培养和自己的职业规划，制定不同阶段的学业目标，制定长期、中期、短期目标。如长期目标是毕业时进入知名药企工作；中期目标是大二的时候通过全国大学英语六级考试；短期目标是花一周的时间，掌握课程的核心知识点并完成课后作业。

积极寻找适合自己的学习方法，如使用思维导图、知识图谱等方法，加深对课程知识点的理解与记忆。定期总结，反思学习过程中的问题，及时调整学习策略，提升学习效率。

3. 健康管理

健康的体魄是一切的根本。大学期间要学会养成良好的作息，每天保证 7—8 小时的睡眠时间，尽量每晚在 11 点前入睡，早上 7 点左右起床，适当午睡，提高学习效率。

运动不仅能增强体质，还能缓解学习的压力，舒缓心情。我们可以选择自己喜欢的运动方式，每周安排 3～4 次运动时间。如每隔一天进行一次慢跑，建议跑步以不追求速度为目标，控制适当心率，以达到运动健身效果为目标，可避免剧烈运动出现运动损伤。

4. 情绪管理

我们难免会有学业压力、人际关系困扰的时候，学会情绪管理是我们的一门必修课。当负面情绪上来的时候，如出现焦虑、愤怒、沮丧等情绪，我们可以运用一些情绪调节方法，如深呼吸、运动、听音乐、与朋友倾诉等方式加以缓解。此外，我们可以定期进行自我反思，了解自己的情绪变化规律，提前做好心理准备，保持积极乐观的心态，以更好地应对学习、工作和生活中的各种挑战。

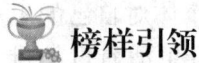
## 榜样引领

### 择医药志不畏难,逐光奋斗路自宽

◆ **人物简介**

姓名:赵亚

毕业院校专业:浙江药科职业大学(原浙江医药高等专科学校),化学制药技术专业2012届毕业生

现任岗位/职务:浙江永太科技股份有限公司二厂区生产部/生产部经理

职业成就:

1. 在国药集团致君(苏州)制药有限公司工作期间,主持完成头孢替坦二钠的小试与中试、头孢雷特的中试以及试生产;

2. 在浙江永太科技股份有限公司工作期间,主持C1175降成本及加氢工艺的优化;还参与了VC的试生产。

◆ **个人发展路径**

1. 初涉职场,崭露头角

2011年9月,刚刚步入社会的赵亚,怀揣着对未来的憧憬,踏入了新昌制药厂的大门,开始了车间实习生涯。在那里,赵亚像一块海绵,拼命吸收着实践知识,努力将学校里学到的理论与实践操作相结合。虽然实习的日子忙碌而辛苦,但他心中充满了干劲,总觉得自己并不比其他人差。

几个月后,凭借着那段时间积累的经验和踏实的工作态度,赵亚顺利进入了国药集团致君(苏州)制药有限公司,在合成研究所工艺技术岗开启了新的征程。在这里,赵亚全身心投入工作中,通过不断努力,也取得了一些小成果,那些日子他感到无比充实,仿佛他的职业生涯正朝着光明的方向大步迈进。

2. 头孢替坦二钠项目的挑战

2015年,赵亚迎来了职业生涯中的一个重要的项目——头孢替坦二钠的研发与中试。这是他第一次接触将小试与中试相结合的项目,内心既兴奋又紧张。

小试阶段并不顺利,各种问题接踵而至。每当遇到难题,他就一头扎进资料堆里,仔细查阅相关文献,同时虚心向领导和同事请教。在大家的帮助下,他逐渐克服了困难,顺利完成了工艺的确认,那一刻他满心欢喜,以为胜利就在眼前。

然而,进入中试阶段,新的挑战如暴风雨般袭来。在反应过程中,产生了大量在小试时并不明显的杂质,这让整个项目陷入了僵局。他们不得不暂停中试,回到实验室重新寻找原因。两天两夜,他和团队成员们几乎没有合眼,反复进行小试摸排。终于发现是投料量变大以及升降温时间变长,导致反应时间延长,从而产生了杂质。

解决了杂质问题,结晶离心又出了状况。小试时采用的旋蒸浓缩或抽滤方法,在生产中换成了离心,结果出现了放料困难、离心不干的问题。他们再次陷入困境,但他没有放弃,和团队一起不断尝试,通过调整溶剂配比、控制析晶过程,经过多次试验,终于成功解决了这个难题,顺利完成了中试,并提供了三批样品。

### 3. 中试项目的持续难题与自我反思

后续的中试项目，依旧问题不断。设备选型不合适，温度计无法接触料液，导致温度监测不准确；浓缩过程中出现浓缩不干的情况，收率大幅降低。这些问题让赵亚深刻认识到，在小试研发阶段，他们对中试设备了解不足，没有充分考虑到放大效应带来的影响。

随着工作的推进，赵亚在实验室的发展也遇到了瓶颈。越来越多的研究生、博士加入，他们凭借着深厚的学术背景和前沿的研究思路，逐渐在竞争中占据上风。尽管他付出了很多努力，但差距还是越来越大，于是他开始感到迷茫，不知道自己的职业道路该如何继续走下去。

### 4. 从实验室到生产的转型

就在赵亚迷茫之际，中试项目让他有幸接触到了生产环节。在参与中试的过程中，赵亚慢慢发现自己对生产更感兴趣，当然也更擅长。于是，他下定决心转型，只要有机会就往车间跑，努力熟悉车间的每一台设备，学习车间的管理知识。

后来，赵亚离职来到了浙江永太科技股份有限公司。从生产技术部的基层岗位做起，凭借之前积累的经验和对生产的热爱，逐步晋升为车间主任，最终成了生产部经理。在这个过程中，赵亚不断学习和成长，逐渐完成了从实验室人员到生产管理者的华丽转身，也找到了他的职业生涯新方向。

◆ **案例启示**

1. 职业生涯规划需要自我认知和自我定位。当赵亚在实验室遭遇学历竞争压力，陷入迷茫的时候，他通过接触生产环节，重新找到了自身的兴趣点和优势。这告诉我们，在职场中要不断探索和反思，适时调整职业方向，准确进行自我定位，才能更好地发挥自身的价值。

2. 职业发展需要持续学习与积累。赵亚从车间实习开始，逐渐晋升为生产部经理，每一步都离不开新知识、新技能的学习。无论是在实验室积累专业知识，还是转型到生产岗位后学习设备管理和车间管理知识，持续学习与经验积累，都是赵亚职业发展的重要基石。

◆ **校友寄语**

"医药是朝阳行业，选择适合自己的既定目标，努力奋斗。"

## 第三节 大学生职业生涯规划的原则和意义

### 一、大学生职业生涯规划的原则

大学生职业生涯规划必须具有一定的可行性，一要基于个人实际情况和外部环境，二要考虑自身的学历水平、社会资源以及市场需求等。比如有同学想从事药品研发的工作，就需要考虑该行业对学历和专业技能的高要求，评估自己是否有能力达到这些标准。具体来看，大学生在进行职业生涯规划的时候，应遵循个性化、专业性、发展性、全面性、主动性等原则。

### (一)个性化原则

我们在制定自己的职业规划的时候,要尊重自我的独特性,避免盲目跟风选择热门专业或者听从他人的安排。因为每个人都有自己独特的兴趣、性格、能力和价值观,职业生涯规划需要充分考虑这些差异。比如性格外向、善于沟通的学生可能更适合从事市场营销类领域;而性格内向、逻辑思维能力加强的学生可能更适合实验室研发人员。

### (二)专业性原则

大学教育具有很强的专业性,我们在做职业生涯规划的时候,一定要和所学专业结合起来考虑。我们应了解本专业的培养目标、课程设置、就业方向和行业需求等,明确专业知识和技能在职业发展中的重要性等。比如可以通过参加专业实习、学科竞赛、科研活动等,加深对所学专业的理解,提高专业素养,为未来从事专业相关的职业打下坚实的基础。

### (三)发展性原则

职业生涯规划本就是一个动态的过程,且我们正处于成长和发展的关键时期,具有很强的可塑性和发展潜力。所以,我们在设计职业生涯规划的时候,要以发展的眼光看待自己,不仅要考虑当前的专业知识和技能,还要关注未来的学习能力和成长空间。比如随着人工智能技术的快速发展,一些传统的工作模式发生了改变,如医疗器械相关专业的学生,可以学习与人工智能相关的知识和技能,以适应行业发展的需求。

### (四)全面性原则

职业生涯规划不仅仅是职业目标的设定和职业路径的选择,还涉及我们的学习、生活、社交等多个方面,要考虑职业发展与个人生活的平衡,避免为了追求职业发展而牺牲个人健康、兴趣爱好等。同时要注重综合素质的培养,包括身体和心理素质、文化素质、道德品质等,这些因素对职业生涯的发展有重要的影响。

### (五)主动性原则

我们要积极主动地进行职业生涯规划,不能被动等待机会的到来。我们可以主动了解专业、职业、行业等信息,参加职业探索活动,与行业专业人士交流,获取更多的职业知识和经验。我们也应主动制定策略并付诸实际行动,不断尝试,在实践中发现问题、调整规划,逐步明确自己的职业方向和目标。

 **思政小课堂**

首先,劳动创造价值,实现梦想。很多大学生觉得自己还年轻,应该多学习理论知识,而不急于投入工作中。但其实,劳动是人生的必修课,劳动本身也是学习的过程,更是实现梦想的重要途径。工作不仅能让你获得经济收入,更能让你获得成就感和社会认同感。通过劳动,你不仅能提升自身能力,也能锻炼你的意志品质,让你变得更加独立自主,更有责任感。

其次,无论是农民在农田的辛勤耕作,还是工人在车间的精益求精,还是知识分子运用大脑进行研究、参与管理等,这些劳动都在为社会发展贡献着力量,都在为社会创造物质财富和精神财富,是社会进步的基石。很多工作都需要团队协作才能完成,而想要在团队中取得成功,就需要每个人都能够相互尊重,相互配合,共同努力。

再者,任何工作在团队协作下能够产生更高的效率,在团队合作中,我们要学会包容和理解,学会分享和协作,才能更好地发挥团队的力量,共同创造辉煌。

因此,新时代大学生应该树立正确的劳动价值观,将劳动视为一种责任,一种使命,一种追求。只有这样,才能在未来的工作中,取得成功,实现人生价值。

 **企业导师说**

"希望同学们大学期间珍惜在学校的每一分钟,充分利用学校的每一个资源,注重每一门专业课和实验课程的学习,这些都是未来无论继续深造还是走向岗位的立足之本。企业更看重的是学习态度和解决问题的能力,只要有一颗肯钻研的心,无论在什么岗位都能快速成长;同时要多去图书馆,除了日常课程的学习,也要关注专业领域的前沿动态,保持个人知识库的常备常新;最后要嘱咐的是职业生涯是一场马拉松,不要计较一时得失,加强体育锻炼,拥有好身体,做好打持久战的准备。"

——孙鹏(制药工程与生物技术学院、化妆品学院产业教授,浙江海正药业原料药研究院院长)

## 二、大学生职业生涯规划的意义

大学生职业生涯规划具有多方面的重要意义,是大学生了解自我及就业环境,明确就业方向,提升职场个人竞争力的重要途径。

### (一)有助于大学生明确自己的兴趣与性格,了解自身能力优势,确定职业价值观

通过职业生涯规划,我们会分析自己在不同活动中的投入程度、享受过程以及获得的成就感,进而更深入地思考自己的兴趣所在、自身的性格特点等。在全面评估自身能力的过程中,明确自己的优势和劣势,比如专业能力、沟通能力、团队协作能力等,便于在未来发展中扬长避短。

职业生涯规划会引导我们去思考自己在职业中最看重的因素,比如薪酬待遇、工作环境、个人成长、社会贡献等。通过对这些因素的深入思考,结合自身兴趣、性格、能力、价值观与职业需求,同时考虑社会期望、家庭期望等,我们能逐渐明确自己的职业价值观,有助于在面临职业选择时做出符合自己内心需求的决策。

### (二)有助于大学生明确职业目标,制定合理的发展路径,增强就业竞争力

职业生涯规划能够帮助我们明确自身的职业目标,避免在求职时盲目跟风或迷茫不知所措。只有根据职业目标,我们才能规划出合理的发展路径。比如学业生涯规划,当我们明

确自己的职业目标后,才会更有动力去学习专业知识和技能,因为我们知道所学知识与未来职业发展息息相关,才会更合理地安排大学期间的学习,制定科学的学习计划,提高学习效率等。

提前了解职业市场需求,有助于我们有针对性地进行知识学习和技能培养,提升自身的综合素质。比如计划做医药代表的同学,可以提前培养自己的沟通能力,了解当今社会的激烈竞争,只有正确认识这种竞争,才能知道面对这种竞争该如何行动,才会更加积极地寻找实习、兼职等机会,积累实践经验,增加自己在就业市场上的竞争力。调查发现,有过多个相关实习经历的学生,在求职时往往更受用人单位的青睐。

### (三) 有助于培养大学生的应变能力,增强心理韧性

每个人的职业生涯中都充满了不确定性和各种变化,通过开展职业生涯规划,能够帮助我们培养自身的应变能力,学会在不同的职业环境和变化中,调整自己的职业规划。当面临突发情况,比如行业政策调整、市场需求变化时,我们可以迅速评估影响,制定短期应急策略和长期调整计划,确保职业发展不偏离轨道。

有了明确的职业生涯规划,在面对职业挫折和困难(比如毕业后进入职场,面对工作压力和职业竞争等问题)的时候,我们能够更加从容、更有信心和勇气去应对,以一种积极健康的心态,努力去实现自己的职业目标。

### (四) 有助于高校实现产教融合,促进人才培养与市场需求的精准对接

大学生的职业生涯规划能让高校清楚地认识到实践教学的重要性,从而加强与企业之间的合作,共同开发实践课程、建设实习基地。同时为我们提供更多真实的工作场景和实践机会,让我们在实践中掌握实际操作技能,提高解决问题的能力,更好地适应未来工作。

通过职业生涯规划,高校能引导我们更早地思考职业目标,了解市场需求,进而根据行业发展趋势和企业岗位需求,使人才培养更具针对性,避免人才培养与市场需求脱节情况的出现,提高教育的质量。

社会的发展需要各种专业人才,我们通过职业生涯规划,将个人发展与社会需求相结合,进而掌握符合社会需求的专业技术技能,为社会的发展和进步贡献自身力量。合理的职业生涯规划还有助于不同人才在不同行业、不同领域之间的合理流动,使人才资源得到更有效的配置。我们根据自身情况和社会需求,进行职业选择,能够在更适合自己的岗位上发挥优势,提高工作效率,进而促进社会的发展和进步。

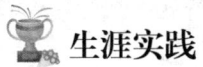 **生涯实践**

### 任务1：绘制属于自己的生涯彩虹图

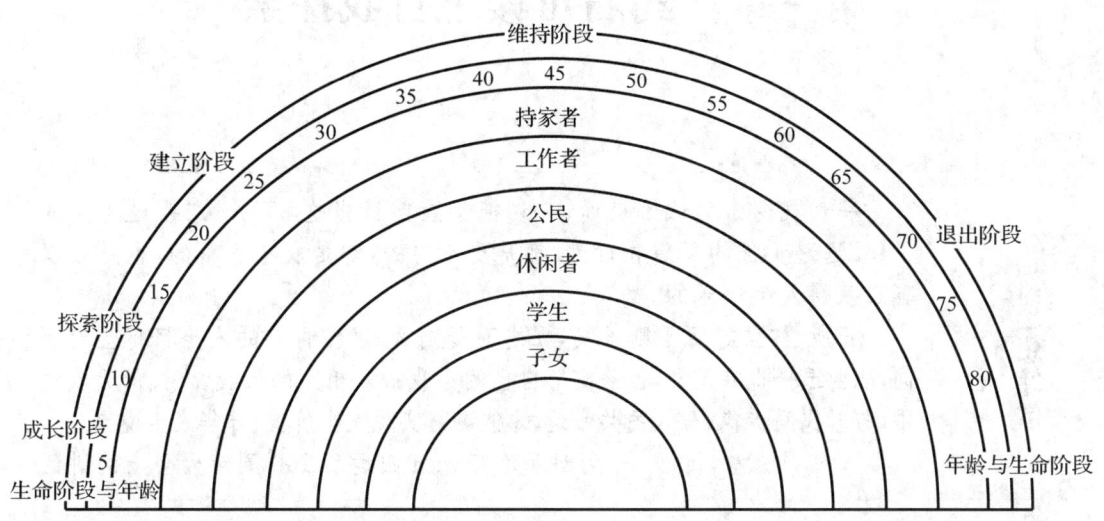

### 任务2：以职业生涯规划为切入点，给毕业后的自己写一封信

学生可先回顾在校时对职业的憧憬与设想，再畅想毕业后可能面临的选择、挑战与成长。任务的重点在于真诚地表达期望与目标，让未来的自己能从中获得力量。

致毕业后的自己

亲爱的（你的名字）：
　　见字如面，此刻的你，已经告别校园，正式踏入社会，……
　　……

写信人：（你的名字）

写信日期：＿＿＿年＿＿＿月＿＿＿日

# 第三章 药石可镂·自我探索

> 一切视探索尝试为畏途、一切把负重前行当吃亏、一切"躲进小楼成一统"逃避责任的思想和行为，都是要不得的，都是成不了事的，也是难以真正获得人生快乐的。
>
> 正所谓"立志而圣则圣矣，立志而贤则贤矣"。青年的人生目标会有不同，职业选择也有差异，但只有把自己的小我融入祖国的大我、人民的大我之中，与时代同步伐、与人民共命运，才能更好实现人生价值、升华人生境界。
>
> ——习近平在纪念五四运动100周年大会上的讲话

## 学习目标

1. 准确掌握职业兴趣倾向、人格特质、能力结构及价值取向等要素的概念内涵。
2. 在职业规划中能够重视对个人兴趣、性格、技能、价值观的澄清。
3. 立足实践开展持续探索性思考，深度结合自身性格特质，系统化锤炼职业发展所需的核心能力。
4. 促进个体价值理念与人生追求的高度契合。

## 课前导入

### 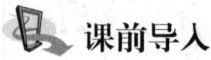青蒿济世：屠呦呦的青蒿素发现之旅

屠呦呦是中国著名药学家。她多年致力于中医药研究，她谦逊地将科研成就归功于传统中医药的启发，称自己是"一棵小草"，传承了中医药的精髓。在青蒿素的研究发现中作出了杰出贡献。青蒿素的发现为全球疟疾防治带来了重大突破，拯救了无数生命。屠呦呦凭借这一成就于2015年获得诺贝尔生理学或医学奖，成为首位获得该奖项的中国本土科学家，她的科研精神和成果激励着众多科研工作者，为中国乃至世界的医学发展留下了浓墨重彩的一笔。

从拉斯克临床医学研究奖到生命科学杰出成就奖，这位年逾八旬的"三无科学家"以破壁者的姿态，成为国际科学界的杰出典范。她的实验室灯光穿透半个世纪的夜幕，点燃了无数青年学子的科学热忱；她的青蒿素传奇化作精神火种，在人类对抗疟疾的征途上永续燃烧。屠呦呦以毕生坚守诠释了科学探索的真谛——真理的桂冠永远垂青于在荆棘路上执着前行的求真者。

屠呦呦的求索历程恰似认知自我的精神镜像。面对思维枷锁,我们需以觉醒者的魄力打破自我设限。以打破再重建认知框架的韧劲直面思维空白,让认知如青蒿素突破生命禁区般实现突围。科学家四十年认知突围证明:追寻真理是自我较劲的革命,需警惕思维定式陷阱,以破茧重生的勇气直面认知死胡同,在自我拷问中重构生命底层逻辑,拼出完整人生图景。

(中国中医科学院.屠呦呦传:中国首获诺贝尔奖的女科学家[M].人民出版社,2015.)

# 第一节 自我认知

自我认知是职业生涯设计的第一步,也是毕业生求职择业的重要一步。毕业生在选择职业时首先要做的就是正确认识自己,结合自己的兴趣、爱好、性格、能力及价值追求等,选择适合自己的职业,在职业生涯中充分发挥自己的优势,实现个人抱负,取得事业成功。

特别是对于药科类的学生来说,整体的就业还是有固定方向的,如果能够在大一、大二刚入学时就能够有清晰的自我认知,在找工作时候就会比其他学生更加快速地找到适合自己的岗位和职业。

## 一、自我认知概念

职业生涯规划中的自我认知,就是要分析自己最适合做什么,弄清自己所追寻的目标是什么。自我认知就是一个人对自己的认识、评价和期望,具体包括对自我人生观、价值观、受教育水平、职业观、兴趣、特长、性格、技能、智商、情商、思维方式和方法等进行分析评价,从而达到全面认识自己、了解自己的目标。

自我认知既包括对自己的长处与缺点、意识、意向、动机、个性和欲望的认识,也包括对自己的行为进行反省,调整自己的情绪等。在求职之前,清楚的自我认知使我们能够了解自己的职业价值观、兴趣、爱好、能力、特长、人格特征及弱点,以便做出明智的职业选择,找到一份真正适合自己的工作。

## 二、进行自我认知的途径

要做好职业规划,首先需要对自己有清晰的自我认知,我们要去思考几个问题,我是怎样的人?我希望成为什么样的人?我有什么样的才能和限制?

### (一)自我探索

1. 性格特征

我们都知道,每个人的性格特点不一样,有的人性格内向,适合做会计类的职业,有的人做事比较严谨,适合做技术型的工作,有的人性格比较外向,喜欢与人打交道,那么他可能适合做销售类的工作。

2. 兴趣爱好

这里我们把兴趣分为三种,第一个是基本欲望,就是要满足我们基本的生活需求,这属于第一层的需要。我们作为大学生,刚开始进行职业规划的时候可以先进行就业,通过迈出第一步,慢慢找到我们人生的自信,在工作中明确自己到底喜欢的是什么。第二是普通兴趣,也就是业余兴趣,业余爱好每个人都不一样,有的人喜欢游泳,有的人喜欢打篮球,有的人喜欢听音乐。我们在找工作的时候也可以通过观察自己的业余爱好,找到相对应的工作。第三是拔高兴趣,对某一件事情的特殊兴趣,并且这一事情,是生产性活动,是能够产生价值的。拔高兴趣与普通兴趣最大的区别在于,拔高兴趣能够促使人激发自己的潜能,并且能创造价值。比如有人擅长短视频制作,那么他就可以利用这一兴趣爱好为他创造更多的收入。

美国曾对 2 000 多名著名科学家进行过调查,发现很少有人是出于谋生的目的而工作,他们大多是出于个人对某一领域问题的强烈欲望而孜孜不倦。

3. 能力胜任

我们在进行职业规划时,也需要参考目前自身的实际能力,比如我们在大学取得过的一些成绩,一些已有的证书,以及其他方面可以证明自己能力的证书,这都是我们就职的法宝。

### (二) 360 度评估

1. 自我评估

根据个人的价值观念及其个人知识能力水平进行评估;自己的自信程度,是否对于职业充满拼搏精神;是否能够勇于面对工作中可能会存在的挑战。

2. 家人朋友

家人是否能够理解、支持;是否能够给予我们帮助;是否可以接受离家较远的工作;有的同学毕业后想离开家乡,去北京、上海等大城市寻求一份工作,如果能够获得家人支持,找工作肯定会更顺利一些。

3. 职场人士

在工作场景中,同事、领导、客户都可以对我们的职业进行评价,通过别人的评价我们可以看到自己的不足,也可以看到自己在团队中的价值。

4. 科学测评

科学的职业测评以特定的理论为基础,经过设计问卷、抽样、统计分析、建立常模等程序编制,必须符合三个条件:效度:测验结果的准确性;信度:测验结果的稳定性;常模:每一位被试的心理测验都有一个原始分数,通常情况下这个分数没有实际意义,除非这个分数能与别人比较。科学的职业测评是客观化、标准化的问卷,它的科学性、客观性、可比较的功能是其他自我了解的方法不具有的。

## 三、大学生如何提升自我认知

### (一) 深入剖析自我性格

自我性格的深入了解是提升自我认知能力的起点。借助一系列工具,我们可以更清晰地认识自己。性格测试：例如，参加 Myers-Briggs 类型指标（MBTI）测试，有助于我们揭示自身的性格类型及特点。这些测试的反馈信息，使我们能更深刻地认识到自己的优点与不足，从而能更从容地应对各种社交与学习情境。性格特征分析：深入探究各种性格特征，如外向与内向的差异、直觉与感觉的不同，从而判断哪些性格特点最贴近自己的实际情况。这样，我们便能更好地利用这些特点，提升学习和生活的效率。

### （二）审视自身行为与决策

自我反思是提升自我认知的又一关键环节。我们可以通过以下方法进行深入反思。第一，日常回顾。每晚留出时间，对当日所经历的事项进行梳理，审视自己作出的某些决定是否合乎逻辑、是否与个人价值观相契合。第二，撰写日记。详细记录重要决策及其结果，并对其合理性进行剖析。第三，情绪与反应分析。细心观察自己在各种情境下的情绪反应，深入思考这些反应背后的原因。这样的分析有助于我们洞悉自己在情绪管理方面的长处与短处。

### （三）倾听他人的意见与反馈

他人的观点和反馈，对于自我认知的提升具有不可估量的价值。为了获取更全面的自我认知，我们可以采取以下行动：

广泛收集反馈：积极向身边的人，如朋友、家人、同事或老师，寻求他们的意见和建议。这样，我们能够从多个角度了解自己在他人心中的形象，从而发现那些可能被忽视的优点与不足。

保持开放心态：在面对他人的反馈时，我们要保持一种开放的心态。既要欣然接受那些积极的赞扬，也要勇于直面批评。只有这样，我们才能更全面、更客观地审视自己，不断成长与进步。

### （四）勇于尝试新事物

探索未知，尝试新事物，是激发自我潜能的重要途径。我们可以通过以下方式来实现这一目标。积极参与新活动，不妨尝试音乐、体育、艺术等各类活动，或发掘新的兴趣爱好。这样的多元化体验，将帮助你更深入地了解自己的喜好，甚至可能激发出新的热情与潜能。

挑战新技能学习：尝试学习编程、摄影、外语等新技能。这不仅将丰富你的生活经历，还能增强你的自信心，让你更清晰地认识到自己的能力边界。

### （五）设定清晰的目标与制定周详的计划

明确的目标和周详的计划，如同航海中的指南针和地图，为我们指引方向，避免在茫茫人海中迷失。

目标明确：设定个人短期与长期目标，无论是学业提升、技能掌握，还是生活品质的改善，它们将帮助你保持前行动力。

计划具体：将目标细化为可执行的任务，如每日学习计划、月度活动安排等。通过具体计划的实施，你能更清晰地看到自己的成长与进步。

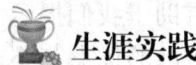
## 生涯实践

请做一个自我介绍,介绍一下自己的学习能力、创新能力、应变能力、沟通能力、组织能力等。

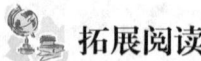
## 拓展阅读

**面试中自我认知题目回答技巧**

面试自我认知的核心在于通过结构化表达,展示个人能力、特质与岗位的匹配度,并体现职业规划的真实性与合理性。以下是具体建议:

1. 结构化框架

专业能力:简明说明学历背景、核心技能、资格证书等,突出与岗位直接相关的能力。例如:"我毕业于××专业,系统掌握了××技能,并通过××考试取得从业资格"(可结合岗位需求调整重点)。

职业规划:短期目标聚焦岗位适配性,长期目标体现稳定性。例如:"我希望在3年内精通××业务模块,未来向××领域深耕,为单位创造更大价值"。

2. 重点要素

匹配性:将个人优势与岗位要求挂钩。如应聘财务岗时强调"细致耐心,实习期间实现账目零误差"。

真实性:避免夸大或模板化表达,可用生活化语言。例如:"朋友常说我像'闲人马大姐',乐于主动解决问题"。

3. 表达技巧

数据化:用成果量化能力,如"实习期间客户满意度提升20%"。

故事化:通过案例体现特质,如"曾连续一周加班完成紧急项目,最终获得客户认可"。

4. 注意事项

避免空谈"吃苦耐劳"等泛化表述,需结合具体场景。

对敏感问题(如职业稳定性)需提前准备,例如被问"为何从企业转考公务员",可回答"希望将××领域经验应用于更具社会价值的工作"。

## 思政小课堂

**青春志在四方 规划"职"引未来**
——首届全国大学生职业规划大赛校赛省赛观

为引导毕业生转变就业观念、提高大学生生涯教育和就业指导水平、促进高校毕业生高质量充分就业,2023年8月,教育部启动首届全国大学生职业规划大赛,采取校赛、省赛、全国总决赛三级赛制,更好实现以赛促学、以赛促教、以赛促就的目标。目前各地校赛、省赛已圆满收官,累计吸引950余万学子报名参赛,覆盖高校超过2700所,最终高教和职教赛道共决出600余名选手晋级5月中旬举办的全国总决赛。"大赛既是学子们展示自己的舞台,也是促进校企供需对接的大平台。"教育部相关负责人说,高校毕业生就业工作连接校园内外,实现大赛促进人才供需对接的目标，离不开社会各界特别是用人单位的鼎力支持。各地各高校也抓住机会，挖掘岗位资源、促进供需对接，推动毕业生高质量充分就业。如，内蒙古自治区教育厅在本地各高校举办校赛期间，综合全区行业产业发展及人才需求情况，举办大赛同期校园招聘活动79场，提供就业岗位14.54万个。

——教育部官网

## 第二节　职业兴趣

### 一、兴趣与职业兴趣

兴趣是注意与研究某种事物或从事某种活动的积极态度与倾向，是在一定需要的基础上在社会实践中发生和形成的。它在人的职业选择过程中具有重要作用，是进行职业选择的重要依据。人的兴趣在职业活动中起着重要作用。古今中外许多著名的科学家、文学家、艺术家等都是在强烈的兴趣驱动下取得了事业的成功。

达尔文起初因无兴趣学习医学、教学、神学，曾变为慢班的学生，但他对打猎、旅游、收集标本却很感兴趣，兴趣的原动力使他后来成为著名的生物学家。事业有成就的人，必然喜爱自己的工作，唯有对自己从事的职业感到满足的人，才能创造出非凡的价值。

根据兴趣的内容，可以把兴趣分为物质兴趣和精神兴趣。物质兴趣主要与物质爱好相联系，是人们对某种物质的迷恋和追求；精神兴趣主要是指人们对文化、科学、艺术的追求和迷态，如喜欢旅游、写作、摄影、绘画等。比如，中药学学生喜欢探索大自然、对植物、动物和环境有浓厚的兴趣，他们可能喜欢户外活动，如徒步旅行、野营和摄影，喜欢近距离观察各种生物和自然现象，这就是一种精神兴趣。

按照兴趣的倾向性，可以把兴趣分为直接兴趣和间接兴趣。直接兴趣是由于个体对事物本身感到需要而引起的兴趣，例如跳舞、摄影、考古等；间接兴趣是个体对于某事物未来的结果感到需要而产生的兴趣。直接兴趣和间接兴趣可以相互转化，也可以相互结合，从而更有效地调动个体的积极性。比如说有的大学生，课余时间喜欢打游戏，这就是一种直接兴趣。再比如说有的学生在学习英语的时候，往往不喜欢背诵英语单词，但是当他想到学好英语可以做翻译家、做外交家时，就对英语学习有了兴趣，这就是间接兴趣。

兴趣还可以分为职业兴趣和业余兴趣。并不是所有的兴趣都应该在自己的职业中得到满足，兴趣也可以通过兼职、志愿活动、参加社团及业余爱好等方式来实现。

职业兴趣是指人们对某种职业的关注程度及乐于从事某职业的积极态度与倾向。人们在选择职业时，更倾向于寻找与自己兴趣有关的职业。兴趣可以通过工作动机来促使能力的发挥，当兴趣与能力合理结合的时候，能大大提高工作效率，增强职业的选择性。

研究表明，如果一个人从事他感兴趣的工作，能发挥他全部才能的 $80\%\sim90\%$，并能长时间保持高效率且不感到疲惫；如果他对从事的工作不感兴趣，则只能发挥他才能的 $20\%\sim30\%$，而且容易筋疲力尽。兴趣能影响工作的满意度和稳定性，一般来说，从事自己不感兴趣的职业，人们很难感到满意，并认为工作不稳定。

**(一) 职业兴趣的特征**

1. 差异性

不同的职业有不同的兴趣特征，一个动手能力强、喜欢技能操作的人，可以在自己喜爱的工作领域大显身手、施才华，如果要让他从事研究型或其他类型的工作，他就会感到束手无策，找不到用武之地。正是这种兴趣特征的差异，构成了人们选择职业的重要依据。

东汉末年，我国出现了一位伟大的临床医学家张仲景。他不仅有丰富的临床经验，以精湛的医术救治了不少病人，而且写出了一部创造性的医学巨著《伤寒杂病论》。这部巨著的问世，使我国临床医学和方剂学，发展到较为成熟的阶段。张仲景出生在没落的官僚家庭。其父亲张宗汉是个读书人，在朝廷做官。由于家庭的特殊条件，使他从小有机会接触到许多典籍。他也笃实好学，博览群书，并且酷爱医学。他从史书上看到扁鹊望诊齐桓公的故事，对扁鹊高超的医术非常钦佩。"余每览越人入虢之诊，望齐侯之色，未尝不慨然叹其才秀也。"从此他对医学产生了浓厚的兴趣，这也为他后来成为一代名医奠定了基础。

2. 广度、中心性

职业兴趣还具有广度、中心性等特征。有的人上通天文，下知地理，古今中外无所不晓；有的人则除了关心与自己工作、学习有关的知识外，对其他事情不闻不问，这实际上就是职业兴趣广度上的差异。

马克思是一个兴趣十分广泛的人，他不仅是革命活动家、政治家、哲学家、经济学家，而且爱好数学、天文，对许多自然科学也有着浓厚的兴趣，他的名言是："人类的一切东西对我都不是陌生的。"良好的职业兴趣必须在广博的基础上才有其中心兴趣。马克思的兴趣广泛，被称为"科学巨匠"，但马克思首先是一个革命家。只有在广泛职业兴趣的背景下，有决定活动基本倾向的中心兴趣，才能使人获得深邃的知识，使职业活动充满乐趣。

3. 稳定性

良好的职业兴趣还必须有相对的稳定性。有的人职业兴趣一旦形成就始终如一，稳定不变；有的人职业兴趣波动多变，缺乏稳定性和持久性，对某一职业很容易产生兴趣，但很快又被另一兴趣所代替，这种人见异思迁，很难适应职业活动的需要。因此，每个人的职业选择和职业活动在其兴趣爱好的基础上还要遵从科学规律，符合程序规则，在追寻兴趣之外，更重要的是要找寻自己的志向，以锐意进取的精神攀登事业的巅峰。

**(二) 职业兴趣的发生和发展历程**

职业兴趣是取得成就的一个重要推动力，它能将一个人的潜力最大限度地调动起来，使他长期专注于某一方面，从而做出艰苦的努力，取得骄人的成绩。职业兴趣的发生和发展一般会经历这样一个过程：有趣、乐趣、志趣。

1. 第一个阶段：有趣

有趣是兴趣发展的低级阶段。它很不稳定，如白驹过隙，短暂易逝。处于这一阶段的兴趣常常与一个人对某一事物的新鲜感相联系,随着这种新鲜感的消失,兴趣也会自然逝去。

2. 第二个阶段:乐趣

乐趣是在有定向发展的基础上形成的,是兴趣发展的中级阶段。在这个阶段中,人们的兴趣会变得专一、深入起来,人们常会沉浸其中,自得其乐。如球迷看球、追星族追星等,他们的专注都是因为乐在其中。

3. 第三个阶段:志趣

当乐趣同一个人的社会责任感、理想、奋斗目标结合起来时,乐趣便成了志趣。志趣贯穿个人的生命历程,时时刻刻、随时随地鼓舞着人们向着光辉的人生顶点迈进。

## 二、如何探索自己的兴趣

我们可以借助测试工具,了解我们的兴趣。霍兰德职业兴趣自测(Self-Directed Search)是由美国职业指导专家霍兰德(John Holland)根据他本人大量的职业咨询经验及其职业类型理论编制的测评工具。

霍兰德(John L. Holland)的职业兴趣理论,是用于探索职业与个人兴趣匹配关系的重要理论。霍兰德认为人的人格类型、兴趣与职业密切相关,大多数人可分为六种类型:现实型(R)、研究型(I)、艺术型(A)、社会型(S)、企业型(E)与常规型(C)(具体见图3-1)。

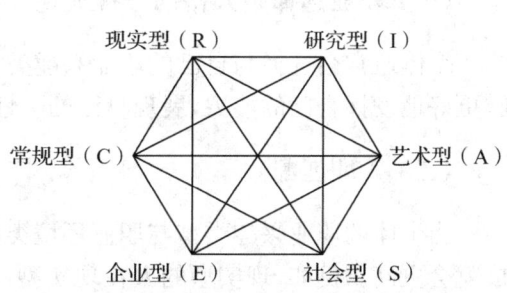

图 3-1 霍兰德类型理论

每一特定类型人格的人,会对相应职业类型中的工作或学习感兴趣(具体见表3-1)。

表 3-1 霍兰德职业兴趣类型

| 兴趣类型 | 特点 | 典型职业 |
| --- | --- | --- |
| 现实型<br>(Realistic) | 偏好与物体、工具、机械等具体事物打交道,喜欢有规则的具体劳动和需要基本操作技能的工作,动手能力强,做事手脚灵活,动作协调。但不善言辞,社交能力较弱。 | 机械装配工、电工、木工、建筑工人、工程师等。 |
| 研究型<br>(Investigative) | 喜欢探索和理解事物,对分析、推理、研究等智力活动感兴趣,善于独立思考,抽象思维能力强,求知欲强,肯动脑,善思考,但往往缺乏领导能力。 | 科学家、研究员、工程师、数据分析师、医生等。 |
| 艺术型<br>(Artistic) | 具有创造力,乐于创造新颖、与众不同的成果,渴望表现自己的个性,实现自身的价值。喜欢以各种艺术形式来表现自己的思想和情感,情感丰富,追求自由,不喜欢受约束。 | 画家、音乐家、作家、舞蹈家、设计师、演员等。 |
| 社会型<br>(Social) | 乐于与人交往,喜欢从事为他人服务和教育他人的工作,关心社会问题,有较强的社会责任感,善于表达,善于与他人合作,人际关系处理能力强。 | 教师、社会工作者、心理咨询师、护士、人力资源专员等。 |

续 表

| 兴趣类型 | 特点 | 典型职业 |
|---|---|---|
| 企业型<br>(Enterprising) | 追求权力、权威和物质财富,具有领导才能和冒险精神,喜欢竞争,敢冒风险,有野心和抱负。为人务实,习惯以利益得失、权力、地位、金钱等来衡量做事的价值。 | 企业家、经理、销售人员、政治家、律师等。 |
| 常规型<br>(Conventional) | 尊重权威和规章制度,喜欢按计划办事,细心、有条理,习惯接受他人的指挥和领导,自己不谋求领导职务。不喜欢冒险和竞争,工作踏实,忠诚可靠,遵守纪律。 | 会计、出纳、行政助理、秘书、档案管理员、数据录入员等。 |

霍兰德的职业兴趣理论认为:

**(一)职业选择是人格的一种表现**

个体通常会选择与自己的职业兴趣类型相匹配的职业环境,因为在这种环境中,他们能够更好地发挥自己的能力,展现自己的个性,获得更多的满足感和成就感。

**(二)人职匹配**

当个体的职业兴趣类型与职业环境类型相匹配时,他的工作满意度、职业稳定性和职业成就会更高。例如,现实型的人在现实型的职业环境中(如工厂、建筑工地等),会更得心应手;而社会型的人在社会型的职业环境中(如学校、社区服务中心等),会更能发挥其优势。

**(三)职业兴趣的相似性与差异性**

六种职业兴趣类型之间存在着一定的相似性和差异性。例如现实型和研究型都与技术和实际操作有关,但现实型更注重动手操作,研究型则更注重理论研究;社会型和企业型都与人打交道,但社会型更关注帮助他人,企业型则更关注追求权力和利益。

### 三、如何培养职业兴趣

虽然职业兴趣一旦形成,便具有一定的稳定性,但根据实际需要,还是可以通过多种途径,加上自己的努力去发展、培养和改变自己的职业兴趣。在培养职业兴趣时,可从以下几个方面努力。

**(一)培养广泛的兴趣**

具有广泛兴趣的人,不仅对自己职业领域的东西有浓厚的兴趣,而且对其他方面也有一定的兴趣。这类人眼界比较开阔,解决问题时也可以从多方面得到启发,在职业选择上有较大的余地。

**(二)重视培养间接兴趣**

直接兴趣是由于对事物本身感到需要而引起的兴趣,间接兴趣则不是对事物本身的兴趣,而是对于这种事物带来的结果感到需要而产生的兴趣。比如:可以通过了解职业兴趣在社会活动中的意义、对人类活动的贡献等引起兴趣,也可以通过了解某项职业的发展机会引起兴趣,还可以通过实践逐步提高间接兴趣。

### (三) 要有中心兴趣

人的兴趣应广泛,但不能泛泛,要有中心爱好。广且有重点,才能学有所长,获得知识。如果只具广泛性而无中心职业兴趣,人往往会知识肤浅,没有确定的职业方向,这样难以有所成就。所以,应着意培养自己在某一方面的职业兴趣,促进自己的发展和成才。

### (四) 积极参加职业实践

只有通过职业实践,才能对职业本身有深刻的认识和了解,才能激发自己的职业兴趣。职业实践活动内容十分丰富,包括生产实习、社会调查、参观访问及组织兴趣小组等。

### (五) 客观评价自己的能力来确定职业兴趣

对某项职业有浓厚的兴趣是成功的前提之一,但事业要取得成功还必须具备该职业所要求的能力。因此,在培养职业兴趣的同时也要客观评价自己的能力,看自己是否适合某种职业,在此基础上形成的职业兴趣才是长久的。

### (六) 保持稳定的职业兴趣

应在某一面有持久稳定的兴趣,不朝三暮四、见异思迁,这样才能投入更多的热情和精力,深入钻研相关内容,在事业上才能有所发展和成就。

### (七) 培养切实的职业兴趣

兴趣的培养不能因追求清高而不考虑客观条件。过分清高只能是画地为牢,自缚手脚。

## 第三节 职业性格

### 一、性格与职业性格

性格是个人对现实的稳定态度,以及与其相适应的行为方式中表现出来的。从广义上讲,性格是人的自然追求和精神欲求的追求体系,是行为方式、心理方式、情感方式的总和,集中反映了一个人的心理面貌。现实生活中人的性格千差万别,有的人沉着冷静;有的人热情外向、活泼开朗;有的人谨慎小心,深思熟虑,有的人内向封闭、不善交际;有的人认真负责、言行一致;有的人夸夸其谈等。性格的形成是一个长期复杂的过程,不仅受遗传因素的影响,更是一个人生活环境和生活经历的反映。

职业性格是指人们在长期特定的职业生活中所形成的与职业相联系的比较稳定的心理特征。许多职业对性格品质有着特定的要求,要选择某一职业就必须具备这一职业所要求的性格特征。

每个人的性格都不一定能100%地适合某项职业,但可以根据自己的职业方向来培养和发展相应的职业性格。一个人在某种职业中获得成功的性格,可能在另一职业中大受挫折。因此,在职业选择和发展时,应尽可能充分地考虑自己的个性特征与职业要求是否相适应,这样在工作中才能够发挥个体特有的能力,还能利用个体的个人资本,体验到更多的快乐和愉悦。正如一位名人说:"成功者大都不是天才,他们只是一些有着普普通通品质的人。但他们在适合自己性格的工作中,充分挖掘了这些普普通通的品质,从而取得了卓越的成就。"

世界上没有性格完全相同的两个人,每一个人的成长环境都是独一无二的,先天素质也不尽相同,即使有许多共同点,但依然各有特色。因此,人的个性差异首先体现在性格上,每个人都拥有自己最独特的性格特征。由于性格结构的复杂性,在心理学的研究中至今还没有大家公认的性格类型划分的原则和标准。

### (一) 以心理机能优势分类

这是英国的培因(A.Bain)和法国的李波特(T,Ribot)提出的分类法。他们根据理智、情绪和意志三种心理机能在人的性格中所占优势不同,将人的性格分为理智型、情绪型和意志型。

1. 理智型

这种性格类型的人善于以理智来调节自己的言行,深思熟虑地解决问题,处事冷静,适合从事管理性、研究性和教育性的职业,如医生、律师、科研工作者等。药品研发岗位的主要职责包括以下几个方面:

(1) 项目管理和实验设计:协助设计具体的项目实验方案并实施,完成药品处方工艺研究的实施工作,进行实验室操作,独立完成各项目的前处理、分析测试、提出报告等。

(2) 方法学试验和稳定性研究:协助完成药品研究方法学试验,样品检验、稳定性研究试验,指导团队成员完成实验室日常药物分析测试、方法学验证、稳定性研究和对照品分析标化工作。

(3) 技术指导和支持:负责药品政策解读、国内外技术指导原则的整理,关注国内外行业动向,寻找有价值项目;负责各项目的技术资料审核、技术支持及把控、新品的委托生产单等。

(4) 沟通与协调:负责公司立项项目基础药物制剂或药物分析等技术研究工作,并负责试验方案、试验记录和试验总结编写;与生产部、质量部、研发机构之间的技术验证、沟通和衔接。如想从事药品研发岗位相关的岗位,可能就需要理智型的性格特点。

2. 情绪型

这种性格类型的人言谈举止容易受情绪支配,处理问题不冷静,但情绪体验深刻,这类人最大的特点是不能三思而后行,适合从事艺术性、服务性的职业,如演员、设计师等。

3. 意志型

这种性格类型的人目标明确、主动积极、处事果断,勇于克服困难、善于控制自己的言行和情绪、有较强的自制力,适合从事经营性或决策性的职业,如领导者、公关人员、营销人员等。

## （二）以心理活动的倾向分类

这是瑞士心理学家荣格（C.G.Jung）的观点。荣格根据一个人力比多（个人内在的、本能的力量）的活动方向来划分性格类型。力比多活动的方向可以指向内部世界，也可以指向外部世界。前者属于内倾型，后者属于外倾型。

1. 内倾型

这种性格类型的人沉静、孤僻、不善交、思想和情绪不易外露、处事谨慎、深思熟虑、社会适应能力弱。科学家、技术人员、会计师、打字员、一般办公室职员等通常属于内倾型。此类人比较适合从事有计划的、稳定的、不需要与人过多交往的职业。对于医药行业来说，偏技术岗和研发岗的工作可能适合内向型性格的同学。

2. 外倾型

这种性格类型的人心理活动倾向于外露，活泼、开朗、好交际、不善于掩饰自己的思想和情绪、不拘小节、社会适应能力强，适合做管理人员、律师、政治家、业务员、记者和教师等。一般来说，此类人由于具有对外界事物的关心、善于表露自己的情感、乐于与人交往等特点，更适合从事能充分发挥自己积极主动性、与外界有着广泛接触的职业。

比如说药品销售岗位具体职责如下：(1) 协助销售部经理和销售人员汇总销售数据，确认供货流向。(2) 负责接收和传递各区域及营销员工各种报表和申请。(3) 负责及时提供市场所需的各类文件资料。(4) 负责起草、打印销售部相关文件和数据及档案资料的整理和归档等。(5) 协助各类市场销售会议的组织和安排工作。

## （三）以个体独立性程度分类

美国心理学家威特金（H.A. Witkin）等根据场的理论，将人的性格分成场依存型（也称顺从型）和场独立型（也称独立型）。这两种人是按两种对立的认知方式进行工作的。

1. 顺从型

这种性格类型的人倾向于以外在参照物作为信息加工的依据，易受环境或附加物的干扰，心理活动的独立性弱，愿意配合别人或按别人指示办事，而不愿意自己独立作出决策，担负责任。

2. 独立型

这种性格类型的人不易受外来干扰，习惯于更多地利用内在参照（自己的认识），心理活动的独立性强，有主见，他们具有独立判断事物、发现问题、解决问题的能力，并且应急能力强。

## （四）以人的社会生活方式分类

德国心理学家斯普兰格（E.Spranger）从文化社会学的观点出发，根据人认为哪种生活方式最有价值，把人的性格分为六种类型，即经济型、理论型、审美型、宗教型、权力型和社会型。

1. 经济型

一切以经济建设为中心，以追求财富、获取利益为个人生活的目的。

2. 理论型

以探求事物本质为个人最大价值,但解决实际问题时常无能为力。

3. 审美型

以感受事物的美为人生最高价值,他们的生活目的是追求自我实现和自我满足,不太关心现实生活。

4. 宗教型

把信仰宗教作为生活的最高价值,相信超自然力量,坚信生命永存,以爱人、爱物为行为标准。

5. 权力型

以获得权力为生活的目的,并有强烈的权力意识与权力支配欲,以掌握权力为最高价值。

6. 社会型

重视社会价值,以爱社会和关心他人为自我实现的目标,并有志于从事社会公益事业。在现实生活中,往往是多种类型的特点集中在某个人身上,但常以一种类型特点为主。

## 二、如何了解自己的性格

性格澄清是指通过某种方式明确或梳理自己的性格特点,或者帮助他人了解自己的性格。用户可能是在寻求自我认知的方法,或者是在人际关系中如何更好地表达自己的性格。首先,常见的性格分析方法,比如 MBTI、大五人格、霍兰德职业兴趣测试等。这些工具可以帮助用户了解自己的性格类型和倾向。然后,自我反思也是重要的一环,比如写日记、反思行为模式、寻求反馈等。另外,行为观察法可能包括记录日常行为,分析情绪反应,这些都能帮助用户更客观地认识自己。我们大学生可以通过多样化的渠道,了解自己的性格。

## 三、如何进行性格测试

在职业心理中,性格影响一个人对职业的适应性,一定的性格适于从事一定的职业;同时,不同的职业对人有不同的性格要求。因此,在考虑或选择时,不光要考虑自己的职业兴趣,还要考虑自己的职业性格特点。目前国际较为流行的职业性格测评工具有迈尔斯布里格斯类型指标(MBTI)。

MBTI 通过四个二元维度将人格分为 16 种类型,每个维度代表两种相反的倾向:

(1) 能量获取方式——外向(E):通过社交互动获取能量,关注外部世界。内向(I):通过独处恢复能量,关注内心世界。

(2) 信息获取方式——实感(S):注重具体细节、现实经验,关注当下。直觉(N):关注整体模式、可能性,倾向未来和抽象概念。

(3) 决策方式——思考(T):基于逻辑和客观分析,追求公平和效率。情感(F):重视人际关系和谐,考虑价值观和他人感受。

(4) 生活方式偏好——判断(J):偏好计划、结构和确定性,倾向于快速决策。知觉:灵活开放,适应变化,倾向于保留选择余地。

**图3-2 十六种性格类型特点**

| ISTJ | ISFJ | INFJ | INTJ |
|---|---|---|---|
| 负责,真诚,善于分析,矜持,务实,有条理,勤奋,值得信赖,对现实有很强的判断力。 | 热情,体贴,温和,负责,务实,通透,喜欢照顾、帮助他人。 | 理想主义,组织性强,洞察力,可靠,共情,温和,追求和谐、合作,喜欢智力刺激。 | 创新,独立,战略,矜持,富有逻辑、洞察力,以自己的原创想法为动力,并精益求精。 |
| **ISTP** | **ISFP** | **INFP** | **INTP** |
| 行动导向,富有逻辑,善于分析,自觉自律,矜持,独立,喜欢冒险,喜欢研究机械结构的工作原理。 | 温柔,敏感,有教养,乐于助人,灵活,务实,希望自己是个美好且有价值的人。 | 敏感,创造力,理想主义,洞察力,有爱心,忠诚,重视内在和谐与个人成长,相信梦想与可能性。 | 聪明,富有逻辑,敏锐,矜持,灵活,想象力,保持怀疑的精神,解决问题喜欢另辟蹊径。 |
| **ESTP** | **ESFP** | **ENFP** | **ENTP** |
| 外向,务实,行动导向,好奇心强,多才多艺,敏锐,高效解决问题,优秀的谈判者。 | 古灵精怪,热情,友好,主动,机敏,灵活,灵通,喜欢以实际行动帮助他人。 | 热情,创造力,自发,乐观,支持,古灵精怪,灵感,喜欢投入新事物,能看到别人的潜能。 | 创造力,热情,战略,进取心,好奇心,多面,喜欢新的想法和挑战,重视灵感。 |
| **ESTJ** | **ESFJ** | **ENFJ** | **ENTJ** |
| 高效,外向,善于分析,系统性思维,可靠,务实,喜欢主持大局,有条不紊地完成工作。 | 友好,外向,可靠,认真,组织性强,注重实践,帮助和取悦他人,活跃,多产。 | 有爱心,热心,理想主义,组织性,负责,外交达人,重视与他人的联系。 | 策略,逻辑,高效,外向,有野心,独立,领导力,眼光长远。 |

图3-2 十六种性格类型特点

表3-2 十六种性格类型表

| 内倾感觉思维判断(ISTJ) | 内倾感觉情感判断(ISFJ) | 内倾直觉情感判断(INFJ) | 内倾直觉思维判断(INTJ) |
|---|---|---|---|
| 内倾感觉思维知觉(ISTP) | 内倾感觉情感知觉(ISFP) | 内倾直觉情感知觉(INFP) | 内倾直觉思维知觉(INTP) |
| 外倾感觉思维知觉(ESTP) | 外倾感觉情感知觉(ESFP) | 外倾直觉情感知觉(ENFP) | 外倾直觉思维知觉(ENTP) |
| 外倾感觉思维判断(ESTJ) | 外倾感觉情感判断(ESFJ) | 外倾直觉情感判断(ENFJ) | 外倾直觉思维判断(ENTJ) |

### 生涯实践

性格地图绘制,学生拿白纸绘制自己的性格地图,白纸四角设置坐标轴(E-I,S-N,T-F,J-P)。教师解读各维度含义,破除刻板印象。

### 拓展阅读

职场上,哪些性格特点的人能够脱颖而出,实现事业上的腾飞呢?这一话题始终牵动着职场人士的心弦。通常,那些在职场中能够飞黄腾达的人,往往具备以下五种性格特点:

1. 积极主动型

这类人充满工作热情,主动承担任务,不惧挑战。他们敏锐地发现问题,并提出创新性的解决方案,这种积极性往往使他们脱颖而出。

2. 沟通协调型

优秀的沟通与协调能力是职场中的宝贵财富。这类人善于倾听、理解他人,与不同背景的人建立良好关系。他们化解矛盾、协调利益的能力,为团队的和谐稳定贡献良多。

3. 学习型

在快速变化的职场环境中,持续学习能力至关重要。这类人保持对新知识和技能的高度渴望,不断吸收、消化新信息,提升自我。他们的进取心和学习力使他们始终站在行业前沿。

4. 目标导向型

清晰的职业目标和规划是成功的指南针。这类人善于分析现状,制定切实可行的计划,并坚定地执行。他们的目标导向和执行力使他们在职场上屡创佳绩。

5. 情商型

情商水平直接影响职场中的人际关系和合作效果。这类人能够准确感知并管理自己的情绪,同时理解他人的感受。他们善于建立信任、化解矛盾,营造和谐的工作氛围。这种情商优势使他们赢得广泛的支持和认可。

## 第四节 职业技能

### 一、技能的概述

#### (一)技能的概念

心理学家罗圭斯特与戴维斯(Lofquist & Dawis,1984)在对个体的工作适应问题进行多年研究以后,提出了明尼苏达工作适应论。他们认为:当工作环境能够满足个人的需求时,个人会感到"内在满意";而当个人能够满足工作的要求时,个人能够达到"外在满意"(即令自己的雇主、同事感到满意）。当个人能够同时达到内在和外在满意时，个人与环境之间的关系就比较协调，个人的工作满意度会比较高，在该工作领域也能持久发展。

而在对"内在满意"和"外在满意"这两个指标的衡量当中，能力都占有很重要的地位。罗圭斯特与戴维斯认为："外在满意"主要可以通过衡量个人职业技能与工作的技能要求之间的配合程度来进行评估；而在"内在满意"方面，则主要通过衡量个人价值观与企业文化及奖惩制度之间的适配性来评估。我们不难看到：做自己能够胜任的工作，培养和发展自己的能力，发挥个人的潜能，常常是个人选择职业时希望能够得到满足的需求，亦即与能力相关的价值观。由此可见，能力与个人的职业满意度、工作适应性以及职业稳定性具有直接的相关关系。

 **企业导师说**

◆ **行业发展趋势**

在"健康中国2030"战略实施与人口老龄化的双重驱动下，中国医疗器械行业正迎来高速发展期。行业呈现四大核心趋势：一是智能化与数字化升级加速，AI辅助诊断、3D扫描技术（如蓝野口腔扫描仪）及物联网设备的深度应用显著提升诊疗精准度；二是国产替代进程加快，牙科直线驱动系统等核心部件实现技术突破，高端设备国产化率持续攀升，逐步打破国际品牌垄断格局；三是产业链生态整合深化，以宁波国际牙科产业园为代表的集群模式，通过聚合研发、生产、服务全链条资源形成高效闭环；四是全球化与本土化协同推进，国产设备已出口至102个国家，同时聚焦国内基层医疗设施升级和老龄群体康复护理需求，构建"国内国际双循环"增长体系。技术突破与产业升级正重塑行业格局，推动中国从医疗器械制造大国向创新强国迈进。

◆ **对现在学生的要求**

跨学科知识储备：机械工程、生物医学、材料科学等学科需融会贯通，建立三维知识网络（如生物力学与精密制造交叉应用），避免"单线思维"。建议通过跨院系选修课和联合课题小组形式，系统学习仿生关节制造中的流体力学建模与生物相容性涂层技术。

实践与创新能力：构建"实验室-中试基地-工厂车间"三级实训体系，通过参与微创手术机器人动力模块原型设计等项目，从中积累参数调整经验。建议每周分析，培养对微型化驱动装置等技术趋势的敏感度。

国际化视野：建立双轨监测机制，既关注欧盟MDR认证等法规更新，又追踪北美CMEF展会新品动态。建议搭建，对比ISO13485与FDA QSR820体系差异，定期模拟海外临床试验数据申报流程。

同学们，面对快速发展的医疗器械行业，积极拥抱变化，拓宽知识视野，提升实践创新能力，培养国际化思维，增强应对挑战的能力，你们将大有可为！

——徐步光（宁波蓝野医疗器械有限公司董事长）

### （二）能力与技能

当个体能力与职业要求相匹配时，其潜能得以充分发挥并伴随显著的心理满足感。反之，当承担超出能力范围的工作任务时，易引发焦虑情绪及挫败体验；若能力显著高于岗位需求,则易陷入职业倦怠与价值缺失状态。这印证了职业选择中能力适配原则的重要性。要系统理解该原则,须首先明确能力的二元分类体系:根据习得方式可分为先天禀赋型能力(能力倾向)与后天习得型能力(技能)。

能力倾向(aptitude)作为与生俱来的特殊禀赋,体现为音乐感知、运动协调等潜在才能。此类天赋具有显著的个体差异性,其发展程度受开发机会制约。以我国人口基数为例,虽难以复现刘翔式的跨栏成就,但具备相似神经肌肉协调特质的潜在群体客观存在。遗传基因、环境熏陶与文化浸润皆可作用于天赋潜能的开发。

技能(skill)特指通过系统化学习与实践积累形成的复合能力,涵盖认知能力、社交能力及表达能力等人类基础生存技能。从新生儿到具备完整生活能力的成年人,实质上完成了包含视听言语、读写运算等数千项技能的系统习得过程。

现实情境中的能力表现实为先天禀赋与后天培养的共同产物。以奥运冠军为例,卓越成就既源于独特的生理构造优势,更离不开科学系统的技能强化。需特别辨析的是,常见的能力认知误区往往混淆先天限制与后天不足——诸多所谓"能力缺陷"实为技能训练缺失所致。社交沟通等核心能力主要依赖持续练习,青少年时期教育偏颇导致的技能短板,完全可通过成人阶段的专项学习予以改善。北宋卖油翁"惟手熟尔"的典故与邓亚萍逆袭的案例,共同印证了技能发展的可塑性规律。

## 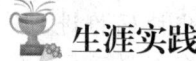 生涯实践

**练习:插土豆**

你能用一根吸管一下插穿一个土豆吗?你是否会在心里对自己说:我的力气太小了,要力气大的人才穿得过去。或者:我是女生,恐怕只有男生才能做到。如果我告诉你每个人都能插得过去,你愿意试试吗?如果你看到一个与你同性别并且体格差不多的人成功地戳穿了土豆,你是否会更有信心一些?

其实,整个过程中,你的心理活动或多或少地反映了你的自我效能感,即:你对自己能力的信心会在极大程度上影响你的行为。

### (三) 技能与能力倾向

关于人的天赋,传统的智力理论通常以语言能力和数理逻辑能力为整体评判的标准,也就是人们常说的 IQ。1983 年,美国哈佛大学教授、发展心理学家加德纳(Gardner)提出了多元智力论。他认为,智力是多元的是由同样重要的多种能力而不是一两种核心能力构成的,而且各种能力不是以整合的形式存在,而是以相对独立的形式表现出来的。他的研究表明,人类至少有七种不同的智能:言语-语言智力、逻辑-数理智力、视觉-空间智力、音乐-节奏智力、身体-动觉智力、交往-交流智力和自知-自省智力。

从这个意义上说,加德纳的多元智力理论告诉我们:对于世界上的每一个人来说,不存在谁更聪明的问题,只存在不同个体在哪个方面聪明的问题。每个人都是独特的。正如中国古人所言:"天生我材必有用。"如果个人能将自己独特的天赋充分发挥出来,那么,每个人都可以是出色的。

## 二、技能分类及澄清

表达技能的词汇，也就是用来说服雇主给自己工作的词汇。无论是简历还是面试，其实要达到的目标都是试图向雇主证明：我有良好的能力，足以胜任这份工作。因此，面对"我为什么要雇你"这样的问题，你在简历和面试中的回答都应当以自己与工作相关的能力为主线。你所谈到的任何能证明你能力的事情，都将增加你得到工作的机会。

对个人技能的认识，建立在对技能分类的了解上。辛迪·梵和理查德·鲍尔斯（Sidney Fine & Richard Bolles）将技能分为三种类型：① 知识技能；② 自我管理技能；③ 可迁移技能（或称通用技能）。通常人们比较容易想到自己所具有的知识技能，但实际上后两种技能更为重要。它们使我们有可能不局限于自己所学的专业，可以在更广的范围内选择职业；它们对于我们在竞争中胜出具有关键性的作用、并且使我们能够在工作中得以更长久地发展；而雇主们对它们的重视程度也往往超过了对单纯知识技能的重视。

### （一）知识技能

知识技能是指那些需要通过教育或者培训才能获得的特别的知识或能力，也就是个人所学习的科目、所懂得的知识。比如：你是否掌握外语、中国古代历史、电脑编程，或化学元素周期表等知识？知识技能一般用名词来表示。

事实上，知识技能并非只有通过正式的专业教育才能获得。除了学校课程，课外培训、专业会议、讲座、研讨会、自学、资格认证考试等方式都可以帮助个人获得知识技能。

因此，如果想从事本专业之外的工作而又不愿或不能重新选修一个专业的话，仍然有许多途径可以帮助我们获得相关的知识技能。在招聘中，专业知识技能绝对不是用人机构所重视的唯一。当前现存的状况是知识技能的重要性被夸大，以至于许多学生在校内选修很多的课程、在校外参加各种培训班并考取一大堆认证。他们在简历上以大篇幅列举的学习成绩、获得的证书、拿到一等奖学金等所有这一切，无非都只证明了个人的知识技能。殊不知一大堆互不相干的知识技能堆砌在简历上，只能给人以庞杂的感觉，不能让招聘人员明白它们与所要应聘的职位之间有多大关系。实际上，所有得到面试机会的人，应该说其简历上表述的知识技能都已基本达到了应聘职位的要求（当然，这一点还需要在面试中加以审核）；而进入最后一轮面试的人，实际上都是能够胜任该职位专业技能要求的人。而最终使人获得工作机会，并在工作中能够长久发展的，还是自我管理技能和可迁移技能。

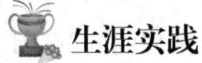
**生涯实践**

*练习：你有哪些知识技能*

对下面的经历进行分析，尽可能全面地列出你所掌握的知识技能，再从中分别挑选出你自己感觉比较精通的和你在工作中应用或希望应用的知识技能，最后排列出对你来说最重要的五项知识技能：

- 在学校课程中学到的：如英语、地理等

- 在工作(包括兼职和暑期工作)中学到的:如电脑制图等
　
- 从课外培训、辅导班、研讨班学到的:如绘画等
　

在盘点了自己现有的知识技能以后,把你的思绪转向未来,想想有哪些知识技能你目前还不具备、但希望自己拥有。可以通过一些什么样的途径来获得这些知识。
- 我尚不具备但希望拥有的知识技能
　

需要注意的是,技能的组合更为重要。通常我们所说的"复合型人才",正是指具有不同知识技能的人。技能的组合使得我们在人才市场上更具有竞争力,也更有可能将工作完成好。

## 生涯实践

### 练习:知识技能的组合

想一想,在上一个练习你所列出的知识技能之间可以相互结合吗?与你的同学相比,除了你们共同的专业以外,你还掌握什么其他的知识是他们所没有的吗?你有特别擅长的吗?
- 我的知识技能组合:
　
- 我独特的知识技能:
　

## (二) 自我管理技能

自我管理技能经常被看作个性品质而非技能,因为它们被用来描述或说明人具有的某些特征。它涉及个体在不同的环境下如何管理自己:是勇于创新还是循规蹈矩,是认真还是敷衍了事,能否在压力下保持镇定,是否对工作有热情,是否自信,等等。

良好的自我管理技能能够帮助个体更好地适应周围的环境、应对工作中出现的问题,因此它也被称为"适应性技能"。一个人是如何使用自己的专业知识,以什么样的态度从事工作的,这甚至比工作内容本身更为重要。正是这样一些品质和态度,将个人与许多其他具有相同知识技能的候选人区别开来,最终得到一份工作,并能够适应新的环境和规则,在工作中取得成就,获得加薪和晋升的机会。因此,有人称它们为"成功所需要的品质、个人最有价值的资产"。

### (三) 可迁移技能

可迁移技能就是一个人会做的事。比如教学、组织、说服、设计、安装、帮助、计算、考察、分析、搜索、决策、维修等。

可迁移技能的特征是它们可以从生活中的方方面面，特别是工作之外得到发展，却可以迁移应用于不同的工作之中。因此，可迁移技能也被称为"通用技能"。

基于这样的原因，可迁移技能也是个人最能持续运用和最能够依靠的技能。随着信息时代的到来、新技术日新月异的发展，知识的更新换代不断加快。这意味着个体需要不断学习新的知识技能才能跟上时代的发展。

### (四) 雇主们最重视的技能

雇主们通常在大学毕业生身上寻求的，也是使得这些学生有资格担任某一职位的东西包括了他们的教育背景、经验和态度的综合素质。有些领域需要专门的知识或证书（如医学、程序设计、化工等），但大部分职业并不要求有什么特殊的知识技能，而需要的是一些更为普遍、一般性的技能和素质（即可迁移技能和自我管理技能）。根据美国"全国大学与雇主协会"（National Association of Colleges and Employers）的调查，美国雇主们最为重视的技能和个人品质按顺序排列如表3-3所示：

表3-3 技能与个人品质能力评估表

| 序号 | 能力名称 |
| --- | --- |
| 1 | 沟通能力 |
| 2 | 积极主动性 |
| 3 | 团队合作精神 |
| 4 | 领导能力 |
| 5 | 学习成绩 |
| 6 | 人际交往能力 |
| 7 | 适应能力 |
| 8 | 专业技术 |
| 9 | 诚实正直 |
| 10 | 工作道德 |
| 11 | 分析和解决问题的能力 |

我们可以看到，其中的第1、4、6、7、11都属于可迁移技能，第2、3、9、10都是自我管理技能，而知识技能排在第5和第8。

在美国劳工部及美国生涯咨询和发展协会（National Career Development Association）对雇主进行的另一份调查结果也显示：雇主们非常重视员工的自我管理技能和可迁移技能。具体如表3-4所示：

表 3-4　个人能力要求表

| 序号 | 能力要求 |
| --- | --- |
| 1 | 善于学习 |
| 2 | 读、写、算的能力 |
| 3 | 良好的交流能力,包括听、说能力 |
| 4 | 创造性思维和解决问题的能力 |
| 5 | 自尊、积极、有奋斗目标 |
| 6 | 有个人和事业开拓能力 |
| 7 | 交际、谈判能力及团体精神 |
| 8 | 良好的组织和领导能力 |

事实上,中国雇主们所看重的同样是这些能力。许多企业在招聘人才时不仅看其学习成绩,更重视其他的综合能力,如良好的沟通、表达能力,较强的分析、组织能力及领导能力,尤其是团队精神。

### 三、提升职业技能的途径

为了促进个人职业成长以及更好地适应不断变化的职场环境,提升职业技能显得尤为重要。以下列出了一些行之有效的策略和方法,以帮助个人在职业生涯中不断进步和提高:

#### (一) 参加专业培训课程

通过积极参与线上或线下的专业培训课程,人们能够系统地学习到新的知识和技能。众多知名大学、职业学校以及在线教育平台都提供了种类繁多的课程。这些课程从基础入门到高级进阶,覆盖了多个不同的领域,从而满足不同学习者的需求。

#### (二) 参加行业会议和研讨会

参加行业会议、研讨会和工作坊,可以与行业专家和同行交流,了解行业趋势,拓宽视野。

#### (三) 建立专业网络

通过参加专业社团、行业活动或利用社交媒体平台(如 LinkedIn),建立和维护专业网络,可以获取行业信息,找到学习资源,甚至可能获得职业发展的机会。

#### (四) 导师指导

在你的职业发展道路上,一位在你所选择的行业内经验丰富的导师可以为你提供宝贵的指导和建议。这样的导师不仅能够帮助你更快地学习和成长,还能在你遇到职业发展的困惑和挑战时,给予你专业的意见和支持。

## （五）自我反思和评估

定期进行自我反思和技能评估，了解自己的强项和弱点，有针对性地进行提升。通过深入的自我分析，我们可以更好地认识到自己在工作或学习中的表现，以及在人际交往中的沟通能力。

## 第五节　职业价值观

### 一、价值观的内涵与特点

#### （一）价值观的内涵

价值观作为个体行为与思想的综合体现，不仅作为行动的导向，而且是实现自我价值的基石。具体而言，它是个体在认知、理解、判断和抉择过程中所依赖的一种深层次的心理和思维模式。价值观体现为人们在面对普遍性问题时所展现的立场、观点和态度，涵盖了对客观世界中的人、事、物以及个人行为后果的价值判断和总体评价。

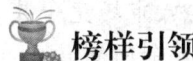榜样引领

◆ **人物简介**

姓名：曹宇杰

毕业院校专业：浙江药科职业大学

现任岗位/职务：台州市控场科技有限公司总经理

职业成就：先后创办企业宁波蔚燃文化传播有限公司、宁波魅力复兴生物科技有限公司、浙江营股制股权投资管理有限公司、台州市茉铭餐饮企业管理有限公司、台州市控场科技有限公司。自创办企业以来，坚持以"诚信立足，创新致远"为理念，领导多家企业稳健发展。连续多届担任县人大代表，加强推进青年创新创业问题，为青年创新创业指导领航。

◆ **个人发展路径**

第一阶段：初期积累

2009年在校期间组建了一支创业团队，在学校和老师的帮助下成功创业，收获颇丰。2014年他创建宁波蔚燃文化传播有限公司，带领公司成为高校市场最大通信运营商。2015年公司转型，为各大银行和国企代运营高校市场。2015成为全国第一家创业型商会——镇海甬创商会首批会员，被评为镇海创业商会"十佳创业明星"，创办宁波大学生创业服务平台。

第二阶段：风口突围

2016年护肤品行业蓬勃发展，凭借着对中草药的专业知识进入护肤品行业领域。他创

建宁波魅力复兴生物科技有限公司,打造"魅力复兴"化妆品品牌,总投资逾1 000万元人民币,成功风口突围,积累原始资本。

第三阶段:感恩反哺

自2018年起,曹宇杰连任台州市仙居县人大代表,并参与人才引入计划,推动家乡经济。他创立了"惜杯"奶茶连锁品牌,并在仙居县城开展直营和加盟业务。公司与当地高校合作,为学生提供实习和就业机会,以及职业培训和规划。此外,曹宇杰还参与公益项目,助力家乡建设和发展。

第四阶段:产业创新

2019年,曹宇杰成立台州市控场科技有限公司,致力于共享充电技术的创新。公司投资千万建设新产业链,开发新款充电宝,突破共享充电软件技术壁垒。

公司自主设计研发共享充电宝全套设备,并拥有独立知识产权专利。作为少数拥有全套自主权的公司之一,控场科技还拥有自己的互联网IT技术团队,负责研发后台小程序、系统App及内部管理App。

到2024年,控场科技的共享充电设备经历了四次硬件更新和五次软件迭代。凭借不断的技术突破,公司率先在手机共享充电行业中应用五大技术,使品牌"急飞"共享充电设备在市场上稳固立足。随着公司规模的扩大,曹宇杰持续推动技术创新,强调科技日新月异,只有不断创新才能保持市场竞争力。

◆ 低谷应对案例

在产业发展的后期新领域拓展阶段,公司遭遇了资金不足、技术尚未成熟、市场竞争异常激烈的多重挑战。曹宇杰回忆起那段时光,表示:"当时,我们每日都在为资金问题焦虑,技术研发也陷入了困境,团队的士气亦因此受到影响。"然而,面对这些困境,曹宇杰并未选择退缩。他引领团队不懈努力,持续改进技术方案,并积极寻求外部投资。经过一年的艰苦奋斗,公司终于迎来了转机,成功引入了五大创新技术,研发出了外观时尚简洁、充电安全快捷、软件系统完善的共享充电宝产品,赢得了市场的广泛赞誉。

◆ 案例启示

曹宇杰的职业生涯历程中充满了挑战与机遇,他的成就不仅源自个人的勤奋,还得益于他对事业的热爱以及对社会责任的深刻认识。他的经历向我们昭示:

1. 跨界思维的重要性:曹宇杰成功地从医药行业跨入科技领域,这凸显了跨界思维的价值。

2. 坚持与韧性的重要性:在创业过程中遭遇的挫折并未使曹宇杰屈服,他凭借不屈不挠的毅力和对技术的深厚执着,最终引领公司走向了成功。

3. 社会责任的重要性:曹宇杰不仅关注企业的成长,更重视为社会贡献价值。他通过促进就业、参与公益活动等举措,体现了企业家的社会责任感。

◆ 校友寄语

1. 保持好奇心,终身学习

2. 注重人际关系,广结良友

3. 回馈社会,承担责任

## (二)价值观的特点

价值观,作为个体对事物价值的总体认知与根本立场,呈现出主观性、相对稳定性、时代性、指导性、层次性以及可塑性等特征。这些特征共同构筑了价值观的复杂性和多维性,从而在人类社会中扮演着至关重要的角色。

1. 内容的主观性

价值观的形成基于个体或群体的主观感知与经验,导致不同的人或群体可能孕育出不同的价值观。这种内容的主观性赋予了价值观以多样性和差异性,体现了人们对世界的个性化认知与评价。

2. 形式上的相对稳定性

价值观念一旦确立,通常表现出一定的稳定性,不易因短暂的外部因素而产生显著变化。然而,这并不等同于价值观念是恒久不变的,它们可能会随着时光的流逝以及个体发展经历的积累而逐步调整和优化。

3. 时代性与存在

价值观念通常受到特定历史时期及文化背景的深刻影响。不同的历史时期与文化传统孕育出多样化的价值体系,而这些价值体系又对人们的思维模式与行为模式产生反向塑造作用。

4. 行为指导的重要性

价值观在指导个体与群体行为及决策过程中发挥着至关重要的作用。它们为个体提供了评判事物优劣、道德与不道德、美学价值的准则,从而在面临选择时辅助个体作出判断。价值观的导向性确保了在复杂社会环境中的个体与群体能够维持其一致性和稳定性。

5. 结构中的层次性

价值观通常呈现出一定的层级结构。在特定情境下,个体可能遭遇多元价值观之间的冲突,此时必须依据个人需求与具体情境进行权衡与抉择。价值观系统的这种层级性赋予了其灵活性与适应性。

6. 发展的可变性

尽管价值观具有相对稳定性,但它们并非一成不变。随着社会的变迁、个人的成长和经验的积累,人们的价值观可能会发生变化。这种可变性使得人们能够不断地适应新的环境和挑战,实现自我发展和完善。

## (三)价值观的作用

价值观在引导和调节个人行为方面起着至关重要的作用。它不仅塑造着人们的自我认知,还直接影响并决定着一个人的理想、信念、生活目标以及追求的方向。总体而言,价值观的作用主要体现在以下两个方面。

1. 价值观对人们的行为动机具有重要的导向作用

人们行为的动机受价值观的支配和制约,价值观对动机模式有重要影响。在同样的客观条件下,具有不同价值观的人,其动机模式不同,产生的行为也不相同。动机的目的和方向受价值观的支配,只有那些经过价值判断被认为是可取的价值观,才能转换为行为的动机并以此作为目标引导人们的行为。

2. 价值观体现了人们的认知水平与需求状况

价值观是人们对于客观世界及行为结果的评价与看法,因此,它在某种程度上反映了人们的人生观和世界观,体现了人的主观认知世界。

### (四)价值观与职业的关系

价值观在塑造个人职业生涯的过程中起着至关重要的作用,其影响力往往超越了兴趣和性格对职业倾向的驱动。当一个人能够清晰地认识到自己的价值观,明确自己在工作与生活中追求的核心目标和价值时,他在职业规划和发展方向上就会更加明确,从而在职业生涯中获得更强烈的成就感和满足感。

## 二、职业价值观认知与探索

### (一)职业价值观

职业价值观是指个体在职业活动过程中,对于职业选择、职业行为及职业发展的评价和取向。它包括了人们对于工作的态度、目标、追求以及判断标准等多个维度。一个明确的职业价值观对于个体的职业发展具有至关重要的影响。

1. 职业流动性的上升

在现代社会经济与文化语境中,大学生的自我意识显著增强,其对职业发展的认知亦在逐步演变。众多学子将初次就业视为职业生涯的起始阶段,采纳先就业后择业,乃至先就业后创业的策略,以此作为职业发展的桥梁。

2. 职业价值观的多样化

在当代社会的多元化发展趋势下,职业价值观亦呈现出多样化的特点。大学生在职业选择过程中,已不再仅限于传统的、单一的职业路径。

3. 个人利益与社会责任感的平衡

在职业抉择过程中,部分大学生群体表现出对个人利益的追求以及实现自我价值的倾向,相对而言,对社会责任的承担意识有所减退。

4. 职业价值观的功利性倾向

随着市场经济的持续发展,部分大学生在职业选择上显现出显著的功利主义倾向,他们所追求的是高薪酬,而非职业本身的意义和个人兴趣的契合。这种功利主义的价值观可能导致一些学生忽视个人特长和专业背景,盲目追求高收入,从而形成一种不切实际的职业期望。

## （二）职业价值观理论

1. 马斯洛需要层次理论

于 1943 年提出，该理论的基本框架将人类需求自低至高划分为五个层次，依次为生理需求、安全需求、社交需求、尊重需求以及自我实现需求，如图 3-3 所示。马斯洛的需求层次理论内含一个显著的本质特征，即价值论维度，它不仅与生活价值论相契合，亦与职业追求中的价值论相呼应。

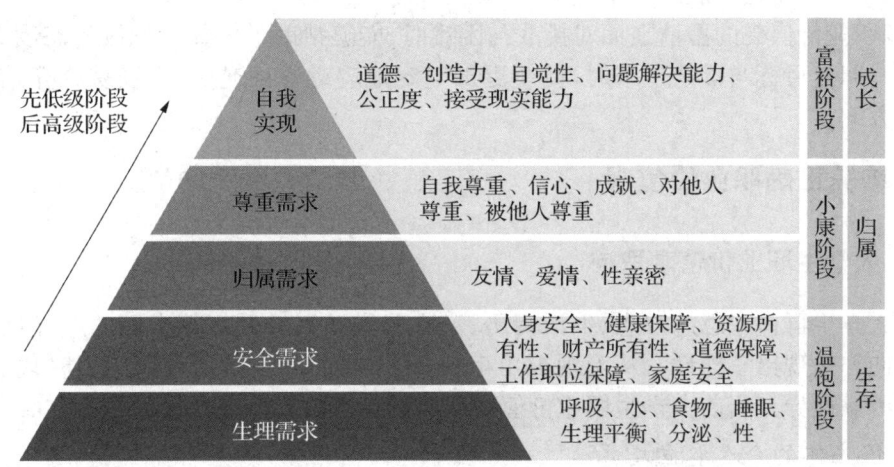

**图 3-3 马斯洛需求层次理论**

马斯洛需求层次理论指出，人类拥有若干固有的需求，其中基础层次的需求与动物的需求相似，而更高层次的需求则更具有人类的特性。这一层次结构反映了人的发展轨迹，在个人成长规划中，需求层次逐步递增。

职业规划应与需求层次相适应，需求的非连续性变化可能导致职业发展中的困境。例如，在基本生存需求尚未得到满足的情况下，若执意追求自我实现的需求，可能会导致财务负担加重，甚至影响到情感归属和尊重需求的实现，从而造成需求平衡的失衡。

休珀的生涯彩虹图与马斯洛需求层次理论中的需求层次结构不谋而合，休珀认为人的一生经历一个循环周期，依次包括成长期、探索期、建立期、维持期和衰退期，每个阶段都具有递增的需求层次结构。若某一层次的需求未得到满足，则可能直接影响到下一阶段的发展。

明确个人需求和自我价值观，有助于求职过程的顺利进行，使职业生涯得到最大程度的发展和快速提升，从根本上确保职业生涯发展的正确方向。

2. 职业价值观的类型

依据不同的分类标准，职业价值观的种类划分亦存在差异。

美国心理学家洛特克在其著作《人类价值观的本质》中，提出了 13 种价值观：成就感、审美追求、挑战、健康、收入与财富、独立性、爱、家庭与人际关系、道德感、欢乐权利、安全感、自我成长和社会交往。

### (三) 探索职业价值观

首先，职业价值观的澄清要求个体深入探究其在职业活动中所秉持的核心信念。这包括职业道德、责任感、工作热情以及对个人与团队成长的追求。通过明确价值观，个体能够更准确地把握职业发展的方向，确保每一项决策与行动都与其职业信仰保持一致。

其次，职业价值观的澄清有助于构建稳固的职业信誉。拥有明确职业价值观的个体，在工作中展现出高度的诚信、责任感和敬业精神。这种表现不仅能赢得同事与领导的信任与尊重，也为个人的职业发展奠定了坚实的基础。

此外，职业价值观的澄清在面对挑战与困难时，能够帮助个体保持积极的态度。当个体明确自身的职业目标与价值追求时，便能更加坚定地应对各种逆境，不轻易放弃，而是积极寻找解决方案。

## 三、培养正确职业价值观

### (一) 大学生职业价值观取向

鉴于大学生群体在思想观念、生活阅历、家庭背景及兴趣爱好等方面的差异性，其职业价值观取向亦呈现出多样性。从宏观视角审视，大学生的职业价值观取向因时代变迁和地域差异等因素而异。当前大学生职业价值观取向的特点主要体现在以下几个方面。

1. 价值主体的个人取向增强

当前大学生在职业追求上更倾向于个人价值的实现，而较少顾及职业的社会价值。大学生个体在考虑职业选择时，更多地关注个人利益，而对个人利益与国家利益的结合考虑不足，这反映了价值取向的失衡，值得引起关注。

2. 价值目标上注重经济价值

在就业选择过程中，毕业生将经济收入作为重要考量因素，而对专业知识的运用和发挥则相对轻视，甚至不予考虑。这表明大学生在职业价值取向上首先追求的是经济利益。

3. 价值选择上职业风险意识增强

调查显示，超过70%的大学生愿意选择收入较高但存在失业风险的工作。这反映出当代部分大学生在职业选择及发展过程中存在投机冒险心理，缺乏长远规划，更注重即时利益。

### (二) 大学生应树立的职业价值观

1. 金钱与职业价值观的平衡

金钱作为劳动报酬，对个人生存和发展具有重要意义。在确立职业价值观时，金钱是一个不可忽视的因素。然而，我们不能仅以金钱作为唯一标准，特别是在职业生涯的初期阶段，过分关注金钱收益而忽视个人长远发展是短视的。

2. 个人兴趣、特长与职业价值观的协调

在职业选择中，个人兴趣、特长与职业价值观之间的协调至关重要。个人价值观应与自身兴趣和特长相匹配,因为对工作的热爱能够激发潜能,成为职业成功的重要动力。若工作与个人兴趣不符,大多数人难以在职业道路上取得显著成就。

3. 职业价值观的优先级与选择

由于个人价值观的多元性,我们往往希望同时实现多个职业目标。然而,在现实中我们必须在不同的价值观之间做出选择和排序。在进行职业决策时,需要识别并确定对自己最重要的价值观,如金钱、权力、地位、成就感或社会贡献,并接受不可能同时满足所有价值观的现实。

4. 个人与社会需求的结合

个人的职业价值观不应孤立于社会需求之外。个人职业发展应与社会需求相结合,以实现个人价值的最大化。在职业选择时,不仅要考虑个人职业兴趣和目标,还要考虑国家和社会的需求,找到个人发展与社会贡献的平衡点。

### (三)我国新时代职业精神

职业精神与人们的职业活动紧密相关,体现为具有职业特征的精神和操守,从事任何职业都应具备职业精神、职业能力和职业自觉。我国新时代的职业精神内涵丰富,它不仅包括对工作的认真负责,还涵盖了职业理想、职业态度、职业责任、职业良心、职业技能、职业纪律、职业信誉及职业作风等全面要求。

# 第四章　药海遨游·职业探索

> 你们在信中说,走进乡土中国深处,才深刻理解什么是实事求是、怎么去联系群众,青年人就要"自找苦吃",说得很好。新时代中国青年就应该有这股精气神。党的二十大对建设农业强国作出部署,希望同学们志存高远、脚踏实地,把课堂学习和乡村实践紧密结合起来,厚植爱农情怀,练就兴农本领,在乡村振兴的大舞台上建功立业,为加快推进农业农村现代化、全面建设社会主义现代化国家贡献青春力量。
>
> ——习近平给中国农业大学科技小院的同学们的回信

（新思想导学）

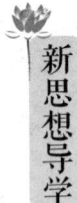

## 学习目标

1. 掌握职业的内涵与分类。
2. 了解专业与职业发展的关系。
3. 强化对专业与职业发展、职业与人生发展的认识。

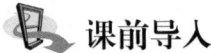

## 课前导入

### 孙思邈——从贫苦少年到一代药王的传奇之路

孙思邈出生于隋朝末年,他自幼体弱多病,为了给他治病,原本贫寒的家庭更加雪上加霜。他看到周围很多人因为贫穷即使生病也不敢看病,导致病情延误甚至最终死亡。为了不拖累家人,也为了让更多人少受病痛折磨,他开启了积极的学医从医之路。为了实现目标,他付出了巨大的努力,四处借书、买书,刻苦研读古代名医典籍,不辞辛劳,跋山涉水,拜访各地名医,虚心求教,获取宝贵经验秘方。他注重实践,通过观察医生诊断过程并亲自为人治疗,不断积累临床经验。他为远近穷苦百姓看病,不收任何费用。因为没钱买药,他直接上山采药,边学医边识别草药。他的医术日益精湛,治愈了许多疑难杂症,逐渐声名远扬。

孙思邈并未满足于已有的成就,继续深入研究医学,不断探索创新,著成《千金要方》和《千金翼方》。他治病救人且勤于著书,晚年隐居于故里京兆华原(今陕西省铜川市耀州区)五台山(药王山)专心立著,直至白首之年,未尝释卷,成为一代药王。

(王明皋,方志.唐代名医孙思邈[M].耀县文教局,1979,8-11)

**思考:** 孙思邈成为药王的传奇之路给予我们当代医药大学生怎样的职业探索启示?

## 第一节　理解职业

### 一、职业的内涵

#### (一) 职业的含义

职业是社会分工最基本的表现形式,是人们在社会生活中参与社会分工,利用专门的知识和技能,为社会创造物质财富和精神财富,获取合理报酬,作为物质生活来源,并满足精神需求的工作。具体来说,它是根据工艺技术、工具和设备、原材料、产品用途和劳动工作对象相似性的原则,归并的一系列工作岗位。

职业本质上决定着劳动力结合生产资料的客观要求,是有关劳动力与生产资料相结合的具体规定。每一种职业都同时从两个方面规定着劳动力结合生产资料的具体方式:一是从事这种具体职业活动的劳动力的素质(知识技能、观念和体能)和行为模式要求,通常视为对职业主体的规定;二是完成职业活动所需的各种生产资料和资源组合,包括工具设备、原材料或中间产品、生产服务流程和方法等方面,视为有关职业客体的规定。

#### (二) 职业的特性

1. 职业的社会性

职业是人类在劳动过程中的分工现象,它不仅体现的是劳动力与劳动资料之间的结合关系,也体现出劳动者之间的关系,劳动产品的交换体现的是不同职业之间的劳动交换关系。这种劳动过程中形成的人与人的关系无疑是社会性的,他们之间的劳动交换反映的是不同职业之间的等价关系,这反映了职业活动职业劳动成果的社会属性。

2. 职业的规范性

职业的规范性包含两层含义:一是指职业内部的规范操作要求性,二是指职业道德的规范性。不同的职业在其劳动过程中都有一定的操作规范性,这是保证职业活动的专业性要求。当不同职业在对外展现其服务时,还存在一个伦理范畴的规范性,即职业道德。这两种规范性构成了职业规范的内涵与外延。

3. 职业的价值性

职业的价值性,是指职业作为人们赖以谋生的劳动过程中所具有的价值性的一面。职业活动中既满足职业者自己的需要,同时,也满足社会的需要,对社会和个人都是具有价值的。在职业活动中把个人价值与社会价值结合起来,职业活动及其职业生涯才具有生命力和意义。

**4. 职业的技术性**

职业的技术性指不同的职业具有不同的技术要求，每一种职业往往都表现出一定相应的技术要求。

**5. 职业的时代性**

职业的时代性指职业由于科学技术的变化，人们生活方式、习惯等因素的变化导致职业打上某个时代的"烙印"。

## 二、职业分类与标准

### （一）职业分类

职业分类是以工作性质的同一性为基本原则，对社会职业进行的系统划分与归类。

中华人民共和国职业分类大典（2022版）将我国的职业划分为由大到小、由粗到细的四个层次，具体结构包括大类8个、中类79个、小类449个、细类（职业）1 636个。其中8个大类分别为：

(1) 国家机关、党群组织、企业、事业单位负责人。

(2) 专业技术人员。

(3) 办事人员和有关人员。

(4) 商业、服务业人员。

(5) 农、林、牧、渔、水利业生产人员。

(6) 生产、运输设备操作人员及有关人员。

(7) 军人。

(8) 不便分类的其他从业人员。

职业分类能够反映经济、社会等领域的发展和结构；为统计和人口普查提供依据；是劳动力管理的基础，为教育、培训和就业服务提供条件；是完善国家职业资格证书制度的重要基础工作。

### （二）职业标准

国家职业标准是在职业分类的基础上，根据职业（工种）的活动内容，对从业人员工作能力水平的规范性要求。它是从业人员从事职业活动、接受职业教育培训和职业技能鉴定以及用人单位录用、使用人员的基本依据，由劳动和社会保障部组织制定并统一颁布。

国家职业标准属于工作标准，确保人们拥有适当的技能和知识从事不同工作。它为培训方案和资格设置了障碍，确保这些方案和资格满足雇主和行业的要求。通过细分不同工作所需的具体技能和知识，这些标准有助于塑造职业教育中的学习方式，并使人们有可能通过工作经验或非正式学习获得所需的技能和知识的信用（如图4-1所示）。

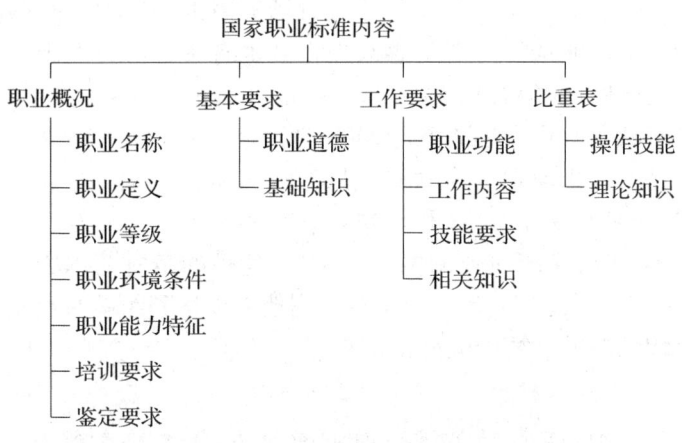

图 4-1 国家职业标准内容

国家职业标准引导职业教育培训、鉴定考核、技能竞赛等活动,在整个国家职业资格体系中,起着重要的导向作用。

## 三、职业选择

### (一)马克思关于职业选择的观点

马克思17岁时撰写了《青年在选择职业时的考虑》一文,提出了职业选择的观点。他首先强调了选择职业的重要性:"认真地考虑这种选择——这无疑是开始走上生活道路而又不愿拿自己最重要的事业去碰运气的青年的首要责任。"之后他提出了职业选择的几个重要原则:

首先,选择职业应该基于内心的真实渴望,而不是一时的兴趣或虚荣心。马克思说:"我们应当认真考虑:所选择的职业是不是真正使我们受到鼓舞?我们的内心是否同意?我们受到的鼓舞是不是一种错觉?"

其次,选择职业时应该考虑自己的体质和能力。马克思认为,健康的体魄是事业持续发展的基础,而选择超出自己能力范围的职业则可能导致失败和痛苦。他说:"我们的体质常常威胁我们,可是任何人也不敢藐视它的权利。诚然,我们能够超越体质的限制,但这么一来,我们也就垮得更快。"

再者,马克思强调了职业选择与个人价值和社会责任的统一。他说:"选择职业应该遵守的主要指针是人类的幸福和我们自身的完美。"

### (二)职业选择的影响因素

1. 职业兴趣

职业兴趣作为兴趣心理学研究的一部分,由约翰·霍兰德提出,被广泛运用在专业和职业选择研究中。霍兰德认为个体会被与其兴趣相匹配的环境属性所吸引,因此职业兴趣通常被认为可以影响个体的职业选择,这也被大量已有研究所证实。一项对165名中国大学生的调查,考察了个人兴趣、社会需求和劳动力市场等因素,发现个人兴趣是驱使学生做出职业选择的首要原因。职业选择可能与感兴趣程度也有关。研究发现,出于对其他职业领域的强烈兴趣,即使女性青少年有较强的 STEM(科学、技术、工程、数学四门学科英文字母首字母的结合)兴趣,其仍有可能远离 STEM 职业。

职业兴趣理论将职业兴趣划分为六类:现实型、探究型、艺术型、社交型、进取型和传统型,其中现实兴趣指的是对物体、工具和动物等进行系统操作的偏好;探究兴趣指的是对物理、生物和文化现象等进行系统研究的偏好;艺术兴趣指的是对艺术创造的偏好;社交兴趣指的是对帮助他人的偏好;进取兴趣指的是对管理他人以达到组织目标的偏好;传统兴趣指的是对有清晰的组织结构的环境的偏好。

2. 自我效能

自我效能是社会认知理论的核心,指个体对实现特定目标所需能力的信心。换言之,作为一种主体性因素,自我效能是个体对自身某种行为能力的判断和评估,可干预、改变人的行为。自我效能与职业选择行为呈显著相关。一般分为两类,一是职业自我效能,研究发现,职业自我效能与是否已做出职业选择存在显著的正相关性;二是特定职业所需能力的自我效能,相关研究发现,在大学期间保持较强的科学数学等相关领域自我效能,有助于大学生坚定其以后从事相关职业的信心。

3. 职业能力

职业能力是指个人在特定职业领域内,通过学习、实践和经验积累所形成的一种解决问题、完成任务的能力和素质,具体包括:基础能力、专业能力和通用技能。基础能力即基础知识、数学逻辑能力和基本的行为素质等;专业能力是针对某一特定职业或岗位所需的专业知识和技能;通用技能是指职场中的沟通能力、领导力、解决问题的能力等,这些技能在各种职业中都能用到,对职业发展至关重要。职业能力是胜任职业岗位的必要条件。只有具备相应的职业能力,才能胜任特定的职业岗位。职业能力不仅直接影响职业活动的效率,还通过职业活动效率反过来影响人的个性积极性和职业适应性。此外,在职场中更好地发挥个人的优势和职业能力有利于更好地激发个人潜能,为个人在职业生涯发展中提供更多的发展机会和可能。

4. 教育培训

教育培训对于大学生职业发展具有重要影响。通过系统地教育和培训,大学生可以掌握从事某种职业所需的专门知识和技能。这种技能的提升不仅有助于更好地完成本职工作,还能为未来的职业发展打下坚实的基础。例如,职业教育与培训通过紧密对接市场需求,提供针对性强、实用性高的技能培训,使大学生能够迅速适应岗位要求,提高就业率。

随着行业的快速发展和技术的不断更新,教育和培训帮助大学生具备快速适应新环境和新挑战的能力。通过教育和培训,个人可以培养适应能力和学习能力,自己始终站在行业前沿,能够使个人掌握更多的技能和知识,从而选择更多样化的职业道路,为职业生涯注入更多的可能性。

此外,教育与培训紧密对接市场需求,培养符合市场需求的高技能人才,使得毕业生能够迅速适应岗位要求,提高就业率。

5. 市场需求

市场需求是指在社会经济发展过程中，各类用人单位对人才的具体需求，能够反映出社会经济结构和产业发展的特点，是大学生就业的导向。一方面，市场需求的变化直接影响着大学生的就业方向。随着科技的进步和产业结构的升级，一些传统行业逐渐衰退，新兴行业则蓬勃发展。因此，大学生在就业规划时必须密切关注市场动态，了解行业发展趋势，选择符合自身条件和市场需求的职业方向。另一方面，市场需求对大学生的能力素质提出了更高的要求。现代企业更加注重员工的综合素质和创新能力，这就要求大学生在校期间既要学好专业知识，还要积极参加社会实践和创新创业活动，以便提升自身的综合素质和竞争力。此外，市场需求还促进了大学生就业观念的转变。在传统观念中，大学生普遍倾向于追求"铁饭碗"和稳定的工作环境，但在市场竞争日益激烈的当下，这一观念已难以适应社会的发展，因此，灵活就业、自主创业等新型就业模式也越来越为大学生所选择和接受，这既是市场需求导向的必然结果，也是大学生就业观念进步的体现。

## 四、职业发展

### （一）职业晋升

1. 晋升的含义

职级晋升是指员工在一个组织内部，因为工作表现、能力提升以及资历增长等因素，而在职位、薪资、地位和声望等方面获得提升，从而进入一个新的等级或层次的过程。

职业晋升代表着员工在工作中取得了显著的成绩和进步，也意味着组织对其能力的认可。职业晋升不仅意味着职位的升级，还意味着员工在组织内承担更多的责任和权利。晋升后，员工需要处理更复杂的工作任务，管理更多的资源和人员，展示更高的管理能力和领导才华。职业晋升为员工提供了一个发展和成长的机会。通过晋升，员工能够接触到更高级别的工作和更广阔的职业发展空间。职业晋升不仅是一个奖励，更是一个激励，促使员工持续学习和进步，不断完善自己的能力和技能。

2. 晋升的途径

优秀的业绩是职业晋升的关键。员工需要通过在工作中取得突出的成绩和表现，展现出自己的才华和价值。优秀的业绩包括但不限于高质量的工作成果、满足客户需求、有效的团队合作等。通过持续努力提升业绩，员工可以增加获得职业晋升机会的概率；持续学习和培训是晋升的秘诀之一。员工可以通过参加内外部培训课程，提升自己的专业知识和技能，适应组织和行业的变化。学习和培训不仅可以为员工提供更多的工作机会，还可以加强员工与组织的匹配程度，提升竞争力；良好的人际关系有助于职业晋升的实现。员工需要与同事建立积极的合作关系，与领导建立良好的沟通和信任，以及与下属建立良好的领导力。良好的人际关系有助于员工在工作中展示自己的价值和能力，并获得更多的工作机会和晋升机会。

3. 晋升的意义

晋升为员工提供了一个实现个人成长和发展的机会。通过晋升，员工可以接触到更高级别的工作和更广阔的职业发展空间,提升自己的能力和技能。晋升与个人成长和发展紧密相关,是员工实现职业目标的关键一步。

晋升可以提高员工的职业满意度和幸福感。晋升代表员工所付出的努力得到了认可和回报,增加了员工工作的满足感和成就感。同时,晋升还给予员工更多的自主权和决策权,使其在工作中有更大的主动权和权利。

晋升对于组织效益和竞争力的提升至关重要。职业晋升既是个体自我价值的实现,也关乎整个社会经济发展的质量和效率。其一,晋升可以激发员工的积极性和动力,提高对工作的投入和贡献;其二,晋升可以从整体上增强组织的创新和竞争力;其三,职业晋升通过提高组织生产力与创新能力、促进社会公平与人才流动、提升国家和社会竞争力等促进整个社会经济发展质量和效率提升。

### (二) 职业转型

职业转型是指职业生涯中的重大变化或转变,是个人从一个职业或行业转向另一个职业或行业的过程,例如招聘、解雇、退休、换工作、在组织内被重新分配或晋升。职业转型包括职业的各种变化,也包括转行或转职等改变经验或工作职责的一系列行为。这种转型可能涉及职业角色变化、行业转换、技能重塑等,也会促使个体对自己的职业生涯的重新进行审视:职业转型通常伴随对自身职业生涯的重新评估,个体可能考虑自己的兴趣、价值观和未来目标。此外,个体生活中的变化(如家庭责任、居住地变化)可能会促使个体进行职业转型。

职业转型可以是主动的(例如因为个人追求新的兴趣和机会)或被动的(例如因裁员或行业萎缩)。无论是哪种情况,职业转型往往需要对自身的定位、市场的需求以及所需技能进行深入分析和准备。在进行职业转型前,您必须仔细评估自身的情况、市场需求以及潜在的学习和适应成本是非常重要的。职业转型存在一定风险,然而也有很大的潜在益处,如在进行职业转型时,往往无需从零开始,先前的知识技能、职场经验和人生经验往往能够成为新的职业生涯发展的基础,促使个体更快成长进步。

### ☕ 企业导师寄语

当前医药行业,传统中成药产品差异化竞争,独家品种通过医保谈判可以规避集采降价压力,院外、基层医药和三、四线城市以及电商平台需求快速增长,因此医药学生特别是中药专业学生要有差异化思维,在以后的就业和创业中可以采取"中医药+"模式,与康养、文旅等跨界融合开发健康食品、药妆、功能性食品、动物产品、私聊等新品类。

从产业链来说,上游以中药材的生产与供应为主,中游主要是中药产品的生产制造,下游为销售终端。产业链的趋势是智能化与绿色化转型、产业集群化与资源整合、创新驱动产业升级、资源可持续利用化不断显著。当前医药产业现状是市场规模快速增长,政府政策扶持体现国家医药发展战略深化,消费者消费需求升级消费场景延伸,产业链迅速整合,技术渗透明显。因此以数字化服务推荐大健康产业是产业应用发展的趋势,医药学生将有广阔的用武之地。

——姚德中(中药学院产业教授,宁波立华制药有限公司总经理)

 **榜样引领**

扎实专业基础，静待花开香来

◆ **人物简介**

姓名：程超群

毕业院校专业：浙江医药高等专科学校（现浙江药科职业大学）/医药营销

现任岗位/职务：宁波云康医疗器械有限公司/总经理

职业成就：先后就职于香港澳美制药有限公司、山东罗欣药业股份有限公司、华东集团杭州朱养心药业有限公司、浙江圣博康药业有限公司、浙江海宏医药有限公司等，连续多年获得全国销冠。2021年成立宁波云康医疗器械有限公司，代理药品和医疗器械的市场销售，取得业绩，获得市场肯定和客户支持。

◆ **个人发展路径**

在刚毕业实习的过程中，遇到了踏上工作岗位后的第一次挫折，在自己独立开发市场时处处碰壁，没有资源，没有客户，没有渠道，只有一颗激情和真诚的心。当时，唯有靠勤奋和"干中学"打开局面。在医药行业中的拼搏一直在路上。

之后，有了第一次开发成功的喜悦，第一次获得客户的认可，第一次获得了较好的工作经验，太多的第一次都是做出来的，不是想出来的。很多次承受了工作中的失败和痛苦，但这也是一种宝贵的人生经验。职业生涯到目前为止虽然换了很多工作单位，但始终在医药行业摸爬滚打，在工作中不断地拓展自己的能力，学习更多的专业知识加以储备，拓展不同的市场维度和视野，不给自己设限，在不断的学习和实践中完善自己。

◆ **案例启示**

行动胜于空想，该校友面对初入职场时的资源匮乏与挫败，凭借"干中学"的韧性与真诚打开局面，印证了"完成比完美更重要"的职场逻辑。市场开拓的本质是动态试错，唯有躬身入局、积累实战经验，方能开辟光明大道。

他的职业路径跨越销售、质量管理、创业等多个重要阶段，但始终锚定医药行业，形成"销售冠军-专业资质（执业药师）-质量管理-创业"的闭环能力链。

他"从不自我设限"的态度推动其持续拓展能力边界：从单一销售向质量管理进阶，从职业经理人转型创业者。

他的职业生涯中的多次挫败被转化为他的"人生经验"，体现出他卓越的抗压能力与成长型心态。医药行业兼具强监管与高社会价值属性，医药人唯有保持对人民群众健康需求的深刻共情，保持医药人仁爱奉献的初心，以韧性应对变局，方能在坚守中捕捉机遇。

◆ **校友寄语**

静下心，沉住气，扎实所学专业，拓展精益求精。在实践中不断学习，积累经验，善于帮助他人，换位利他角度，会不经意间为你带来很多惊喜。最后要常怀一颗感恩之心，感恩所有在你成长路上帮助过你的人，包括你的老师、同学、领导、同事，感谢他们的深情教导和细心关怀，感谢他们在你成长的路上扶持你并为你指引方向。

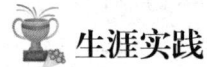 **生涯实践**

搜集分析职业信息

4—6人组成小组,讨论可以通过哪些渠道获取职业信息。每人发言,获取职业信息后会看重的是职业的哪些方面?工作内容/工作地点/工作报酬/休假时间/是否安排住宿等?为什么?会从自身和外部哪些方面因素考虑做出职业选择?

## 第二节 了解专业

### 一、专业概述

#### (一) 专业定义

专业是高等学校里一个极其重要的概念,是构成高校的基本要素。从宏观来讲,专业有广义和狭义之分,广义的专业是指某一职业区别于其他职业的一些固有的、特定的劳动特点,尤指需要通过专门化高等教育后方能从事的复杂劳动职业,也称为专业性职业。本书所指的专业是狭义的专业,即高等学校中的专业。以《教育大辞典》中对专业的界定为例,"专业"指中国、苏联等国高等教育培养学生的各个专门领域,大体相当于《国际教育标准分类》的课程计划或美国高等学校的主修。

自高等学校专业建制以来,就高等学校中的"专业"概念与内涵而言,从不同视角也有不同的界定与理解。从学校的视角来看,专业是根据知识分类所形成的教学组织模式,是为学科承担人才培养的职能而设置的。从社会的视角来看,专业是根据社会职业分工所形成的各个专门领域,是为满足某类或某种社会职业所要接受的训练需要而设置的。从学生的视角来看,专业是指高等学校中培养学生的学科门类,是为满足学生各方面发展需要而设置的。

综上所述,可以得出,高等学校专业既要遵循学科知识体系的内在逻辑,又要符合社会职业分工的需要,同时还要承担人才培养的职能。因此,在高等教育领域,可将专业的内涵理解为,高等学校按照学科知识分类、社会职业分工以及人的发展需要,通过对相关知识教与学活动的开展,实现人才培养的基本单元。具体来说,这种单元就是一种组合,在本质上是知识与能力的组合,在形式上是课程的有机组合。当然,课程的组合并不是完全自由散漫的,而是围绕一个集中的领域、遵循一定的教育规律、按照一定逻辑组成的一个科学、合理的体系。专业起始于个人需求,对应于社会需求,个人需求多种多样,社会需求也是千变万化,因此,课程组合即专业的逻辑与可能结果也是丰富多样的。

#### (二) 专业类别

专业类别是指高等学校中不同专业的分类,按照学科门类和学科大类进行划分。在我国高等教育中,大学专业分为普通教育本科专业、高职本科专业、高职专科专业。

高职本科专业和高职专科专业都属于高等职业教育专业,由教育部在《职业教育专业目录(2021年)》基础上根据经济社会发展等需要动态更新。截至2024年12月,高等职业教育专业共设置19个专业大类、97个专业类、1 069个专业,其中高职本科专业298个、高职专科专业771个。具体分类如表4-1所示:

**表4-1 高等职业教育专业十九个专业大类的分类**

| 序号 | 专业大类 | 专业大类包含具体分类 |
|---|---|---|
| 1 | 农林牧渔大类 | 作物生产技术、园艺技术、畜牧兽医、水产养殖等 |
| 2 | 资源环境与安全大类 | 工程地质勘察、环境工程技术、安全技术与管理等 |
| 3 | 能源动力与材料大类 | 新能源应用技术、材料工程技术、高分子材料加工技术等 |
| 4 | 土木建筑大类 | 建筑设计、建筑装饰工程技术、工程造价等 |
| 5 | 水利大类 | 水利水电工程管理、水文与水资源技术、港口与航道工程技术等 |
| 6 | 装备制造大类 | 机械设计与制造、自动化生产设备应用、汽车技术服务与营销等 |
| 7 | 生物与化工大类 | 生物技术及应用、化工装备技术、制药技术等 |
| 8 | 轻工纺织大类 | 服装设计与工艺、印刷技术、包装技术与设计等 |
| 9 | 食品药品与粮食大类 | 食品营养与检测、药品生产技术、粮食工程等 |
| 10 | 交通运输大类 | 铁道运输、道路运输与管理和水上运输管理等 |
| 11 | 电子信息大类 | 计算机应用技术、计算机网络技术、软件技术等 |
| 12 | 医药卫生大类 | 临床医学、中医学、护理等 |
| 13 | 财经商贸大类 | 会计、市场营销、电子商务等 |
| 14 | 旅游大类 | 酒店管理、旅游管理、会展策划与管理等 |
| 15 | 文化艺术大类 | 包括广告设计与制作、动漫设计与制作等 |
| 16 | 新闻传播大类 | 包括新闻采编与制作、播音与主持等 |
| 17 | 教育与体育大类 | 学前教育、体育运营与管理等 |
| 18 | 公安与司法大类 | 刑事科学技术、安全防范技术等 |
| 19 | 公共管理与服务大类 | 行政管理、公共关系等 |

职业本科和高职专科在专业设置上基本一致,都是为了培养高素质技能型人才。高职本科更注重理论和实践相结合,培养目标更高,而高职专科则更注重实际操作技能的培养。

随着时代的发展,高等教育专业也在不断调整优化以适应社会需求的变化。近年来,以下几个方面的趋势尤为明显:

1. 跨学科融合

越来越多的高校开设了跨学科的专业,如生物信息学、金融科技等,旨在培养复合型人才。

## 2. 新领域拓展

人工智能、大数据、新能源等新兴技术领域成为热门专业方向，反映了科技发展的前沿趋势。

## 3. 国际化视野

许多高校加强了国际合作办学项目，鼓励学生参与国际交流，拓宽全球视野。

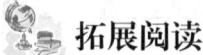**拓展阅读**

**758项新版职业教育专业教学标准发布**

## 二、职业本科专业相比其他本科专业的差异

相比于普通本科和应用型本科，职业本科在发展逻辑、发挥的社会功能和职业面向等本质方面都有差异。同时，职业本科在教育类型、人才培养模式、学术属性、实现方式等教育特征方面也有自己的特点。

### （一）本质差异

第一，职业本科的起点是职业和工作，遵循工作体系逻辑，因劳动和技术复杂性程度上升而生，而非遵循学科深化或分化的基本逻辑。普通本科属于传统的学术教育，其本质是理论性的。普通本科的学术教育产生并伴随众多学科形成，学科是学术教育的重要载体。因此普通本科的逻辑起点是学科的发展。应用型本科是具有应用性质的学术教育或工程教育，究其本质也是理论性的，只是十分强调科学理论或规律在行业实践中的应用，因此其逻辑起点是行业领域的发展。职业本科是职业教育延伸到本科层次的结果，是完全按照传统职业教育办学模式举办的本科教育，这种教育的本质是实践性的，是深深扎根于职业实践、围绕职业岗位变化需要进行人才培养的教育。因此，它产生于职业发展中，逻辑起点是职业/岗位群发展，遵循着工作体系逻辑，指向岗位工作中劳动复杂程度的发展，重点是要能及时面对和处理更加复杂高深的工作问题。

第二，职业本科依据现实需要改造客观世界，积极发挥技术传承创新和技能迭代的社会功能。根据马克思主义的理论，认识世界和改造世界是人类创造历史的两种基本活动。认识世界，就是主体能动地反映客体，获得关于事物的本质和发展规律的科学知识，探索和掌握真理。改造世界，就是人类按照有利于自己生存和发展的需要，改变事物的现存形式，创造自己的理想世界和生活方式。认识世界和改造世界是相互依赖、相互制约的辩证统一关系。就本科层次人才培养而言，其中，理论型职业人才主要由普通本科教育承担培养；工程型人才的培养主要由应用型本科教育承担；技术、技能型职业人才的培养主要由职业本科教育承担，其中以技术型人才培养为主，同时涵盖部分高技术产业对理论知识要求高的技能型人才的培养。由此可见，职业本科面向的职业类型以技术技能型职业为主。技术技能型职业通常属于非专业性职业，主要基于职业本身的需求、基于一定的理论开展工作实践和工作创新的职业，因此从职业属性来看，职业本科面向非专业性职业。

 **思政小课堂**

《论语·述而》记载："志于道，据于德，依于仁，游于艺。"职业本科教育承担着培养新时代大国工匠的使命。中国传统工匠将传统哲学与自身职业修为相结合，"道"正则术生。新时代的大国工匠首先当求"道"。大国工匠之"道"不仅仅在于崇德尚技的职业道德、职业追求和职业情怀，更在于心怀使国家强大的职业报国理想，拥有坚定不移的政治立场和以国为重的责任担当。具体来说，在成长为大国工匠的历程中，除了应培养崇高家国情怀、正确的政治立场和良好的道德修养外，还要养成爱岗敬业、团结协作、吃苦耐劳的品质，树立责任意识、纪律意识和礼仪规范。

### （二）教育特征差异

第一，从教育属性来看，职业本科教育属于工程技术类和复杂技能类教育。美国教育家福切克（H.A.Foechek）提出：大学在本科水平上可能至少有四种基本类型的学士学位教学计划——科学类（Science）、工程科学类（Engineering Science）、工程类（Engineering）和工程技术类（Engineering Technology）。其中科学类和科学工程类属于普通本科教育，工程类属于应用型本科教育，工程技术类属于职业本科教育。这四种基本类型虽有交集，但在不同类型的本科教育中主攻方向不同。随着产业技术的发展和工作方式的发展，更多复杂技能出现，复杂技能类教育随之产生，这些都是职业本科的范畴。

第二，职业本科主要采取针对职业能力体系的行动导向人才培养模式而非传统的精英主义人才培养模式。普通本科教育沿袭传统古典主义、研究型大学的培养模式，开展精英主义教育，以理论学习为主。应用型本科作为学术教育或工程教育内部分化的结果，其人才培养模式更突出应用性和实践性，而职业本科不仅仅打破了人才培养模式，并在人才培养的逻辑和面向上与其他本科存在差别。职业本科人才培养遵循的是工作实践中职业能力的要求，符合工作任务的组织逻辑，针对职业岗位的需求，坚持理实一体，面向技术技能型职业，培养高层次技术技能人才。

第三，职业本科是通过产教融合、技术技能创新实现技术创新和技能迭代的应用学术。普通本科教育的核心特征为科学发现和理论突破，应用型本科教育表现为科学应用、工程规划、工程决策，而职业本科教育则体现为技术创新和技能迭代。其背后的学术支撑分别为基于科学规律发现的科学学术、基于科学应用的应用学术和基于技术应用与研发的应用学术。由此，职业本科在发展方式上与其他本科存在差异。职业本科相比普通本科注重理论假设与推演、应用型本科重在科学理论运用和产教研发的不同，重在面向应用和市场需求的产教融合以及工作导向的技术技能创新，不断推动技术创新和技能迭代。

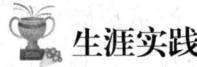 **生涯实践**

以小组为单位,进行本专业探索,可以从专业课程、专业实践、专业活动、专业发展前景、以后的就业优势等方面列举本专业的特点及优势。各小组发言结果,教师进行总结分析。

## 第三节 学校专业与未来职业发展

### 一、学校专业与职业的对应关系

根据2024年招生计划,浙江药科职业大学普通类招生和单独类招生专业共53个,每个专业都有对应的职业成长方向和相关职业岗位。如表4-2所示:

表4-2 浙江药科职业大学专业与职业及岗位对应关系(本科)表

| 专业名称 | 职业成长方向 | 面向的职业岗位 |
| --- | --- | --- |
| 药学<br>(四年制本科) | 药学服务和药物临床试验的负责人或研究人员。可考取卫生系统的药师,后续晋升主管药师、副主任药师、主任药师;也可考取执业药师 | 医院药房药师、临床药师、临床监察员、临床协调员和科研助理等 |
| 药学<br>(两年制本科) | 医院药房负责人、医药连锁公司质量负责人、药物临床研究部门主管或者负责人;可考取卫生系统的药士,逐级考取初级药师、中级药师、副主任药师和主任药师,也可考取医药购销员、执业药师,也可参评高级工程师等 | 处方审核、药品调剂、用药指导、治疗药物监测等药学服务和药物临床研究等 |
| 护理<br>(四年制本科) | 临床护士、社区护士、各类专科护士、教师(从事护理教育)、护士长、护理部主任等管理者;可考取护士职业资格证、"1+X"失智老人照护/养老护理员/育婴师技能等级证书等,专业职称提升从护师、主管护师、副主任护师到主任护师 | 临床护理、养老机构护理、社区护理、护理专科、公共卫生、管理(医院、社区、养老机构)、护理教育等 |
| 药物制剂<br>(四年制本科) | 车间技术员、工艺员、验证工程师等 | 制剂生产及管理、质量控制、工艺改进、药品研发等 |
| 药物制剂<br>(两年制本科) | 车间技术员、工艺员、验证工程师等 | 制剂生产管理、制剂产品质量控制、制剂工艺改进、药品研发等 |
| 药物分析<br>(四年制本科) | 化验室主任,质量管理人 | 药品生产与经营企业的药品质量检验、药品质量监控、药品研发机构药品质量标准验证、医院安全用药指导的临床药学检验、质量技术监督部门的药品检测、第三方检测机构的产品检测等 |

续 表

| 专业名称 | 职业成长方向 | 面向的职业岗位 |
| --- | --- | --- |
| 药物分析<br>（两年制本科） | 化验室主任，质量管理人 | 药品生产与经营企业的药品质量检验、药品质量监控、药品研发机构药品质量标准验证、医院安全用药指导的临床药学检验、质量技术监督部门的药品检测、第三方检测机构的产品检测等 |
| 制药工程技术<br>（四年制本科） | 药品生产工艺工程师、药品研发工程师、药品生产企业质量总监、车间主任、药品生产经理；可考取执业药师，中高级化工总控工、药物合成工、发酵工、药物分析工，质量管理体系内审员等 | 药品生产工艺员、研发工程师、制药工程师、安全工程师、GMP 专员、QA、QC 专员等 |
| 制药工程技术<br>（两年制本科） | 药品生产工艺工程师、药品研发工程师、药品生产企业质量总监、车间主任、药品生产经理等；可考取执业药师，中高级化工总控工、药物合成工、发酵工、药物分析工，质量管理体系内审员等职业证书 | 药品生产工艺员、研发工程师、制药工程师、安全工程师、GMP 专员、QA 专员、QC 专员等 |
| 合成生物技术<br>（四年制） | 生物技术药品生产技术主管（部门经理）、质量经理（部门经理）、生物药品临床项目经理、生物药品注册经理、生物技术药物研发主管、生产、质量与安全负责人（企业副总）及生物技术药物相关企事业单位主要领导；可取得生物发酵工、药物分析工、质量管理体系内审员等专业技术职称 | 生物技术服务工作，以及基因工程药物和疫苗的质量控制、生产管理，以及上市前试验、产品注册及申报等 |
| 合成生物技术<br>（两年制） | 合成生物医药企业质量安全负责人（或技术转移负责人、上市前试验项目负责人）、生产技术主管（或技术转移经理、临床试验部经理）、企业质量总监（或技术转移负责人、临床试验总监）、合成生物医药企业主要领导等；可取得生物发酵工、药物分析工、质量管理体系内审员等专业技术职称 | 合成生物医药领域的生物系统构建及工艺研发验证、生产过程中技术攻关及工艺改进、质量控制、生产管理、上市前试验、产品注册及申报等 |
| 化妆品工程技术<br>（四年制） | 化妆品生产、经营企业质量与安全负责人（企业副总）、化妆品配方研发主管、化妆品生产技术主管（部门经理）、化妆品生产质量经理（部门经理）、化妆品检测机构技术主管（部门主管）、化妆品销售主管、化妆品相关企事业单位主要领导；可成为化妆品质量安全负责人、化妆品配方研发主管、化妆品生产主管；可考取化妆品配方师 | 化妆品生产企业与经营企业包括化妆品产品开发、化妆品制造、化妆品理化、检验检测、化妆品微生物检测、化妆品功效评价、化妆品安全评价、化妆品安全生产管理、化妆品营销策划等 |

续　表

| 专业名称 | 职业成长方向 | 面向的职业岗位 |
| --- | --- | --- |
| 化妆品工程技术（两年制） | 化妆品生产、经营企业质量与安全负责人（企业副总）、化妆品配方研发主管、化妆品生产技术主管（部门经理）、化妆品生产质量经理（部门经理）、化妆品检测机构技术主管（部门主管）、化妆品销售主管、化妆品相关企事业单位主要领导；可成为化妆品质量安全负责人、化妆品配方研发主管、化妆品生产主管；可考取化妆品配方师 | 化妆品生产企业与经营企业包括化妆品产品开发、化妆品制造、化妆品理化检验检测、化妆品微生物检测、化妆品功效评价、化妆品安全评价、化妆品安全生产管理、化妆品营销策划等 |
| 药品质量管理（四年制） | 医药企业质量总监、高级质量工程师，药品监督管理部门高级检查员等；可考取执业药师、质量管理体系内审员等职业证书 | GMP专员、药品验证工程师、质量管理工程师（QA）、药品风险管理员、药品专业化检查员等 |
| 药品质量管理（两年制） | 医药企业质量总监、高级工程师，药品监督管理部门高级检查员等；可考取执业药师、质量管理体系内审员等职业证书 | GMP专员、药品验证工程师、质量管理工程师（QA）、药品风险管理员、药品专业化检查员等 |
| 药品服务与管理（四年制） | 药物警戒总监、政府事务部经理、药政总监、医保事务经理等；可考取药师、执业药师和"1+X"药品购销员职业技能等级证书（高级）等 | 药物警戒专员、政府事务专员、药品注册专员、药政专员、医保专员、药师、药品安全专员、药品监管员等 |
| 药品服务与管理（两年制） | 药物警戒总监、政府事务部经理、药政总监等；可考取执业药师和"1+X"药品购销员职业技能等级证书（高级）等 | 药物警戒专员、政府事务专员、药品注册专员、药政专员、药师、药品监管员等 |
| 企业数字化管理（四年制） | 企事业单位数字化管理总监、数字化营销总监、项目经理等；可考取工程师、经济师等职业证书 | 数字化项目管理、数字化营销、数据分析、数字化管理咨询、市场营销等相关工作岗位 |
| 企业数字化管理（两年制） | 企事业单位数字化管理总监、数字化营销总监、项目经理等；在专业上，可考取工程师、经济师等职业证书 | 数字化项目管理、数字化营销、数字化管理咨询、市场营销等相关工作岗位 |
| 应用英语（四年制） | 国际贸易公司、跨境电子商务公司的高级商务代理或中高级管理人员；对外文化交流企事业单位的项目负责人、高级管理人员 | 外贸业务员、跨境电商专员、进出口商品翻译员、口译员、对外文化交流专员等 |
| 应用英语（两年制） | 国际贸易公司、跨境电子商务公司的高级商务代理或中高级管理人员；对外文化交流企事业单位的项目负责人、高级管理人员 | 外贸业务员、跨境电商专员、进出口商品翻译员、对外文化交流专员等 |
| 中药制药（四年制） | 中药产业企事业单位的生产负责人、质量负责人、研发主管等；可考取执业药师、中药学专业硕士学位研究生 | 中药饮片生产、中药制剂生产、中药质量管理、中药研发等 |
| 中药制药（两年制） | 中药饮片、中成药、中药提取等企业生产负责人、质量负责人；可参评中药制药高级工程师等；在专业上，可考取执业中药师等职业证书 | 中药炮制工、药物制剂工、药物检验员、制药工程技术人员等 |

续 表

| 专业名称 | 职业成长方向 | 面向的职业岗位 |
|---|---|---|
| 中药材生产与加工（四年制） | 面向中药材生产基地、中药饮片生产企业、中药材监督检验等企事业单位人员；可考取执业药师等国家职业资格证书、中药炮制工等职业技能等级证书、中药学相关专业的专业硕士 | 中药材生产基地、中药饮片生产企业、中药材监督检验、中药材生产与管理、中药材产地加工与管理、中药材品质评价、中药资源综合开发与利用等 |
| 中药学（四年制） | 店长（主管）、中药房主任、质量经理、职业经理人（负责人）、研发主管等；可考取初级中药师、中级中药师、执业药师、主管中药师、副主任中药师、主任中药师等专业技术职称以及中药学专业硕士学位研究生 | 中药药学服务、中药经营与质量管理、中药健康产品研究与开发等 |
| 中药学（两年制） | 店长（主管）、质量经理、职业经理人（负责人）、研发主管等；可考取药士、初级中药师、中级中药师、执业药师、主管中药师、副主任中药师、主任中药师等专业技术职称以及中药学专业硕士学位研究生 | 中药药学服务、中药经营管理、质量管理等 |
| 食品质量与安全（四年制） | 质量主管、部门经理、质量总监、总工程师、总经理等；可取得助理工程师、工程师、高级工程师、正高级工程师等职称，也可考取食品安全管理师和食品合规管理、可食食品快速检验、食品检验管理、粮农食品安全评价等"1+X"职业资格证书 | 食品质量检验与分析、质量控制与管理、管理体系建立与审核、食品安全风险控制和管理、食品合规管理体系建立与管理以及食品安全监督与管理等 |
| 食品质量与安全（两年制） | 质量主管、部门经理、质量总监、总工程师、总经理等；可取得助理工程师、工程师、高级工程师、正高级工程师等职称，也可考取食品安全管理师及食品合规管理、运动营养咨询与指导、可食食品快速检验、食品检验管理、粮农食品安全评价等"1+X"职业资格证书；在学历上，可考取国内外相关专业硕士研究生 | 食品检验检测、食品质量控制、食品生产技术、食品安全监督与管理、食品合规管理等 |
| 食品工程技术（四年制） | 生产主管、研发总监、食品包装设计师、市场总监、技术总监、总工程师等；取得助理工程师、工程师、高级工程师、正高级工程师等职称，也可考取食品安全管理师和食品合规管理、可食食品快速检验、食品检验管理、粮农食品安全评价等"1+X"职业资格证书 | 工艺设计、产品研发、生产管理、分析检验、质量管理等 |
| 食品工程技术（两年制） | 研发主管、产品经理、部门经理、技术总监、总工程师、总经理等；可取得助理工程师、工程师、高级工程师、正高级工程师等职称，也可考取食品合规管理、食品检验管理、粮农食品安全评价等"1+X"职业资格证书 | 生产管理、品质控制、产品研发、检测分析、工程设计等 |
| 食品营养与健康（四年制） | 研发主管、技术总监、总工程师、分析测试主任、健康管理师、营养咨询师等；取得助理工程师、工程师、高级工程师、正高级工程师等职称，也可考取注册营养师、运动营养咨询与指导、粮农食品安全评价等"1+X"职业资格证书 | 功能食品的生产开发及品质控制、营养检测与功能评价、膳食管理与营养干预、营养健康教育等 |

续　表

| 专业名称 | 职业成长方向 | 面向的职业岗位 |
|---|---|---|
| 食品营养与健康（两年制） | 可考取注册营养技师、注册营养师、公共营养师、健康管理师、"1+X"运动营养咨询与指导职业技能证书等；可进入大型营养食品企业、健康管理企事业单位、医疗卫生机构等工作；可在食品、药学、营养学等方向继续深造，考取硕士研究生；也可通过考公进入食药及卫生相关领域的各级行政事业单位或监管部门。 | 营养食品开发、营养食品应用与指导、营养咨询与指导、营养筛查与评估、健康监测与评估、健康咨询与教育等 |
| 智慧健康养老管理（四年制） | 老年营养服务、老年健康促进与疾病预防、智慧健康养老机构运营等方面工作的高层次技术技能人才；在专业上，可考取注册营养师、注册营养技师、公共营养师、健康管理师、"1+X"老年照护证书、"1+X"失智老年人照护证等职业技能证书，具有良好的发展前景 | 各级养老机构、老年病医院、老年健康服务机构、社区养老服务中心等企事业单位从事老年照护、健康管理、营养配餐、智慧养老服务等 |
| 医疗器械工程技术（四年制） | 工程技术人员、项目主管、质量负责人、单位负责人等；可取得助理工程师、工程师、高级工程师等专业技术职称 | 医疗器械技术支持、产品开发、产品注册、质量管理等 |
| 医疗器械工程技术（两年制） | 工程技术人员、项目主管、质量负责人、单位负责人等；可取得助理工程师、工程师、高级工程师等专业技术职称 | 医疗器械技术支持、产品开发、产品质量管理等 |
| 新材料与应用技术（四年制） | 管理者代表、生产及质量管理部门主管等；可考或取得助理工程师、工程师、高级工程师等专业技术职称 | 医疗器械制造行业的生物医用材料、前沿新材料等技术领域，可从事生产应用支持工程师、技术服务工程师、维护维修工程师、检验检测与品质管理等 |
| 康复工程技术（四年制） | 工程技术人员、项目主管等；可取得助理工程师、工程师、高级工程师等专业技术职称 | 康复仪器设备的开发与维护，康复器械的设计开发、制作与适配等 |
| 药物 | 执业药师、医院药师、静脉药物配置药剂师、药物临床试验协调员（CRC）；可考取执业药师、药师、GCP证书 | 医院药房药师、社会药店药师、临床试验 |
| 药物制剂技术 | 工段长、车间主任（生产部门）、质量管理主管、质量检验主管；可提升为工程师、高级工程师等，并考取药物制剂生产职业资格证书、执业药师证等 | 制药企业生产操作人员、工艺员及QA人员，也可从事药品检验员、药品调剂、药品经营、制剂产品研发助理等 |
| 药品质量与安全（药品质量检测） | 化验室主任，质量管理人员；可考取执业药师、评聘助理工程师、工程师、高级工程师等专业技术职称 | 药品生产与经营企业的药品质量检测、药品质量监控、药品研发机构药品质量标准验证、医院安全用药指导的临床药学检验、质量技术监督部门的药品检测、第三方检测机构的产品检测等 |

续　表

| 专业名称 | 职业成长方向 | 面向的职业岗位 |
| --- | --- | --- |
| 制药设备应用技术 | 车间设备员、车间设备主管、设备部技术员、设备部经理、设备副总;可考取机械制图师、设备检验、维修相关工程师 | 药物制剂、化学制药、生物制药、中药制药等生产企业的设备维修与管理,制药设备生产企业的制造、设计、维护与管理,制药设备营销企业的销售与服务等 |
| 化妆品经营与管理 | 销售主管、市场主管、客户服务主管、化妆品经营店店长等;可考取美容师、芳疗师、质量分析检验员等职业证书 | 化妆品销售、化妆品市场开发与维护、技术指导、品牌运营及策划、客户服务管理、化妆品销售质量监管、化妆品质量检测等 |
| 化妆品质量与安全 | 化妆品生产、经营企业质量与安全负责人、化妆品生产技术主管、化妆品生产质量经理、化妆品检测机构技术主管和化妆品生产企业车间主任、化妆品生产、经营、检测等企事业单位主要领导;可考取化学检验工、化妆品理化检测分析检验员、化妆品微生物检验员、化妆品配方师、质量工程师等专业技术职称 | 从事化妆品生产企业与经营企业质量与安全管理、化妆品理化分析与检验、化妆品微生物检验、化妆品功效评价、安全评价、化妆品实验室管理、化妆品配方研发、化妆品生产等 |
| 化妆品技术 | 化妆品生产企业质量安全负责人、化妆品配方师、化妆品调香师,检验技师;在专业上,可考取全国化妆品配方师、调香师、化妆品生产工艺员、质量分析检验员等职业证书 | 化妆品生产、化妆品检验、化妆品质量控制、化妆品配方设计等相关工作岗位 |
| 食品药品监督管理 | 监管部门的检查员,企业的QA(质量保证)、内审员、注册专员;可考取助理工程师、工程师等专业技术职称 | 医疗器械药政事务、合规管理、注册管理等 |
| 药品经营与管理 | 在职位上,可成为执业药师、医药代表、销售经理、电商运营经理等;可考取初级药师、主管药师、副主任药师、主任医师等专业技术职称 | 医药及医疗器械批发和零售的医药商品购销员、电子商务师等 |
| 药品质量与安全(药事管理) | 医药制造公司、流通公司的质量管理高层;可考取执业药师、质量管理体系内审员 | 药品质量管理、药政管理、药事服务、医院药事管理、药品采购验收等 |
| 国际经济与贸易(健康产品) | 外贸业务助理、外销员、外贸主管;外贸单证助理、跟单员;国际货运代理员;在专业上,可考取外销员(初级国际商务师)、报关员资格证书、"1+X"跨境电商B2B数据运营职业技能等级证书 | 外贸(跨境电商)企业的外贸业务员、单证员、报关员、报检员、营销推广员、客服、国际货运代理业务员、国际支付与结算业务员、跨境电商网店运营人员等 |
| 中医康复技术(三年制) | 康复技师、中医技师、保健调理师、保健按摩师;可考取中医体质评估与应用、家庭保健按摩等职业技能等级证书 | 中医康复治疗、中医保健调理和保健按摩等 |

续　表

| 专业名称 | 职业成长方向 | 面向的职业岗位 |
|---|---|---|
| 中药学 | 店长(主管)、质量经理、职业经理人(负责人)等;可考取初级中药师、执业中药师、主管中药师、副主任中药师、主任中药师等专业技术职称 | 中药调剂、中药购销、质管(检验)、中药学咨询与服务等 |
| 食品检验检测技术 | 质量主管、部门负责人、单位负责人;可取得助理工程师、工程师、高级工程师等职称,也可考取注册营养技师、注册营养师、食品合规管理、可食食品快速检验、农产品检验员等"1+X"职业资格证书 | 农产品、食品原辅料、半成品、成品及食品接触材料等质量及安全检验检测,公共营养指导等 |
| 食品智能加工技术 | 生产(质量)主管、部门负责人等;可取得助理工程师、工程师、高级工程师等职称,也可考取注册营养技师、注册营养师、食品合规管理、可食食品快速检验、农产品检验员等"1+X"职业资格证书 | 食品生产管理、食品质量控制、新产品设计与研发、营养咨询与指导等 |
| 医疗器械经营与服务 | 市场营销或销售主管、区域经理、质量管理负责人等;可考取助理工程师、工程师、高级工程师等专业技术职称 | 医疗器械销售员,医疗器械市场专员,医疗器械经营质量管理员,医疗器械客户服务员等 |

## 二、广泛领域的职业方向

### (一) 相近相关领域的职业转化

学校的每一个专业都有对应的相关职业和岗位,但是很多时候我们面临的就业信息浩如烟海,但却没发现我们专业直接对应的职业和岗位,那我们该如何求职就业呢?如果能确定一个领域或范围,我们就会发现,把握有用的信息会容易得多。以药学专业为例,该专业直接对应药物检测员、药品质量管理员、药房药店管理员、营业员等与其相关的职业。但是药学专业与医学、生物学、化学等相近相关专业联系紧密,药学专业的学生在大学期间专业学习过程中也修过相关课程,了解相关知识,因此寻找医学、生物学、化学等相近相关专业的职业和岗位,积极就业,是药学专业职业转化的可行方向。因此,我们发现,专业必修或选修过的课程知识领域涉及的相近相关职业,都是我们可以瞄准的就业方向。

### (二) 交叉学科的职业机会

交叉学科是指不同学科之间相互交叉、融合、渗透而形成的新兴学科,能够满足多元化和复杂化的社会需求,培养具有综合能力的复合型人才。如,当前新兴的运动药学与健康促进学专业可以从事私人医生、理疗师、康复中心人员、体育用品公司顾问等多种职业,该专业涉及药学、运动科学、健康服务与管理等多个专业学科的知识。因此,药学专业瞄准该交叉学科的职业机会,积极求职也是切实可行之路。

 **企业导师寄语**

作为深耕中药行业多年的企业导师,深切感受到近几年中医药振兴发展的机遇与挑战。在现代化与科技创新的浪潮中,行业对人才的需求已从单一的专业知识转向复合型能力的综合要求。在此,我从企业视角分享几点对中药学专业学子的期待,希望能为你们的成长提供方向。

◆ **专业能力:扎根基础,融合前沿**

企业最看重的是学生扎实的专业功底与持续学习能力。中药学涉及药材种植、鉴定、炮制、药理、质量控制等领域,需系统掌握《中药学》《中药化学》《中药鉴定学》《中药炮制学》等主要课程,这些能力需要你们在课堂中夯实基础,在实验中反复锤炼。

◆ **实践能力:从理论到产业的桥梁**

企业需要能快速适应岗位的"应用型"技能人才。许多毕业生虽掌握理论知识,但对生产流程、工艺和设备操作缺乏直观认知。例如,如何将实操课的小试生产转化为工业化生产?如何解决药材加工炮制的质量稳定性问题?这些都需要实践经验支撑。

◆ **创新思维:传承与突破并重**

行业正面临标准化与科技赋能的挑战。AI时代悄然开启,企业期待学生既能坚守传统工艺,又能运用现代技术解决难题。

◆ **职业素养:匠心精神与团队协作**

医药行业是健康行业,尤为重视员工责任意识与职业操守。从药材种质种苗采购的源头把控到炮制的精雕细琢,严谨细致是基本要求。企业持续发展需要多部门协作、沟通,团结协作是基本素养。

同学们,愿你们以赤诚之心深耕专业,以匠人之志追求卓越,在传承与创新的道路上,书写属于中药人的精彩篇章!

——钱敏(浙江中药饮片行业协会监事、杭州市医药行业协会食品药品安全协会副主任委员,浙江中医药大学中药饮片有限公司总经理助理)

### 三、职业发展的其他关键能力

#### (一)专业技能的延伸与转化

在当今竞争激烈的职场环境中,如何将所学知识转化为实际能力成了许多职场人士面临的共同挑战。理论学习固然重要,但若不能有效应用于实践,其价值将大打折扣。因此,如何通过有效的途径将书本上的知识转化为可操作的技能,成为提升个人竞争力的关键。

其一,理论学习是任何职业发展的基石。无论是在学校还是在工作中,扎实的理论基础都是不可或缺的。它不仅帮助我们理解事物的本质,还能为后续的实践提供指导。因此,大学生在校期间不仅应注重本专业理论的学习,还应注重通过学习书本外的知识,参与各类专业性强的实践,达到对专业知识的积累,为未来的工作打下坚实的基础。

其二,随着科技的飞速发展和社会的不断进步,各个行业的知识也在快速更新。为了保持竞争力,青年大学生必须持续学习新的理论知识,跟上时代的步伐。可以通过参加培训课程或在线学习平台等方式,不断充实自己的知识库。要勤于思考,善于分析,对新知识进行筛选和评估,确保所学内容具有实用性和前瞻性。

（二）实践经验的积累

将专业知识转化为职场技能的方法要从简单的工作任务入手。对于职场新人来说,可以从日常工作中的一些小项目或辅助性任务做起。比如药学专业毕业生可以先从药品描述、基本的医药服务、整理数据等做起,逐步熟悉工作内容,规范熟练掌握流程。简单的工作任务,不仅可以加深从业者对理论的理解,还能积累宝贵的经验。当遇到难点或困惑时,职场新人要学会及时寻求岗位师傅或上级领导的帮助,他们丰富的经验和独到的见解,往往能为我们提供宝贵的建议和支持,可以促使我们拓宽视野,激发思路,帮助我们少走弯路,甚至突破职业瓶颈。

## 生涯实践

1. 头脑风暴

4~6人组成小组用头脑风暴法列举出尽可能多的有利于你专业知识和技能提升的专业实践途径,并讨论这些途径是怎样提升你的专业素养的？

2. 职业场景模拟

小组讨论,想象你的专业对应的某个职业一天的工作场景并记录,然后由组长汇报。

# 第五章　药道职行·职业决策与行动计划

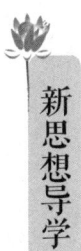

"纸上得来终觉浅,绝知此事要躬行。"学到的东西,不能停留在书本上,不能只装在脑袋里,而应该落实到行动上,做到知行合一、以知促行、以行求知,正所谓"知者行之始,行者知之成"。每一项事业,不论大小,都是靠脚踏实地、一点一滴干出来的。"道虽迩,不行不至;事虽小,不为不成。"这是永恒的道理。做人做事,最怕的就是只说不做,眼高手低。不论学习还是工作,都要面向实际、深入实践,实践出真知;都要严谨务实,一分耕耘一分收获,苦干实干。广大青年要努力成为有理想、有学问、有才干的实干家,在新时代干出一番事业。我在长期工作中最深切的体会就是:社会主义是干出来的。

——习近平在北京大学师生座谈会上的讲话

## 学习目标

1. 了解传统文化和现代职业决策。
2. 掌握职业决策的方法与步骤。
3. 培养职业决策能力,应对职业决策中的挑战。

## 课前导入

### 葛洪——弃官从医留下杏林佳话

晋代医药学家葛洪(283~343年),字稚川,自号抱朴子,世称小葛仙,丹阳郡句容(今江苏省镇江市句容市)人。他生于士族世家,少年时代虽因失父而家道中落,仍好学不倦,并拜大儒郑隐为师学艺,开始涉足医学领域。学成归乡的他,胸怀经世济民、救国安邦、光复家族的抱负,带领家乡士卒出战平乱,仅用四个月就达到了军旅生涯的巅峰,被封为"伏波将军"。

但是,西晋统治者的昏庸,战乱饥荒的袭击,腐败黑暗的官场,加上好友嵇含在政治谋杀中的遇害,让葛洪深知,在这样的社会现实里无法实现人生价值。于是,他解甲归田,隐居罗浮山,在这个千百年来历代文人都无比向往的世外桃源,通过另一种方式实现救济苍生的人生理想。

葛洪在医学领域取得了诸多卓越的成就,这些成就不仅体现在他对急症治疗技术的创新、针灸治疗的重视、新疾病的发现与描述、药物的研制与创新等方面,更体现在他对医学理论的创新与发展上。他著述宏富,但失传者甚多,流传下来的涉药著作主要有《抱朴子内篇》《肘后备急方》,为中医文化的传承与发展提供了重要的思想基础。

葛洪曾在他的著作《抱朴子·内篇·黄白篇》中写道:"我命在我不在天",这份信念不仅体现在他面对人生选择时的果敢,也渗透于他当时精研医道的每一个瞬间。他的一生是对医学与道学的双重探索与贡献,不仅展现了他卓越的医学才能和深厚的道学造诣,更为中医发展带来了深远的影响。

(根据中国中医药报《晋代葛洪的药学贡献》整理.)

**思考:** 1. 如果你是葛洪,你会选择弃官从医吗?

2. 你认为葛洪的信念对你面对职业选择时有什么启示?

## 第一节 职业决策概述

### 一、职业决策的概念

职业决策是个人在生涯发展过程中,基于自身兴趣、能力、价值观以及对外部职业环境的认知,对职业方向进行理性分析与选择的关键环节。作为连接个体特质与社会需求的桥梁,它不仅是简单的岗位筛选,更是一个动态的自我认知与社会认知的整合过程。

在决策过程中,个体首先需对自我进行深度剖析。了解自己擅长什么,如具备较强的沟通能力,便更适合销售、公关等职业。明确兴趣所在,喜欢沟通的人在销售领域或许能找到更大的满足感。同时,价值观也至关重要,有些人注重工作与生活的平衡,那么高强度加班的工作就可能不适合。其次,要对外部职业环境展开调研。包括不同行业的发展趋势,像当前人工智能行业发展迅猛,相关岗位需求大;各职业的薪资待遇、工作条件等。综合这些内外部因素,个体权衡利弊,最终做出职业选择。职业决策并非一劳永逸,随着个人成长和环境变化,还可能需要重新审视与调整。

### 二、职业决策的类型

在决策过程中,个体的决策风格对职业决策影响很大,不同的决策风格做出的决策结果可能是不一样的。

#### (一) 理智型

理智型决策者堪称决策过程中的"战略家"。在面临职业抉择时,他们仿佛开启了信息收集的"雷达",全方位、多渠道地广泛搜罗各类职业信息。从自身的内在特质,如能力优势、兴趣偏好、价值取向,到外在的职业要素,包括职业的未来发展走势、薪资福利水平、日常工作环境等,无一不在他们的考量范畴。他们如同精密的分析仪器,运用严谨的逻辑思维,对每一个收集到的信息进行细致入微地剖析,系统地权衡不同职业选择的优势与弊端。经过层层筛选和反复比较,最终做出的决策,是基于对自身利益和长远职业发展最为契合的深度考量,力求为自己铺就一条稳健且充满潜力的职业发展道路。

### (二) 直觉型

直觉型决策者凭借内心深处的"第六感"领航职业决策的方向。在面对琳琅满目的职业选项时,他们更多地依赖瞬间闪现的直觉和内心本能的感受。或许是某个职业领域所散发的独特魅力,让他们在刹那间便心生向往;又或许是对某些职业有着难以言喻的本能排斥。这种决策模式宛如一场即兴的冒险,决策过程迅速且充满激情,他们在直觉的指引下果断前行。然而,由于缺乏对详细信息的深入挖掘和理性的综合分析,这一决策方式犹如在迷雾中航行,虽然可能带来意外的惊喜,但也潜藏着一定的盲目性风险,容易使他们在职业发展过程中遭遇一些始料未及的挑战。

### (三) 依赖型

依赖型决策者在职业决策的旅程中,更像是一位需要他人引领的行者。他们在抉择职业方向时,往往将主要的参考依据寄托于他人的意见和建议之上。父母基于生活阅历给予的期望、老师凭借专业知识提供的指导、朋友出于关心给出的想法,甚至是社会大众普遍认可的所谓"好职业"标准,都成为他们决策天平上的重要砝码。在这个过程中,他们对自身的能力和兴趣缺乏足够的自信,难以独立地构建起对职业的清晰认知和判断。这种依赖他人的决策方式,虽然在一定程度上能够借助他人的经验减少决策的不确定性,但也可能导致他们在职业选择上迷失自我,难以真正找到契合自身内心需求的职业发展方向。

### (四) 冲动型

冲动型决策者宛如职业决策领域中的"急性子"。在面对职业选择时,他们常常在没有进行充分思考和周全考量的情况下,便如离弦之箭般迅速做出决定。这可能源于某个瞬间激发的浓厚兴趣,比如偶然参加的一次行业活动,让他们对某一职业产生了强烈的好奇和向往;也可能是受到某个突如其来的机会诱惑,或是外界某个极具冲击力的刺激,促使他们在冲动之下仓促决定职业方向。然而,这种缺乏深思熟虑的决策方式,就像在没有绘制地图的情况下踏上旅程,虽然可能在短期内获得新鲜感,但从长远来看,极有可能因忽略了职业选择背后的复杂性和潜在影响,而在后续的职业发展中陷入后悔或不满的困境。

### (五) 拖延型

拖延型决策者在职业决策的十字路口徘徊不前,"拖延"成为他们的显著标签。他们习惯性地将与职业决策相关的思考和行动不断往后推迟。"过两天再说"仿佛成了他们的口头禅,内心深处暗自怀揣着一丝不切实际的幻想,期望随着时间的推移,职业选择的难题能够自动迎刃而解。然而,现实的职业发展进程并不会因为他们的拖延而停滞或自行优化。相反,由于他们的犹豫不决和拖延,常常会错失一些宝贵的职业发展机会,原本可能并不复杂的职业决策问题,也会在拖延的过程中逐渐积累,变得愈发复杂棘手,给未来的职业发展带来诸多阻碍。

### (六)困惑型

困惑型决策者在职业决策的迷宫中迷失了方向,陷入深深的迷茫与纠结之中。他们既不清楚自身真正的兴趣所在,也难以准确评估自己的能力边界,同时对外部广阔的职业市场情况更是一知半解。在众多职业选择犹如繁星般闪烁在他们面前时,他们犹如置身于茫茫大海中的孤舟,没有明确的航向,不知道该驶向何方。这种自我认知与外界认知的双重模糊,使得他们在职业决策过程中不断地自我怀疑、自我矛盾,难以迈出果断抉择的关键一步,长期处于困惑和焦虑的状态,严重影响了职业发展的进程。

## 三、传统文化对现代职业决策的影响

### (一)职业价值观的隐性引导

范仲淹"先天下之忧而忧"的家国情怀、顾炎武"天下兴亡,匹夫有责"等经典论述在价值导向上产生了一定积极影响,为现代职业决策注入伦理内核,将职业价值从单纯经济维度扩展至社会贡献维度。例如,传统文化中的"执事敬"(《论语·子路》)演变为现代"爱岗敬业"的职业道德;传统商人讲究"儒商"精神,追求"以义取利"。现代企业强调"商道即人道",继承了传统文化中的信用观念。

### (二)职业心态的隐性引导

传统文化通过价值编码、集体记忆与符号系统构建起隐性的职业引力场,在个体社会化过程中形成"文化无意识"的职业偏好机制。例如,受儒家"入世"思想影响,公务员、教师等职业仍被视为"体面"且具有社会价值的选择。传统文化对"匠人精神"的推崇,则助推现代职业教育与技术类职业的地位提升。传统文化中的"知足"思想,也让一些人在职业选择时更倾向于稳定、安逸的工作,他们不追求过高的物质享受和职业成就,更注重生活的平衡和内心的满足,比如选择在一些稳定的企业或单位工作,享受相对轻松的工作节奏。

### (三)职业道德的隐性引导

传统文化强调"执事敬""敬业乐群",认为对待工作要认真负责、尽心尽力,这种敬业精神影响着人们对职业的态度,使人们在选择职业时,会考虑自己是否能够对这份工作保持热爱和专注,是否能够全身心地投入工作中去,并且注重与同事之间的合作和团队精神。"人而无信,不知其可也"等古训,让诚信成为人们职业选择中重要的道德准则,人们会倾向于选择那些注重诚信、有良好企业道德和社会声誉的企业或单位,也会在自己的职业生涯中坚守诚信原则,树立良好的职业形象。

## 思政小课堂

青年人有理想、敢担当、能吃苦、肯奋斗,中国青年才会有力量,党和国家事业发展才能充满希望。要加强对广大青年的理想信念教育,引导广大青年树立共产主义远大理想,坚定中国特色社会主义共同理想,坚定听党话、跟党走的政治信念,在强国建设、民族复兴的历史潮流中确立正确的人生目标,为一生的奋斗奠定基石。

——2023年6月26日,习近平在同团中央新一届领导班子成员集体谈话时强调

## 企业导师说

作为职场新人,初入职场一定要清晰自己的选择,明确选择之后要基于这个目标不断地努力。遇到困难时候要静下心来思考,思考和反复验证能帮助我们成长。在有一定的能力和资源时,要积极展开合作。"一个人跑得快,一群人走得远。"共赢才是合作的基础,合作才能创造更多价值。

——徐华炜(三叶草生物制药有限公司 人力资源经理)

## 第二节　职业决策的方法

职业生涯决策有很多种方法,下面简要介绍几种常见方法。

### 一、SWOT分析法

SWOT分析法又称为态势分析法,是由哈佛商学院教授肯尼思·安德鲁斯于1971年提出的战略分析工具。SWOT四个英文字母分别代表优势(Strengths)、劣势(Weaknesses)、机会(Opportunities)、威胁(Threats)。从整体上来看,SWOT可以分为两部分:第一部分为SW,主要用来分析内部条件;第二部分为OT,主要用来分析外部条件,如表5-1所示。SWOT决策分析法通过分析内部的优势和劣势,发现外界的机会和威胁,从而做出决策。

表5-1　SWOT分析法

| | 内部个人优势<br>(可以控制并且可以利用的内在积极因素) | 内部个人劣势(可以控制并努力改善的内在消极因素) |
|---|---|---|
| 内部个人因素SW | 例如:1. 专业能力优势(相关领域的专业知识或技能、证书或学历背景、行业经验等)<br>2. 软技能优势(沟通能力、领导力或管理能力、适应力和学习能力等)<br>3. 个人特质优势(积极的工作态度、创造力或创新思维等)<br>4. 资源优势(行业内的人脉关系、家庭或社会资源支持等) | 例如:1. 专业能力不足(缺乏特定领域的技能、学历或证书短板、经验空白等)<br>2. 软技能缺陷(时间管理能力差、沟通能力较弱、人际关系一般等)<br>3. 个人特质局限(缺乏耐心或细致度、对重复性工作缺乏兴趣、情绪管理能力不足等)<br>4. 资源限制(人脉网络薄弱、经济压力等) |

续 表

| | 机会 | 威胁 |
|---|---|---|
| 外在环境因素 OT | 例如:1. 行业发展趋势(新兴行业的崛起、传统行业的数字化转型、政策支持的领域等)<br>2. 技术革新与工具升级(新技术创造新岗位、远程办公和在线教育等工具扩展职业灵活性等)<br>3. 社会需求变化(人口老龄化催生健康护理、养老服务等职业需求、环保意识增强推动可持续发展相关岗位等)<br>4. 人脉与资源网络(行业活动、校友网络或社交媒体带来的潜在机会、政府或企业提供的创业扶持等资源) | 例如:1. 市场竞争加剧(高学历人才涌入导致岗位竞争激烈、行业饱和度高,晋升空间有限等)<br>2. 技术替代风险(自动化技术取代重复性工作、AI工具对低技能岗位的冲击等)<br>3. 经济波动与行业周期带来的威胁。经济衰退导致企业裁员或冻结招聘、新兴行业泡沫破裂(如某些互联网初创企业的批量倒闭)<br>4. 政策与法规变化带来的威胁。行业监管趋严、国际贸易摩擦影响外向型行业等 |
| 评估你自身的优劣势: | | |
| 评估你制定的职业发展目标: | | |

## (一) SWOT 分析法注意事项

在使用 SWOT 分析法进行职业决策时,需注意以下关键点,以确保分析的有效性和实用性:

1. 保持客观中立,避免主观偏差

进行 SWOT 分析时,对个人的优势与劣势分析要基于事实,警惕"自我美化"或"过度否定"。

2. 动态调整,避免静态看待

SWOT 是阶段性分析,需定期重新评估。在职业发展中,优势可能随技能过时变为劣势;外部环境变化可能使机会转为威胁。

3. 避免过度分析,注重行动导向

SWOT 的最终目标是制定策略,防止陷入"分析瘫痪",避免复杂化与过度分析。

## (二) SWOT 分析及其应对策略

在完成 SWOT 内外因素分析和 SWOT 矩阵构造后,可以清楚地看到自己的竞争力和发展机会,从而能够制定出恰当的生涯目标;同时,可以清晰地认识到自己的不足和面临的外在威胁,从而可以制定相应的策略,以发挥优势因素,克服劣势因素,利用机会因素,化解威胁因素。运用系统分析方法,将排列的各种环境因素相互匹配,加以组合,就可得出一系列适合自己的对策。那么,你可以进一步尝试填写表 5-2。

表 5-2 SWOT 分析及其应对策略表

| 维度 | 具体内容 | 策略类型 | 应对策略 | 示例行动项 |
|---|---|---|---|---|
| 优势(S) | 1. 专业技能:3 年药品研发经验<br>2. 软技能:团队沟通能力强 | S-O | 利用优势抓住机会 | 竞聘药品研发主管岗位 |
| 劣势(W) | 1. 缺乏管理经验<br>2. 英语能力较弱 | W-O | 借助机会改善劣势 | 学习管理知识、商务英语课程 |
| 机会(O) | 行业趋势:AI 赋能研发 | S-T | 用优势抵御威胁 | 学习 AI 基础知识 |
| 威胁(T) | 1. 竞争:行业人才饱和<br>2. 技术:自动化工具替代基础研发岗 | W-T | 最小化劣势与威胁叠加影响 | 提升创新、原研能力 |

1. S-O 对策

着重考虑优势因素和机会因素,目的是努力使这两种因素都趋于最大化。S-O 对策是四大对策中最需要把握住的对策,因为很多劣势或威胁都难以在短时间内消除,与其费力弥补短板,不如突出优势,抓住机遇。

2. W-O 对策

着重考虑劣势因素和机会因素,目的是努力使劣势因素趋于最小、机会因素趋于最大。例如,个人所考取学校虽然一般且专业偏冷,但个人具备某一特殊技能,目前市场对该类型人才需求量大,那么弱点因素的影响就会比较小。

3. S-T 对策

着重考虑优势因素和机会因素,目的是努力使优势因素趋于最大、威胁因素趋于最小。例如,应届毕业生在刚刚进入某一行业时会遇到经验老到的竞争者,他们在岗位专业知识、经验方面远比自己丰富,这时可充分发挥年轻人充满活力、充满创造力的特点,投入饱满的工作热情,谦虚上进,努力进取,发挥创造力,敢于创新,大胆展现自己,从而获得企业的认可。

4. W-T 对策

着重考虑劣势因素和威胁因素,目的是努力使这些因素都趋于最小。例如,觉得自己社交能力不强,就要多参加社会活动。

## 二、CASVE 循环模型

CASVE 循环模型是职业决策领域的经典理论工具之一,它包含沟通(Communication)、分析(Analysis)、综合(Synthesis)、评估(Valuing)和执行(Execution)五个阶段,强调决策过程中信息加工与行动反馈的交互作用。运用 CASVE 循环模型进行职业生涯规划决策,通常采用以下操作步骤。

### (一) 沟通

沟通,包括内部和外部的信息交流,通过交流使我们意识到职业理想和现实之间存在的巨大差距，这些信息可能通过内部或外部交流途径传达给我们。内部沟通涉及个体自身的身心状态，包括情绪信号，如不满、厌烦、焦虑和失望；还有身体信号，如昏昏欲睡、头痛、胃部不适等。例如，在毕业找工作的时候，个人可能在情绪上会感受到焦虑、抑郁、受挫等；在躯体上会疲倦、头疼、消化不良等。这些情绪和身体状态都是提醒个人需要进行内部交流沟通的信号。外部沟通则是我们从外部获得的各种资讯、信息，如宿舍同学开始准备简历就是提供了一种外部信息：你也需要开始准备找工作了；又如在求职过程中，父母、老师、朋友给你提供的各种建议。通过内部和外部沟通，个人意识到自己需要解决某些问题，这样的交流对开始生涯选择十分重要。沟通阶段需要回答的最基本的问题是：此刻我正在思考并觉知到的职业选择是什么？

### （二）分析

在分析阶段，个体需要收集和准备大量的信息，了解自己和分析自己的各种选择，通过思考、观察和研究，对兴趣、能力、价值观和人格等自我特点及各种环境信息进行分析，从而更好地理解现有状态和理想状态之间的差距。在这一阶段，需要对两方面的知识进行了解。首先是自我特点，包括：兴趣，即我喜欢做什么，在做什么事情的时候我最能投入，做什么事情能让我得到享受；能力，即我擅长做什么，什么事情是我能做得比别人好的，我都掌握了哪些专业知识；价值观，即我看重什么，我这辈子希望达到的目标是什么，我希望工作可以带给我什么；人格，即我是内向的还是外向的，我关注宏观抽象的事物还是具体的细节，我倾向理性思考还是感性体验，我习惯于有条不紊还是随机应变。其次是环境信息，即每个选择处于什么样的环境，会带来什么样的生活，需要付出什么努力。比如对于考研来说，需要付出什么样的努力？花多长时间准备？读研之后的生活是什么样的？研究生毕业之后的求职情况如何？而对于找工作也需要了解每一种职业相关的信息。

### （三）综合

综合，根据分析阶段得出的信息，先把选择范围扩展开来，然后逐步缩小，最终确定3～5个最可能的选项。这一阶段主要是综合和加工上一阶段得到的信息，从而制订消除差距的行动方案。其核心任务是，通过确定自己可以做什么来解决问题。

这是一个扩大并缩小选择清单的过程。首先，尽可能多地找到消除差距的方法，发散性地思考每一种办法，甚至采用"头脑风暴"进行创造性思维，查找各种可能性以发现尽可能多地解决问题的方法。其次，缩减有效方法的数量，通常缩减到3～5个选项，因为这是个人最有效的记忆和工作容量数目，这个先扩大后缩减的过程非常重要。通过分析阶段，对自我的各方面都有了了解，每个方面都分别对应着很多职业，把这些职业都列出来，就会得到一个范围很广的选择列表。选取其中的交集，个人就得出了缩小的职业选择范围。再次，把最可能从事的职业限定到3～5个。最后，可以问自己：假如我有这3～5个选择，是否可以解决问题，消除现实和理想状态的差距？如果可以，就进入评估阶段选出最适合的选择；如果还是不能解决问题，就需要重新回到分析阶段以了解更多信息。

### (四) 评估

评估,是对于综合阶段得出的 3~5 个职业进行具体的评价,包括评估获得该职业的可能性,以及这个选择对自身及他人的影响,从而进行排序。评估阶段将选择一个职业,找出最优选择,并做出临时选择。在研究了什么选择最适合自己及与自己的生活关系最密切的人之后,选择可行性最大的情况。

第一步是评估每种选择对生涯决策者和他人的影响。每种选择都要从对自己和对他人的代价和益处两方面进行评价,并综合物质上和精神上的因素。比如,对个人而言什么是最好的?对个人生活中的重要他人而言什么是最好的?大体上,对个人所处的环境而言什么是最好的?

第二步是对综合阶段得出的选项进行排序。能够最好地消除差距的选项排在第一位,次好的排在第二位,以此类推。此时,职业规划决策者会选出一个最佳选项,并且做出承诺去实施这一选择。

### (五) 执行

执行,是整个 CASVE 循环的最后一部分,前面的步骤只是确定了最适合的职业,还不能带来职业选择的成功,需要在执行阶段将所有想法付诸实践。在这一阶段,需要设计一项计划来实施某一临时的选择,包括培训准备(如正规教育或培训经历)、实践检验(如兼职、志愿工作等)与求职。这是实施选择的阶段,把思考转换为行动。很多人都觉得在执行阶段制订行动计划是令人兴奋和有价值的,因为终于可以开始采取积极行动去解决问题了。

CASVE 循环是一个不断重复的过程,在执行阶段之后,职业决策者又回到沟通阶段,以确定前一沟通阶段存在的职业问题是否得到了很好的解决,是否能最有效地消除理想与现实之间的差距。依据是否需要再决策及是否容易获得信息资源等,个体决定是否重新开始一次 CASVE 循环,直到职业生涯问题被解决为止。

CASVE 循环,无论是对解决个人职业规划问题,还是对解决团体问题都非常有用。用系统的方法思考这五个步骤,能够提供一个有用的工具,使个人在职业决策中成为一个更高效的人。

## 三、传统文化中的决策方法

传统文化中的决策方法丰富多样,涵盖了道德、自然、规则、预测以及群体智慧等多个层面,为我们在现代决策中提供了深厚的思想源泉和多元的思考路径。

### (一) 儒家:权衡利弊,秉持中庸

儒家思想在决策时强调权衡各种因素,追求恰到好处的平衡。"中庸之道"并非无原则的折中,而是在深入分析事情的利与弊、长与短后,做出不偏不倚、符合道义与实际情况的决策。例如在面临职业选择时,儒家提倡不能只看重物质利益,如薪资的高低,还要考虑职业所承载的社会责任、个人品德修养的提升空间等。若有一份高薪但违背道德底线

的工作,与一份收入适中却能实现自我价值且符合道义的工作,依据儒家理念,应选择后者。因为儒家认为,过度追逐物质利益而忽视道德,会偏离人生的正道。在权衡过程中,儒家注重参考历史经验和长辈的教诲,所谓"温故而知新",从过往类似的决策案例中汲取智慧,以史为鉴,避免重蹈覆辙。同时,尊重长辈经验,他们丰富的阅历往往能提供不同视角,辅助决策。

### (二)道家:顺应自然,无为而治

道家主张顺应自然规律进行决策,不过多人为干涉。"无为而治"并非什么都不做,而是不过度妄为,不强求结果。在决策情境中,先观察事物发展的自然趋势,不过早地强行推动或改变。比如企业在开拓新市场时,若市场环境不成熟,消费者对新产品接受度低,道家的决策思路可能是等待时机,先做好产品的优化与内部管理的完善,顺应市场发展节奏,而非强行投入大量资源进行推广。道家认为,违背自然规律的决策往往会适得其反。当面临复杂的人生决策,如是否要离开熟悉的环境去远方闯荡时,道家思想会引导人们审视自身内心的自然倾向,是渴望安稳还是向往冒险,顺应内心自然的冲动,不被外界过多的功名利禄诱惑所干扰,做出真正契合自己本性的决策。

### (三)法家:依据规则,严明赏罚

法家强调以明确的规则和法律作为决策依据。在组织或社会层面,制定详细的规章制度,决策围绕这些规则展开。例如在企业管理中,员工晋升决策依据明确的业绩指标、工作能力考核标准等。当面临是否提拔某员工时,严格按照既定规则进行评估,而非凭借主观喜好。法家主张赏罚分明,对于符合规则、做出积极贡献的决策给予奖励,激励人们做出正确决策;对于违反规则的决策予以严惩,以儆效尤。在社会治理方面,政策的制定和实施遵循法律框架,确保决策的公正性与权威性。例如在城市规划决策中,依据土地管理法、建筑规范等法律法规,合理布局城市功能区,保障城市有序发展。

### (四)周易:占筮问卜,洞察先机

《周易》作为传统文化经典,其占筮方法在古代常被用于辅助决策。通过特定的蓍草或铜钱等方式起卦,根据卦象和爻辞来解读事物发展趋势,为决策提供参考。虽然从现代科学角度看,占筮缺乏科学依据,但在古代,它给予人们一种心理暗示和对未来不确定性的探索途径。例如在重大军事行动前,将领可能通过占筮来判断出兵时机是否合适。卦象所传达的信息并非绝对的定论,而是启发决策者从不同角度思考问题,洞察可能存在的机遇与风险。它促使人们在决策前更加谨慎,综合各种因素,考虑周全。同时,《周易》中的卦象变化蕴含着丰富的哲学思想,如物极必反、阴阳转化等,这些思想帮助决策者以动态、发展的眼光看待决策情境,在面临困境时看到希望,在处于顺境时保持警醒。

### (五)民俗传统:集思广益,遵循经验

在民间,决策常常会参考家族长辈、邻里乡亲的意见。例如在农村地区,家庭面临土地耕种作物选择时,会召集家族中经验丰富的长辈共同商议。长辈们凭借多年的农事经验,结

合当年的气候预测、市场行情等因素,给出建议。这种集思广益的方式充分利用了群体的智慧,避免个人决策的片面性。同时,民俗中还有一些传统的禁忌和习俗,在决策时也会被考虑在内。比如在婚丧嫁娶等重要事务的时间选择上,遵循传统的黄道吉日习俗,虽然这在科学上并无依据,但它体现了对传统文化的尊重和传承,以及对心理层面的安抚作用。在一些传统手工艺行业,技艺传承者在决定创新工艺或开拓市场时,会参考行业内代代相传的经验和规矩,在传承基础上谨慎创新,保障行业的稳定发展。

 **企业导师说**

　　作为企业,在处理员工因职业目标分歧导致的团队稳定性问题(如核心员工因晋升无望提出离职),会做到以下几点:一是企业需构建清晰的职业发展路径,包括制定阶梯式晋升体系、"双通道"职业发展模式。例如通过岗位序列划分(如研发、生产、质量等)、职级晋升标准透明化,让员工明确各阶段能力要求与成长空间。为技术型人才设立与管理序列并行的专业序列晋升通道,避免因管理岗位有限导致核心人才流失。二是建立动态沟通与反馈机制。可以通过季度职业发展面谈、多元化反馈渠道等帮助员工拆解发展路径。三是实施个性化激励方案。针对晋升瓶颈期员工,可提供非货币化激励组合。如学术交流、行业峰会参与、专利署名权等发展资源。也可以通过轮岗制、横向项目组等方式拓展工作边界,帮助员工提升综合能力,实现弹性工作价值。

——孔哲诚(晖致医药有限公司人力资源副总监)

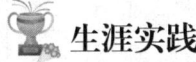 **生涯实践**

确定你的最佳职业选择

　　请根据职业生涯决策平衡单的操作说明,全面考量,对每个选项进行打分,最后得出综合总分,以此得出你的相对更合适的职业选择。

　　1. 生涯决策平衡单使用说明如下:

　　(1) 列出你最想从事的三个职业选项。

　　(2) 判断各个职业选项的利弊得失:分别从个人物质得失、个人精神得失、他人物质得失、他人精神得失四个方面加以考虑。衡量各选项,并按1~5分进行赋分。一项价值观或因素的重要性越大,它的权重就越高。5为最高权重,表示"非常重要";3代表"一般",而1代表"最不重要"。对自我需求和价值观的准确了解,是给价值观和考虑因素分配权重的前提。

　　(3) 各项考虑因素的加权评分:决策者在列出各个职业选项的利弊得失后,需要对各项考虑因素进行加权评分。

　　(4) 计算出各个职业选项的得分:决策者逐一计算各个职业选项在"得"(正分)与"失"(负分)上的加权积分与累计结果,并计算各个选项的总分。

　　(5) 排定各个职业选项的优先顺序:对所有总分进行比较和排序,从高到低排出职业决策的优先级。

2. 生涯决策平衡单

| 考虑维度 | 具体因素 | 权重 1—5分 | 职业选项A | | 职业选项B | | 职业选项C | |
|---|---|---|---|---|---|---|---|---|
| | | | 得(+) | 失(−) | 得(+) | 失(−) | 得(+) | 失(−) |
| 个人物质得失 | 收入 | | | | | | | |
| | 工作稳定性 | | | | | | | |
| | 福利 | | | | | | | |
| 个人精神得失 | 工作兴趣匹配度 | | | | | | | |
| | 工作成就感 | | | | | | | |
| | 其他 | | | | | | | |
| 他人物质得失 | 对家庭经济支持 | | | | | | | |
| | 其他 | | | | | | | |
| 他人精神得失 | 家人对职业的认可 | | | | | | | |
| | 社会地位 | | | | | | | |
| | 其他 | | | | | | | |
| 加权合计 | | | | | | | | |
| 加权后得失差数 | | | | | | | | |

## 第三节　实施行动计划

### 一、自我评估

自我评估是制定职业规划行动过程的第一步，主要是了解兴趣、性格、气质、价值观、能力等与本人相关的因素，以达到认识自己、了解自己的目的。由于我们自己能看到的"我"只是"自我"中很小的一部分，因此我们需要借助其他手段更加全面地了解自我，比如自我剖析、职业测试、角色建议等。

自我评估要客观、冷静、不能以偏概全，既要看到自己的优点，又要直面自己的缺点。俗话说"知己知彼，百战不殆"，只有了解自己，清楚自己的优势与特长、劣势与不足，才能选定适合自己发展的职业生涯目标和职业生涯路线，才能避免设计中的盲目性，达到适宜的高度。

## 二、环境评估

职业生涯规划中的环境评估是对个人职业生涯发展相关的各种外部环境因素进行分析和评价的过程,主要包括以下几个方面:

社会环境评估:社会环境对职业发展有着广泛而深远的影响。要关注社会经济发展趋势,了解不同行业的兴衰变化。例如,人民大众健康需求扩容升级,慢性病患者数量增加,对创新药需求增长;居民健康意识提高,对高质量医药产品需求增加,使得研发类岗位的需求和要求也会相应增加。

行业环境评估:深入了解目标行业的发展现状和趋势至关重要。需分析行业现状、发展趋势、竞争态势等。比如,当前医药行业逐渐从市场销售驱动向研发创新驱动转型。

组织环境评估:组织环境直接影响个人在企业中的职业发展。要了解企业类型、企业文化、发展前景等,判断其是否与自身职业目标相符。例如,一家致力于拓展海外市场的企业,可能会为员工提供更多国际业务拓展的机会。企业的文化氛围也很关键,积极向上、团结协作的文化有助于员工的成长和发展。此外,企业的管理制度,如晋升机制、培训体系等是否完善,也会影响员工的职业晋升和能力提升。

家庭环境评估:家庭因素也会对职业生涯产生影响。家庭的经济状况、社会关系等可能为职业发展提供一定的支持或限制。例如,家庭经济条件较好,可能会为个人创业提供资金支持。家庭的文化氛围和教育观念也会影响个人的职业价值观和职业选择,如知识分子家庭可能更鼓励子女从事学术研究等职业。

## 三、职业目标设定

了解和认识自己是职业生涯规划的前提和基础,在自我评估的基础上,选择职业目标、明确自己的职业定位是个人职业生涯规划的一项核心工作。职业生涯目标的选择正确与否,直接关系到人生事业的成功与失败。

### (一) 目标设定的原则

目标设定一般遵从一个"黄金准则"——SMART 原则。具体指的是以下五个基本原则,

(1) S(specific):具体的、明确的,职业目标不能含糊不清,要让我们能够准确地理解。比如"英语较好"就是一个很模糊的目标,很难让人理解,"拿到英语六级证书"这个目标就清晰很多。

(2) M(measurable):可测量的,这样当我们评估目标的实现程度时,才会有标准。比如"学好药学"这一目标就缺乏标准,什么算是"学好"呢?如果换成"药理学、药物化学、药物分析、药剂学四门课考核优秀"等,就很容易度量了。

(3) A(attainable):目标要通过努力可以实现,也就是目标不能过低和偏高。偏低了,无意义;偏高了,实现不了。

(4) R(relevant):目标需有一定的意义和相关性,一般是结合自己的成长历程、专业优势以及职业倾向来设定。

(5) T(time-bounded)：有明确的时间限制，对于大学生职业生涯规划而言，我们规划的重点是大学这四年主要确立初次择业的职业方向和阶段性目标，所以我们界定目标实现的期限一般是在大学毕业的时候。

### （二）目标设定的方法

按时间分解，职业生涯目标可以划分为短期目标、中期目标、长期目标及长远目标。

(1) 短期目标：一般为1~3年的目标，它是中期目标和长期目标的具体化，是实现中长期目标的必经之路，需要具备较强的操作性。

(2) 中期目标：一般为3~5年的目标，它既是制定和实施短期目标的依据，又是长期目标的重要组成部分。它具有指标量化，但又有一定的弹性，在整个目标体系中起到承上启下的作用，是长远目标能否有效实现的重点。

(3) 长期目标：一般为5~10年的目标，通常比较粗略，有较大的弹性，可能因为许多未知的因素而发生变化。

(4) 长远目标：一般为10年以上的目标，通常只有一个大概的方向和定位，作为短期目标、中期目标和长期目标实现的参照物。

## 四、实施、评估与调整

### （一）实施过程

计划制定好了，最重要的是要去实施。行动是职业规划最为关键的环节，也是大学生职业生涯规划的意义所在。这里所指的行动，是指落实目标的具体措施，也就是告诉我们：大学这四年我究竟应该学什么、做什么、提高什么。

比如以为药学专业的同学，将QC（质量控制）岗位确立为自己初次就业的目标，接下来他是按照以下步骤行动的：

第一步，了解QC（质量控制）岗位的胜任特征。所谓的胜任特征，是指能将某一职业（或岗位）中有卓越成就者与表现平者区分开来的个人的潜在特征。经过相关职业及企业信息的搜集，该同学得出了QC（质量控制）岗位的素质要求：熟练掌握药品质量控制、药品质量标准与相关法规；具备沟通能力、解决问题能力等通用素质；具备相关的调测和验证工作经验者优先。

第二步，对比自己目前的情况分析自己现在的差距。现在有哪些差距呢？第一个差距是缺乏相关工作经验，这是所有大学生在求职的时候都存在的一个问题；第二个差距是缺乏实践操作能力，可能几年下来会学不少理论知识，但没有真正实践过自己的专业；第三个差距是沟通能力欠佳。

第三步，针对自己分析出来的问题、不足之处，提出解决的办法。缺乏工作经验，可以利用假期出去工作、实习，还可以参加一些相关的培训等。缺乏沟通能力，可以在校期间多参加演讲比赛等活动锻炼自己的表达能力，或是通过系统的训练课程来解决。

第四步，制定提高相关能力的日程表。这是策略实施环节的核心，包含了前面几个步骤分析的结果。针对需要提高的能力，列出学习和改善的日程表。

大学阶段是重要的职业探索期,即扩大生涯空间与可能性。选择本身不是最大的问题,最大的问题是遵循或执行这个选择。我们制订职业生涯规划,不是为了洋洋洒洒挥就一份激情澎湃的规划书,而是为了得到一张非常简单并可行的行动表。实现理想的方式是用20%的时间把路看清楚,然后用80%的时间去"拉车"前行。

### (二) 评估与调整

"计划赶不上变化",在我们的职业生涯进程中,有很多因素会对职业生涯规划产生一定的影响,有些因素是可以预测的,有些因素是无法预测的。这就要求我们时时注意内外环境的变化,不断审视自我,不断调整自我,不断修正策略和目标。调整的依据是每次进行评估后反馈的信息。当出现以下几点情况时,大学生就需要考虑是否要进行职业生涯规划的调整。

(1) 阶段性的目标进度达成时,要根据阶段性目标实现的实际效果,修订实现未来阶段性目标采用的策略。

(2) 对预定目标达成进度进行定期检测时,大学生可以根据进度完成情况,修订规划。

(3) 客观环境发生变化,有可能影响规划的执行。

(4) 即使是执行有效的职业生涯规划,也需要不断地进行审视,考虑策略方案是不是合适,能否适应环境的变化,同时将审视的结果作为职业生涯规划调整的参考依据。

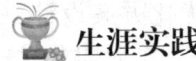
## 生涯实践

为自己制订五年规划。列出你最希望实现的目标,如职位、薪水、技能。通过这些目标来激励自己今后努力工作实现自己的目标。无论你希望达到什么目标,都应该通过五年工作让自己在所在行业成为"专家"级别的人物。

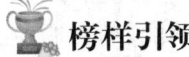
## 榜样引领

◆◆ **人物简介**

姓名:陈奇

毕业院校专业:浙江医药高等专科学校2004届市场营销(药品)专业

现任岗位/职务:宁波英特药业有限公司销售副总监兼OTC销售部经理

职业成就:

构建"5板块+4团队+1中心"创新管理模式;连续5年获宁波英特药业"总经理特别奖"等。

◆ **个人发展路径**

2004年7月毕业于浙江医药高等专科学校市场营销(药品)专业,入职吉林敖东医药有限公司,从基层销售代表起步,凭借扎实的专业知识和敏锐的市场洞察力,快速成长为区域销售经理。

2010年加盟宁波英特药业,历任OTC销售主管、区域经理,主导建立"数据化运营体系",使辖区销售额三年增长200%。

2016年晋升销售副总监兼OTC销售部经理,首创"三维培训体系"(线上课程＋实战演练＋导师带教),培养出20＋优秀销售骨干,获评浙江英特集团"优秀管理奖"。

2020年至今主导OTC销售数字化转型,搭建"智能终端管理系统",实现全省3 000＋门店的实时数据监控,推动工商协作新模式,获宁波英特药业"创新贡献奖"。

◆ 案例启示

上述校友案例启示我们在职业发展中应专注细分领域,以创新应对变化,注重团队建设与资源整合,实现个人与行业价值共赢。

◆ 校友寄语

"医药销售不仅是产品流通,更是健康服务的延伸。既要脚踏实地深耕市场,更要仰望星空拥抱创新——用数字化工具赋能传统行业,让优质医药资源触手可及。"

## 第四节　撰写职业生涯规划书

职业规划不应仅是大学生脑海中的设想,更需转化为书面方案并付诸实践。这要求学生主动完成"职业生涯规划书"的系统编制,严格遵循规范格式与内容标准。在撰写过程中,需注重归纳规划过程中发现的认知偏差与实施障碍,通过持续反思优化方案设计。同时,建立动态调整机制应对环境变化,确保职业目标与行动计划的适应性。作为职业发展规划的可视化载体,"职业生涯规划书"具有多维价值：它既是个体认知工具,通过系统梳理兴趣、能力与价值观,帮助学生建立客观自我认知；又是战略决策框架,结合行业趋势与个人特质,构建可量化的职业发展路径；更是行动指南,将抽象目标转化为具体行动计划,设置阶段性里程碑与评估标准。规划方案的可行性越强,大学生实现人生价值的效能转化就越显著。建议采用SWOT分析、SMART原则等工具提升规划的科学性,结合职业访谈、实习实践等方式增强落地性,最终形成兼具前瞻性与实操性的个性化职业发展蓝图。

### 一、职业生涯规划书格式

### (一) 表格式

表格式,从名称便能知晓,它是以表格的形式来呈现职业生涯规划内容。一般仅简要罗列自我评价结果、环境评价结果、目标及其分阶段实现的时间、计划措施等关键项目的核心要点。其语言简洁,字数有限,缺乏深入的分析论证环节。某种程度上,它类似于一份完整职业生涯规划书里的计划实施方案表,主要用于日常提醒,方便随时查看关键信息,如表5-3所示。

表 5-3 表格式职业生涯规划书

| 项目 | 详情 |
| --- | --- |
| 自我评价 | 性格外向,擅长与人沟通,有较强的组织协调能力 |
| 环境评价 | 所在医药行业正处于快速发展阶段,市场需求旺盛 |
| 目标 | 五年内成为医药市场开发部负责人 |
| 分阶段实现时间 | 第1年,熟悉市场业务流程,积累客户资源<br>第2年,晋升为市场专员,负责小型项目<br>第3年,晋升为市场主管,带领团队完成业绩指标<br>第4年,拓展市场渠道,提升市场份额<br>第5年,晋升为医药市场开发部负责人 |
| 计划措施 | 参加沟通技巧培训课程;主动参与公司内部项目,锻炼组织协调能力;定期阅读行业报告,了解市场动态 |

## (二) 条列式

条列式规划书以条目为基本单元,通过段落形式依次阐述职业生涯规划的主要内容。它的显著特征是表述精炼,不过多数内容只是简单陈述,缺乏详细的材料分析与系统评估。这就导致其在逻辑性和说理性方面表现欠佳,难以有力地支撑职业规划的科学性与合理性。例如:

- 自我评价:学习能力突出,能够迅速掌握新知识和新技能。
- 环境评价:当前就业市场对本专业人才的需求呈现增长趋势。
- 目标:10年内成为行业内知名的技术专家。
- 计划措施:每年参与至少2个大型项目,积累项目经验;每3年参加一次行业高端研讨会,拓宽人脉和视野。

## (三) 复合式

复合式巧妙融合了表格式和条列式的优势。一方面,它像表格式那样,能将复杂的信息以清晰明了的方式呈现出来;另一方面,又具备条列式阐述灵活方便的特点,使规划书内容更加丰富饱满。然而,美中不足的是,它也和表格式、条列式一样,存在缺乏深入分析论证过程的问题。

## (四) 论文式

论文式是严格参照论文的格式与要求来撰写职业生涯规划书,涵盖题目、引言、正文、结论等关键部分。在正文内容中,有着严谨且符合逻辑的材料分析过程,观点明确、客观,文字表述自然流畅。这种格式能够全方位、细致入微地对个人职业生涯规划展开深入分析与阐述,是最为完整、全面的职业生涯规划书格式,也是强烈推荐大家采用的格式。

例如,在正文的自我评价部分,可以结合专业的心理测试数据,如 MBTI 性格测试结果、霍兰德职业兴趣测试报告等,再辅以过往丰富的经历案例,详细剖析自身的优势与劣势;在环境评价部分,深入研究权威的行业报告、国家相关政策法规以及市场调研数据等资料,全面阐述外部环境所带来的机遇与挑战。通过这样全面且深入的分析,构建出一个科学合理、切实可行的职业生涯规划蓝图。

## 二、职业生涯规划书的基本内容

### (一)标题

规划书标题需涵盖个人姓名、规划的起始与截止时间。此外,还可酌情纳入规划的年限跨度,或是年龄区间等关键信息,以便精准界定规划范畴。

### (二)自我评估

全面且深入地剖析自我是职业生涯规划的基石。要全面考量个人兴趣爱好,深度洞察性格特质,精准审视自身价值观体系,细致梳理已掌握的知识储备,客观评估现有能力水平,逐一罗列具备的各项技能。借助专业测评工具并结合深度自我反思,达成对自身的全方位认知。同时,清晰梳理当下自身在学业、工作经历、个人成长等层面所处状态,基于对自我的深刻理解,合理勾勒未来发展的初步愿景,明确长期努力方向,并结合多方反馈综合评估。

表5-4 自我评估主要内容

| 环节 | 主要内容 | 内容描述 |
|---|---|---|
| 自我评估 | 成长经历 | 从家庭、学习和生活经历中分析自我 |
| | 职业兴趣 | 使用霍兰德职业兴趣测评等方法测评职业兴趣 |
| | 职业性格 | 用MBTI、九型人格等方法测评职业性格 |
| | 职业能力 | 使用成就事件分析法等方法评估职业能力 |
| | 职业价值观 | 职业价值观使用职业锚等方法评估职业价值观 |
| | 其他 | 上述之外的其他必要评估 |
| | 自我认知小结 | 全面总结分析,梳理优劣势 |

### (三)职业探索

环境评估需从宏观与微观两个层面着手。宏观维度扫描涵盖所处时代的政治格局、经济发展态势、文化氛围、法律法规体系以及地域特色等要素,通过综合分析,把握大环境对职业发展的潜在影响。微观层面则要紧密围绕目标职业所属行业展开深入研究,剖析行业的发展趋势、竞争格局、技术革新方向等。针对心仪的用人单位,需详细分析其内部制度、运营管理模式、组织文化内涵、核心产品或服务以及未来业务拓展领域,为职业决策提供精准依据,使规划贴合实际就业环境。

表 5-5 职业探索主要内容

| 环节 | 主要内容 | 内容描述 |
| --- | --- | --- |
| 职业探索 | 专业与职业 | 学校、专业人才培养情况及与职业的关系 |
| | 行业分析 | 基本介绍、发展现状、人才需求分析、前景分析 |
| | 岗位分析 | 基本描述、进入途径、胜任要求、晋升通道 |
| | 企业分析 | 基本概况、业务现状、发展阶段 |
| | 就业环境分析 | 就业形势、政策、主要竞争对手 |
| | 社会环境分析 | 经济环境、政治法律环境、文化环境、科技环境 |
| | 家庭环境分析 | 家庭资源、家庭文化、家庭支持 |
| | 学校环境分析 | 学校软硬件环境、职业教育导向、学业表现 |
| | 职业认知小结 | 全面总结分析,确定目标职业群 |

### （四）职业决策

借助科学有效的职业决策方法,将自我评估结果与职业探索分析结论充分融合至关重要。在明确职业发展方向与确立总体职业目标时,要综合权衡个人兴趣、能力与外部机遇、挑战。通过这种全面考量,为后续规划提供清晰指引,让职业目标既基于自身特质,又顺应外部环境,具备切实可行性与长远发展潜力。

表 5-6 职业决策主要内容

| 环节 | 主要内容 | 内容描述 |
| --- | --- | --- |
| 职业决策 | 决策工具 | 使用 5W 法、SWOT 分析等得出初步结论 |
| | 决策分析 | 对决策过程和初步结论进行深入分析,得出目标职业 |
| | 备选职业 | 确定备选职业并进行相关描述 |

### （五）目标分解和目标组合

为确保目标得以实现,需仔细梳理影响目标达成的各类因素,其中包括个人能力短板、市场竞争态势、行业政策变动等。深入分析这些因素,精准把握目标实现过程中的难点与重点。将总体目标按照时间维度或任务模块进行细分,形成阶段性、可操作的子目标,同时依据不同目标之间的逻辑关联与互补性进行有机组合,促使各子目标协同推进,共同助力总体目标的达成,使规划具有清晰的阶段性与连贯性。

### （六）实施方案

实施方案的关键在于精准识别差距并制定切实可行的行动计划。对比实现目标所需的观念认知、知识储备、能力素养以及心理素质要求,全面排查自身在这些方面存在的差距,明确改进提升的重点领域。针对识别出的差距,制定详尽的行动计划,涵盖学习新知识的途径与计划安排、提升能力的实践项目规划、心理素质训练方案等,通过切实可行的步骤逐步缩小差距,稳步推进各阶段目标的实现,将规划转化为具体行动。

表 5-7 计划路径主要内容

| 环节 | 主要内容 | 内容描述 |
|---|---|---|
| 计划路径 | 职业发展路径 | 目标职业的成长发展或晋升通道设计 |
| | 短期计划 | 当下学业阶段的计划,详尽、清晰、可操作 |
| | 中期计划 | 毕业后3~5年的计划,方向清晰,灵活可调 |
| | 长期计划 | 毕业后5~10年的计划,导向明确 |

### (七) 评估调整

构建完善的评估体系与规划调整策略是保障职业生涯规划有效性的重要环节。明确反馈评估的具体内容,如目标完成进度、行动效果、个人成长情况等,设定合理的评估时间节点,确定科学的评估方法与衡量标准,确保评估结果客观准确。若实际执行过程中未能达到既定目标或要求,依据评估结果制定针对性的调整策略,明确调整的基本原则,如保持目标的总体方向不变、优先解决关键问题等,使职业生涯规划能够根据实际情况动态优化,始终贴合个人发展需求。

表 5-8 评估修订主要内容

| 环节 | 主要内容 | 内容描述 |
|---|---|---|
| 评估修订 | 制订评估方案 | 确定计划实施过程中的评估内容和方式 |
| | 制订调整方案 | 预估各节点的风险项,制订调整措施和修订方案 |

## 三、职业生涯规划书撰写基本要求

### (一) 步骤完备与逻辑连贯

一份完整的职业生涯规划书,自我评估、环境评估、职业决策、计划行动、反馈调整这五个核心步骤不可或缺。此外,还可在引言中融入觉知与承诺内容。在阐述这些内容时,务必紧扣职业目标这一核心主线,以彰显论述的逻辑性与连贯性。各部分分析也应遵循逻辑规则,尤其在职业决策环节,需借助科学决策方法客观分析,而非主观臆断设定职业目标。

### (二) 客观剖析与论证翔实

职业生涯规划需建立在对自身内部及外部环境科学、客观地了解与分析基础之上,运用科学决策方法确定职业目标,并据此制定计划措施与反馈调整内容。因此,科学合理的规划书必然包含充分的分析论证过程,否则只能沦为空想。在自我评估时,不能仅依赖自我认知或他人评价,应了解测评理论知识,借助可靠测评量表与软件,同时结合自我评价与他人评价进行综合分析,思考差异原因,得出真实准确的自我评估结论。环境评估要广泛收集全面、真实的资料，筛选分析后形成贴合自身需求的评估结果，而非仅凭印象或照搬他人分析报告。职业目标确定与反馈调整方案制定，同样需严谨论证，做到有理有据、层层深入。

### （三）语言通顺与重点明晰

撰写职业生涯规划书，语言通顺、行文流畅、条理清晰、用词精准是基本要求。避免出现文法错误、内容空洞的情况，既不过度煽情，也不沉闷刻板。不能记流水账，要详略得当、重点突出、结构与层次分明。关键部分要着重展现，防止材料堆砌却不见自身分析总结以及目标、计划措施。

### （四）目标明确且合理适度

职业生涯目标作为规划书的核心，绝非闭门造车凭空想象而来。它不应过于理想化或模糊不清，而应通过科学方法制定，具备科学性、合理性与明确性，如此才是可实现的目标。规划书的成功与否，很大程度上取决于目标是否正确、恰当且切实可行。

### （五）计划详尽与措施可行

计划措施必须做到细致入微、详尽周全且切实有效。计划部分应涵盖具体的阶段性任务、预期成果以及时间安排，将长期目标拆解为一个个可执行的短期步骤。比如，若职业目标是在五年内成为资深项目经理，那么计划中就需明确第一年要掌握哪些项目管理基础技能，参与哪些小型项目积累经验；第二年要负责多大规模的项目，达成怎样的项目绩效指标等。措施方面，要依据个人实际情况与外部环境，确保所制定的行动策略具备现实可操作性。这意味着措施需考虑资源限制、时间成本以及个人能力提升的渐进性。以提升专业技能为例，不能简单地计划"学习专业知识"，而是要明确通过参加专业培训课程、阅读哪些权威书籍、加入相关学习社群进行交流讨论等具体方式来实现，同时规划好每周或每月投入的学习时间，保证措施能在日常工作与生活中稳步推进，助力目标达成。不仅目标要合理，还要让计划措施具备可操作性，否则再合理的目标也难以达成。

## 四、职业生涯规划书的评价与调整

职业生涯绝非固定不变的轨迹，而是如蜿蜒的溪流，在时代浪潮与个人成长的交织中持续奔涌向前。当我们通过审慎思考、严谨论证完成职业生涯规划的编制后，不能任其搁置，而要积极构建灵活的动态管理体系。在日常工作中，需时刻留意规划的执行情况，定期开展全面深入的评估工作。评估时，要敏锐捕捉组织内外部环境的细微变化，将规划之初设定的目标与实际取得的成果进行详细比对，深入分析其中的差异，总结经验教训。一旦发现规划内容与现实环境出现脱节，必须果断出手，对不适应新形势的目标与策略进行修正，持续优化规划，确保其始终与当下实际紧密贴合，具备切实可行的操作价值。通过这种持续不断的管理举措，让个人的每一步行动都与规划目标保持一致，稳步推进职业生涯总体目标的实现。

### （一）调整时机的判断

职业生涯规划本身就是一个随时间不断进化的过程。当工作中出现以下典型状况时，便是时候考虑对规划进行调整了：当职业目标与现实差距显著时需调整；与领导、同事在工作配合或人际关系上矛盾频发；工作内容过于简单，日复一日毫无挑战，难以激发自身潜力；对所处行业毫无热情，每天工作都提不起精神。

对于刚步入职场的大学毕业生而言，有两个关键的职业生涯设计调整节点：

1. 毕业前夕

在经历求职实践后，接触到丰富多样的就业信息以及不断变化的社会需求，此时可依据新获取的信息，在求职过程中灵活调整职业生涯规划。

2. 工作三年左右

经过一段时间的职场历练，积累了一定的从业经验，同时自身条件也在实践中得到检验，周围环境和个人素质都发生了变化，此时应抓住时机及时进行调整。

这两次调整，既可以针对近期的具体岗位目标，比如从初级程序员晋升为高级程序员；也可以着眼于远期的职业发展路径，像从技术岗转向管理岗。工作三年左右进行调整，主要基于以下原因：

大学生初次踏入职场选择职业时，由于对社会和自身了解有限，很难一步到位找到完全契合自己的工作。

在校期间制定的职业生涯规划，往往是站在学生的角度去想象社会职场，设定的职业发展目标可能与现实脱节，缺乏实际工作的检验。

有了一定工作经历后，对社会和人生有了更深刻的感悟，对自己也有了新的认识。所以，就业一段时间后重新审视自己，调整发展方向是很有必要的。

在单位内部进行岗位变动时，职业生涯发展路径有以下三种选择：

（1）纵向晋升。沿着职务等级阶梯，从较低层级逐步攀升至更高层级，例如从基层员工晋升为部门主管，再到部门经理等。

（2）横向拓展。在同一职务层级上，在不同职能部门间转换岗位，例如从市场部专员转岗至销售部专员。这种横向发展有助于挖掘自身潜力，找到最能发挥自己才能的岗位，同时积累多领域的工作经验，为未来的职业发展拓宽道路。

（3）核心靠拢。虽然职务没有明显晋升，但承担了更多关键职责，拥有更多参与组织核心决策活动的机会，比如从普通项目成员转变为项目核心协调人，虽然职级未变，但在项目中的影响力和重要性显著提升。

**（二）调整的具体方法**

1. 深度自我剖析

密切关注个人条件的变化，梳理在职业实践中积累的经验，从多个维度重新认识自己。思考自己的职业素质是否真的适配当前从事的职业，精准定位"我到底能做什么"。以此为依据，选择更符合自身发展的方向，对职业生涯规划进行相应调整，为长期职业发展打下坚实基础。

2. 全面规划重评

在职业发展过程中，社会环境不断变化，给职业生涯带来诸多机遇与挑战。因此，有必要对已有的职业生涯规划进行全面重新评估。首先,深入研究当前经济社会的发展趋势,分析所从事职业在未来社会中的地位和前景,思考社会发展对自身职业发展的具体影响;同时,认真审视目前的工作状态、工作环境以及人际关系等因素。通过综合分析,进一步明确"我最适合做什么,我真正能做好的是什么"。

3. 目标精准修正

根据自我剖析和规划评估的结果,对远期职业目标或阶段性目标进行合理调整。如果发现原定的目标过高或过低,不符合当前实际情况,就要及时修正,确保目标既具有挑战性又具有可实现性。

4. 规划修订执行

制定全新的自我提升发展规划,将调整后的目标细化为具体的行动步骤,明确"我该怎么做"。职场人士应定期审视内外部环境的变化,根据实际情况适时调整原定的职业生涯设计。需要强调的是,调整并非意味着放弃,而是顺应时代发展和个人成长的主动变革。职业生涯本就充满波折,每一次调整都是提升个人综合素质与能力的契机。

(三) 调整时考虑的因素

1. 环境因素

包括社会环境、政治环境、经济环境、科技环境、自然环境和法律环境等。要从宏观层面认识到职业生涯发展的局限性和可能性,个人只能适应而不可改变。

2. 组织环境

包括组织规模、组织结构、组织文化、组织发展状况、人力资源规划、人力资源管理系统类型、晋升政策和人际关系等一切与职业生涯发展有关的组织因素。要改变组织因素非常困难,但个人可以选择到最适合自己发展的组织中工作。

3. 个人因素

包括年龄、性别、学历、工作经历、家庭背景、人格等。一方面,要正确认识自己;另一方面,要不断完善自己。组织和个人只能利用环境因素,正确认识和分析组织因素、个人因素,寻求个人发展和组织发展的最佳匹配。

表5-9 职业生涯规划调整表

| 环节 | 主要内容 |
| --- | --- |
| 阶段目标 | |
| 实施结果 | |
| 存在的差距 | |
| 差距产生的原因 | |
| 调整措施 | |

职业生涯设计与调整能力是职场人士终身必备的核心能力,它将伴随职业生涯的始终,为职业发展提供持续动力。在漫长的职业生涯中,不仅要明确自己想做什么、能做什么,更重要的是掌握推动职业生涯不断进阶的有效策略与方法。

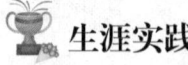
## 生涯实践

### 设计一份自己的职业生涯规划书

你可以根据下表制定自己的职业生涯规划,也可以自己定制一份职业生涯规划书。

| 大学生职业生涯规划表 | | | | |
|---|---|---|---|---|
| 一、自我评估 | | | | |
| 职业规划自测结果 | 内容 | 结果 | | |
| | 气质 | | | |
| | 性格 | | | |
| | 兴趣 | | | |
| | 能力 | | | |
| | 价值观 | | | |
| 自我分析 | 内容 | 结果 | | |
| | 个人形象 | | | |
| | 情绪情感状况 | | | |
| | 意志力状况 | | | |
| | 已具备经验 | | | |
| | 现学专业及学习程度 | | | |
| | 现有外语、计算机水平 | | | |
| 社会中的自我评估 | | 称谓 | 姓名 | 单位、职业、职务 |
| | 对你人生发展影响最大的人 | 父亲 | | |
| | | 母亲 | | |
| | 他人对你的看法与期望 | 称谓 | 看法与期望 | |
| | | 父母 | | |
| | | 其他家庭成员 | | |
| | | 朋友 | | |

续 表

| 二、环境与职业分析 |||
|---|---|---|
| 人际关系分析 | | |
| 校园环境对你成才的影响 | 具体环境 | 影响内容 |
| | 学校 | |
| | 系 | |
| | 专业班级 | |
| | 宿舍 | 实际状况 |
| | 具体内容 | |
| 描述参加职业体验的具体情况 | 人才供应状况与就业形势分析 | |
| | 对人才素质的要求 | |
| | 对知识的要求及学校中的哪些课程对从事该项职业有帮助 | |
| | 对能力的要求 | |
| | 对技能训练的要求 | |
| | 对资格证书的要求 | |
| | 每天工作状况 | |
| | 该岗位收入状况 | |
| | 该行业人士对所从事工作有何满意及不满意之处 | |
| | 该职业发展前景 | |
| | 建议学校增设哪些课程 | |

| 三、建立初步目标 ||||||
|---|---|---|---|---|---|
| 描述初步职业理想 | 职业类型 | | 职业名称 | | 具体岗位 | |
| | 职业地域 | | 工作环境 | | 工作时间 | |
| | 工作性质 | | 工作待遇 | | 工作伙伴 | |
| SWOT分析 | 实现目标的优势： |||||
| | 实现目标的劣势： |||||
| | 实现目标的机会： |||||
| | 实现目标的障碍： |||||

续　表

| 四、职业生涯策略 | | |
|---|---|---|
| 步骤 | 规划目标 | 提高的途径和措施 |
| 大学期间 | 大学总体目标 | 影响内容 |
| | 第1学期 | |
| | 第2学期 | |
| | 第3学期 | |
| | 第4学期 | |
| | 第5学期 | |
| | 第6学期 | |
| 毕业后 | 毕业后第1年 | |
| | 毕业后第2年 | |
| | 毕业后3—5年 | |
| | 毕业后6—10年 | |
| | 毕业后11—15年 | |
| | 毕业后16—20年 | |
| | 毕业后20年以后 | |
| 五、生涯评估与反馈 | | |
| 自我评估 | 学习成绩排名 | |
| | 综合素质状况 | |
| | 得奖状况 | |
| | 自我规划落实状况 | |
| | 经验与教训 | |
| 父母的评价与建议 | | |
| 同学、朋友的评价与建议 | | |
| 老师的评价与建议 | | |
| 外因、内因评估 | | |
| 职业目标修正 | | |
| 规划步骤、途径及评估标准修正 | | |

 **拓展阅读**

用 AI 撰写：医药专业学生的职业生涯规划书

医药专业学生的职业生涯规划书（模板）

# 第六章　药素赋能·提升综合素质

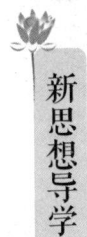

**新思想导学**

　　把远大志向变成现实，既要求得到真学问、练就真本领，又要有锲而不舍、自强不息的奋斗精神，从一点一滴做起。要引导学生珍惜韶华、脚踏实地，把远大抱负落实到实际行动中，树立梦想从学习开始、事业靠本领成就的观念，让勤奋学习成为青春飞扬的动力，让增长本领成为青春搏击的能量。要帮助学生锤炼坚强的意志和品格，培养奋勇争先的进取精神，历练不怕失败的心理素质，保持乐观向上的人生态度，敢于面对各种困难和挫折。好青年志在四方，要鼓励高校学生把视线投向国家发展的航程，把汗水洒在艰苦创业的舞台，到基层去、到西部去、到祖国最需要的地方去，做成一番事业、做好一番事业。

——习近平在全国高校思想政治工作会议上的讲话

## 学习目标

　　1. 分析职业能力、素养与道德的深刻内涵，明确综合素质提升对大学生职业发展的重要意义。

　　2. 基于中华优秀传统文化根基，结合社会主义核心价值观和现代背景，引导大学生明确并践行高素质人才的职业要求。

　　3. 从理论与实践双重视角出发，指导大学生掌握多元化、多维度的综合素质提升路径，注重知识技能积累、专业素养培养和道德准则坚守，全面提升职业竞争力。

## 课前导入

### 高原牧马行医路，藏医传承万里春——更确木兰的医者之路

　　更确木兰，1982年7月出生于青海省玉树藏族自治州，藏族，中共党员，玉树藏族自治州慈行喜愿会创办人。他心怀大爱，在医药行业的征途上踏出了一条震撼人心的道路。

**医者仁心：高原上的生命守护者**

　　2006年，他背着药箱，骑上瘦马，在交通闭塞、医疗资源极度匮乏的高原上，为那些因交通不便而难以就医的群众送去了及时的医疗救助，累计义诊5.4万余人次，用实际行动缓解了偏远地区群众的医疗难题。

### 桃李芬芳：藏医药传承的新希望

2010年的玉树地震，暴露出了当地医疗人才匮乏的问题，为了让藏医药这一民族瑰宝得以传承，更确木兰收养了地震中失去亲人的孤儿，创办藏医学校。这所对学生完全免费的藏医学校，经过18年的坚持与努力，已培养出800多名学生，其中有近200人成了优秀的医生。他们说："救活一个人，幸福一辈子。所以我想当村医，救更多的人。"这些学生回到家乡，用所学医术服务百姓。

### 创新求变：芜根工厂的智慧之举

为"这所学校没有我也能继续下去"之远虑，更确木兰在政府的帮助下，创办了芜根工厂。工厂实现了学校运营的良性循环，既支持学生到工厂兼职，为学校带来经费，也宣传推广了这一藏地独特的药用植物。

"唯愿扎根故乡高原，用一生让更多人生开花。"更确木兰在高原上践行了"救死扶伤、治病救人"的神圣使命，诠释了医药行业从业者"医者仁心"的高尚品格与职业风范。

**思考：**

1. 更确木兰长期投身于藏区义诊工作，是什么支撑他始终坚守在救死扶伤的一线？这种坚持对他在藏医药传承与发展事业中展现职业素养和恪守职业道德产生了怎样的影响？

2. 更确木兰在藏医学校面临资金困境时，通过开办芜根工厂保障学校可持续发展。这反映出他的哪些特质？对医药行业从业者在应对职业挑战、履行社会责任方面有哪些借鉴意义？

美国心理学家戴维·麦克利兰于1973年提出冰山模型，将人的素质形象地划分为水面之上和水面之下两部分。水面之上易于被察觉的是知识与技能，就像大学生在成绩单上体现的专业知识掌握程度，以及参加各类比赛所展示出的技能水平。而水面之下较为隐蔽的部分，包括社会角色，自我概念，特质和动机，是推动大学生不断进步和成长的内在力量。博亚特兹在此基础上提出了洋葱模型，该模型通过层层包裹的结构，进一步细化了素质的层次，从内到外依次为：动机、个性、自我形象与价值观、社会角色、态度、知识、技能。模型核心是动机和个性，

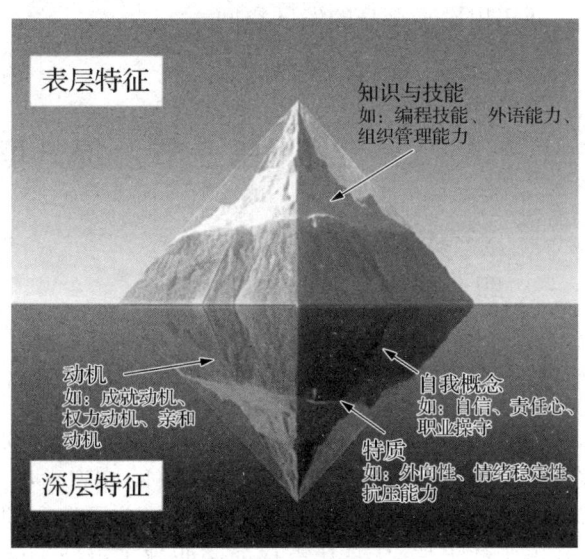

图6-1 冰山模型

这些内在素质对个体的长期表现有重要影响，越向外层越容易培养和评价，越向内层越难以评价和改变，只有通过长期的教育和环境影响，才可能发生一定程度的转变。

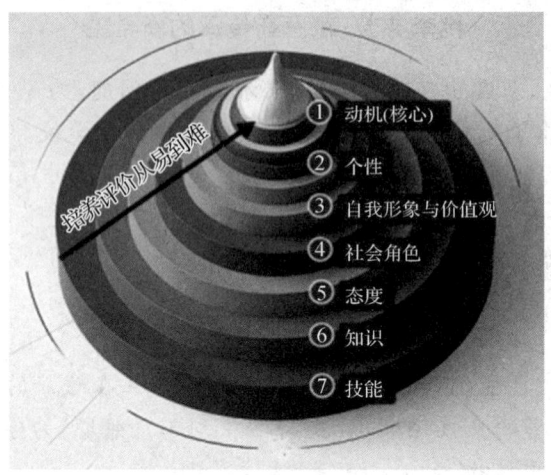

图 6-2 洋葱模型

在个人综合素质的构建中,洋葱模型和冰山模型给我们提供了极具价值的思考方向。一个人的综合素质是多维度的,而其中职业能力、职业素养和职业道德,在大学生的成长与职业发展中起着至关重要且相辅相成的作用。职业能力是大学生步入职场的敲门砖,决定了他们能否胜任工作;职业素养是在职场中稳步发展的基石,影响着工作效率和团队协作;职业道德则是职场的底线与准则,关乎个人声誉与职业长远发展。大学生即将步入社会,在个人综合素质的各维度,需形成清晰且深入的认知,始终秉持全面发展的理念,积极主动地在各方面进行自我磨砺与提升。如此,方能在未来竞争激烈、充满挑战的职业生涯中,脱颖而出,开拓出属于自身的发展空间。

# 第一节 提升职业能力

## 一、职业能力及其特点

### (一)概念

职业能力是在职业活动中所表现出的能力,指个体在特定职业领域中,通过知识、技能和态度的综合运用,有效完成工作任务的能力。职业能力分为一般职业能力和特殊职业能力。一般职业能力即一般职业活动中都必须具有的共同能力,如注意力、观察力、记忆力、想象力、思维能力等,这是从事任何职业都不可缺少的基本职业能力。特殊职业能力即顺利完成某一特殊活动所必须具备的能力,是一般职业能力在专业活动中的具体体现,任何一种专业活动都要求有与该专业内容相符合的特殊职业能力。

如果大学生的能力与工作要求不相符合,会产生不愉快和不满足等消极情绪,这些消极情绪又反过来影响工作,从而造成恶性循环。从某种意义上说,大学生所从事的工作是否与自己的能力匹配,是他们在事业上能否成功的条件之一。

### (二) 特征

职业能力具有潜能性,它并非完全显现于表面,而是在个体的职业发展过程中逐步被激发和挖掘出来。例如,一个刚进入职场的大学生,虽然在学校掌握了一定的专业知识,但在实际工作中,其解决复杂问题的能力、适应工作环境变化的能力等职业能力可能还处于潜在状态,随着工作经验的积累和自我提升,这些潜能会逐渐转化为实际的工作能力。

职业能力具有个体差异性,例如有些人在逻辑思维能力方面表现突出,适合从事科研、数据分析等工作;而有些人则具有较强的语言表达能力和人际交往能力,更适合从事市场营销、人力资源管理等职业。此外,即使是同一类型的能力,不同个体的发展水平和发展速度也可能存在很大差异。这些差异主要源自于遗传天赋、环境、教育、个体的兴趣、实践经验、个人努力等多种因素。其中,教育是系统化提升个体能力的重要途径。

从教育学的角度来看,职业能力是教育的目标之一,旨在培养能够适应社会需求的高素质人才。孔子提出"有教无类"的教育理念,意指无论贵贱、贫富、智愚,人人都应有接受教育的权利。可见在现代职业能力培养中,教育者应提供平等的教育和培训机会,根据学生的个体差异,因材施教,帮助每个学生充分发挥自己的潜力,发掘和提升其独特的职业能力,促进其职业能力的全面发展。

> **子贡:从商贾新秀到孔门外交之星**
>
> 子贡身为卫国富商,初入孔门时学问、品德尚浅。孔子秉持"有教无类",深知子贡善言辞,课堂上常鼓励他发言。如探讨"仁"时,子贡把"仁"比作阳光,生动阐述其惠及众人的观点,令人称赞。后来,鲁国遭齐国威胁,孔子派子贡出使化解危机。子贡凭借出色口才,成功周旋,改变各国战略,保全鲁国。在孔子教导下,子贡将言辞优势与学问、品德融合,于商业、政治、外交皆取得非凡成就。

## 二、职业能力的要求

### (一) 传统智慧中的职业能力要求

#### 1. 知行合一

专业理论是职业能力的重要组成部分,它为从业者提供了系统的知识体系和理论框架,使他们能够深入理解职业活动的内在规律和原理。然而,"纸上得来终觉浅,绝知此事要躬行",大学生仅仅掌握专业理论是远远不够的,实践能力是不可或缺的一环,通过实践将抽象的理论知识转化为具体的操作技能和解决实际问题的能力,将专业理论与行业实践进行深度融合,才能真正掌握职业所需的本领,培养出适应社会需求的高素质专业人才。例如,在新药科学习中,学生不仅要学习医药类专业理论知识,还要通过实验室实践、企业实习等方式,将这些理论知识应用于实际工作中,在实践中加深对专业理论的理解,提升自己的职业能力。

### 2. 博采众长

"他山之石，可以攻玉"，在职业能力培养中，这一理念强调了跨学科学习和团队合作的重要性。一方面，现代社会的职业发展越来越呈现出多元化和交叉化的趋势，许多工作都需要具备跨学科的知识和融会贯通的技能。因此，大学生应该培养跨学科能力，打破学科界限，从不同领域汲取知识和经验，进行整合和应用，拓宽自己的视野。例如，一个优秀的新药研发人员，不仅要掌握药物化学、生物学等专业知识，还需要了解医学临床知识，以便更好地理解药物的作用机制和疗效，同时还需要具备一定的计算机科学知识，能够运用计算机模拟技术辅助药物研发。另一方面，大学生应培养团队协作能力。在实际工作中，很多项目都需要多个专业领域的人员共同合作才能完成，积极参与团队项目，学会与不同背景的人合作，充分发挥团队成员的智慧和力量，共同实现团队目标，是大学生涯至关重要的课题。

### 3. 全面发展

"兴于诗，立于礼，成于乐"出自《论语》，意指人的修养启蒙于对诗歌的研习，立身于对礼仪的规范，最终成就于音乐的浸润，从情感、道德到审美的全面发展路径，早在中国传统文化里就有着深刻体现。时至今日，对于大学生而言，在提升工作能力的过程中，专业技能固然是立足职场的根本，而沟通协作、团队管理等综合素质同样不可或缺，需注重实现两者的协同发展，从多个维度塑造自身，才能更好地适应现代职场的多元需求，在职场中站稳脚跟、脱颖而出。

## （二）现代社会的职业能力要求

### 1. 懂智造

随着信息技术的飞速发展，数字化已经渗透到各个行业，通过实现生产过程的自动化、智能化控制，降本增效，成为推动行业发展的重要力量。我国实施制造强国战略的第一个十年行动纲领"中国制造2025"，旨在通过信息化与工业化深度融合，推动制造业向智能化、数字化、网络化转型。在这一背景下，"大国工匠"精神被赋予了新的内涵，不仅要求工匠们具备精湛的传统技艺，更要具备数字化应用能力，能够适应现代制造业的发展需求。对于大学生来说，掌握数据分析、信息技术应用等数字化技能已经成为提升职业能力的必备要求。在学习过程中，大学生要积极学习相关的数字化课程，如数据分析、编程、人工智能等，掌握数字化工具的使用方法。同时，还要将数字化技能与专业知识相结合，运用数字化工具解决实际问题，掌握数字化应用能力。

### 2. 接国际

随着"一带一路"倡议、高标准自由贸易区网络等国家战略的逐步推进，经济全球化不断催化，国际交流与合作日益频繁，各行各业都面临着国际化的挑战和机遇。对于大学生来说，具备国际视野和跨文化交流能力已经成为提升职业能力的重要方面。一方面，需要了解国际形势和行业动态，关注国际市场的需求和变化，掌握国际先进的技术和管理经验。大学生可以通过参加国际学术交流活动、出国留学、阅读国际学术文献等方式，拓宽自己的开放视野。另一方面,在国际交流与合作中,不同国家和地区的人们有着不同的文化背景、价值观和行为习惯,这就需要大学生既要尊重他人的文化差异,还要培养自己的外语能力,为参与国际交流与合作打下坚实的基础。

3. 能创新

现代社会快速发展,行业竞争日益激烈,创新已经成为推动社会进步和企业发展的核心动力,新质生产力已经成为推动经济高质量发展的关键力量。在此大背景下,科技创新日新月异,新的技术、新的产品、新的商业模式不断涌现,对各个行业产生了深远的影响。例如,基因编辑技术、人工智能辅助医疗器械等新技术的出现,已为新药科领域赋予了新一轮的机遇与难题。这进一步对大学生提出了突破传统思维定式,培养自己的创新意识和创新思维的职业能力要求。具体来说,要求大学生拒绝故步自封、守旧不前,积极关注行业的最新动态和发展趋势,敢于质疑传统观念,勇于尝试新的理念和方法,不断提出新的想法和解决方案,提升自身的竞争力;同时,还要具备变通能力,能够根据实际情况灵活调整自己的思路和方法,适应不断变化的市场环境和职业需求。在学习和实践过程中,大学生要积极参加创新创业活动,如创新创业大赛、"挑战杯"大赛等,不断激发自己的创新灵感,提升自己的创新能力。

## 思政小课堂

### 新时代下的工匠精神

工匠精神是一种职业精神,它体现了工匠们在生产和服务过程中所展现出的敬业、精益、专注、创新等优秀品质,在新时代的发展浪潮中,工匠精神被赋予了更为深刻的内涵与重大使命。《中国制造2025》战略规划明确提出,要培养造就一大批具有工匠精神、技艺精湛的高素质技术技能人才,为我国从制造大国迈向制造强国提供坚实支撑。这些政策犹如强劲东风,受到国家政策的大力推动,全社会在思想引领上积极倡导精益求精、追求卓越的价值观念,将工匠精神融入社会主义核心价值观教育,引导广大劳动者树立正确的职业观与劳动观。"大国工匠"徐立平、顾秋亮等榜样人物,则以其精湛技艺和高度责任感,为广大劳动者树立标杆,鼓励人们在平凡岗位上专注执着、一丝不苟,努力追求职业技能的极致化,让工匠精神成为全社会共同尊崇的精神品质。工匠精神是一种宝贵的精神财富,是推动各行各业高质量发展、促进社会进步和文化传承的重要力量,激励着人们在各自岗位上追求卓越,创造非凡价值。

## 三、职业能力提升路径

### (一)专业深耕

1. 学习态度

在学习和实践过程中,大学生会遇到各种各样的专业知识和技能难题,这些难题往往需要花费大量的时间和精力去解决。如果只是浅尝辄止,遇到困难就退缩,往往只能了解最表面的皮毛,很难真正掌握与职场有益的专业知识和技能。只有具备坚持不懈的精神,格物致知,不断求索,才能真正提高自己的专业能力,完成从初出茅庐到炉火纯青、从新手到专家的进阶之路。此外,孜孜不倦的专业态度还体现在对细节的关注和对质量的追求上,养成注重细节的习惯,对自己所做的每一项工作都要严格要求,确保质量和成效。

2. 实践能力

结合专业,通过实习、项目实践等方式锻炼实践能力是提升专业技能的重要途径。通过实习,大学生可以将所学的专业知识应用到实际工作中,了解行业的实际需求和工作流程,提高自己的实践能力和解决问题的能力;接触实际的工作环境和团队,培养自己的团队协作能力、组织管理能力等工作通用技能。此外,鼓励大学生积极参与学校或企业组织的科研项目、工程项目等,通过参与实施项目全过程的策划、实施和管理,积累实践经验,提升解决实际问题的能力,在这个过程中,学生不断地更新和掌握与社会发展相适应的知识和技能,提高自己的综合素质。

3. 复合型能力

当代教育不再只局限于传统的专业基础课程学习,而是要求学生积极拓宽自己的知识面,选修不同学科的课程,参加跨学科的学术讲座和研讨会,与不同专业的人才开放交流,更好地适应未来职业发展的多元化需求。

 **思政小课堂**

*韦编三绝:孔子的学术深耕*

孔子晚年痴迷于研读《周易》。彼时的书籍由竹简制成,再用熟牛皮绳编联。孔子日夜翻阅,反复揣摩,每一个卦象、每一句爻辞都不放过,如此高频次地翻阅致使编联竹简的牛皮绳多次断裂。他就这样坚持不懈地深入研究,对《周易》的理解达到了极高的境界,甚至撰写了《易传》,成为对《周易》经文最权威、最系统的解读。

(整理自司马迁.史记[M].北京:中华书局,1959:1945.)

### (二)数字化技能

在数字化浪潮下,响应国家"数字中国"战略号召,各行各业都在加速数字化转型,技术快速迭代,掌握数字化技能成为大学生提升职业能力的必然要求。

1. 利用课程资源

大学生应充分利用学校或网络提供的课程资源,选修如编程语言(Python、Java、C++等)、数据库管理、数据分析、人工智能基础、云计算等相关课程,为自身的创新能力打下坚实的理论基础。

2. 融合专业知识

将所学的数字化知识应用到实际工作中,通过实践不断提升自己的动手能力和解决实际问题的能力。例如,利用Python语言编写程序,对试验数据进行分析和可视化展示;运用Matlab算法建立数学模型,辅助医学康复护理等行为决策;运用数据库知识协助参与企业的实习项目。也可以自己设定一些小型的数字化项目,如开发一个简单的网站、设计一款手机应用的原型等。

3. 参与技能竞赛

积极参加如 ACM 国际大学生程序设计竞赛、全国大学生数学建模竞赛、中国"互联网＋"大学生创新创业大赛等各类数字化技能竞赛,检验自己的数字化技能水平,拓宽数字化技术和思路。

4. 关注行业动态

大学生要养成持续关注行业动态的习惯,订阅相关的技术博客、行业杂志,关注知名技术社区,及时了解最新的技术趋势和应用案例。同时,利用在线学习平台(如慕课、网易云课堂等)进行自我学习,学习深度学习、区块链技术等最新的数字化课程,不断更新自己的知识体系。

### (三) 社会适应能力

可迁移能力是指那些在不同情境和职业中都能发挥作用的能力,如沟通能力、团队协作能力、问题解决能力、时间管理能力等。从学校到社会,环境和角色发生了巨大的转变,大学生需要提升一系列可迁移能力来适应这种变化。

1. 沟通能力

鼓励大学生一要参与公开演讲活动,无论是课堂上的小组汇报,还是学校组织的演讲比赛,都能锻炼在公众面前清晰表达观点的能力。二要学习有效的沟通技巧,包括倾听技巧,能够专注于对方讲话内容并提取有效信息;表达技巧,语言注重逻辑性,注意语气和措辞;非语言沟通技巧,如肢体语言、眼神交流等,增强沟通效果。三要积极参与社交活动,如行业研讨会等专业活动,或社交聚会、兴趣小组等活动,与不同背景、不同兴趣爱好的人交流,适应不同的沟通场景。

2. 团队协作能力

大学生要学会主动加入各类社团组织或团队项目,在团队中承担不同角色,如领导者、协调者、执行者等,了解不同角色的职责和重要性,并在团队中找准最适合自己的位置,发挥自己的优势。同时,通过定期参与团队建设活动,掌握增强团队凝聚力的技巧,学会欣赏团队成员的优点,尊重他人的意见和建议,当团队出现分歧时,通过积极的沟通和协商解决问题,提高团队协作效率。

3. 解决问题能力

日常学习和生活中,主动寻找具有挑战性的问题,强迫自己不逃避困难,如参加学科竞赛、攻克薄弱科目等。通过自身努力、收集资料、求助同学、请教老师等方式克服困难,并在问题解决后,进行复盘总结,以便增强自信,积累经验,在未来遇到类似问题时能够迅速做出反应。

4. 时间管理能力

首先,要明确时间的宝贵性,如何利用这有限的时间,决定了我们人生的广度和深度。若在大学生活沉迷于无意义的娱乐或拖延,就会错失许多成长和提升的机会。其次,学习使用时间管理工具,如工作清单、番茄时钟等,将学习、工作和生活中的任务进行合理规划和安排。采用四象限法则学会区分任务的优先级,制定详细的时间表,为不同的任务分配合理的时间。

5. 社会交往能力

一方面要在大学中学习社交礼仪,提升社交技巧,无论是求职还是职场,注重个人形象管理,了解不同场合的礼仪规范,如商务礼仪、社交礼仪等,做到言行得体,都是结识他人、给他人留下良好印象的前提。另一方面要注重建立和维护人际关系网络,主动帮助他人解决问题,参加校友聚会、行业聚会等活动,善于利用人际关系获取信息和资源,都能为自己的职业发展和个人成长提供支持。

 **企业导师说**

浙江省医疗器械市场呈现"政策驱动转型+专科需求升级"双轨并行特征。政策端,耗材集采扩围与 DRG/DIP 支付改革倒逼企业强化成本管控,国企依托供应链稳定性加速 SPD 智能供应链服务布局,但集采品种销售指标完成需以量补价,倒逼产品结构向专科高值耗材倾斜。需求侧,医院专科化建设(如胸痛中心、肿瘤中心)催生精准诊疗设备需求,伴随 AI 影像、手术机器人渗透率提升,兼具技术培训与售后响应能力的本土国企优势凸显。市场正从粗放扩张转向"专科适配+精细控费"深度整合阶段。

针对前来应聘的大学生,企业期望大学生掌握扎实的理论基础,同时有主动学习思考的能力,以及知行合一的能力,因为医疗器械行业变化非常快,创新性项目和产品非常多,不论在哪个岗位都需要是自我学习革新适应变化的态度和脚踏实地实现的决心,多参加校内外实习及项目,积累丰富的实践经验。如果今后选择往业务方向发展,一定要能适应高频客户对接与目标压力,要有团队协作和强烈的责任意识,能有医疗行业长期深耕的意愿,工作踏实,能主动思考,提高自身竞争力及不可替代性,相信通过努力肯定有更好的回报。

以下为对大学生的几点建议:在学业规划上,建议医疗器械法规、销售技能、耗材管理专业等核心课程,同时关注人工智能、数字化医疗等前沿趋势和医院走访,将专业、科技与实际深度融合;技能方面,需锤炼跨领域能力,强化数据分析和商业思维,通过演讲比赛、模拟销售场景提升沟通技巧;职业素养培养上,建议通过实习实践深化合规意识与客户服务思维,在校园活动中培养团队协作与抗压能力。医疗器械行业正处变革期,期待以"专业硬实力+跨界软实力"双轮驱动,成为推动行业创新的复合型人才。目前大部分学校里没有耗材管理专业,最多是有这门课程,所以医院对这块具有数字化思维的耗材管理人才的需求实现上有空缺。

——朱燕萍(浙江省医疗器械有限公司综合管理部副经理)

## 第二节 提升职业素养

### 一、职业素养及其特点

#### (一) 概念及特征

素养是指一个人在思想道德、知识、技能、行为习惯、文化修养等方面所达到的水平和养成的素质。职业素养是指从业者在职业活动中所表现出来的综合品质,它是在职业过程中形成和发展起来的,与职业活动紧密相关,包括专业技能、沟通能力、团队合作、自我管理等。职业素养不仅包括道德层面,还涵盖了个人的职业行为、工作态度、自我发展等方面,其高低直接影响个人的职业发展和职业形象。它并非与生俱来,而是在个体的成长过程中,通过家庭、学校、社会等多方面的教育和影响,以及自身的学习、实践和反思逐渐形成和发展起来的。

职业素养与职业能力、职业道德等概念既有联系又有区别。职业素养强调从业者在职业活动中的道德品质、行为规范和职业态度等方面,职业能力是职业素养的外在表现之一,而职业素养是职业技能得以有效发挥的内在支撑。例如,一个程序员具备高超的编程技能,但如果他缺乏职业素养之一的团队合作精神,那么他的编程技能也难以充分发挥,无法为项目的成功做出最大贡献。而职业道德为职业行为设定了道德标准,职业素养则是这些标准在个人行为中的体现,两者相辅相成,共同塑造一个专业人士的职业形象。例如,一位医生如果缺乏职业道德,不遵守医疗伦理规范,即使具备高超的医术,也不被认为具有良好的职业素养。

### 二、职业素养的要求

#### (一) 文化内核

1. 敬业乐群

朱熹有言:"敬字工夫,乃是圣门第一义。"其含义为,在治学、做事、为人等方面,"敬"是首要的要义,包含着对事物的敬重、专注和认真的态度,一个人若能够在"敬"字上下功夫,无论做什么都能全身心投入,就做到干一行、爱一行、精一行,从而在事业上取得成功。这体现了敬业的职业态度,是对工作的高度责任感和使命感,它不仅仅是按时完成任务,更是追求工作的卓越和完美。在现代社会,敬业也是社会主义核心价值观的重要内容之一,它贯穿于各个行业和职业中,敬业的人能够在工作中找到满足感和成就感,创作自身价值的同时也能为社会创造更多的价值。

2. 谦和协作

儒家思想中的"君子和而不同",意思是君子在人际交往中能够与他人保持和谐融洽的关系,但在对具体问题的看法和观点上却不会盲目附和,而是有自己独立的见解。"和而不同"要求我们尊重他人的差异,理解并接纳不同的观点和意见。例如,在一个医药团队中,生产人员可能更注重产品的研发可行性和质量问题,而销售人员则更了解客户需求和市场反馈,只有通过相互尊重和沟通,整合各自的优势,才能制定出更完善的方案。同时,"和而不同"也强调在保持和谐关系的基础上,要敢于表达自己的观点和想法。在团队讨论中,只有提出不同的思路和建议,通过充分的讨论和论证,选择最优方案,才能在思想碰撞中激发团队的创新活力,提高团队的整体水平。

> **叶天士与弟子温病论治**
>
> 清代叶天士是温病学派的代表人物。他在临床实践中创立了卫气营血辨证理论,其门下有不少弟子。叶天士在诊治温病患者时,会将自己的理论和经验传授给弟子,弟子们协助他观察病情、记录症状变化、参与方剂的调配和药物的炮制等工作。他们共同探讨病情,分析治疗方案,通过团队的力量不断完善温病的辨证论治体系,为温病学说的发展和传承做出了重要贡献。
>
> (整理自叶桂、温热论[M].北京:人民卫生出版社,2007.)

3. 积极进取

《周易》中"天行健,君子以自强不息"这句话,激励着人们要像天体运行一样,刚健有力,永不停息。面对职场中的困难和挫折,大学生要保持积极向上、开拓进取的心态,主动寻求发展机会,敢于挑战高难度的工作任务,持续追求进步,同时具有坚强的意志和不屈不挠的精神,不轻易被困难打倒,能在逆境中保持斗志,坚持不懈地努力,直至克服困难。

### (二)现代维度

1. 家国情怀

家国情怀是一种对国家和民族的深厚情感,以及对国家和社会发展的高度关注和责任感。"青年强,则国家强。当代青年生逢其时,施展才干的舞台无比广阔,实现梦想的前景无比光明。"新时代为当代青年提供了广阔的发展空间和机遇,党和国家对当代青年怀抱高度重视和殷切期望,大学生的职业发展与国家发展紧密相连。拥有家国情怀的大学生在职业中会更有动力和使命感。因此在职业发展中,大学生不能只关注个人利益,更要关注社会发展需求,胸怀祖国,树立远大的理想和抱负,实现个人价值与社会价值的统一,积极投身于国家建设,如乡村振兴、科技创新、绿色发展等,以实际行动践行社会责任,在各自岗位上发光发热,为社会发展添砖加瓦,在实现中华民族伟大复兴的征程中积极作为,勇于担当。

2. 多元化能力

社会对于高素质复合型人才的需求愈发迫切。何谓复合型人才?专家指出,这类人才不仅在专业技能领域拥有深厚的经验,还具备多元化的相关技能。从本质上讲,复合型人才堪称多功能人才,其优势体现在知识、能力、思维等多个维度的复合,呈现出多才多艺的特质,能够在多个领域崭露头角。对于大学生而言,若想在未来职场中脱颖而出,备受青睐,在校期间就需要在扎实构建和掌握本专业知识体系的基础上,结合自身兴趣爱好,深入考察社会需求,积极学习并构建其他相关知识与能力体系。不过,需要注意的是,不能将这一过程简单理解为对各专业知识和技能浅尝辄止,仅仅略知皮毛,却无一精通,最终沦为毫无核心竞争力的职场"万金油"。大学生应在广泛涉猎的同时,注重深度与广度的平衡,找准自身的核心优势,打造独特的个人价值,这样才能在未来的职场竞争中占据主动。

3. 抗压与韧性

在职场中,大学生会面临各种挑战和压力,如工作任务繁重、竞争激烈、人际关系复杂等。具备抗压与韧性的职业素养,才能够在职场中更好地适应环境,实现自己的职业目标。抗压能力体现在能够正确看待工作中的压力,不抱怨、不退缩,做好情绪管理,避免情绪波动对工作和生活产生负面影响,努力将其转化为前进的动力,积极寻找解决问题的方法,提高工作效率,确保工作任务完成。不断地锻炼大学生的抗压能力和韧性,才能促使其在经历失败后能够迅速恢复,继续前行。例如,在创业过程中,往往不会一帆风顺,但具备韧性的大学生不会因此而放弃,而是总结经验教训,调整创业策略,重新出发。

4. 情绪智商

情绪智商,即情商(EQ),是指个体识别、理解、管理自身情绪以及识别他人情绪并做出恰当反应的能力。它并非与生俱来,而是可以通过后天学习和实践不断提升。情商的内涵丰富,涵盖了自我认知、自我管理、自我激励、同理心以及人际关系管理等多个方面。自我认知意味着对自身情绪有清晰的觉察,清楚了解自己在不同情境下的情绪反应,比如知晓自己何时会焦虑、愤怒或兴奋。自我管理则是在自我认知的基础上,有效调控情绪,避免被情绪左右而做出不恰当的行为。自我激励是指在面对挫折和困难时,能够调动自身积极情绪,保持前进的动力,不轻易放弃。同理心体现为设身处地理解他人的感受和需求,团队成员间若缺乏同理心,沟通协作可能会出现问题。良好的人际关系管理能力则是在理解他人情绪的基础上,建立和维护和谐的职场人际关系。在职场,高情商的员工能够更好地处理工作中的压力和冲突,保持积极的工作态度,提高工作效率。在团队协作中,高情商者能敏锐感知他人情绪,促进团队成员间的有效沟通与合作,增强团队凝聚力。而且,在新药科的工作环境中,高情商有助于在与患者、客户或合作伙伴交流时建立良好的信任关系,提升服务质量和业务合作的成功率。总之,情商能助力从业者妥善处理工作中的各类复杂情绪与突发状况,是人才职业发展中不可或缺的关键素养。

## 三、职业素养提升路径

### (一)终身学习意识

现代社会知识和技术更新换代的速度惊人,知识的半衰期正不断缩短,这意味着大学生如果只掌握在学校所学的知识,在毕业后不久可能就会面临过时的风险。以医药行业为例,新的药品研发技术、临床试验方法不断涌现,药品法规监管政策持续更新。如果大学生毕业即停止学习,就难以跟上行业的发展步伐,更无法实现"明药规""强药技"的目标。因此,大学生要树立正确的学习观念,具备终身学习意识,应将学习视为一种生活方式,积极主动地学习新知识、新技能,不断拓宽自己的知识面和视野,深刻认识到学习是一个持续的过程,贯穿于整个职业生涯,学习也不仅仅是为了获取学位和证书,更是为了不断提升自己的能力,适应社会和职业发展的需求。当大学生意识到专业学习与职业发展紧密相连,他们就会主动关注行业动态,了解不同职业阶段所需的能力,主动承担任务,克服消极等待的心理,抓住每一次积累经验、提升能力的宝贵机会主动出击。

为了满足终身学习的需求,大学生需要利用多样化的学习途径。除了传统的课堂学习外,还可以充分利用互联网资源,通过在线课程平台学习专业知识和技能,阅读专业书籍和期刊以掌握学科的前沿理论,主动寻求并参加学术研讨会、行业讲座。总之,大学生需通过持续学习提升自己的综合素养,不断学习新知识、新技能,适应行业变化,保持自身竞争力。

### (二) 自我反思与提升

自我反思是一种重要的学习和成长方式,它能够帮助大学生对自己的行为和思维模式进行自我剖析,发现自身存在的问题和不足,从而有针对性地进行改进和提升,这一过程或许充满挑战,但它是大学生实现自我飞跃的关键。

1. 建立定期反思机制

大学生可以制定每周或每月的自我反思计划,在固定的时间内回顾自己在学习、生活和实践中的行为表现。例如,每周日晚上花一个小时的时间,对本周的学习、工作和社交活动进行自省,可以从与他人的交往、面对困难的态度、学习和工作的效率等方面进行反思。在反思过程中,要客观地分析自己的行为,切忌回避问题,逃避责任,夸大成绩。

2. 对照职业素养要求

大学生在反思过程中,要紧密对照职业素养的多元要求,全面且深入地查找自身存在的差距,只有精准定位自身的不足,才能有的放矢地制定改进策略。例如,反思自我在职业意识方面,是否具备职业责任感、职业规划意识;在职业行为习惯方面,是否遵守工作纪律、注重工作细节,达到了职业要求。

3. 制定并执行改进计划

深刻认识到自身存在的不足,只是成长的第一步,改正不足则是一场需要持之以恒的艰苦征程,不可一蹴而就。针对反思中发现的问题,大学生要制定具体的改进计划,明确目标、措施和时间节点,并严格执行。在执行改进计划的过程中,要保持积极乐观的心态,坚持不懈地努力,起初或许困难重重,但只要咬牙坚持,就能逐渐突破。同时,计划并非一成不变,要时刻留意自身状态与外界变化,做出动态调整,不断根据自身情况改变和完善计划,若发现原定计划不合理,也要及时对照自身能力和实践效果进行优化,确保使其能够更契合实际,发挥最大效能。倘若在改进过程中,你发现自己容易动摇,那就大胆地增加自我提醒,或是寻求他人的监督,让自我反思与改进落到实处。

### (三) 榜样引领与激励

寻找自己身边具有优秀职业素养、发自内心由衷钦佩的榜样,能够激励大学生不再被动接受职业素养的培养,而是在榜样力量的感召下,自发地、主动地探索实践。在大学生活中,身边有许多值得学习的榜样,榜样可以是老师、学长学姐、行业楷模、历史名人等。具体来说,老师是大学生接触最多的人之一,他们在教学和科研工作中展现出的敬业精神和专业素养,能够在潜移默化中激发大学生的内在动力。学长学姐的经验也对大学生具有重要的借鉴意义,他们在职业发展过程中的成功经验和挫折教训,能够帮助大学生少走弯路。此外,通过关注行业楷模和历史名人的事迹,大学生能够收获榜样力量。

找到榜样后,大学生可以通过侧面观察,深入了解榜样的职业态度、工作方法和高尚品质,并将其转化为自己的行动,也可以与榜样进行交流互动,更具针对性地对其成长历程和成功经验做出积极提问,虚心请教,获得更直接的激励和指导。方式可以是通过参加学术讲座、座谈会等活动进行面对面的交流,也可以是通过社交媒体、电子邮件等方式与榜样保持联系。

### (四) 实践锻炼与养成

实践是检验真理的唯一标准,也是提升职业素养的关键一步。大学期间的实习、社团活动、志愿服务等都为大学生提供了丰富的实践机会,大学生要充分利用这些机会,将职业素养落实到实际行动中。若大学生在审视自我的过程中发现自身还未养成守纪、注重细节等职业习惯,应当从当下开始,从小事做起,牢记每一次课堂出勤、每一次实习工作、每一次撰写论文,都能成为修炼的机会。按时保证课堂的出勤与专注,能帮助战胜惰性的干扰,增强自律和规划意识;准时认真核对论文文献的准确性和排版格式,能磨炼工作的耐心与细心等等。持之以恒,良好的职业行为习惯将会成为你的"第二天性"。

### (五) 抗压能力与管理

驾驭负面情绪,应对消极状况,以健康的情绪状态保持充足的工作动力是职业素养培养中的关键一环。

1. 正确认知负面情绪

负面情绪并非洪水猛兽,而是我们对压力的正常反应。当面临工作任务繁重、人际关系紧张等情况时,焦虑、沮丧、愤怒等情绪可能会随之而来。只有承认这些情绪的存在,而不是一味压抑,才能更好地应对它们。比如,当察觉到自己因为工作截止日期临近而焦虑时,不妨先停下来,告诉自己这种焦虑是正常的,它是在提醒我们需要更合理地安排时间。

2. 调节消极心态

当遇到挫折时,不要只关注失败的结果,沉浸在失败的痛苦中,而是从不同角度看待问题,思考从这次经历中能学到什么,分析其中的原因,将其视为提升自己能力的机会。学会转换思维,从固定型思维转变为成长型思维。固定型思维的人往往害怕挑战,认为自己的能力是固定不变的,一旦遇到困难就容易产生负面情绪。而成长型思维的人相信能力可以通过努力不断提升,他们更愿意接受挑战,面对负面情绪时也能更快调整。

3. 合理的放松方式

寻找适当的放松途径,如运动能够促使身体分泌内啡肽,缓解压力,改善情绪;冥想帮助我们集中注意力,平静内心;听音乐则能让我们在优美的旋律中舒缓紧张的神经。或者,可以通过适当地宣泄,将情绪的急躁、内心的烦恼在法律和道德规定的范围内释放出来。

## 思政小课堂

### 大学生抗压能力与情绪管理的时代意义

当代社会变革加速、竞争加剧,大学生作为新时代的建设者,提升抗压能力、驾驭负面情绪不仅是个人成长的必修课,更是时代发展的必然要求。在知识更新迭代、技术革命突飞猛进的背景下,社会对人才的心理素质提出了更高标准——唯有具备强大抗压能力和情绪管理能力,才能适应快速变化的环境,把握发展机遇。从更宏观的视角看,在实现民族复兴的新征程上,时代呼唤着心理素质过硬的新时代青年。大学生唯有主动锤炼抗压能力,培养积极乐观的心态,才能在个人发展与社会进步的互动中实现更大价值。这不仅是应对当下挑战的现实需要,更是担当未来重任的必备素质。

### 四、开发潜能、拓展素养

在探讨如何有针对性地提升职业素养之后,大学生若能进一步建立自信并开发自身潜能,则能为职业发展增添更强大的助力。

#### (一)建立自信

一个自信的人,是敢想敢干之人,敢于确立目标并执着追求,面对生活从不消极等待或观望,敢于把握机遇,在行动中充分展现自身才华,敢于直面现实而无惧挫折。与之相反,缺乏自信者极易陷入自我鄙视、自我否定与自我挫败的心理泥沼。既然自信对个人职业成败影响深远,那么究竟该如何提升自信心呢?

1. 需深刻认识到每个人都是独一无二的个体,世上绝无第二个自己

正是自身的优点与缺点,共同构成了"独特的我"。无需与他人盲目攀比高低,也不应以他人标准衡量自己,因为每个大学生本就与众不同。

2. 要努力树立独立的自信心

评价自我时,应从自身角度出发,真正的自信并非源于与他人攀比或贬低他人,而是在身处逆境或事情进展不顺时,依然坚信自己能够克服困难,把事情妥善完成。

3. 要正确对待自身缺点

缺点通常可分为两类:一类是能够改进的,如不良学习习惯、不良嗜好等;另一类缺陷则难以改变,无法矫治。对于可改进的缺点,应勇敢承认并积极改正;对于无法改变的缺点,要坦然接纳,并尝试通过发挥其他方面的优势加以弥补,接受不完美的自己。

4. 学会发现自身闪光点

许多人缺乏自信,很大程度上是因为常采用自我否定的思维方式,过度纠结于自身不足,总是觉得"我不行""我做不到""我一事无成"等,这极大地影响了生活与事业的心态。我们可通过自我肯定练习来激励自己,既可以默默在心中进行,也能大声说出来,还能写在纸上,甚至通过歌唱或吟诵的方式表达。比如,我们可以告诉自己"我的成绩提高了""我的形象愈发自信大方""我正值青春,有充足的时间、能力和智慧去实现目标""我今天圆满完成了所有任务,太

厉害了"等。此外,还可以将当日完成的成就、成功时的内心感受以及自身优点记录下来,在心情低落时拿出来阅读,进行积极的自我暗示,长此以往,对事物的看法便会逐渐趋于积极。

## (二) 开发潜能

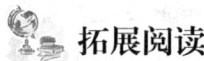 **拓展阅读**

人脑的强大潜能

现代科学证实,人类的大脑蕴含着巨大的潜能,约有140亿具有5 000万种不同类型的神经细胞,神经纤维总长为地球至月球之间距离的4倍。这些神经细胞能够储存高达1 015比特的信息量,这一数据是拥有1 000万册藏书的美国国会图书馆信息量的50倍,而神经细胞传递信息的速度更是达到了100 m/s。倘若一个人能够充分发挥自身一半的大脑功能,那么能够轻而易举学会40种语言、背诵整本百科全书、获取12个博士学位。但遗憾的是,人类在日常生活中仅仅发挥了自身能力的极小部分。即便世界上最为聪慧之人,也未曾使用大脑储存量的1‰。这表明,人们的聪明才智远未得到充分施展,仍处于沉睡状态。

(王乃弋,曾行.影响教育的30项脑科学研究[M].北京:教育科学出版社,2024)

正如有人所言"人类不过是半醒着的",任何一个平凡个体都潜藏着巨大潜能,一旦潜能得以发挥,便极有可能成就一番惊天动地的事业。因此,大学生在对自己的职业生涯进行规划时,务必重视自身潜能的开发与利用,如此方能真正有所建树。

(1) 开发潜能绝非一蹴而就之事,并非所有人都能像被苹果砸中的牛顿那般,瞬间恍然大悟、灵感乍现。这需要我们具备坚持不懈的毅力和持之以恒的精神,在长期的努力中不断挖掘自身潜力。

(2) 大学生应尽早完成自我探索,明确潜能目标,通过不断强化这一目标,让潜意识在潜移默化中助力你达成心愿。

(3) 持续学习新知识,不断拓宽知识领域。每接触一门新知识,都是在为大脑神经元建立新的连接,从而激发大脑的潜能。挑战舒适区,主动尝试未曾做过的事情,扩大自己的舒适区,挖掘出自身未曾发现的潜能。

 **企业导师说**

截至2024年7月,宁波在医疗器械产业方面表现突出,是中国重要的医疗器械生产和研发基地之一。宁波医疗器械产业发展的主要特点:一是产业基础雄厚,宁波在医用耗材领域,具有显著优势,尤其是一次性注射器、输液器等产品在全国市场占有较大额;医疗设备制造方面也有较强实力,涵盖了影像设备、手术器械、康复设备等多个领域。二是企业集聚效应明显,宁波拥有众多知名的医疗器械企业如戴维医疗、美康生物等,这些企业在国内外市场都有较强的竞争力;医疗器械企业主要集中在宁波国家高新区和余姚、慈溪等地,形成了较为完善的产业集群。三是创新能力强,宁波的医疗器械企业注重技术创新和研发投入,与高校和科研机构合作紧密,推动了新产品的不断涌现,在高端医疗设备、体外诊断设备和智能医疗设备等领域,宁波企业取得了多项技术突破。四是政策支持力度大,宁波市政府出台

了一系列支持医疗器械产业发展的政策,包括资金扶持、税收优惠、人才引进等,为企业提供了良好的发展环境。五是市场需求旺盛,随着人口老龄化和健康意识的提升宁波及周边地区对医疗器械的需求持续增长,为产业发展提供了广阔的市场空间。六是国际化程度高,宁波的医疗器械企业积极拓展国际市场,产品出口到多个国家和地区,提升了国际竞争力。六是产业链完善,从原材料供应到研发、制造、销售,宁波已形成完整的医疗器械产业链具备较强的协同效应。总之,宁波在医疗器械产业方面具有雄厚的产业基础、明显的企业集聚效应、强大的创新能力和完善的政策支持,未来发展潜力巨大。随着技术的不断进步和市场需求的持续增长,宁波有望在医疗器械领域取得更大的成就。

希望有志投身医疗器械行业的大学生,能够在学业上夯实专业基础,除学好专业核心课程,还可选修人工智能、材料科学等拓展课程。同时,大学生应当多多走出校园,多多参加校企合作项目、企业实习,积累实践经验,才能够真正得到技能的提升。未来的职业环境需要你们培养全方面的职业素养,严谨的科学态度、高度的责任心、严守行业规范与道德准则的道德品质都不可忽视。期待你们在医疗器械领域发光发热,以创新推动行业进步,成为行业发展的中流砥柱。

——周岩(宁波市医疗器械行业协会秘书长)

## 第三节　提升职业道德

### 一、职业道德及其特点

#### (一) 概念

职业道德是指在职业活动中应当遵循的、体现特定职业特征的、用于调整职业关系的职业行为准则和规范。它是社会道德在职业领域的具体呈现,是从业者在职业活动中必须坚守的道德底线和行为规范。

#### (二) 特征

职业道德具备鲜明的职业性、明确的规范性以及调节的有限性等显著特点。

1. 职业性

职业道德与职业活动紧密相连,不同职业有着各自独特的职业道德要求,是依据各职业的独特性质和职责而制定的,充分体现了职业活动的特殊需求倾向。

2. 规范性

职业道德通常规章制度、工作守则、职业行为准则等形式得以体现,对职业行为进行有效约束,具有明确的规范性。许多企业会在员工手册中详细规定员工的职业道德规范,明确地告知从业者在职业活动中什么可为、什么不可为、什么应该为,使从业者在职业活动中有章可循。

3. 有限性

职业道德的调节范围主要集中在职业活动当中,对于职业活动之外的行为,其调节作用相对有限。职业道德的范畴不包括私人生活中的道德问题,但在一定程度上也会对其个人生活和社会形象产生影响。

### (三) 重要性

1. 以德润才

在中国传统文化根基中,"以德润才,有德才有才"的观念源远流长。儒家倡导"德才兼备,以德为先",强调道德是人才的根本,是才能得以正确发挥的基石。《论语》中提到"君子怀德",君子不仅要有学识,更要具备高尚的品德。在现代职场,这一理念同样适用。良好的职业道德能够为才能的施展提供广阔空间,为社会正向发展做出积极的贡献。一个缺乏职业道德的人,即便拥有再高的专业技能,也很难获得他人的认可与尊重,更难以在职业发展道路上取得长久的成功。企业会因为违背职业道德,引发消费者的抵制和市场的不信任,品牌形象崩塌;职工会因为缺乏职业道德,难以获得他人的支持与协作,难以得到公司的重用和晋升机会。

2. 促进行业和谐

随着教育的普及和文化素养的提升,越来越多的大学生在步入职场后,保持着高尚的职业道德,大家把道德标准当作共同遵循的准则,在工作中彼此监督,发现问题及时提醒纠正,面对困难与挑战时又能相互激励、携手共进。长此以往,为了个人利益不择手段的不正当竞争,以及违背职业道德的行为减少,整个行业逐渐营造出一种和谐有序、积极向上的职业环境,稳步朝着良性方向蓬勃发展,为社会经济的健康运行注入动力。

### (四) 医药职业道德

药德的核心精神,是指在医药职业实践活动中医药人员普遍遵循的规范和价值取向。医药行业肩负着守护人民群众生命健康的重任,各个环节都关乎民生福祉,都离不开从业者高度的责任感与崇高的医药职业道德。正因如此,在新药科领域,提出"厚药德"这一口号和准则,将新时代药德的核心精神概括为"敬畏生命、敬业奉献、诚实守信、厚朴守正、严守药规、精益求精"24个字,作为新药科行业从业者的行为准则与道德标杆,每位药科大学生应当以牢记并践行药德不断提升职业道德,促进医药行业健康发展,为大众带来福祉。

1. 敬畏生命

在医药行业,每一个决策、每一项研究、每一片药品的诞生,都与鲜活的生命紧密相连。医药从业者必须深刻认识到,他们手中所掌握的,不仅仅是专业知识与技术,更是无数患者的希望与未来。这种敬畏,体现在对生命的尊重与珍视,对每一个生命个体平等的关怀。它要求医药人员在工作中,时刻保持审慎的态度,不放过任何可能影响患者健康的细节。从药物研发的最初设想,到临床试验的严谨推进,再到药品上市后的持续监测,都务必把患者生命安全置于首位。

## 2. 敬业奉献

敬业奉献是医药人不懈奋斗的动力源泉。医药行业需要从业者全身心地投入,无论是在实验室里日夜钻研的科研人员,还是在生产线上严谨操作的工人,抑或是奔波于各地的医药销售人员,敬业奉献精神都不可或缺。敬业,意味着从业者对工作发自内心的热爱与矢志不渝的执着,对专业知识与技能的不断探索、追求与提升,在各自的岗位上精益求精,力求做到极致。奉献精神更是贯穿于医药人的职业生涯,为了患者的安康福祉,为了医药事业的进步,以仁爱之心无私忘我。

## 3. 诚实守信

"人无信不立",诚实守信是每个人应坚守的道德准则,对医药工作者而言,更是不可逾越的道德底线。这要求医药工作者尊重科学的严谨性,对每一道工序的质量把控都容不得半点虚假,因为这直接关系到患者的生命安全以及医药行业的公信力。唯有始终如一地秉持诚实守信原则,才能保障医药产品质量可靠,让患者安心使用。

## 4. 厚朴守正

厚朴,象征质朴、宽厚,意味着医药人员需秉持质朴之心,不为利益所动,一心提升专业素养、竭诚服务患者。守正,则要求在医药实践中,坚守正道,严格遵循医药行业的道德规范与法律法规,不随波逐流,坚决不做违背良心与职业操守之事。厚朴守正,彰显着医药人应有的品德与坚守,不随波逐流,不被利益诱惑,始终坚守正道,淡泊名利,以高度的责任感和使命感,致力于守护人类健康贡献力量。

## 5. 严守药规

在医药行业,需要遵守的法律法规和行业规范涵盖多个领域,与其职业行为紧密相连。例如,《中华人民共和国药品管理法》,它全面规范了药品研制、生产、经营、使用和监督管理活动,对药品的注册审批、生产质量管理规范(GMP)、经营质量管理规范(GSP)等作出明确规定,从源头到终端保障药品质量安全。药企必须严格按照生产质量管理规范要求组织生产,否则将面临严厉处罚。《医疗器械监督管理条例》则要求医疗器械生产企业需取得相应资质,产品需符合国家标准和行业标准针对医疗器械,通过严格监管规则确保医疗器械的安全有效。在医药商业活动中,要遵循《中华人民共和国反不正当竞争法》,禁止医药企业通过商业贿赂、虚假宣传等不正当手段争夺市场份额,药企不能向医疗机构人员行贿以推销药品。严守药规督促从业者树立法治意识,规范行业秩序,促进创新与合理竞争,保障医药行业可持续发展。

## 6. 精益求精

精益求精是推动医药行业不断前进的翅膀。在科技浪潮奔涌、医学认知日新月异的当下,医药领域亦处于持续革新与深度完善的进程之中,不断更新迭代、日臻完善。医药从业者唯有紧跟时代步伐,时刻保持对新知识、新技术的敏锐感知,通过持续学习稳步提升自身专业素养,方能提供更优质、更精准的医疗服务,全面满足患者需求。

 **思政小课堂**

**神经外科精研者王忠诚**

在早期,国内神经外科技术落后,面对复杂多变的脑部疾病,手术风险极高。王忠诚院士决心改变这一现状,开启了漫长且艰辛的探索之旅。为了提升手术精准度,他不断研究人体脑部神经血管的分布特点,反复观看手术录像,分析每一个操作细节,哪怕是极其细微的改进,他都认真对待。为突破脑血管造影技术瓶颈,王忠诚日夜钻研,通过大量动物实验和临床实践,不断优化造影方法。经过无数次尝试,成功将脑血管造影的误诊率从50%降低到不到1%,极大提高了脑部疾病的诊断准确性。王忠诚院士,堪称中国神经外科领域的泰山北斗,以精益求精的态度为该领域的发展立下不朽功勋。

(根据光明日报《王忠诚:我国神经外科事业的开拓者》整理)

## 二、职业道德建设

### (一)道德约束

大学生作为未来的职场主力军,应当从当下做起、从细节做起,以严格的职业道德的标准来审视自己的行为,及时养成良好习惯和高尚品德,为未来的职业生涯筑牢根基。例如,就诚信这一道德品质而言,近年来论文抄袭、数据造假等学术不端事件屡见不鲜,大学生必须抵制这股不良风气。在撰写论文时,必须杜绝抄袭和剽窃行为,尊重他人的知识产权,对自己学术行为负责,通过独立思考和严谨研究,真正提升自身的学术水平。同时,在求职过程中,填写简历和参与面试时,必须如实陈述自己的学习经历、实践成果和所获荣誉,以真实、可靠的自我形象赢得用人单位的认可和信任,夸大自己的荣誉和业绩,甚至虚构经历这种不诚实的行为反而会在入职后暴露问题。

### (二)法律意识

法律是最低限度的道德,作为社会秩序的维护者,为职业道德划定了底线,它通过强制力保障社会秩序和公平正义。在职业活动中,遵守法律是基本的要求,当从业者做出有损职业道德的行为时,往往也触犯了法律的红线。大学生应充分认识到职业道德与法律的关系,树立正确的法律意识,自觉遵守法律法规,牢记遵守法律是不可逾越的底线,任何违背职业道德且违法的行为,都将付出沉重的代价。

大学生在选择职业时,应首先了解行业规范和标准,将其视为养成职业道德的重要支撑。在专业课程中,主动学习职业相关的法律法规,如劳动法保障劳动者的合法权益,知识产权法维护创新成果等,并通过阅读法律书籍、观看法律相关的纪录片或在线课程,从理论层面构建起法律知识体系。同时,大学生可通过主动搜索并研读实际法律案例和新闻报道、投身各类法律实践活动等,不断深化自身法律认知。

### (三)职业道德冲突与解决方案

所谓职业道德冲突,是指个体在职业活动中,面临多种相互矛盾的道德义务、价值观念或利益诉求,难以同时满足各方要求,从而陷入道德困境的状态。职场中利益诱惑无处不在,大学生在职业生涯中往往会面临形形色色的职业道德冲突,诸如对雇主的忠诚义务与对公众的责任义务之间的冲突,个人追求的自由创新价值观与组织强调的秩序规范价值观可能产生碰撞,个人经济利益的获取与维护集体利益之间可能存在矛盾。这些道德冲突如同迷雾,让人在选择的十字路口徘徊不定,甚至在迷茫中逐渐迷失本心。

1."见利思义"

"见利思义"这一儒家思想核心明确指出,在面对利益时,人们不应被利益的表象所迷惑,而应首先思考其获取方式是否符合道义。为了追求个人私利,采用不正当手段,破坏市场公平竞争环境的短视行为不仅会让自己陷入道德的泥沼,还会丧失职场的立身之本。因此,面对利益诱惑时,要保持清醒的头脑,坚守道德底线,做到"不义而富且贵,于我如浮云",在利益与道义的天平上,只有将道义放在首位,才能在复杂多变的职场环境中保持本心,实现个人价值与社会价值的统一。

2."致良知"

王阳明认为,"良知"是每个人内心深处的道德指南针,通过深刻的自我反省以及身体力行的实践,将内心的良知切实贯彻到每一个行动之中,如此方能在道德困境中做出正确的抉择。当大学生在现实里遭遇职业道德冲突时,不妨运用"致良知"的智慧,静下心来依据内心深处的良知,深刻反思自己的行为可能对个人权益以及社会整体利益产生的影响,迅速分辨出行为的对错,并且能够在此过程中塑造出更为稳定的高尚职业道德品格。

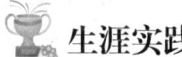
## 生涯实践

1. 假如给你一次机会,让你选择3个你最想要获得的超能力是什么?与之相对应的,能够得以实现的技能具体有哪些呢?

2. 结合职业能力要求和自我能力对照,你觉得自己的核心竞争力是什么?如果没有,应当如何提升自我竞争力?根据自己制定的职业能力提升规划,思考应如何利用好大学的学习和生活?完成职业能力对标与核心竞争力培养活动。

3. 选择一位行业标杆人物,对其生涯经历进行调研,从中分析提高职业素养的意义和路径。

4. 制作素养成长档案袋,完整记录素养发展轨迹,形成可量化的能力证据链,深化自我认知,客观识别优势与短板,积累个性化求职素材库。

**课堂实践**

# 第二篇

## 第七章 药闯职场·就业形势导览

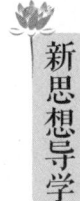

要坚持把高校毕业生等青年群体就业作为重中之重,开发更多有利于发挥所学所长的就业岗位,鼓励青年投身重点领域、重点行业、城乡基层和中小微企业就业创业,拓宽市场化社会化就业渠道,确保青年就业水平总体平稳。

——习近平在二十届中央政治局第十四次集体学习时的讲话

### 学习目标

1. 了解当前大学生就业形势。
2. 了解高校毕业生相关就业政策。
3. 掌握医药类院校毕业生就业渠道。

### 课前导入

从赛场到百草:创业领军人

陈柯松,男,2010年毕业于浙江药科职业大学(原浙江医药高等专科学校)中药学院中药学专业。在校期间,他为学校赢得诸多荣誉,个人也多次荣获省市校各级表彰。

毕业后,陈柯松扎根中医药行业,凭借对专业的热爱与执着,在十余年的拼搏中,成功创立了3家滋补品旗舰店和1家保健品批发公司,并注册了中药材商标"南新屋"。他的业务范围广泛,涵盖药品批发与零售、药物中间体研发、中药炮制、中药材批发零售、医疗器械销售及食用菌类培育技术等多个领域。2009年,陈柯松敏锐地察觉到中药材细贵行业——参茸滋补品领域的巨大潜力,决定全身心投入其中。为了深入了解行业,他设定了一个小目标:在一年内跑遍所有参茸滋补品的源产地和集散地。他亲赴青海、西藏、长白山、大连、印尼等地,深入产地,与采集者交流,亲身体验虫草、野山参、海参、燕窝等产品的采集过程,积累了丰富的第一手资料。凭借这份执着与努力,他逐渐在行业内崭露头角,成功打造了自己的品牌与事业。在追求商业成功的同时,陈柯松也积极履行企业家的社会责任。他多次参与社会公益活动,如在腊八节布施腊八粥,为社区送去温暖;在疫情期间,他毫不犹豫地捐赠防疫物资,为抗疫贡献力量,展现了企业家的担当与情怀。

陈柯松的故事不仅是一个成功的创业案例,更是一个关于坚持、学习和奉献的生动教材。他的经历激励着每一位校友,勇敢追求自己的梦想,不断挑战自我,为社会做出更大的贡献。

**案例思考:**

1. 陈柯松毕业后在中医药行业取得了显著成就,他成功创立了多家企业和品牌。你认为他成功的关键因素有哪些呢?

2. 陈柯松在创业过程中,为了深入了解参茸滋补品行业,设定了跑遍所有源产地和集散地的目标。这种做法给你带来了怎样的启发?

# 第一节 就业形势分析

## 一、当前大学生就业形势

### (一) 毕业生规模创新高,就业形势迎新难

随着高等院校的不断扩招,我国高等教育逐渐由精英教育阶段进入普及化阶段。2025年,高校毕业生人数的激增意味着每个行业、每个岗位都将面临更加激烈的竞争。从近年来的数据看,毕业生人数持续攀升,从2021年的909万,到2022年突破千万大关达1 076万,再到2025年的1 222万,增长势头迅猛。如此海量的人才涌入职场,使得每一个优质岗位的竞争都变得更加残酷。

图 7-1 2010年—2024年高校毕业生人数(数据来源:根据教育部公布数据整理)

## （二）供求矛盾显新态，区域差异增新压

随着高校毕业生数量的连续增长，就业市场供需矛盾日益突出。一方面，大量毕业生找不到合适的工作；另一方面，企业招聘需求减少，特别是中小企业受制于市场不确定性和融资难等问题，招聘计划大幅缩减。这导致毕业生就业机会减少，就业形势愈发严峻。此外，就业市场的结构性问题也非常突出。地域差异、专业矛盾、学历矛盾等问题使得部分毕业生在求职过程中处于劣势地位。例如，北京、上海、广州等较为发达地区的高校，一次就业率基本能达到85%以上；而沈阳、武汉、成都等高校密集的大城市，以及贵州等经济发展水平较低的地区，吸纳毕业生的数量有限，毕业生就业困难。

## （三）企业用人提标准，工作能力成重点

在当前的就业市场中，企业的用人标准越来越高。大部分企业在招聘时除了会对求职者的学历做出硬性要求外，还越来越注重其实际工作能力、团队协作能力、创新能力等综合素质。越来越多的企业开始通过实习、项目实践等方式考察毕业生的实际工作能力和团队协作能力。除了专业能力外，用人单位还提出了明确的非专业能力要求，主要集中在学习能力、表达能力、协调沟通能力、人际交往能力、组织管理能力、适应能力和实践能力等方面。

# 二、医药类大学生就业形势

## （一）就业现状

近年来，随着我国医药卫生事业的快速发展，医药类人才需求持续增长，为医药类院校毕业生提供了广阔的就业空间。然而，毕业生数量逐年增加，就业竞争也日趋激烈，呈现出机遇与挑战并存的局面。

1. 毕业去向多选择，医药人才展新途

传统就业方向如医院、药企等依然是医药类毕业生的主要选择，但就业方向逐渐多元化。越来越多的毕业生选择进入科研机构、生物科技公司、医疗器械企业、医药电商平台等领域。

2. 基层医疗缺人手，人才缺口难填补

国家大力推进分级诊疗制度，基层医疗机构对医药类人才的需求量巨大。然而，受限于工作环境、薪资待遇等因素，毕业生到基层就业的意愿相对较低，导致基层医疗人才缺口长期存在。

3. 用人学历门槛高，硕士博士更吃香

三甲医院和大型制药企业更倾向于招聘硕士及以上学历的毕业生，本专科生的就业压力相对较大。

4. 实践能力成关键，实习科研助就业

用人单位越来越重视毕业生的实习经历和科研能力，缺乏实践经验的毕业生在就业市

场中处于劣势。

**(二)就业趋势**

1. 需求持续增长

随着医药行业的快速发展,对高素质医药人才的需求持续增加,尤其是在新兴领域如生物制药、精准医疗等方面。

2. 竞争日益激烈

高校扩招使得医药类毕业生人数逐年增加,三甲医院、知名药企等对高层次医药人才的需求旺盛,但岗位有限,竞争异常激烈,毕业生需要具备扎实的专业知识、丰富的实践经验和较强的科研能力,才能脱颖而出。

3. 政策影响显著

国家高度重视医疗卫生事业发展,出台了一系列政策措施,如《"健康中国2030"规划纲要》《"十四五"医药工业发展规划》等,为医药行业的发展指明了方向,也为医药类毕业生创造了更多就业机会。

4. 国际化趋势明显

随着医药行业的全球化,具备国际视野和跨文化沟通能力的人才更受欢迎。海外留学经历或国际合作经验成为加分项。

**(三)应对策略**

面对机遇与挑战,医药类院校毕业生应积极提升自身竞争力,主动适应市场变化,才能在激烈的就业竞争中脱颖而出。

1. 夯实专业根基,积累实践经验

在校期间,毕业生应努力夯实专业知识,积极参与科研项目和实习实践,积累实际操作经验,不断提升专业技能和实践能力。同时,通过考研、读博或参加专业培训,进一步提升学历和专业深度,增强在高端就业市场的竞争力。

2. 紧跟行业动态,规划职业方向

医药行业日新月异,毕业生需密切关注行业发展趋势,了解新兴领域和岗位需求,如生物制药、精准医疗、医疗器械等。通过拓展职业视野,结合自身兴趣和专业优势,为未来职业发展做好精准规划,提前布局。

3. 提升综合素质,增强就业优势

除了专业技能外,毕业生还应通过参与社团活动、专业研学、学术交流等方式,培养沟通能力、团队合作能力、创新精神等综合素质,增强就业竞争力。

4. 拓宽就业视野,转变就业观念

毕业生应拓宽就业视野,关注基层医疗机构和二、三线城市的就业机会。基层医疗市场对医药人才需求旺盛,且政策支持力度大,是未来就业的重要方向。同时,积极响应国家号召,转变就业观念,将个人职业发展与国家需求相结合,投身基层医疗卫生事业,为健康中国建设贡献力量。

5. 积累实践经验,考取资格证书

实践经验和职业资格证书是就业的重要加分项。毕业生应积极参与实习、专业研学、科研项目和学术活动,积累丰富的实践经验。同时,尽早通过执业医师、执业药师等职业资格考试,为就业增加竞争力,提升自身在就业市场中的吸引力。

6. 抓住关键时期,迈出就业第一步

一是校园招聘季:每年的9月至次年的1月是秋招阶段,是大学毕业生找工作的第一个黄金时段。二是春季招聘高峰:春节后的3月至4月,企业为了补充年前离职员工的空缺,会有一波春季招聘高峰。三是毕业前几个月:5月至6月,随着毕业季的临近,部分企业会针对应届毕业生提供专门的招聘计划,这是毕业生找工作的最后黄金时段。毕业生应充分利用这段时间,积极参加各类招聘会、宣讲会,争取在毕业前找到合适的工作。

医药类院校毕业生的就业形势总体向好,但也面临着激烈的竞争。毕业生应认清形势,积极应对,通过提升专业素养、关注行业动态、增强综合素质、拓宽就业视野、积累实践经验等多方面努力,不断提升自身竞争力,以适应多元化的就业市场需求,从而在激烈的就业竞争中立于不败之地。

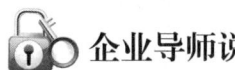

## 企业导师说

亲爱的学弟学妹们:

当今时代,科技日新月异,行业风云变幻,唯有保持对知识的渴望与对未知的好奇,才能在浪潮中立于不败之地。学习不应只是被动接受,而要化作内心的热情,让每一次探索都充满动力;同时,切勿纸上谈兵,要勇于将所学付诸实践,将理论知识转化为解决实际问题的利刃,方能在工作中游刃有余。

在就业的十字路口,切忌盲目跟风随大流。你们要静下心来,剖析自我,明确自己的兴趣所在、优势所在,为自己精准定位,找到真正适合自己的职业方向。而在学习的道路上,更要深耕专业知识,筑牢根基,这是你们日后在职场上驰骋的底气,是面对复杂多变工作环境的有力支撑。

同学们,大学时光转瞬即逝,这是你们人生中最为宝贵且自由的探索阶段。希望你们珍惜这段时光,大胆地去探索自我,挖掘自身的潜力;努力培养可迁移能力,无论是沟通协作、逻辑思维还是创新创造,这些能力都将成为你们未来发展的强大羽翼;勇于突破自我边界,不断挑战新的高度,拓宽自己的视野与格局。

未来的道路充满挑战,但只要你们做好充分准备,以积极的姿态迎接,就一定能在这个充满机遇的时代中,书写属于自己的精彩篇章。

——徐华炜 现任晖致医药有限公司浙江大区资深地区经理

## 第二节　就业政策解读

### 一、浙江省大学生就业创业政策汇编

**(一) 浙江省大学生入伍优惠政策**

1. 复学升学

(1) 保留学籍或入学资格。服役期间保留学籍或入学资格，退役后2年内允许复学或入学。

(2) 复学转专业。退役后复学，经学校同意并履行相关程序后，可转入本校其他专业学习。

(3) 免试专升本。高职（专科）毕业生及在校生（含高校新生）应征入伍，退役后在完成高职（专科）学业的前提下，可免试入读普通本科，或根据意愿入读成人本科，自2022年专升本招生起执行

(4) 考研加分。退役大学生士兵在完成本科学业后3年内参加全国硕士研究生招生考试，初试总分加10分，同等条件下优先录取。

(5) 免试读研。在部队荣立二等功及以上的，符合研究生报名条件的可免试（指初试）攻读硕士研究生。

(6) 专项研究生招生。国家设立"退役大学生士兵"专项硕士研究生招生计划，每年专门面向退役大学生士兵招生。自2021年硕士研究生招生起，计划由目前的每年5 000人扩大到8 000人，并重点向"双一流"建设高校倾斜。

(7) 免修军事技能。退役复学后免修军事技能训练，直接获得学分。

### 拓展阅读

问：我在河南省入伍，是一名退役士兵，可以在浙江省"免试专升本"吗？

答：可查询当年"免试专升本"招生工作实施办法了解，例如《浙江省2025年退役大学生士兵免试专升本招生工作实施办法》中"符合下列条件的人员可以提出申请：（一）普通高校高职（专科）毕业生及在校生（含高校新生）在浙江省应征入伍，退役后完成高职（专科）学业；（二）遵守中华人民共和国宪法和法律；（三）身体健康。"

所以，该生不符合"在浙江省应征入伍"表述，不能在浙江省"免试专升本"。一方面，该生可咨询入伍地免试专升本政策；另一方面，该生可参加毕业当年4月份浙江省组织的普通专升本升学考试，具体以当年通知文件为准。

浙江省"免试专升本"

学费补偿代偿减免申请指南

**2. 经济补助**

（1）国家资助学费。大学生应征入伍服义务兵役、退役后复学或入学，国家实行学费补偿、国家助学贷款代偿和学费减免，本专科学生每人每年最高不超过 8 000 元，研究生每人每年最高不超过 12 000 元。

（2）义务兵家庭优待金。义务兵服现役期间，其家庭由当地人民政府发给优待金。具体标准由市、县（市、区）人民政府按城乡统筹的原则，以当地上年度城镇居民人均消费性支出、农村居民人均生活消费支出统计指标为基础，结合当地城乡人口比例测算确定。

（3）一次性奖励金。对全日制大学生入伍颁发一次性奖励金，标准不低于当地上年度居民人均可支配收入 60%，本科在校生增发 10%，专科毕业生增发 10%，本科毕业生增发 20%。

**3. 成长成才**

（1）选取士官。同等条件下优先选取士官；优先安排参加专业技术培训；首次选取士官，在高校学习时间视同服役时间。

（2）报考军校。专科毕业生士兵，可参加全军统一组织本科层次招生考试，录取有关军队院校培训，学制两年。

（3）保送入学。大学毕业生士兵参加保送入学对象选拔的，同等条件下优先列为推荐对象，具有本科以上学历的，安排 6 个月任职培训，具有专科学历的，安排 2 年本科层次学历培训。

（4）士兵提干。符合条件的大学毕业生士兵在部队可以提干，主要条件：参加全国普通高等学校招生统一考试，取得全日制本科学历和学士学位，年龄不超过 26 周岁，入伍一年半以上且在推荐的旅（团）级单位工作半年以上；身体和心理健康，符合军队院校招收学员体格检查标准。

## 拓展阅读

### 被人民日报、新华社点赞的学生是浙药大的！

入伍 2 个月，她参加创破纪录比武打破新兵连 400 米跑纪录。入伍 9 个月，她参加旅队"全能王"比武，拿下女子组第一名。她是第 73 集团军某旅列兵泮淑怡，新华社、人民日报、人民陆军相继报道。2025 年 01 月 20 日，新华社微信公众号以《入伍 2 个月破纪录、9 个月夺冠！》为题，宣传报道了泮淑怡同学在部队的卓越表现，展示了浙药学子的风采和实力，为浙药大赢得了荣誉，也为药科大的人才培养工作增添了光彩。

2024 年 3 月浙江药科职业大学药商学院大二在读的泮淑怡带着对军营的憧憬报名参军

并顺利入伍。2024年11月,得知旅队即将举办"全能王"比武泮淑怡果断报名,为此她开始安排自己的比武训练计划,训练场上图上量算、战术动作、自救互救……泮淑怡身上满是磕碰后留下的淤青,但她从不叫苦叫累,功夫不负有心人,比武当天凭借过硬的训练基础,泮淑怡稳扎稳打综合排名位列第一,公布成绩的那一刻她收获了全场的掌声。

——节选自浙江药科职业大学微信公众号《我在浙药书芳华丨被人民日报、新华社点赞的学生是浙药大的!》

4. 就业安置

(1) 浙江省每年至少安排100名公务员指标,各市、县(市、区)每年至少安排1个事业单位工作岗位,用于面向从本省入伍后退役的大学生士兵招录(聘);国有企业招聘职工由各设区市统筹,至少安排5%的工作岗位招聘退役大学生士兵。

(2) 每年拿出部分人民警察、行政执法队伍公务员名额,用于招录从本省入伍后退役的大学毕业生士兵,基层专职人民武装干部主要面向退役大学毕业生招录。

(3) 退役后自主创业的大学生,依法享受税收优惠,按规定减免行政事业性收费。符合支持创业小额担保贷款条件的,每年可向当地支持创业小额贷款担保中心申请最高50万元的小额担保贷款。

(4) 全日制大学本科毕业生参军退役后,可以根据本人意愿在户籍地或应征地落户;在杭州、宁波市区有用人单位接收的,可办理落户手续。服役期视为工作经历并计算工龄。

(5) 加大从优秀退役士兵中培养选拔村(社)"两委"班子成员和后备干部力度,积极推荐符合条件的退役大学生士兵参加专职社区工作者和村务工作者考试,对考试合格的,予以优先招聘。

## (二) 西部计划

"西部计划"即大学生志愿服务西部计划。根据国务院常务会议、《国务院办公厅关于做好2003年普通高等学校毕业生就业工作的通知》(国办发〔2003〕49号)和2003年全国高校毕业生就业工作电视电话会议精神,共青团中央、教育部决定从2003年开始共同实施大学生志愿服务西部计划。

1. 工作内容

大学生志愿服务西部计划从2003年开始,按照公开招募、自愿报名、组织选拔、集中派遣的方式,每年招募一定数量的普通高等学校(以下简称"高校")应届毕业生,到西部贫困县的乡镇从事为期1~2年的教育、卫生、农技、扶贫以及青年中心建设和管理等方面的志愿服务工作。志愿者服务期满后,鼓励其扎根基层,或者自主择业和流动就业。

2. 政策支持

参加大学生志愿服务西部计划的志愿者除享受国家规定的高校毕业生就业优惠政策外,给予以下政策支持:

(1) 服务期间,中央财政给予必要的生活补贴(含交通补贴和人身意外伤害、住院医疗保险)。

(2) 服务期间,计算工龄,党团关系转至服务单位。本人要求户口和档案保留在学校的,按规定保留两年,在此期间,档案管理机构对保管其档案免收服务费用;本人要求将户口转回入学前户籍所在地的,公安机关按照规定为其办理落户手续,人事、教育部门所属人才交流机构负责办理相关手续,人事部门所属人才交流服务机构免费提供人事代理服务。服务期满落实工作单位后,公安机关按有关规定办理户口迁移手续。

(3) 服务期间,可兼职或专职担任所在乡镇团委副书记、学校及其他服务单位的管理职务。

(4) 服务期满考核合格的、报考研究生给予加分,在同等条件下,优先录取,具体规定在当年的研究生招生政策中予以明确。

(5) 服务期满考核合格报考党政机关公务员的,可适当加分,同等条件下,应优先录用,具体规定由省级公务员考试录用主管机关在当年招考中予以明确。

(6) 服务期满,对志愿者作出鉴定,存入本人档案;考核合格的,颁发证书,作为志愿者服务经历和就业、创业的证明。

(7) 服务单位应向志愿者提供住宿等必要的生活条件;在录用党政机关公务员和新增国有企事业单位专业技术人员、管理人员时优先录用、招聘志愿者。

(8) 服务期为1年、服务期满考核合格的,授予中国青年志愿服务铜奖奖章。服务期为2年、服务期满考核合格的,授予中国青年志愿服务银奖奖章,表现优秀的授予中国青年志愿服务金奖奖章,表现特别优秀的推荐参加中国青年五四奖章、中国十大杰出青年、中国十大杰出青年志愿者、国际青少年消除贫困奖等评选。

鼓励各高校和社会各方面对高校毕业生的工作、生活、学习、就业和创业提供帮助和支持。

## 拓展阅读

### 喜讯 | 我校7名毕业生成功录取大学生西部计划志愿者

近日,根据团省委《关于2023年浙江省大学生志愿服务西部计划志愿者拟录取名单公示》,我校7名毕业生成功入选2023年西部计划志愿者,全省共计录取182人,其中专科生仅录取13名,我校占据7席,录取人数再创新高,居全省高校前列。

据悉,"西部计划"是国家重大人才工程"高校毕业生基层培养计划"4个子项目之一,也是引导和鼓励高校毕业生到基层工作的5个专项之一,由共青团中央、教育部、财政部、人力资源和社会保障部等部委共同组织实施。此次招募工作开展以来,校团委积极响应号召,认真宣传西部计划政策,鼓励、动员浙药学子投身志愿服务西部计划,经过资格审查、笔试面试、心理测评、综合考察、团省委审核、体检公示等环节选拔,7名优秀毕业生成功入选,他们将投身新疆、西藏、重庆等西部基层奉献青春和汗水,助力西部大开发,让青春之花在祖国最需要的地方绽放,在实现中国梦的伟大实践中书写出浙药学子的精彩篇章。

来源:浙江药科职业大学团委

### (三) 浙江省"三支一扶"

浙江省人力资源和社会保障厅每年联合相关部门印发当年浙江省高校毕业生"三支一

扶"计划实施方案,招募志愿者到浙江省山区、海岛县基层工作,主要从事支教、支农(水利)、支医、帮扶乡村振兴等工作。根据《2024年浙江省高校毕业生"三支一扶"计划实施方案》,"三支一扶"招录工作在6月—8月完成,招募对象、条件和政策支持具有地方特色。

1. 招募对象和条件

招募对象为省内全日制普通高校应届毕业生(含非浙江户籍毕业生)以及省外全日制普通高校(不含成人教育培养类别等非本专科全日制高校)浙江户籍应届毕业生,并具备以下条件:

(1) 思想政治素质好,组织纪律观念强,有理想、有本领、有担当;服从分配,志愿到农村基层从事"三支一扶"工作;遵纪守法,敬业奉献,作风正派;在校期间无违法违纪违规行为。

(2) 学习成绩良好,具备服务岗位相应的专业知识。

(3) 具有正常履行职责的身体条件,保证两年服务期内能正常履职。如不能保证两年服务期的完整性,期满考核将评定为不合格,不享受期满考核合格人员的优惠政策。

(4) 报名人员须在当年8月31日前取得毕业证书(研究生放宽至12月31日),报名支教岗位的非师范类毕业生应具有相应教师资格证书。报名支医岗位的,须取得执业医师资格。若未获得毕业资格和相应证书,将取消"三支一扶"计划派遣资格。

(5) 符合招募岗位需求的其他条件。

2. 政策支持

(1) 生活补贴。"三支一扶"人员的工作生活补贴标准按照乡镇机关或事业单位从高校毕业生中新聘用工作人员试用期满后工资收入水平确定,中央财政每人每年补助1.2万元,省财政给予适当补助。同时,每名新招募且在岗服务满6个月以上的"三支一扶"人员,中央财政按照每人3 000元标准给予一次性安家费补贴。

(2) 学习深造。期满考核合格的"三支一扶"人员,三年内参加全国硕士研究生招生考试的,初试总分加10分,同等条件下优先录取。已被录取为研究生的应届毕业生参加"三支一扶"计划的,学校应为其保留入学资格。高职(高专)毕业生期满且考核合格的,可免试入读成人高等学历教育专科起点本科。服务期满"三支一扶"人员可按规定享受学费补偿和助学贷款代偿政策。本科及以上学历毕业生参加支医服务,未取得住院医师规范化培训证书的,期满且考核合格后由县级卫生健康主管部门统一安排参加住院医师规范化培训。

(3) 人身意外伤害、医疗保险费用。省"三支一扶"办为"三支一扶"人员购买人身意外伤害保险。服务地负责为"三支一扶"人员统一办理社会保险,社会保险的单位缴纳部分由地方财政负担,个人缴纳部分从"三支一扶"人员工作生活补贴中代扣代缴。鼓励服务地为"三支一扶"人员办理补充人身意外伤害保险、医疗保险以及住房公积金。

(4) 报考公务员。服务期满且考核合格的人员,参加山区海岛县公务员专项招录考试,同等条件下优先录取;具有两年基层工作经历且离开服务岗位5年内的,可报考省市级机关面向服务基层项目人员定向招录职位,不具有两年基层工作经历且离开服务岗位3年内的,可报考县级机关面向服务基层项目人员定向招录职位。服务期间,"三支一扶"人员可凭省"三支一扶"办证明,报考服务地所在县(市、区)公务员,既可以应届高校毕业生身份报考,也可以社会人员身份报考;服务期满且考核合格的,参加"三支一扶"计划前无工作经历的人员两年内可凭《"三支一扶"人员服务证书》,以应届高校毕业生身份报考公务员。

(5)报考事业单位。新招募的"三支一扶"人员到相关岗位服务满2年且经考核合格后,可参加事业单位定向招聘,被聘用为事业编制工作人员的,不再约定试用期。服务期间,"三支一扶"人员可以凭省"三支一扶"办证明,报考服务地所在县(市、区)事业单位,既可以应届高校毕业生身份报考,也可以社会人员身份报考;服务期满后两年内,可凭《"三支一扶"人员服务证书》,以应届高校毕业生身份报考事业单位。

(6)就业创业。鼓励服务期满的人员在当地就业创业。有就业意愿的,由服务地县(市、区)人社部门提供就业指导和推荐服务。对就业困难的,提供"一对一"就业帮扶。参加"三支一扶"计划前无工作经历的人员期满且考核合格的,两年内在人才引进、自主创业、落户、升学等方面可同等享受应届毕业生相关政策。

(7)其他政策。服务期间,由省人才市场提供人事档案保管服务。服务期满1年且考核合格后,可按规定参加职称评定。对支医人员,可享受人社部、国家卫生健康委、国家中医药局《关于深化卫生专业技术人员职称制度改革的指导意见》(人社部发〔2021〕51号)中对基层医疗卫生机构工作人员的职称倾斜支持政策。实际服务并缴纳养老保险费的年限可计算为连续工龄。

**(四)浙江省高校毕业生等青年就业创业政策**

根据《浙江省人力资源和社会保障厅浙江省教育厅浙江省财政厅关于做好高校毕业生等青年就业创业工作的通知》(浙人社发〔2024〕49号),浙江省实施系列促就业创业政策。

1. **实施高校毕业生到中小微企业就业岗位补贴政策**

毕业2年以内高校毕业生到中小微企业就业,与企业签订1年及以上劳动合同、依法缴纳社会保险费,且工资低于当地上年度非私营和私营单位就业人员加权平均工资的,可在劳动合同期限内申领就业岗位补贴,补贴标准由各地结合实际确定,补贴期限累计不超过3年。

毕业5年以内高校毕业生到经行业主管部门认定的养老服务、家政服务和现代农业企业就业,与企业签订1年及以上劳动合同并依法缴纳社会保险费的,可在劳动合同期限内申领每年1万元的就业岗位补贴,补贴期限累计不超过3年。该项补贴与到中小微企业就业岗位补贴不重复享受。

2. **实施高校毕业生灵活就业社保补贴政策**

毕业2年以内高校毕业生从事灵活就业,按规定办理灵活就业登记并以个人身份缴纳社会保险费的,可申领社会保险补贴,补贴标准不超过其实际缴纳的职工基本养老、职工基本医疗两项社会保险费的三分之二,核定补贴的缴纳基数不超过全省上年度非私营和私营单位就业人员加权平均工资,补贴期限不超过3年。

3. **实施一次性求职补贴政策**

毕业学年内来自城乡低保家庭、贫困残疾人家庭、零就业家庭、防止返贫监测对象家庭,或属于孤儿、持证残疾人,或获得国家助学贷款等的全日制普通高等学校、中等职业学校(含技工院校)非定向培养毕业生,可申领3 000元的一次性求职补贴。

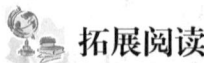
**拓展阅读**

问：我在宁波市高校就读，可以申请杭州地区的一次性求职补贴吗？

答：一般来说，在办学所在地申领。宁波高校学生申请宁波市一次性求职补贴，宁波市一般每年8月份发通知，审核通过后年底前到账，具体请关注"宁波市人力资源和社会保障局"微信公众号，查看当年宁波市一次性求职补贴申领通知。

问：学生什么时候可以申请？学生提出申请，就可以审核通过吗？

答：一般来说，集中申请时间为在校就读期间的最后一个学年；如果错过申请时间，毕业当年根据当年政策，看看能否申请。例如：小张应于2026年毕业，一般申请时间为2025年8月—9月；如果2025年错过申请，可关注申领通知，看一看2026年是否开放申请。

另，一次性求职补贴政策性较强，符合条件的均能审核通过，但每年也有不少学生不符合条件未审核通过。

4. 实施创业担保贷款及贴息政策

符合条件的在校大学生和毕业5年以内高校毕业生创业，可申请最高50万元的创业担保贷款，并按规定给予全额贴息，贴息期限不超过3年。小微企业招用毕业5年以内高校毕业生等重点人群符合一定条件的，可按规定申请创业担保贷款并享受贴息。

5. 实施创业补贴政策

在校大学生和毕业5年以内高校毕业生初次创业，且正常经营满6个月的，可申领一次性创业补贴，补贴标准由各地结合实际确定。在校大学生和毕业5年以内高校毕业生初次创办经行业主管部门认定的养老、家政服务、现代农业企业，并担任法定代表人或主要负责人的，可给予企业连续3年的创业补贴，补贴标准为第一年5万元、第二年3万元、第三年2万元。该项补贴与一次性创业补贴不重复享受。

6. 实施一次性创业社保补贴政策

在校大学生和毕业5年以内高校毕业生创业，正常经营并依法缴纳社会保险费1年以上，可申领不超过5 000元的一次性创业社保补贴。

7. 实施创业带动就业补贴政策

在校大学生和毕业5年以内高校毕业生创业，带动3人就业，并依法缴纳社会保险费1年以上的，给予每年2 000元的带动就业补贴；带动超过3人就业的，每增加1人再给予1 000元补贴，每年总额不超过2万元。补贴期限不超过3年。

8. 实施创业场地租金补贴政策

对在校大学生和毕业5年以内高校毕业生租用经营场地创业的，有条件的地区可给予创业场地租金补贴。上述创业补贴（一次性创业补贴）、一次性创业社保补贴、创业带动就业补贴、创业场地租金补贴及个人创业担保贷款政策对象应在法定劳动年龄段内，不包括已由其他用人单位为其缴纳职工基本养老保险费、职工基本医疗保险费、失业保险费的人员，首次申领补贴或申请创业担保贷款应在登记注册5年以内。

### 9. 实施见习补贴政策

广泛动员各类企事业单位、社会组织等,每年募集不少于 5 万个见习岗位。见习单位向见习人员按月发放不低于当地最低工资标准生活补助的,按不低于当地最低工资标准的 60% 给予补贴。见习单位为见习人员办理工伤保险或人身意外伤害等商业保险的,各地可对保险费用给予补贴。上述补贴的期限按实际见习期限确定,最长不超过 12 个月。对见习期未满与见习人员签订劳动合同的,各地可给予剩余期限见习补贴,政策执行至 2025 年 12 月 31 日。做好见习单位动态管理,对超过 1 年未提供见习岗位且未开展见习活动的要及时予以清退。

### 10. 实施职业培训补贴政策

毕业年度高校毕业生和登记失业青年到职业技能培训机构参加职业技能培训,取得符合规定证书(包括职业资格证书、职业技能等级证书、专项职业能力证书、培训合格证书)的,给予一定标准的职业培训补贴。城乡劳动者和在校大学生到定点机构参加创业培训并取得创业培训合格证书的,按规定给予创业培训补贴。

### 11. 强化青年求职能力训练

加强高校毕业生等青年职业指导和求职能力训练,组织青年求职能力实训营,加大青年求职能力师资培养,注重理论与实践相结合,开展模拟面试、简历诊断、职业规划等互动教学,组织企业参观、行业调研、岗位锻炼等体验活动。

### 12. 优化青年就业服务

有条件的地区可给予高校毕业生等青年人才公寓等支持,为青年人才就业提供便利。统筹就业与人才政策服务事项,推进并优化"高校毕业生就业一件事"办理。各级公共就业人才服务机构要普遍设立青年就业服务窗口,有条件的地区要依托零工市场(零工驿站)、家门口就业服务站等建设一批青年就业驿站,为高校毕业生等青年就业提供一站式服务。

### 13. 加强就业权益维护

加强人力资源市场监管,依法查处虚假招聘、违规收费、"黑中介"等违法违规行为,规范人力资源市场秩序。加大就业权益知识普及,增强高校毕业生等青年风险防范和权益保护意识。

## 拓展阅读

### "春风行动"掀起招聘热潮 各区县现场宣推人才政策

近日,杭州年初最大规模线下人才招聘会正式启动。众多大厂与科研院所云集,830 家参会单位带来 2.1 万个岗位,为了让更多求职者充分了解来杭就业创业政策,招聘会现场,杭州 13 个区县市设置了特色展位,宣传推介人才政策、创新创业政策,有面试需求的应聘者,还可以在这里请化妆师免费化个应聘妆,提高成功概率。接受采访的应聘者认为杭州的人才政策非常吸引人,给出的房屋补贴、住宿补贴都很高。浙江省杭州市住房保障服务中心人才住房保障处工作人员介绍,刚来杭州的大学生可以先免费申请"青荷驿站",累计住 7 天 6 晚。如果应聘者找到工作或已经收到面试邀约,他就可以扫取"人才杭州"二维码,申请房间去住。据了解,此次招聘会共入场 35 000 多人,达成初步意向 21 000 多人次。接下来,杭州各区县市将持续开展一系列青年人才交流活动。

(根据央视网《"春风行动"掀起招聘热潮 多层次服务打造引才聚才"强磁场"》整理)

全国各省市就业创业政策

浙江省各地市就业创业政策

## 第三节 医药类院校毕业生就业渠道

### 一、医药企业

医药企业是指从事医药行业的企业,主要包括药品生产企业和药品经营企业。药品生产企业是指专门从事药品研发、生产和销售活动的企业,其经营范围通常包括中药材、中药饮片、中成药、化学原料药及其制剂、抗生素原料药及其制剂、生化药品等。药品经营企业则是指经营药品的专营企业或兼营企业,包括药品批发、零售等。对于医药类院校毕业生而言,医药企业提供了丰富的就业机会和多元化的职业发展路径。

#### (一) 药品生产企业

药品生产企业是医药类毕业生的重要就业方向之一,涵盖了药品研发、生产、质量控制、销售等多个环节。以下从药品生产企业的主要岗位及其职责、专业要求进行详细介绍:

1. 药品研发人员

药品研发是药品生产企业的核心环节,主要包括新药研发、药物合成、药效评价等工作。药品研发人员的岗位职责主要是负责新药的发现、设计与开发,包括药物分子的筛选、合成与优化,药效学与毒理学研究,以及临床试验的设计与实施。此外,还需参与药品注册申报和技术文件的撰写。对口专业要求通常为药学、药物化学、药理学、生物制药等相关专业,须具备扎实的专业知识和较强的科研能力。

2. 药品生产人员

药品生产人员负责药品的生产工艺优化、生产设备操作及生产流程管理。其岗位职责包括药品生产线的操作与维护、生产工艺的优化与改进、生产计划的制定与执行,以及生产过程中的技术问题解决。生产人员还需严格遵守GMP(药品生产质量管理规范)要求,确保药品生产的质量和安全。对口专业为药学、制药工程、化学工程与工艺等专业,须具备一定的实践操作能力和GMP知识。

### 3. 药品质量控制与质量保证人员（QC/QA）

质量控制（QC）和质量保证（QA）是确保药品质量符合标准的重要环节。岗位职责主要为 QC 人员负责药品生产过程中的质量检测，包括原料、中间体和成品的理化性质、微生物限度等检测；QA 人员负责质量管理体系的建立与维护，确保生产全过程符合 GMP 要求，并参与质量审计和偏差调查。专业要求通常为药学、药物分析、化学等相关专业，须具备较强的实验操作能力和质量管理知识。

### 4. 药品生产管理人员

药品生产管理人员负责生产计划的制定、生产资源的协调及生产团队的管理。其岗位职责包括生产计划的制定与执行、生产资源的调配与优化、生产团队的培训与管理，以及生产过程中的问题解决和效率提升。专业要求通常为药学、制药工程、管理学等相关专业，须具备一定的生产管理经验和团队管理能力。

### 5. 药品销售与市场推广人员

药品销售与市场推广人员负责药品的市场推广和销售工作，是企业与医疗机构之间的桥梁。岗位职责包括药品的市场调研、客户关系维护、销售目标的制定与达成，以及市场推广活动的策划与实施。专业要求药学、市场营销等相关专业，须具备良好的沟通能力和市场敏锐度。

### 6. 药品供应链管理人员

药品供应链管理人员负责药品生产所需的原材料采购、库存管理及物流配送。岗位职责包括原材料的采购与供应商管理、库存的优化与控制、物流配送的协调与管理，以及供应链风险的管理与应对。专业要求为药学、物流管理等相关专业，须具备一定的供应链管理知识和实践经验。

药品生产企业为医药类毕业生提供了多样化的就业岗位，涵盖了研发、生产、质量控制、管理等多个领域。随着医药行业的快速发展和监管要求的不断提高，药品生产企业对人才的专业素质和实践能力提出了更高的要求。毕业生应根据自身兴趣和专业背景，选择适合的职业发展方向，同时不断提升专业技能和综合素质，以应对行业发展的挑战和机遇。

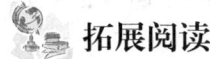

## 拓展阅读

### 2025 年 QC 岗位企业招聘公告

QC（昆药集团）（来源：华润三九招聘微信公众号，2025）

工作职责：

1. 负责原辅料、中间品、成品的检验工作，保证及时性和准确性；
2. 根据 GMP 要求完成相关检验记录的填写等；
3. 参与完成国内外相关客户及药监部门的审计认证工作；
4. 其他领导临时安排的工作。

任职要求：

1. 本科及以上学历，药学及相关专业；

2. 富有责任心,沟通协调能力、学习能力强。

QC 品质控制(根据浙药大就业微信公众号奥锐特药业股份有限公司岗位整理,2025)

岗位职责:

1. 严格按照公司产品 SOP 进行检测工作,对检测数据的客观性、准确性负责;
2. 做好检测记录及数据的处理工作,确保原始记录的准确性、客观性、完整性、溯源性;
3. 负责检查药品的质量状况及异常处理跟进等工作;
4. 日常工作严格按部门管理要求操作,负责所在岗位桌面及仪器的清洁卫生工作,认真填写仪器设备使用.维护记录。

任职要求:

本科及以上学历,制药工程技术、药品质量管理、药学专业优先。

QC 化验员(根据浙药大就业微信公众号瀚晖制药有限公司岗位整理,2025)

岗位职责:

1. 认真遵守贯彻执行 GMP 法规要求和 EHS 相关管理规定,确保无违背 GMP 规范行为,保证无 EHS 事故发生;
2. 负责原辅料、包装材料、中间产品、成品及相关样品的检验,及时翔实记录检验过程每一步骤产生的检验原始记录、仪器设备日志、维护记录、溶液配制记录等,并按检验周期及时完成;
3. 负责岗位相关设备、仪器、仪表等的日常维护、保养与清洁。检验方法的转移、确认、验证,按时完成;
4. 参与相关 OOS/OOT 及偏差的调查,有义务避免同类偏差反复发生;
5. 执行实验室的 5S,保持实验室的整齐、干净、有序。

任职要求:

1. 大专及以上学历,药学类相关专业,接受实习生;
2. 学习能力强,能够分析、判断现场出现的问题;
3. 严谨、认真、细心,认同公司企业文化。

### (二) 药品零售企业

药品零售企业是医药类毕业生的重要就业方向之一,涵盖了多个岗位,每个岗位都有其独特的职责、专业要求和发展趋势。以下是对这些岗位的详细描述:

1. 营业员

负责药品的陈列、销售和顾客服务,为顾客提供用药咨询,协助驻店药师完成处方审核和药品调配工作,同时负责店内卫生和药品的日常盘点。专业通常要求药学、中药学或相关专业,熟悉药品基础知识和分类,具备良好的沟通能力和服务意识。随着药品零售行业的专业化发展,营业员需要不断提升药学知识水平,以提供更专业的用药指导。同时,随着线上销售的兴起,营业员还需掌握一定的电商运营知识。

2. 驻店药师

负责审核处方、指导合理用药、处理药品质量问题,为顾客提供专业的药学服务,解答用药疑问,并协助质量管理员完成药品质量管理工作。该岗位必须持有执业药师资格证书,具备扎实的药学专业知识和丰富的临床经验。随着医药行业的快速发展,驻店药师的角色将从单纯的处方审核者转变为专业的健康管理顾问,提供个性化的用药咨询和健康管理服务。

3. 店长

负责药店的整体运营和管理,制定销售策略,提升药店的经济效益和服务质量。店长须具备较强的管理能力和市场洞察力,能够合理安排人员、优化库存管理、提升顾客满意度。专业要求除了具备药学或相关专业背景外,还需有丰富的管理经验和市场运营能力,随着市场竞争的加剧,店长需要不断提升综合管理能力,包括团队管理、市场营销、数据分析等。

总之,药品零售企业为医药类毕业生提供了丰富多样的就业选择。毕业生需要不断提升自身的专业知识和技能,以适应行业发展的新要求,同时抓住行业变革带来的机遇,实现个人职业发展的长远目标。

### (三) 药品流通企业

药品流通企业是医药类毕业生的主要就业去向,以下是医药类毕业生在药品流通企业可以从事的工作岗位、职责、专业要求及各岗位的发展趋势的详细描述:

1. 医药代表

负责药品的推广和销售,包括制定销售计划、拜访客户(如医院、药店)、组织学术推广活动、收集市场信息等。通常要求药学、中药学、医学或相关专业,具备良好的沟通能力和学习能力。随着医改政策的推进,医药代表的职业环境发生了变化,但销售和市场推广能力仍然是核心竞争力。

2. 药品采购员

负责药品的采购工作,与供应商建立合作关系,确保药品供应的稳定性和合规性。采购员需熟悉药品市场动态和采购流程,能够根据市场需求制定合理的采购计划。专业一般要求药学或相关专业,熟悉药品采购流程和市场动态,具备一定的谈判能力和成本控制意识。采购员需要不断提升市场洞察力和供应链管理能力。

3. 药品验收员

负责对进货药品进行质量验收,确保药品的合法性和安全性。验收员需严格按照药品验收标准进行操作,检查药品的外观、包装、标签、说明书等是否符合要求。岗位通常需要药学或相关专业,熟悉药品验收标准和流程,具备较强的责任心和细致的工作态度。随着药品零售行业的规范化发展,验收员需要不断提升专业技能,以应对更严格的验收标准和更复杂的药品种类。

4. 药品养护员

负责药品在库期间的养护工作,防止药品变质或失效。养护员需定期检查药品的储存条件,确保药品在适宜的温度、湿度和光照环境下储存。专业要求须具备一定的药学知识,了解药品储存和养护要求,具备较强的责任心和执行力。随着药品零售企业对仓储管理的重视,养护员需要掌握更先进的养护技术和设备操作技能,以提升药品养护的效率和质量。

5. 市场专员(学术推广专员)

负责药品知识的推广和市场规划,组织学术会议,向医生或同事讲解产品知识。需要药学或相关专业,具备良好的沟通能力和学习能力。市场专员需要不断提升市场洞察力和品牌推广能力,未来可以向市场部经理或产品经理方向发展。

6. 药品注册专员

负责企业新药上市的前期准备和申报工作,与企业研发部门和药监局审批部门沟通。通常要求药学或相关专业,熟悉药品注册法规,具备良好的沟通能力和文案处理能力。随着药品研发和上市速度的加快,药品注册专员的需求将增加,未来可以向高级注册经理或法规事务专家方向发展。

7. 药物警戒专员(PV)

协助药物警戒部门负责人安排药品上市后的监测工作,确保符合国家法律法规和公司规定。通常要求药学或相关专业,熟悉药物警戒法规。随着药品安全监管的加强,药物警戒专员的重要性将不断提升,未来可以向高级PV经理或法规事务专家方向发展。

 **生涯实践**

在你心目中优质企业是什么概念呢?企业规模、薪酬福利、发展空间…哪些是你的关注点呢?从不同视角去评判,结果千差万别,我们不妨通过AI来做一个探索,或许能给你提供了解企业的新视角。同学们使用deepseek探索"世界五十强医药企业",看一看结果如何,辉瑞、强生、罗氏等企业是否在列?

我们还可以根据国家和地方从经济领域相关文件中找寻关键术语进行探索,例如根据浙江省科学技术厅关于印发《浙江省科技小巨人企业管理办法(试行)》《浙江省科技领军企业管理办法》的通知(浙科发高〔2022〕34号),探索医药健康领域有哪些"科技小巨人企业"。同样,尝试探索具体行业国家制造业单项冠军企业、隐形冠军企业、制造业单项冠军企业、专精特新中小企业、精特新"小巨人"企业。

通过AI检索结果,对照官方公布名单,给你带来哪些启示?通过AI,你可以通过哪些关键词对医药企业进行分类探索呢?

大健康领域优质企业知多少?

## 二、医药类大学生其他就业渠道

### (一)升学——迎接求学旅程

升学深造作为高等教育的重要延伸,主要包括普通高校专升本、国内研究生教育以及海外留学等多种形式。对于大学生而言,选择升学深造不仅能够提升学历层次,增强专业素养,同时也在一定程度上缓解了社会就业压力。无论是选择直接就业还是继续深造,都需要准确定位、调整心态,以科学的态度规划个人发展路径。

1. 专升本

专升本考试是大学专科层次学生进入本科层次阶段学习的选拔考试的简称,是中国大陆教育体制大专层次学生升入本科院校的考试制度。普通专升本报考对象主要有两类:一是我省全日制高职高专应届毕业生;二是符合我省普通高校专升本招生报考条件(含我省户籍外省就读)的退役士兵,高职高专毕业当年或退役后1年内可报名参加普通高校专升本考试。需要注意的是,我省户籍,但在外省高职高专就读的其他应届毕业生不能报考我省普通专升本。浙江省专升本考试是面向省内全日制普通高校高职高专应届毕业生的选拔性考试,旨在选拔优秀专科毕业生进入本科阶段学习。考试由浙江省教育考试院统一组织,是专科生提升学历、拓展职业发展空间的重要途径。

考试分为八个招考类别,包括文史、理工、经管、法学、教育、农学、医学和艺术。考生需根据高职高专阶段所学专业,按照《浙江省专升本各类别所含专业对照表》确定报考类别。考试科目分为两门,英语为必考科目,另一门根据报考类别决定:文史、法学、教育、艺术类考生需参加大学语文考试,而理工、经管、农学、医学类考生需参加高等数学考试。每门科目满分均为150分。

报名通常在每年3月中旬进行,考生需登录浙江省教育考试院官网(www.zjzs.net),填写报名信息并上传照片。考生可填报8个志愿,每个志愿包括1所高校和1个专业。报名后,高校会进行资格审核,审核通过的考生需在规定时间内缴纳考试费(110元/人次)。考试时间一般在4月中下旬,2025年的考试时间预计为4月20日,上午9:00—11:30为高等数学或大学语文考试,下午14:30—17:00为英语考试。

录取时,省教育考试院会根据招生计划划定各类别最低录取控制分数线,按考生总分排序,遵循"分数优先,遵循志愿"的原则进行投档,投档比例原则上为1∶1。高校根据招生计划和考生志愿,综合评价、择优录取。新生凭录取通知书和专科毕业证书原件报到注册,学制一般为两年。毕业时,学生将获得全日制普通本科毕业证书,符合学位授予条件的可授予学士学位。

此外,浙江省专升本考试还为部分考生提供优惠政策。例如,符合报考条件的退役士兵,高职高专毕业当年或退役后一年内参加专升本考试,录取时总分可加20分。考生需提前了解报考类别及相关要求,确保填报志愿符合规定。考试内容和流程以浙江省教育考试院发布的最新通知为准。

以浙江药科职业大学为例,学校历年专科毕业生升学院校主要有:温州大学、温州医科大学、浙江中医药大学、浙江科技 大学、杭州医学院、浙江海洋大学、浙江农林大学、衢州学院、浙大宁波理工学院、浙江药科职业大学、台州学院、浙江万里学院、宁波大学科学技术学院、宁波财经学院、湖州师范学院、温州医科大学仁济学院、浙江理工大学科技与艺术学院、宁波工程学院等。

普通高校专升本热点问答

2. 考研

研究生招生考试是中国高等教育中选拔硕士研究生的重要方式,其流程和政策相对复杂,涉及多个阶段和环节。以下是研究生招生考试的详细介绍:研究生招生考试主要包括全国硕士研究生统一招生考试(统考)、推荐免试(推免)、单独考试以及专业学位硕士研究生招生等多种形式。其中,全国硕士研究生统一招生考试是面向社会公开选拔研究生的主要方式,考试分为初试和复试两个阶段。

(1) 报名时间与流程。根据2025年全国硕士研究生招生考试的官方时间安排,预报名时间:2024年10月9日至12日。正式报名时间:2024年10月15日至28日。考生需在此期间登录"中国研究生招生信息网"(https://yz.chsi.com.cn/),根据要求完成报名和缴费(具体每年报考时间以官方网站为准)。预报名阶段主要针对应届本科毕业生,但正式报名阶段对所有符合条件的考生开放。考生可以在预报名期间提前注册、填写信息,若无更改,预报名信息在正式报名时有效。

(2) 报考要求与注意事项。资格要求:报考全国硕士研究生的考生需满足教育部规定的报考条件,包括学历要求:本科毕业或同等学力的应届生和往届生。学位类型:考生需根据自身学术兴趣选择学硕(学术型硕士)或专硕(专业型硕士)报考,学硕更注重理论研究,专硕则更偏应用实践。此外,各大院校和专业可能对考生的学科背景、工作经历等提出具体要求。考生在报名前应仔细阅读目标院校的招生简章,确保自己符合所有条件。重要注意事项,报名信息的准确性,填写报名信息时务必仔细核对,尤其是考生姓名、身份证号、报考院校及专业、考试科目等信息。一旦信息错误,后期修改可能会十分麻烦,甚至影响考试资格。缴费要求,各地报考费用不同,考生应在规定时间内完成网上缴费,报名成功以缴费为准。未在规定时间内缴费将视为报名无效。选择考点,考生应选择居住地或工作地附近的考点参加初试,特别是跨省报考的考生,需提前确认考点分布和考试安排。

(3) 备考策略与时间规划。硕士研究生考试通常包括初试和复试两个阶段。初试时间一般安排在12月下旬,考试科目主要包括政治、英语、专业课等,复试时间通常在次年3月或4月。合理规划复习时间,在报名阶段,考生的复习已经进入冲刺期。此时,建议每天安排3至5个小时的专业课复习,同时每天保持一定的英语练习时间,确保语言和专业知识的同步提升。注重政治与时事热点,政治考试涵盖的知识点广泛,尤其是在考前的时政热点部分更是重点,建议考生每日关注时事新闻,了解国家政策、经济形势等信息。专业课复习要抓重点,不同院校、不同专业的考题风格差异较大,考生可以参考历年真题,结合目标院校的考试大纲,重点突破核心知识点。复试提前准备,在初试结束后,考生应迅速进入复试准备阶段,包括专业知识的深入理解、英语口语及听力的练习,以及面试技巧的提升。许多院校会在复试阶段考查综合素质,因此考生也应注重个人形象及表达能力的培养。

(4)报考数据及趋势。近年来,报考硕士研究生的考生人数持续增长。根据教育部发布的数据显示,2024年全国硕士研究生报名人数超过520万人,比2023年增长了近17%。预计2025年这一数据还将继续攀升,竞争将更加激烈。与此同时,部分热门专业的录取分数线逐年走高,尤其是在金融、计算机、教育学等领域,考生需投入更多精力准备初试和复试。

硕士研究生招生考试不仅仅是知识的考核,更是一场耐力与智慧的较量。从报名到备考,每一步都关乎未来的学术发展与职业前景。考生需要提前做好准备,确保信息填写无误,并在接下来的复习过程中保持稳步提升。

以浙江药科职业大学为例,本科毕业生升学院校主要为:浙江工业大学、宁波大学、温州医科大学、浙江理工大学、浙江工商大学、浙江中医药大学、中国计量大学、安徽中医药大学、上海师范大学、西南医科大学、山西中医药大学、杭州医学院、江西中医药大学、浙江万里学院、浙江师范大学、湖北科技学院、河南中医药大学、广东药科大学、浙江海洋大学、嘉兴大学、杭州师范大学等。

**教育部关于印发《2025年全国硕士研究生招生工作管理规定》的通知**

3. 出国留学

出国留学指的是大学毕业生毕业后去其他国家继续学习。如果想出国留学,必须参加对应的出国留学考试,如托福、雅思等,考试通过后可以申请拟就读的大学与专业。出国留学读研是以申请的方式,向国外学校递交相关材料,学校会对学生的GPA成绩、雅思或托福成绩、GRE成绩、个人陈述、实习经历等综合评定后决定是否录取。需要注意的是,海外大学比较注重本科阶段的平均学分绩点,国外重点大学一般要求中国重点大学学生的平均绩点是3.0(含)以上,即平均每一门功课的成绩是80分(含)以上,非重点大学的学生平均绩点要求3.5(含)以上,即平均成绩在85分(含)以上。准备出国读研的同学应该尽早准备过语言关,大三下学期就开始准备递交申请(部分优秀学生可做到国内考研和国外留学申请同时进行)。

**(二)灵活就业——开启筑梦之旅**

灵活就业是相对传统就业模式而言的,它不同于正规的全日制、与用人单位建有稳定的劳动法律关系、有工资福利和社会保障的就业。与传统就业模式相比,灵活就业通常不局限于固定的工作场所和固定的工作时间,劳动者可以根据自身需求选择兼职、临时工作、远程办公、自由职业或项目制工作等多种形式。灵活就业的核心特点是劳动关系的非标准化和弹性化,劳动者可能以个体经营者、自由职业者、合同工或临时工等形式参与经济活动,同时也可能通过互联网平台或数字化工具实现远程协作和任务承接。医药类院校毕业生的灵活就业方向呈现出多样化的趋势,涵盖了多个新兴领域和传统行业的创新模式。

1. 自由职业

自由职业成为许多毕业生的选择,他们可以从事医药咨询、健康管理、医学写作与编辑等工作,利用专业知识为个人或企业提供定制化服务。

2. 线上医疗服务

随着互联网医疗的快速发展,毕业生可以通过在线问诊平台、健康管理 App 或医药电商等渠道,参与远程医疗、健康管理及药品推广等工作,充分发挥数字化时代的优势。

3. 教育培训

教育培训领域也为毕业生提供了灵活就业的机会,他们可以担任医药培训讲师或职业资格考试的辅导教师,帮助更多人提升专业能力。

4. 自主创业

对于有创业意愿的毕业生,健康产品研发、健康服务机构创办以及医药科技公司的设立都是可行的方向,尤其是在大健康产业蓬勃发展的背景下,创业空间广阔。

5. 兼职或临时工

兼职与临时工作也成为灵活就业的重要组成部分,如兼职医药代表、临床试验协调员等,为毕业生提供了更多短期实践和收入来源。

6. 国际就业机会

随着国家经济发展,国际就业机会也逐渐增多,毕业生可以在跨国医药公司或国际医疗援助项目中找到适合自己的岗位。

7. 科研与学术

科研与学术领域同样为毕业生提供了独立研究员、学术顾问等灵活角色,助力他们在专业领域持续深耕。

8. 自媒体运营

随着新媒体的兴起,越来越多的毕业生选择成为健康科普博主或医药行业分析师,通过自媒体平台传播专业知识,拓展职业边界。

总体而言,医药类院校毕业生的灵活就业选择丰富多样,既能够结合自身兴趣和专业背景,又能够顺应时代发展趋势,实现个人职业发展的多元化路径。

## (三) 基层就业——书写青春华章

基层就业项目主要包括"大学生志愿服务西部计划""三支一扶"计划、"农村义务教育阶段学校教师特设岗位计划"以及"大学生村官计划"这四个重要计划。以下是对这四个计划的详细阐述:

1. 大学生志愿服务西部计划

大学生志愿服务西部计划是国家为了引导和鼓励高校毕业生到西部基层服务而实施的一项重要政策。该计划旨在通过志愿者的服务,促进西部地区的经济社会发展,同时也为大学生提供了一个锻炼自我、增长才干、服务社会的平台。参与者可以在教育、卫生、农技等多个领域开展志愿服务,为西部地区的进步贡献自己的力量。

## 2. "三支一扶"计划

"三支一扶"计划是指选派高校毕业生到农村基层从事支教、支农、支医和扶贫工作。这一计划旨在通过高校毕业生的专业知识和技能,为农村地区提供必要的支持和帮助,推动农村经济社会的发展。参与者可以在农村学校任教、在农业技术推广站工作、在医疗卫生机构提供服务,或者参与扶贫开发工作,为农村地区的全面发展贡献自己的力量。

## 3. 农村义务教育阶段学校教师特设岗位计划

农村义务教育阶段学校教师特设岗位计划是针对农村地区师资力量薄弱而实施的一项特殊政策。该计划通过设立特设岗位,吸引高校毕业生到农村地区任教,提高农村学校的教育教学质量。参与者可以在农村中小学担任教师,为农村孩子提供优质的教育资源,帮助他们更好地成长和发展。

## 4. 大学生村官计划

大学生村官计划是国家为了加强农村基层组织建设而实施的一项重要举措。该计划通过选派高校毕业生到农村担任"村官",加强农村基层党组织的凝聚力和战斗力,推动农村经济社会的发展。参与者可以在农村基层组织中担任领导职务,参与农村治理和经济发展工作,为农村地区的繁荣稳定贡献自己的力量。

综上所述,基层就业项目包括的四个计划分别是"大学生志愿服务西部计划""三支一扶"计划、"农村义务教育阶段学校教师特设岗位计划"以及"大学生村官计划"。这些计划不仅为高校毕业生提供了广阔的就业平台,也为农村地区的经济社会发展注入了新的活力和动力。

# 生涯实践

**探索实践:就业岗位探索**

◆ **实践目标**

1. 通过调研企业对岗位的任职要求,深入了解行业人才需求标准
2. 培养信息搜集与整理能力,提升职业规划意识
3. 明确个人发展方向,制定切实可行的职业成长路径

◆ **实践内容**

1. 团队组建与任务分配:组建3~6人研究小组;
2. 确定小组研究主题:罗列2~3个感兴趣的岗位名称;
3. 岗位信息搜集:每个岗位至少调研3家以上用人单位;
4. 信息搜集渠道:企业官方招聘网站、企业招聘微信公众号、高校就业信息网、主流招聘平台(如智联招聘、前程无忧等)、行业人才网站;
5. 信息整理与分析:制作岗位需求对比表,包含企业基本信息(规模、行业、性质)、岗位职责描述、任职资格要求(学历、专业、技能、证书等)、薪资待遇范围、发展空间描述等

◆ **成果分享与讨论**

小组汇报要求:展示调研成果,时长5~8分钟,重点阐述岗位核心能力要求、个人现状与岗位要求的差距、未来3年职业发展路径规划。

# 第八章 药苑撷香·大学生求职准备

> 幸福生活是靠劳动创造的，大家要保持平实之心，客观看待个人条件和社会需求，从实际出发选择职业和工作岗位，热爱劳动，脚踏实地，在实践中一步步成长起来。
>
> ——习近平在四川考察时的讲话

## 学习目标

1. 掌握求职信息的获取途径和整理分析方法。
2. 了解求职过程中的常见心理问题及应对措施。
3. 树立正确的就业观念，具备求职就业的意识、素养和能力。

## 课前导入

### 高适的职场人生：莫愁前路无知己，天下谁人不识君

高适是中国唐代著名的边塞诗人，与岑参并称"高岑"。他的职场生涯可以分为以下几个阶段：

少年贫苦，志存高远。高适（约700年～765年），字达夫，一字仲武，渤海蓨（今河北景县）人，后迁居宋州宋城（今河南商丘睢阳）。他出身于一个有文化传统的官宦家庭，但其家道中落，他青少年时期生活贫困。二十岁后开始漫游。他先是在汴州（今河南开封）一带游历，后又北上燕赵（今河北一带），试图在边塞地区寻找机会。这一时期，他接触到了边塞的风土人情，为他后来创作边塞诗奠定了基础。

奔赴边塞，失意而返。公元730年，高适毅然决定弃笔从戎。他前后向当时的朔方节度副大使——信安王李祎和幽州节度使张守珪抛出橄榄枝，但均无功而返。在之后的两年里，高适一直在边疆游走，试图寻找建功立业的机会，但终因无人赏识，高适不得不离开边塞，重返客居之地。虽然这次入塞，高适没有遇到知己，比较失意，但是几年的军旅生活，为他打开了新的视野，也为他的诗歌创作提供了源源不断的灵感和素材。

落榜之后，名篇问世。735年，三十二岁的高适，再次来到长安，参加当年的科举考试。

他本想"学好文武艺,货于帝王家",然而最终名落孙山,但并没有使他过分沮丧,不久之后名篇《燕歌行》问世,其内容慷慨悲凉,激越雄壮,被誉为高适的"第一大篇",也是唐代边塞诗歌里程碑式的"良心之作"。

幸遇伯乐,平步青云。754年,50岁的高适终于迎来了自己人生的春天。他为边关将领哥舒翰所看中,进入其幕府,并被任命为掌书记。遇见骁勇善战、为唐玄宗极为倚重的名将哥舒翰,是高适一生命运的转折点。从此,高适进入了人生的快车道,他一路高歌猛进,平步青云。后被唐玄宗封为侍御史,后又被提拔为谏议大夫。

半生蹉跎,终居高位。764年,高适被召回京城,任命为刑部侍郎、散骑常侍,加封银光禄大夫,又因军功被封为渤海县侯。一时之间,高适攀上了仕途的顶峰,《旧唐书》上说:"有唐以来,诗人之达者,唯适而已。"蹉跎半生,最终,他成了唐朝边塞诗的大当家,成了驰骋沙场、平定一方的勇猛战将,成了朝廷的股肱之臣。765年,文武兼备,荣耀至极的高适去世。

**思考:** 高适的职场人生给了我们什么启示?

## 第一节　求职信息的获取

面对日益严峻的就业形势,医药类大学毕业生只有深入了解医药行业的市场环境,及时把握医药企业单位的用人需求,竭尽所能做好求职的信息准备、心理准备、材料准备等,真正做到知己知彼、有备无患,才能在就业的"双向选择"中脱颖而出。

在这个数字化信息时代,谁先掌握了信息谁就占领了先机。大学生求职更是这样,谁先了解到第一手就业资料,谁就能最先掌握获取工作岗位的机会。大学生就业市场这块"蛋糕"的分配,最终取决于毕业生个人获取就业信息的能力。因此,如何及时、准确地把握有效的求职信息,应该成为每个毕业生的必修课。

### 一、求职信息的内涵及作用

求职信息的准备是大学生求职择业前的一项重要任务,求职者必须充分利用各种渠道,运用各种手段,及时准确地收集就业有关的信息,为择业决策做好充分的准备。

#### (一)求职信息的内涵及特征

1. 求职信息的内涵

求职信息是指与求职相关的一切有价值的消息、资料和情报,这些信息在求职过程中起着至关重要的作用。求职信息的内涵可以从以下宏观和微观两个层面进行理解:

宏观层面主要包括:① 政策法规信息:国家和地方的就业政策、劳动法规等,这些信息对求职方向和就业流程有重要指导作用。② 就业形势与行业信息:涉及整体就业市场趋势、行业发展动态、人才需求状况等。③ 职业指导信息:包括求职技巧、职业规划建议、面试指导等内容。

微观层面主要包括：① 用人单位信息：包括企业的性质、规模、文化、招聘需求、岗位描述、薪资待遇、工作地点等。② 个人匹配信息：求职者需要了解自身的能力、兴趣、专业背景是否与岗位要求相匹配。③ 求职流程信息：包括招聘流程、面试安排、录用条件等。

2. 求职信息的特征

求职信息具有以下特征：

① 时效性：求职信息的有效性受时间限制，过期信息可能失去价值。
② 相对性：信息的价值因人而异，求职者需结合自身条件判断信息的适用性。
③ 共享性：信息可以被多人共享，因此求职者需要快速反应，避免竞争劣势。
④ 动态性：求职信息会随着市场变化、政策调整和行业发展而不断更新。
⑤ 效用性：求职信息的价值在于帮助求职者做出更明智的职业选择。

### （二）求职信息的作用

"凡事预则立，不预则废""机遇总是留给有准备的人"这些名言警句都告诉我们凡事提前做好准备的重要性。对于每一位准备求职的大学生，谁及时掌握了求职信息，为求职做好了准备，谁就能够在职场上掌握主动，立于不败之地。

掌握求职信息，有助于顺利解决求职过程中遇到的问题。毕业生在求职过程中可能会遇到各种各样的问题，比如如何签订就业协议，如何办理档案派遣手续等，各地方及各高校就业部门一般会制定相关文件和规定，熟悉这些信息，毕业生就可以从容应对。

掌握求职信息，有助于以最小的成本找到最理想的工作。在求职过程中，毕业生通过各种渠道收集需求信息，再通过筛选和匹配求职信息，可以精准定位符合自身条件和职业期望的岗位，避免盲目投递简历，提高求职效率。同时，求职信息为毕业生提供了丰富的岗位选择，涵盖不同行业、领域和地域，帮助他们了解就业市场的需求，明确求职方向。

掌握求职信息，有助于适时调整自己主动适应社会需要。求职信息中的岗位要求促使毕业生审视自身能力与知识储备，发现不足之处，从而有针对性地学习和提升，增强自身竞争力，从而使自己在求职过程中拥有更强的竞争力。另外，从求职信息中，毕业生可以了解目标企业的文化氛围、管理模式和发展前景，判断其是否与自身价值观和职业规划相契合。

## 二、求职信息的获取渠道

求职信息的内容十分广泛，但每个人的时间和精力都是有限的，不可能关注到所有的就业信息，要本着便捷、权威的原则，对就业相关信息进行适当选择。作为初次择业的毕业生，要多关注学校官网、招聘网站、社交媒体等渠道，获取最新的招聘信息。浙江药科职业大学以其鲜明的医药专业特色和强大的行业合作背景，为学生提供了丰富的求职信息和就业支持，通过"智慧就业系统"为学生推送精准岗位信息。主要关注以下几种途径：

### （一）学校就业指导部门

学校就业办公室或就业指导中心，是高校学生就业工作的行政管理部门。作为负责全校毕业生就业指导工作的权威部门，与部委和省市的毕业生就业主管部门及用人单位有着密切的联系,他们会根据有关就业政策和社会需求信息,广泛搭建就业平台,积极畅通信息渠道,为毕业生提供针对性的就业指导和服务。学校就业指导部门的就业信息具有针对性强、成功率大的特点,是毕业生获取求职信息的最主要来源。学校为学生提供全方位的职业指导服务,包括职业规划咨询、简历优化、面试技巧培训等。学校在招聘会现场设置了就业指导服务专区,帮助学生提升求职能力。学校利用"智慧就业系统"为学生提供线上求职服务,学生可以通过该系统绑定微信,接收精准推送的岗位信息,并直接进行简历投递和线上面试预约。这一系统不仅提高了求职效率,还为学生提供了更多选择机会。我校就业公众号为"浙药大就业",助力学生实现专业与岗位的高度适配,提升就业质量。学校构建了常态化的招聘信息推送机制,定期向学生发布与专业紧密相关的企业招聘信息,所涉岗位深度契合学生所学专业知识与技能体系,旨在为学生创造更多契合自身专业发展的就业机会。

## (二) 供需见面会

毕业生供需见面会是由高校和就业主管部门组织的,让毕业生和用人单位直接见面洽谈的就业活动。我校每年11月中下旬都会举办医药行业专场招聘会,吸引了大量省内外优质企业参与,为毕业生提供了丰富的求职资源。例如,2024年12月举办的招聘会吸引了200多家企业提供4 000多个岗位,供需比超过1∶3.5。此外,2025届毕业生就业专场招聘会更是吸引了来自9个省市的240余家优质企业,提供岗位5 000余个。另外学校也安排企业校园宣讲会;各地有关主管部门每年也会组织一些季节性和专场性的人才招聘会。毕业生通过直接面对招聘单位,可以获得更为丰富全面的就业信息,较为快捷有效。

表8－1  2024年浙江省医药类专场招聘会一览表

| | | |
|---|---|---|
| 浙江药科职业大学2025届毕业生就业专场招聘会 | 2024年11月24日(周日)上午9:00—12:00 | 浙江药科职业大学鄞州校区(宁波市鄞州区大道东段888号) |
| 浙江省2025届高校毕业生卫生健康人才专场招聘会、2024年浙江省卫生健康人才招聘会暨浙江中医药大学2025届毕业生冬季招聘会 | 2024年11月30日(周六)上午8:30—12:30 | 浙江中医药大学滨文校区(浙江省杭州市滨江区滨文路548号) |
| 2024年7月10日浙江省人才市场生物、医药、化工、能源、环保专场招聘会 | 2024年7月10日(上午8:30—下午13:30) | 杭州市西湖区古翠路50号浙江省人才市场二楼 |
| 第27届全国医药卫生行业人才招聘会(华东)暨首届华东地区卫生人才交流会 | 2024年11月16日 | 杭州国际博览中心1楼1D场馆 |
| 杭州医学院2024年秋季招聘会 | 2024年11月23日(周六)上午9:30—14:00 | 杭州医学院滨江校区田径场(杭州滨江区滨文路481号) |
| 2024杭州医药港——"走进名校·汇聚英才"生化医药类专场招聘会 | 2024年3月14日(周四)下午13:30—16:00 | 浙江省湖州市德清县工大路1号师生活动中心大厅 |

续 表

| 浙江省医药健康类专场招聘会、浙江省第七届卫生人才招聘会暨温州医科大学2024届毕业生春季招聘会 | 2024年3月30日（周六）上午9:00—12:30 | 温州医科大学茶山校区田径场 |
|---|---|---|
| 浙江省医药健康类专场招聘会、浙江省第七届卫生人才招聘会暨温州医科大学2025届毕业生秋季招聘会 | 2024年11月9日（周六）上午9:00—12:30 | 温州医科大学茶山校区田径场 |

### （三）专业网站及各类招聘平台

随着网络的高速发展，网络信息容量之大，是其他求职方式所不能比拟的。毕业生不仅能够快速地从网上获取各种就业信息，还可以将个人求职信息发布到网上，通过网络参加应聘，真正实现跨时空的人才交流。招聘网站根据招聘专业性可以分为综合性招聘平台和专业性招聘平台。综合性招聘平台如智联招聘、前程无忧等，提供了丰富的医药类岗位信息。专业性招聘网站，如丁香人才网（针对医药行业），更专注于行业内的职位发布，岗位与专业的匹配度更高。求职者可以通过设置筛选条件，精准查找与自己专业和职业目标相符的岗位。浙江药科职业大学的官网会定期发布各类招聘信息，包括校园招聘会、企业实习岗位、事业单位招聘等。学生可以通过访问学校官网的"招聘信息"板块，及时获取最新的求职机会。

### （四）人工智能工具

AI大模型不仅能快速筛选岗位，还能智能匹配。它会深度分析学生的专业课程成绩、实践经历、技能证书等个人信息，以及岗位的专业技能、经验要求等，精准推荐匹配度高的岗位。比如：若该名学生在药物化学课程成绩突出，且有药物合成实验经历，AI可能推荐药物研发中涉及化学合成的岗位。

部分AI还能提供个性化职业建议。对于想在医药领域创业的学生，AI会推荐能积累行业资源的岗位；对于倾向学术研究的学生，AI会介绍高校或科研机构的研究岗位，包括晋升路径和发展前景。但使用AI时，要注意数据隐私安全，选择正规平台，同时不能完全依赖AI推荐，需结合自身实际和行业认知，对推荐岗位进行二次筛选。

许多大型药企在自己的官方网站发布招聘信息，如恒瑞、信达生物等，可以直接访问企业官网获取最准确、及时的招聘动态，并能深入了解企业的文化、产品和发展战略，判断是否与自己的职业规划相契合。学生可借助AI大模型拓宽求职信息搜集渠道。如：ChatGPT、文心一言、DeepSeek等AI工具，能快速整合多渠道的求职数据，在具体使用时输入详细关键词，例如"浙江药科职业大学××学院××专业本（专）科毕业生适合的××地区××岗位"，AI就能依据指令，从众多招聘平台、企业官网等资源中筛选出符合条件的岗位。

### （五）各级政府人力资源网站和医药行业人才网站

属地主管部门负责制定辖区的毕业生就业政策，定期收集所在地用人单位的需求信息，通过多种渠道进行发布,为毕业生就业提供各种咨询和服务,这些信息几乎涵盖当地各行业的需求信息,因此地域性较强,对于有明确就业地点要求的毕业生来说,这种渠道的信息尤为重要。

### (六) 社会关系

俗话说:"多一个朋友多一条路",人际关系网络也是获得求职信息的一个重要渠道。大学生在找工作的时候要充分利用一切社会关系,包括父母、亲戚、老师、校友和朋友等社会关系去寻求好的求职机会。对于大学生而言,家长、亲戚朋友是他们社会关系网的主要构成部分,他们来自社会的各个行业、各个阶层,与社会有多种联系,可以从不同渠道带来各种用人单位的需求信息。对于即将步入社会的大学生而言,要善于结合家长、亲友、学校老师以及校友的社会关系,广泛收集就业信息,拓宽信息来源,积极寻找恰当的就业机会。

学校老师也是搜集就业信息的重要来源,尤其是负责就业的老师、学院辅导员和专业教师。学校的就业负责老师或辅导员主要负责就业政策和信息的上传下达,对就业信息的甄别更加敏感;专业教师由于其科研、教学以及校企合作等契机,通常比一般教师更了解本专业毕业生适合的就业方向和范围,对专业的发展状况、近几年毕业生就业的流向、用人单位对毕业生的具体要求都比较清楚。作为毕业生,可以从老师那里获取有关信息,还可以自己作为自己的推荐人,提高就业机会。

### (七) 实习与社会实践活动

我国应用型本科院校通常采用"3+1"的人才培养模式,在校三年的专业学习之外,设置一年的校外实习活动,以培养出更优秀的应用型人才。实习生可以通过实习充分了解企业,对今后的择业方向做出更加客观理性的规划。对于企业而言,通过实习能够提前了解应届毕业生的个性特点、人品价值观及在实际工作中的能力表现,有利于更高效地完成校园招聘计划。应该说实习活动对于毕业生和企业来说是双赢的,是双方获得信息的重要途径,很多毕业生在实习过程中与用人单位直接达成了就业协议,毕业后马上就能签订劳动合同。我校通过"1+N"产教融合生态圈,与233家单位建立了紧密合作关系,涵盖现代医药、生物制药、中药、医疗器械、食品、化妆品等多个领域。这些合作企业不仅为学生提供了实习和就业机会,还通过校企合作项目、订单班、创新班等形式,帮助学生提前适应行业需求。

各类校园竞赛活动包括专业的科技文化竞赛、创新创业大赛以及公益性的社会实践活动等。例如,"挑战杯"全国大学生系列科学技术竞赛、"互联网+"创新创业大赛、国家级和省级工业分析检验技能大赛、国家级和省级药学技能竞赛、中药传统技能大赛等,大学生在各种社会实践活动中更好提高认知水平和社会责任感。我校注重培养学生的创新创业能力,通过生命健康类创新创业教育和竞赛,帮助学生提升职业素养。2024届毕业生中,超过150人接受了相关培训,其中10余人在毕业前成功创业。此外,学校还通过"药海远志"促就业直播带岗活动,宣传优秀毕业生,拓宽就业渠道。

**企业导师说**

大学是知识的殿堂,是你们为未来职业生涯积累资本的关键时期。要充分利用学校的优质资源,努力学习专业知识,同时,更要注重实践能力的培养。理论与实践相结合是学习医药专业知识的关键,积极参加各类实践活动,如医院实习、各医疗机构服务等,通过实习实践锻炼自己的专业技能和沟通能力。在实践中要善于观察、勤于思考,不断总结经验教训,提高解决实际问题的能力。通过实习,学生不仅能提升专业能力,更能深刻理解中医药的当代价值,为成为"精于术、诚于心"的中医药人才奠定基础。

同时,在医药领域,创新是推动行业发展的核心动力,希望你们在学习过程中,培养创新思维,敢于质疑、善于思考,不满足于现状,勇于探索未知领域。积极参与科研项目、学科竞赛、专业技能大赛等活动,提升自己的创新能力,为医药事业的发展贡献新的思路和方法。

最后,我想说"心心在一艺,其艺必工;心心在一职,其职必举"。职业不分贵贱,不要见异思迁,坚守自己的信念和专业,用我们的专业服务社会,社会必给我们相应的回报。假以时日,你会突然发现自己已经站在某个高点,你更会明了人生的价值和真谛。

——宁波明贝中药业有限公司副总经理兼中药质量检验中心主任陆元勋

### 三、求职信息的整理

在求职过程中,面对海量的招聘信息,有效地筛选是提高求职效率和成功率的关键。以下是求职信息筛选时应遵循的原则。

#### (一) 信息筛选的原则

**1. 相关性原则**

在筛选求职信息时,尽量选择本专业及专业相关的岗位信息,这既能做到发挥所长、学以致用,也可避免人才资源的浪费。如果不考虑自己的专长,即使在求职中取得成功,在未来的职业生涯中也会逐渐暴露自己的弱势,发展后劲明显不足,需要从头开始一点一滴地学习积累。当然,发展前途与兴趣爱好能够结合则为最佳。

**2. 长远性原则**

要结合自身优势,选择能充分发挥自身优势的岗位,例如,如果你具备良好的沟通能力,可以优先考虑医药销售或市场推广类岗位。同时要考虑职业的长远发展,选择有助于个人职业发展的岗位,例如,选择能够提供培训和晋升机会的企业。

**3. 匹配性原则**

技能匹配:岗位要求的技能应与自身掌握的技能相匹配。例如,如果岗位要求熟悉GMP标准和药品质量检测技术,而学生恰好在学校实践课程中掌握了这些技能,则该岗位高度匹配。

经验匹配:根据自身实习或项目经验选择合适的岗位。例如,有药品生产实习经验的学生可以优先考虑生产操作员或质量控制员等岗位。

学历匹配:确保岗位的学历要求与自身学历相符。例如,职业本科毕业生可以优先考虑要求本科及以上学历的岗位。

4. 真实性原则

多渠道验证:通过多种渠道验证招聘信息的真实性,避免求职陷阱。例如,通过企业官网、招聘网站、社交媒体等渠道交叉验证。

警惕虚假信息:注意识别虚假招聘信息,如高薪低要求、无明确联系方式、要求缴纳费用等异常情况。

官方渠道优先:优先选择企业官网、学校就业信息网、知名招聘平台等官方渠道获取信息。

5. 时效性原则

及时更新:确保筛选的信息是最新的,避免因信息过时而错过求职机会。

定期回顾:定期回顾筛选后的信息,根据市场动态和个人情况调整求职策略。

## (二) 信息筛选的步骤

求职信息的筛选过程实际上是一个求职决策过程,这是择业的关键所在。求职者在广泛收集信息的基础上,要结合自己的实际情况,对获取的初始信息进行有针对性的整理、归纳和分析。一般来说,信息筛选需要以下步骤:

1. 真伪鉴别

信息的获取,要力求准确无误,这样的信息才有价值。由于毕业生收集的信息来源复杂,信息里可能确实会蕴藏着一些就业机会,但也可能是一堆"垃圾",甚至可能潜藏陷阱。毕业生在遇到各方面条件非常诱人、但对用人单位的实际情况不是很明确的情况下,应多做调查和了解。只有将过时、虚假、无关的信息剔除,才能掌握择业的主动权。

2. 重点筛选

在真实的求职信息里面,也不是每条信息都适合自己的实际情况。毕业生要对所掌握的信息进行比较和选择,根据自己的性格、兴趣和特长从中重点把握一些信息,对一些一般的信息可以做适当的取舍,以免耗费过多的精力。毕业生对筛选的重点信息要进行细致分析,把握准单位对招聘岗位的能力素质要求,以便针对性地准备自己的应聘材料,提高求职成功的概率。

3. 深入挖掘

许多信息的价值往往不是浮在表面上的,必须经过深入挖掘才能发现。一般而言,根据用人单位的一些直观现状,并不能马上准确判断其今后的发展情况和员工的成长空间。这就要求毕业生既要站在高处,从长远的方向看待职业的发展趋势,又要留意信息的细枝末节,由表及里地挖掘信息的内涵价值。

4. 及时反馈

求职信息传播速度之快、共享程度之高,折射出就业市场的竞争压力,毕业生得到的信息仅仅代表一种可能的就业机会。因此,毕业生一旦获得了有价值的就业信息,就要及早准备,尽快出击,主动与用人单位联系,询问应聘的具体方式和要求,并递交自己的求职材料。

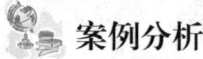
## 案例分析

忽视信息甄别的"代价"

小李,中药制药技术专业,2020年6月刚毕业,看着同班同学大多都已找到了满意的工作,自己却一直处于待业状态,心里十分焦急。他先后应聘了多家单位,均无功而返,这让他感到越来越焦虑和迷茫。

一天,他看到某公司招聘后备储备干部的岗位,并在介绍中说明"无经验也可",急着找工作的小李不假思索就到这家公司填写了登记表,并对招聘公司的背景一概不问,面试人员跟他说什么他都答应,在面试过程中面试人员提出要收取报名费、培训费等一系列费用,但小李急于想得到这份工作,便交了钱,也没留下任何票据,便回家等消息。等了一个月。该公司仍然没有给他任何回音,他来到公司要求退款,但都以各种理由被拒绝。小李这才意识到自己可能遇到了求职陷阱,于是向相关劳动监察部门投诉。

经过调查,劳动监察部门发现这家公司并没有正规的营业执照,所谓的"知名销售公司"是假的,其目的就是为了骗取求职者的押金。最终,这家公司被依法取缔,小张的押金也得到了退还。

**案例感悟**:求职过程中,大学生应保持警惕,避免轻信高薪、轻松赚钱的承诺,通过正规渠道获取招聘信息,保护个人信息安全,拒绝支付任何不合理费用。如遇可疑情况,及时向劳动监察部门或公安机关求助。

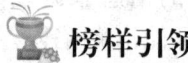
## 榜样引领

敬业奉献不言苦,躬耕杏林守初心

◆ **人物简介**

姓名:柳淑华

毕业院校专业:浙江药科职业大学中药学院中药学(2010届)

现任岗位/职务:宁波鄞州固生堂钟益寿堂中医门诊部院长

职业成就:2019年度担任固生堂中医全国药房(委员会)主任;荣获2023年度区域优秀员工奖;荣获2024年度区域优秀院长管理奖;2024年参与编写中医养生保健服务(非医疗)技术操作规范熏蒸。

◆ **个人发展路径**

2007年的金秋,柳淑华带着一颗忐忑迷茫的心来到浙江医药高等专科学校中药系报到,她和一众新生们懵懵懂懂地开始了大学生涯,踏实好学的她很快就适应了新的校园环境,她早起晚归,认真学习每一门课程,尤其是"实用中药学""中药调剂技术"及"中药鉴定技术"这些专业课程,她上课时总是专注投入,因为她深知这些专业课知识会为自己将来的工作打下良好的基础。大学期间她刻苦学习之余,还积极参加各项学科竞赛和志愿服务活动,大学期间扎实的专业基础和活动实践,让她在后来的职业发展上有了更强的底气和实力,让她在中医药行业专业化、职业化之路上走得更远更坚定。

在毕业前一年,柳淑华便开始着手琢磨求职简历,通过将中药学专业素养与行业市场的深度结合,明确了自身未来职业的发展规划。有效运用互联网招聘、校园招聘会、校友互推等多元渠道,高效锁定目标企业。2010年6月,柳淑华怀揣着医者仁心、悬壶济世的梦想踏入了中医药领域。一转眼,她已经在本行业兢兢业业工作了十余载,她用自己的知识和工作能力服务医患大众,帮助他们解除病痛,不辜负他们的信任,把自己最美好的青春年华都献给了她最热爱的中医药行业。从社区卫生院中药调剂员到民营医院药房主管再到门诊院长,她踏踏实实的工作作风赢得了领导的信任和患者客户们的认可,她个人历经药房-运营-门诊三级管理岗位的锤炼,完成了从技术岗位向管理岗位的转型,从执行者到决策者的蜕变,实现了中医药人的职业价值。

◆ 案例启示

柳淑华成功的职业发展之路告诉我们,在校大学生要尽早进行职业生涯规划,明确职业定位,提前做好求职准备。在夯实专业基础之外,还要注重实践与技能提升,培养综合素质,提升职业韧性。

◆ 校友寄语

"山不让尘,川不辞盈",凡事从点滴做起,不断积累,方有成就。中医药的未来属于既有扎实功底又能拥抱变革的新一代。愿中医药学子们以热爱为帆,以实践为桨,在传承与创新中开辟属于自己的职业航道!

## 第二节 求职心理的调适

随着医药大健康产业的蓬勃发展,医药人才市场的竞争也日趋激烈。在求职过程中,毕业生不可避免地会遇到各种心理困扰。如何正确认识自己,怎样做好求职相应准备,如何调适在求职过程中产生的各种心理冲突,将会影响到毕业生的求职、就业进展,甚至会影响到毕业生今后的职业生涯发展。

### 一、认识大学生求职心理

所谓大学生求职心理,是指大学生在毕业选择职业时所表现出来的各种心理状态和心理特征的总和。医药类大学生在求职过程中表现出的心理特点通常与其专业特性、行业环境及个人发展需求密切相关。具有相对独特的心理特点:

#### (一)就业焦虑与不确定性

毕业生在求职过程中往往面临较大的就业焦虑。这种焦虑主要源于对就业市场的不确定性和对未来职业发展的担忧。医药行业相关政策的调整以及社会大环境的变化,岗位缩减,竞争激烈,学生易因信息不对称和一些负面报道产生过度焦虑,甚至出现逃避求职的行为。

## （二）从众与功利心理并存

毕业生大多倾向于扎堆公立医院、知名药企或外企，忽视基层岗位或新兴领域（如健康管理）等，导致"千军万马过独木桥"的现象。还在一部分学生过度关注薪资、城市发展等表面条件，忽视职业适配性。例如，药学毕业生可能放弃适合的科研岗位，盲目转向高薪销售职位，导致职业发展受限。

## （三）自卑与自负交织

一部分学生可能对自己的能力缺乏清晰认识，对自己专业技能不自信，从而错失合适的工作机会。农村地区或家庭经济条件较差的学生，可能会因为缺乏社会资源和人际关系网络，在求职过程中感到自卑，不敢主动争取机会。相反，一些成绩优异或在校期间表现突出的大学生，可能会产生自负心理，他们过高地估计自己的能力和价值，对岗位期望过高（如要求高薪、大城市就业），不愿意从基层或较低层次的岗位做起，导致在求职过程中频繁碰壁，遭遇挫折后可能迅速转为自卑，陷入自我怀疑。

## （四）"稳定性"与"发展性"的矛盾

部分毕业生的择业观念较为传统，内心追求职业"稳定性"，他们将就业出路限定在考进公立医院或知名国企等传统路径上，对新兴的就业领域和机会缺乏关注和探索，这限制了他们的就业选择范围以及长期的职业规划。

 **思政小课堂**

党的二十大报告提出"促进中医药传承创新发展"，体现了党和国家对中医药事业的高度重视，为中医药的发展指明了方向。习近平总书记强调，要遵循中医药发展规律，传承精华，守正创新，加快推进中医药现代化、产业化，推动中医药事业和产业高质量发展。中医药作为中华民族的瑰宝，不仅在健康中国建设中具有独特优势，还在维护国家安全、社会稳定以及提升人类福祉方面发挥着重要作用。近年来，国家出台了一系列政策支持中医药发展，包括《中医药振兴发展重大工程实施方案》《"十四五"中医药发展规划》等，旨在完善中医药服务体系、提升中医药服务能力，并推动中医药走向世界。中医药文化的传承与普及也得到了高度重视。通过教育、传播和创新，中医药文化在国内外的影响力不断提升，为中医药事业的持续发展提供了文化支撑。

在新时代背景下，作为中医药工作者，应以党的二十大精神为指引，立足人民健康需求，充分发挥中医药在治大病、重大疾病治疗和疾病康复中的独特作用，为建设健康中国、实现中华民族伟大复兴的中国梦贡献力量。

## 二、求职心理误区

大学生就业面临各种竞争和选择，往往存在这样那样的心理误区，直接影响到他们的求职，应认真分析其原因，找出引导自我走出心理误区的对策。

## (一)求职错误观念

大学生在求职过程中往往受到自身特点、社会观念和教育环境等多方面因素的影响,容易形成一些求职错误观念。这些错误观念不仅会影响求职效率,还可能导致职业发展受阻。以下是常见的求职错误观念及其分析:

1."一步到位"的盲目自信

部分学生对自己的能力评估过高,期望一步到位找到理想的工作,对薪资待遇和工作环境要求过高。这种盲目自信可能导致学生错失合适的机会,因为企业更看重实际能力和适应性,而非单纯的学历或期望。

2."热门行业至上"的盲从心理

许多学生受社会潮流影响,盲目追求热门行业和大城市,忽视自身专业优势和职业兴趣。这种观念不仅增加了求职竞争压力,还可能导致学生进入不适合自己的岗位,影响职业满意度和长期发展。

3."专业对口或不做"的狭隘观念

部分学生过分强调专业对口,对与专业相关但不完全对口的岗位不屑一顾。这种观念限制了就业机会,忽略了职业发展的多样性和灵活性。实际上,许多岗位对技能的通用性和适应性有更高要求。

4."慢就业"的拖延心理

一些学生认为自己时间充裕,可以慢慢寻找理想的工作,从而拖延求职。这种心理可能导致学生错过最佳求职时机,甚至在竞争中处于劣势。

5."重外轻内"的功利观念

部分学生在求职时过于关注薪资待遇和工作环境,忽视个人职业发展和内在成长。这种观念可能导致学生在短期内获得高薪,但长期来看,缺乏职业成长和技能提升的机会。

6."冷热分明"的就业偏见

许多学生对职业的选择存在"冷热"偏见,倾向于大城市、热门行业和高薪岗位,而忽视基层、中小城市和新兴行业。这种观念不仅加剧了就业市场的结构性矛盾,还可能导致学生错过更多适合自己的机会。

## (二)心理困扰解析

导致大学生在求职过程中出现心理问题的原因是多方面的,这些原因既包括制度和机制上的客观因素,也包括大学生个人的主观因素。当代大学毕业生在面对就业市场时,必须正视现实,只有全面了解引起心理问题的主要因素,才能及时排解心中的疑惑,以更加积极主动的姿态,去争取适合自己的工作机会。

1.自我认知片面

大学生自我认知片面可能受到多种因素的影响,包括教育背景、家庭环境、社会观念等。

成功择业的首要前提是正确地认识自我,许多毕业生在求职之初,往往不能对自己各方面的情况进行客观的评价,这导致他们在就业过程中存在着自我认知的偏差。有的学生只关注到自己在校学习成绩或技能方面的优势,而忽视了其他综合能力的发展,如沟通能力、团队协作能力等;有的学生只看到自己拥有的特长和优点,却忽视了累积扎实的专业知识基础,表现得自以为是、盲目乐观;有的学生则过分强调自身的缺点,能力自评过低,对参与就业竞争怀着悲观的心态;还有的毕业生对自身状况认识不清,无法确立一个明确的目标,不善于主动推销和表现自己,对未来的就业岗位和职业发展路径缺乏清晰的认识,不知道自己适合什么样的职业,也不了解职业发展的阶段性目标。

2. 职业定位不当

一部分毕业生一味追求高薪酬、高地位职业,而忽视自身实际水平与市场需求,导致定位偏差;还有些学生缺乏自信,对自己能力认识不足,求职时选择过低层次岗位,虽可能顺利入职,但不利于个人长远发展,造成人才浪费;还有一部分大学生在求职时缺乏独立思考,容易受他人影响,追逐所谓热门职业,而忽略自身专业特长与兴趣爱好,使职业定位偏离个人实际;部分学生因对专业理解不足,或期望通过换专业求职获得更好机会,导致职业定位与所学脱节,增加求职难度与职业转换成本。

3. 求职准备不足

一部分学生学习自主性与自律性比较欠缺,在校期间忽视就业知识的学习和掌握,缺乏规范系统的技能培训和实践锻炼,导致毕业前无目标、无准备,全凭运气找工作。随着就业季的来临,因为不能及时转变角色、调整就业心态,导致思想上和心理上的准备不足,对求职招聘环节不甚了解,也不够注重沟通技巧,应聘时显得比较被动,必然会产生各种心理困惑和障碍。

4. 应对挫折消极

00后的大学毕业生中,大多是独生子女,他们成长于社会经济高速发展的近二十年,衣食无忧、一帆风顺,缺少应对挫折的经验和独当一面的能力。一部分学生在求职受挫后,本能会选择逃避,不再积极投递简历或参加招聘会。这种行为虽然短期内能缓解压力,但长期来看会错过更多机会,使求职之路更加艰难。另外一部分学生在求职受挫后,可能会转而过度依赖家长或老师,期望他们为自己安排好一切,这种依赖心理会削弱自主解决问题的能力,不利于个人成长。求职过程本身就充满了未知和矛盾,在没有做好经受坎坷与不顺的心理准备的情况下,一旦"碰钉子",不能及时正确地化解,就容易意志消沉,导致心理问题愈发严重。

5. 职业规划教育缺位

职业规划教育在部分高校中往往呈现碎片化状态,缺乏统一的规划和协调,教育内容和形式随意性大,缺乏专业有效的后续跟踪管理。这使得学生在不同阶段接受的职业规划教育缺乏连贯性和系统性,难以形成完整的职业规划观念。一些高校针对学生的职业指导多聚焦简历制作、面试技巧,缺乏长期职业价值观引导,导致学生择业短视化。

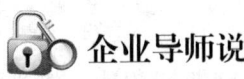 **企业导师说**

作为一位耕耘于本行业二十余载的中医药人,我想借此机会与同学们分享一些关于未来职业发展的思考。从企业的角度来看,我们不仅仅是在寻找具备专业知识的人才,更希望看到的是能够快速融入团队、适应变化,并且持续成长的优秀个体。首先,专业能力是基础。无论你选择哪个行业或领域发展,扎实的专业知识和技能都是不可或缺的。因此,在大学期间,请务必认真学习每一门课程,深入理解理论背后的逻辑,并尝试将其应用于实际问题中。此外,积极参与实习实训项目,通过实践加深对所学知识的理解,这将为你的职业生涯打下坚实的基础。其次,就业能力同样重要。现代社会瞬息万变,仅仅掌握当前的技术已经不足以应对未来的挑战。我们需要的是那些拥有学习力、创新能力和解决问题能力的学生。这就要求你在校期间培养自主学习的习惯,保持对新知识、新技术的好奇心,不断提升自己的适应能力。同时,加强沟通表达技巧,无论是书面还是口头,清晰准确地传达思想对于职场成功至关重要。再者,综合素质也是考量的重要方面。一个全面发展的人才不仅需要过硬的专业技能,还需要良好的职业道德、团队合作精神以及社会责任感。在大学生活中,可以通过参加社团活动、志愿服务等方式锻炼这些软实力。学会与不同背景的人相处,尊重多元文化,增强抗压能力和情绪管理能力,这些都是在未来工作中不可或缺的品质。最后,我希望每位同学都能明确自己的目标,并为之不懈努力。设定短期与长期的职业规划,根据目标制定具体行动计划。同时,保持开放的心态,勇于接受挑战,从失败中吸取教训,在成功中总结经验。

相信通过不断地努力与积累,你们一定能够成为企业所需要的那种既懂技术又具情怀、既能独立思考又能协同作战的复合型人才。期待着在不久的将来,能够在职场上见到更加优秀的你们!

——宁波市鄞州第三医院医技护理党支部书记、中药房主任张梅松

## 三、求职心理的调适

大学毕业生在求职与就业的过程中,必须学会自我调适,使自己始终保持乐观向上的心理状态,坦然面对各种就业机会,充分发挥自己的智慧和才能,以实现自己的职业预期。就业过程中的心理调适对于大学生顺利求职和职业发展至关重要。以下是就业心理自我调适的几个重要原则。

### (一)自我调适的原则

1. 认识自我,发挥主观能动

正确地认识自我的职业心理特点并接受自我,是调节就业心理的重要途径,借此可以找到适合自己的职业方向。要敢于承认现状,学会扬长避短,用发展的观点来看待自己。要有敢试敢闯的精神,主动出击,抓住机遇多收集有关求职信息,多参加一些招聘会,并根据已定的择业标准进行选择,不能盲从他人,适合自己的才是最好的。

### 2. 认清现实，调整就业期望

大学生要认清现实，根据就业形势和自己的实际情况，调整自己的就业期望值。接受"渐进式"成长，初入职场不必过度追求高薪或高职级，优先选择能提升核心竞争力的岗位，如：从医药代表起步积累行业资源，逐步转向产品经理或市场总监。动态看待"专业对口"，若专业对口岗位竞争十分激烈，可转向相关领域，在当前获得一个理想职业的时机还不成熟时，应采取"先就业、后择业、再创业"。

### 3. 端正取向，树立合理择业观

要保持积极的心态，主动寻找就业信息，参加招聘会和职业培训，提升竞争力，积极争取机会。在择业时不能只考虑工作的经济收入、工作条件、工作地点等因素，同时也要考虑发展空间。要树立脚踏实地的观念，愿意从基层岗位做起，积累经验，逐步晋升，不眼高手低，注重在基层岗位中学习和成长。

### 4. 坦然面对，提高心理承受力

正确地归因，及时有效地调整自己的求职策略，积极应对挫折，提高心理承受能力，学会管理情绪，锻炼出心理韧性，以便下次的求职中遭遇挫折时，能够坦然面对。大学生需在自我探索与社会实践互动中不断调整认知，最终找到个人价值与社会需求的最佳结合点。

## （二）大学生求职心理的调适方法

### 1. 调整认知，建立理性职业定位

（1）全面客观地评价自己的专业能力、兴趣爱好、性格特点等，避免过高或过低地估计自己。可以通过写简历、进行自我评估等方式，清晰地了解自己的优势和不足，从而增强自信心。

（2）设定"阶梯式目标"，接受"职业发展是动态过程"，将职业规划分解为短期目标（如考取药师资格证）、中期目标（如：3年内晋升为管理层）、长期目标（如：成长为行业专家），减少因目标过高产生的挫败感。

（3）调整职业定位，避免"高不成低不就"

深化行业认知。了解大健康产业全链条（研发、生产、销售、服务等），明确细分领域定位（如医药代表、质检员、执业药师等），加强对行业多元岗位需求的了解，避免盲目扎堆"热门岗位"，根据兴趣选择技术岗、销售岗或服务岗。可多向优秀校友了解职业发展路径（如从基层技术岗晋升为管理岗），打破"蓝领歧视"观念，接受"先就业后择业"的务实路径。

（4）强化"技能自信"，提高核心竞争力

医药行业更看重实践能力（如药品生产操作、质检流程、医药推广技能），可通过实习、技能竞赛（如中药传统技能大赛）等平台积累实操经验，用"硬技能"来提升竞争力。还可通过参与校企合作项目（如药品生产、质检实习）接触真实行业场景，积累实操经验，形成"技能即竞争力"的认知。通过参加学校实训项目（如中药炮制、药品包装设计）或企业课题，进一步提升实践经验和专业能力。

### 2. 应对焦虑情绪，构建心理韧性

（1）模拟实战应对焦虑：利用AI面试模拟工具（如朗识测评系统）进行模拟实战训练，

还原药企面试场景(如药品推广情景模拟),提升临场应变能力。录制模拟面试视频,复盘语言表达、肢体动作,从而针对性改进。

(2)正念训练:引入心理中心提供的"蝴蝶拍""逐步放松法",帮助应对面试紧张或求职挫败感。

(3)情绪宣泄渠道:通过校园社团活动、运动或艺术疗愈释放压力,避免焦虑累积。与家人保持良好的沟通,让他们了解你的求职进展和心理状态。家人的关心和支持能够为你提供强大的精神动力,帮助你缓解压力、增强信心。和朋友们分享求职经验和心得,互相鼓励和支持,可以减轻孤独感和焦虑感,共同面对求职过程中的困难和挑战。

(4)职业规划与心理辅导联动。学校就业指导中心与学院心理辅导站联合开展毕业生心理测评,针对不同学生制定差异化方案,毕业生可主动求助,寻求"一人一策"服务,进行个性化咨询。

3. 关注新兴领域,拥抱行业变化

(1)结合国家"健康中国2030"战略,多关注医药电商、智慧医疗、健康管理等新兴领域,利用学校"文化特派员"项目接触基层健康服务需求,开拓多元化就业渠道。拓展"药学+"复合能力,学习跨领域技能:如"药学+新媒体"(制作医药科普短视频)、"药学+英语"(掌握药品英文说明书解读),应对医药电商、跨境医药贸易等新兴岗位需求。

(2)对接学校创新创业资源,探索医药科普自媒体、中医药文化推广等轻创业模式。

(3)建立"终身学习"心态。关注行业动态(如 AI 药物研发、中医药国际化),定期参加继续教育,避免因技术迭代引发职业焦虑。

4. 主动链接资源,打破信息差

(1)善用校企合作平台。通过学校合作的药企实习(如华海药业、华东医药等),了解岗位真实需求,积累人脉资源。参与行业展会(如浙江国际医药博览会),直接对话企业 HR,获取一手招聘信息。

(2)组建求职互助小组。与同学共享求职信息、可 3~5 名同学组队,共享招聘信息、模拟群面、互相鼓励,例如,轮流担任"面试官"角色,互相提供反馈。

(3)建立社会支持系统。与优秀的往届校友们保持密切联系,有利于获取第一手求职信息,或邀请已就业的同学开展经验分享会,听取成功经验。还可向学校的就业指导老师寻求帮助和建议,他们具有丰富的经验和专业知识,能够为你提供针对性指导。

## 就业小贴士

求职过程中的心理调适对于保持积极心态、提高求职效率和成功率至关重要。以下是几种有效的求职心理调适方法,帮助求职者更好地应对求职过程中的压力和挑战:

1. 正确认识自我

自我评估:通过职业测评工具(如 MBTI、霍兰德职业兴趣测试等)了解自己的兴趣、性格、能力和职业倾向。

总结经验:回顾自己的学习、实习和项目经验,列出自己的优势和成就,增强自信心。

明确目标:结合自身特点和市场需求,设定清晰、具体且可实现的职业目标,避免盲目求职。

2. 积极心态的培养

积极的自我对话：用积极的语言鼓励自己，如"我有能力胜任这份工作""我准备得很充分"。

关注积极方面：在面对挫折时，多关注事情的积极面，从失败中总结经验，从挑战中寻找成长机会。

设定小目标：将大目标分解为小目标，逐步实现，增强成就感和自信心。

3. 情绪管理

运动调节：每天30分钟有氧运动（如跑步、跳绳）释放内啡肽，缓解焦虑。

情绪宣泄：通过听音乐、写日记等方式释放压力，避免情绪积压。

深呼吸与放松训练：在紧张或焦虑时，进行深呼吸练习或渐进性肌肉放松训练，缓解紧张情绪。

正念冥想：通过"同呼吸定法"（专注呼吸10分钟）或App引导（如Headspace），降低负面情绪强度。

保持乐观：用幽默和乐观的态度看待求职过程中的困难，避免过度焦虑。

4. 合理规划与准备

制定求职计划：明确求职时间表，合理安排简历投递、面试准备、技能提升等环节。

模拟面试：通过模拟面试熟悉面试流程，提前准备常见面试问题，减少紧张感。

持续学习：利用求职空闲时间学习新技能或提升现有技能，增强竞争力。

5. 建立支持系统

利用学校资源：充分利用学校的职业指导中心、就业信息网、招聘会等资源，获取求职支持。

与家人和朋友沟通：向家人、朋友或职业导师倾诉自己的感受，获得情感支持和建议。

加入求职小组：与同学或朋友组成求职小组，互相鼓励、分享经验和求职信息。

6. 避免盲目比较

专注于自身成长：不要过分关注他人的求职进展或成功，专注于自己的成长和进步。

接受差异：理解每个人的职业路径不同，接受自己与他人的差异，避免因比较而产生心理失衡。

7. 灵活调整策略

适时调整目标：根据求职过程中的实际情况，适时调整职业目标和求职策略，保持灵活性。

探索多种机会：不要局限于某一类岗位或行业，积极探索多种职业机会，拓宽求职渠道。

8. 保持健康生活方式

合理作息：保持规律的作息时间，保证充足的睡眠，避免熬夜。

健康饮食：保持均衡的饮食，多吃蔬菜、水果，避免过度依赖咖啡或垃圾食品。

适度运动：定期进行运动，如散步、跑步、瑜伽等，缓解压力，保持身心健康。

总结：求职过程中的心理调适需要综合运用多种方法，包括正确认识自我、培养积极心态、管理情绪、合理规划、建立支持系统、避免盲目比较、灵活调整策略和保持健康生活方式。

通过这些方法,求职者可以更好地应对求职过程中的压力和挑战,保持良好的心理状态,提高求职成功率。

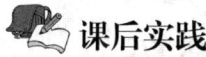 **课后实践**

  1. 高校毕业生获取求职信息的有效渠道有哪些?
  2. 如何对就业信息进行分析整理?如何有效避免招聘陷阱?
  3. 高校毕业生在求职过程中,难免会产生一些不良情绪,如何正确化解这些情绪问题呢?

# 第九章　药你出彩·求职材料与面试技巧

>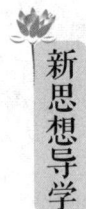
> 
> 各级党委和政府要高度重视高校毕业生就业问题,高校毕业生要转变择业就业观念,只要有志向就会有事业,只要有本事就会有舞台。希望大家找准定位,踏踏实实实现人生理想。
> 
> ——习近平在吉林考察时的讲话

## 学习目标

1. 学会制作高质量简历,突出重点、规范格式。
2. 掌握笔试答题技巧,提高准确率和效率。
3. 熟练运用面试技巧,展现良好沟通、应变和逻辑思维能力。
4. 能够根据求职场景需求为自己打造良好的礼仪形象。

## 课前导入

毕业季,药学专业应届毕业生小鑫对CRC岗位满怀热忱,一心希望在此领域开启职业生涯。他积极向数家企业投递简历,终于收到某上市药企的面试通知。收到通知后,小鑫迅速行动起来,不仅在网上仔细搜寻该企业的相关信息,还向身边从事CRC工作的校友请教专业知识,室友们也纷纷助力,陪他一起模拟面试场景。

面试当天,小鑫精心准备,挑选休闲西装,淡妆修饰,认真检查仪表,将简历和证书等材料整理装入透明文件袋,以自信的姿态前往面试地点。面试时,面对五位面试官,尽管紧张,他仍微笑问好,镇定作答。凭借充分的专业知识储备,小鑫的回答赢得了面试官的认可,最终成功获得录用通知。

思考:

1. 小鑫在明确职业目标后,通过哪些具体行为体现了主动出击?应届大学生还能采取哪些类似行动?

2. 在全方位准备求职过程中,除了案例中提到的了解企业和补充专业知识,还有哪些重要方面容易被忽视?

# 第一节 求职流程与材料

在就业竞争日益激烈的当下,清晰了解求职流程与准备合适的求职材料,是医药类学生成功求职的关键。医药类专业具有较强的专业性和行业特性,其求职过程既遵循一般求职的基本框架,又有因专业要求而产生的独特之处。以下是医药类学生的常见求职流程与材料。

## 一、求职流程

### (一) 自我评估与职业定位

**盘点自身优势**:医药类学生要深入挖掘自己在专业知识、实验技能、科研项目参与等方面的优势。例如,熟悉各类药物研发流程、掌握先进的药物分析技术、药物代谢以及临床用药等等。同时,也要考虑沟通能力、团队协作能力等通用技能,这些在求职中同样重要。

**明确职业方向**:依据专业所学和个人兴趣,医药类学生可选择药物研发、生产、质量控制、药品销售、药学服务等方向。以药物服务为例,需要具备扎实的化学、生物学基础、药理毒理等知识,以及创新思维,求职者在求职过程中需要明确职业方向。

 **就业小贴士**

自我评估优劣势是职业规划和求职准备的关键环节,借助合适的模型能更系统、全面地认识自己。常见的自我评估优劣势模型有 SWOT、优势识别器、MBTI 和职业锚理论,以下是几个模型的具体介绍:

**SWOT 模型**:该模型通过分析自身的优势(Strengths)、劣势(Weaknesses)、机会(Opportunities)和威胁(Threats),帮助人们全面了解自身状况与外部环境。以医药类学生为例,优势可能是专业课程成绩优异、实验操作技能熟练;劣势或许是缺乏实习经验、沟通能力欠佳。从外部看,机会可能是医药行业发展迅速、人才需求增长,威胁则是竞争激烈、行业对学历要求越来越高。通过这种分析,能清晰把握自身优劣势,还能结合外部环境制定策略,如利用优势抓住机会,改善劣势应对威胁。

**优势识别器(StrengthsFinder)模型**:此模型专注于挖掘个人的天赋和优势。它通过一系列测试题,从多个维度评估个人的思维模式、行为方式和情感反应,进而识别出个人的核心优势领域,如战略思维、沟通能力、关系建立能力等。对于医药类学生来说,借助优势识别器,若发现自己在"分析"方面天赋突出,就能在药物研发的数据处理、药物成分分析等工作中更好地发挥优势,也能明确自身优势在药科领域的契合点,有针对性地提升和运用。

**MBTI(Myers-Briggs Type Indicator)模型**:这是一种基于心理学理论的人格类型评估工具,将人的性格分为16种类型,每种类型在职业选择和工作表现上都有不同的特点。比如,INTJ(建筑师型人格)的医药类学生,逻辑思维和创新能力强,适合药物研发、科研项目管理等需要深度思考和创新的工作；ESFJ（执政官型人格）的学生，热情、善于社交，在医药销售、药学服务等需要频繁与人沟通的岗位上可能表现出色。了解自己的 MBTI 类型，能更好地理解自己的行为模式和职业倾向，找到更适合自己性格的工作环境和职业方向。

职业锚理论模型：职业锚理论认为，人们在职业发展过程中会形成自己的职业锚，包括技术/职能型、管理型、自主/独立型、安全/稳定型、创业型等。技术/职能型的医药类学生，喜欢在专业领域深入钻研，适合从事药物研发、质量控制等专业性强的工作；管理型的学生，善于组织协调和领导团队，可能更适合药品生产管理、销售管理等岗位。通过确定自己的职业锚类型，能明确职业发展的核心驱动力，选择与之匹配的职业方向，提高职业满意度和成就感。

### （二）求职信息搜集

在求职进程中，求职信息是求职者不可或缺的关键要素。通常而言，求职者所掌握的求职信息量越大，其获得心仪工作岗位的可能性也就越高。求职信息涵盖了经由各类媒介传播的、与就业相关的宏观和微观资讯及态势，从宏观层面来看，包括了就业政策、经济发展趋势与走向、国家发展规划等内容；微观层面则包含招聘信息、就业机构详情、人事制度下的供求状况以及用工制度等。其中关于宏观政策文件等内容的阐述，已在第一章进行了详细说明；微观岗位信息的搜索方法，可参照第二章节的相关论述

### （三）准备求职书面材料

在求职过程中，医药类学生除了准备好简历和求职信，常见的求职材料还包括成绩单、证书、推荐信以及作品或成果展示等。成绩单可体现专业知识掌握程度，整理时突出优势科目。各类证书，像药科类的"1+X"职业技能证书、医疗器械工程师证书、食品类的营养师等，能增强竞争力，准备时按重要程度罗列。推荐信找熟悉自己的导师或实习领导撰写，突出专业能力与素养。

面对不同企业/岗位要求，需灵活调整求职材料。若企业侧重研发能力，在简历和求职信中着重展现相关科研项目经历、实验技能；若更关注实践经验，就突出实习成果与解决实际问题的能力，让材料精准匹配企业需求，提高求职成功率。

### （四）投递简历

1. 投递方式

网申是最常见的投递方式，在招聘网站或企业官网按要求填写个人信息、上传求职材料即可。对于一些小型企业或有特殊要求的岗位，也可选择电子邮件投递，注意邮件格式和内容规范，将简历和其他材料以附件形式发送，在邮件正文简要介绍自己和求职意向。

2. 投递时间

尽量在招聘信息发布的初期投递简历，此时竞争相对较小。同时，避免在招聘截止日期前才投递，以免因网络拥堵或其他问题导致投递失败。一般来说，周一至周五的工作时间内投递，招聘人员查看的概率更高。

### (五)应聘笔试与面试

1. 笔试类型

结构化面试中,面试官会根据预先设定的问题进行提问,如"请谈谈你对药品研发流程的理解""如何确保食品生产过程中的质量安全"等,考察求职者的专业知识和应变能力。行为面试会让求职者描述过去的经历,如"请举例说明你在团队项目中如何解决成员之间的冲突",以此评估其团队协作、沟通等能力。无领导小组讨论则将求职者分成小组,就某个专业话题进行讨论,如"讨论如何进行药品临床推广""讨论如何优化药品临床试验的流程",观察求职者在团队中的表现。

2. 面试形式与准备

面试可以分为结构化面试、半结构化面试和无领导小组讨论,在求职中以半结构化面试为主。结构化面试中,面试官会根据预先设定的问题进行提问,如"请谈谈你对药品研发流程的理解""如何确保药(食)品生产过程中的质量安全"等,考察求职者的专业知识和应变能力。半结构化面试会让求职者描述过去的经历,如"请举例说明你在团队项目中如何解决成员之间的冲突",并在求职者回答过程中进行追问,以此评估其团队协作、沟通等能力。无领导小组讨论则将求职者分成小组,就某个专业话题进行讨论,如"讨论如何优化药品临床试验的流程",观察求职者在团队中的表现。为了获得更好的面试成绩,求职者需深入了解应聘企业的产品、业务范围、企业文化等信息,以便在面试中展现对企业的认同感,并复习专业知识,梳理自己的项目经验、实习经历,准备好能体现自己能力的案例。此外,进行模拟面试,练习表达能力和应变能力,注意着装得体、举止大方。

### (六)录用与签订就业协议

1. 录用通知

面试结束后,若企业决定录用,会通过电话、电子邮件或短信等方式发送录用通知,告知求职者录用岗位、薪资待遇、入职时间等关键信息。收到通知后,要及时回复确认接受录用。

2. 签订就业协议

就业协议书的全称为《全国普通高等学校毕业生就业协议书》,是为明确毕业生、用人单位、毕业生所在学校三方在毕业生就业工作中的权利和义务,经协商签订。求职者应仔细阅读就业协议的条款,包括工作内容、薪资福利、试用期规定、违约责任等,如有疑问,及时与企业人力资源部门沟通,协商完成后签订就业协议书。就业协议书是毕业生与用人单位简历就业关系的正式凭证,也是毕业生毕业后到人事等部门办理就业手续的必备材料之一,因此需要妥善保管。

## 二、求职材料

### (一)简历

简历是求职者的"敲门砖",一份优秀的简历能在众多求职者中脱颖而出,获得面试机会。简历主要是针对应聘工作,将相关经验、业绩、能力、性格等简要列举,目的是推荐自己,让用人单位快速了解求职者的基本情况,判断其是否符合岗位要求。以下是常见的简历典型结构,见图9-1。

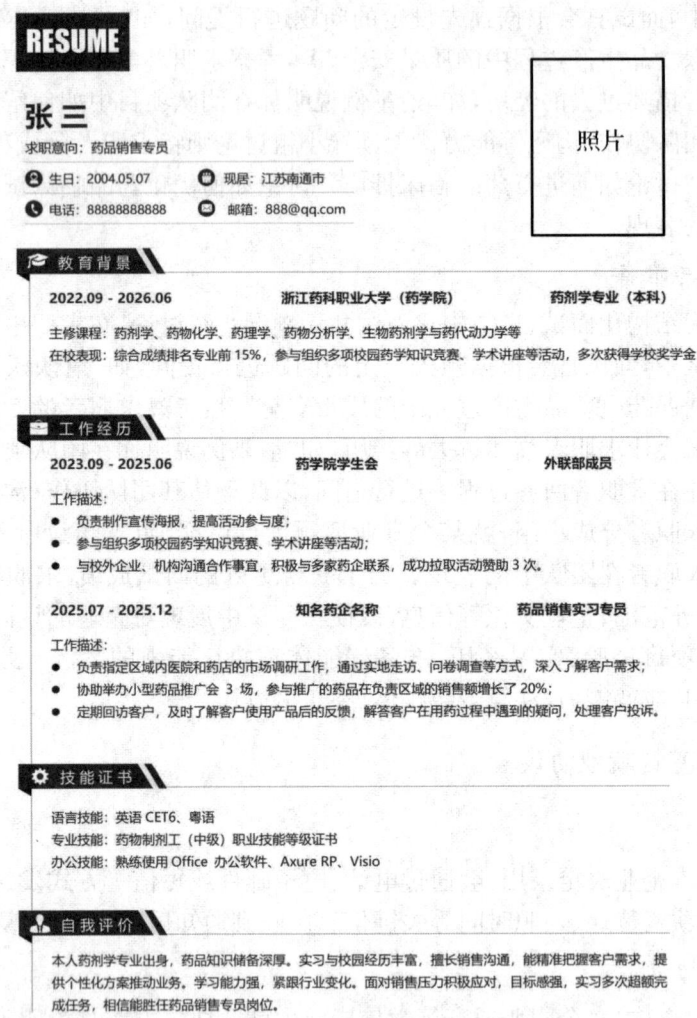

图 9-1 简历典型结构

1. 个人简历制作

(1) 简历模块

① 基本信息

包含姓名、照片、性别、年龄、籍贯、毕业院校、联系方式、邮箱等最基本信息,避免提供过多无关信息,如身份证号、血型等。

📖 **就业小贴士**

姓名中如果有生僻字最好在旁边用拼音做标注,个人联系方式必须正确有效,以便 HR 联系本人。

照片提供正规证件照,不能采用随意的自拍照或者美化过度的照片。

求职岗位必须明确,让用人单位清楚求职者的目标岗位。不建议同一份简历写多个求职目标,容易给 HR 产生职业定位不明确的印象,降低求职成功率。

教育背景简明扼要,不占用大篇幅,写清学校名称、专业、毕业年份。如果专业核心课程与所聘岗位要求一致,可以添加说明。个人 GPA(平均绩点)较高且排名比较靠前建议可以作为单独一条增加到简历中,是加分项。

② 实习/项目经历

这部分主要展示个人的工作成果和专业能力,包括校园实践、实习经历、培训经历等。描述时要条理清晰,强调与求职意向相关的能力,用行为动词体现成绩,用数字量化绩效,提供细节;若是项目经历,注明所用工具、软件等。作为应届毕业生,实习经验主要集中在校内科研经历、短期的社会实践和毕业当年的实习经历,常见案例见图 9-2。

```
2023.09 - 2025.06        药学院学生会              外联部成员
工作描述:
● 负责制作宣传海报,提高活动参与度;
● 参与组织多项校园药学知识竞赛、学术讲座等活动;
● 与校外企业、机构沟通合作事宜,积极与多家药企联系,成功拉取活动赞助 3 次。

2025.07 - 2025.12        知名药企名称              药品销售实习专员
工作描述:
● 负责指定区域内医院和药店的市场调研工作,通过实地走访、问卷调查等方式,深入了解客户需求;
● 协助举办小型药品推广会 3 场,参与推广的药品在负责区域的销售额增长了 20%;
● 定期回访客户,及时了解客户使用产品后的反馈,解答客户在用药过程中遇到的疑问,处理客户投诉。
```

图 9-2 实习/项目经历示例

本部分经历按照具体时间线填写,详述实习的时间、岗位、可量化的成果数据。工作内容可以用 STAR 法则。Situation(情境):描述任务的背景情况;Task(任务):说明你承担的具体任务;Action(行动):详细阐述完成任务采取的工作行为,突出工作方法、技能运用和个人努力;Result(结果):强调工作成果,尽量用具体数据量化。

例:描述药品研发助理实习经历时,其中工作内容:实验协助与数据记录,协助项目组核心人员开展新药研发项目,参与药物活性筛选、剂型优化等实验。准确记录实验数据,确保数据的完整性和准确性,为项目的顺利推进提供有力支持。在××项目推进过程中,负责收集整理了超过××组实验数据,为项目的阶段性评估提供了关键依据。

③ 荣誉/奖项

按学术类、社团类、文体类等类别分类列出。不同性质单位对荣誉的侧重点不同,国企一般看重数量,外企更关注奖励难度和评奖标准。

表 9-1 常见荣誉奖项分类

| 类型 | 常见写法 |
|---|---|
| 奖学金 | 获得 202×——202×学年校学生×等奖（校级）<br>获得 202×——202×学年浙江省政府奖学金（省级） |
| 个人荣誉 | 获得 202×——202×学年三好学生<br>获得 202×——202×学年优秀团员<br>获得 202×——202×学年优秀学生干部 |
| 科研竞赛 | 第×届浙江药科职业大学"挑战杯"大学生创业计划竞赛×等奖<br>第八届浙江省国际"互联网＋"大学生创新创业大赛金奖（个人排序/团队总人数） |

④ 专业技能和证书

专业技能是告知 HR 自己能够匹配岗位需求，从专业知识、操作技能、其他技能三部分入手，需要突出专业类的仪器操作技能、实验分析操作技能、数据处理与报告撰写等专业技能；其他技能包括办公软件操作水平、语言能力、统计分析、绘图等方面。如有专业技能证书，需要在简历中标注证书名称和对应等级。

⑤ 自我评价

这部分需要具体的内容和细节，在自我评价中要突出优势和能力，如专业知识、学习成绩、专业技能、沟通和解决问题的能力。如应聘销售顾问，要强调自己的沟通能力、问题解决能力和管理能力。了解企业对岗位的具体要求，并在自我评价中突出这些要求和能力。

 **就业小贴士**

一份优秀的简历不仅需要包含上述基本内容，更有以下注意事项：

版面设计简洁美观，一般控制在一页，颜色大方明了，减少简历的颜色种类，字数不少于500字。使用干净字体、统一字号，中文建议用宋体，标题四号，内容小四，保证清晰易读。内容撰写需围绕应聘岗位，突出重点经历，最多列举 3 条，避免赘述，重点内容可以加粗，置于页面上"三分之一"显眼位置。简历内容避免千篇一律，需要根据不同岗位需求，调整简历内容，突出与岗位匹配的优势。

照片展示优先选择正装照，适当修饰，展现良好精神面貌。简历要杜绝粗心错误，仔细检查，避免错别字、病句等低级错误，确保关键信息完整，同时也要防止长篇大论，简洁明了，突出关键信息，避免流水账式表述。合理运用模板，确保排版整齐、美观。简历格式优先选择 Word 或 PDF 格式，避免使用表格、PPT 等格式。

2. 个人简历投递

（1）线下简历投递

纸质简历打印应尽量选择克重较高的 A4 纸张，彩色打印，并使用专门文件袋存放，避免污渍。

求职者在应聘（参加招聘会）时需携带多份简历，双手将简历递交给招聘人员，并把握机会进行简单沟通，以便留下良好的印象。

### (2) 线上投递简历

**投递渠道**：多渠道投递简历，求职者除招聘网站外，还可通过公司官网招聘入口、人力资源管理者邮箱投递简历；积极寻求公司内部人员内推，提高入职成功率。

**投递时间**：投递时间选择工作日上班时间，其中最好的投递时间在每周二至周四上午八点半至十点，这个时间段招聘人员有足够的时间来查看简历，尽量避免非工作日投递简历。

**投递邮箱**：简历投递格式使用 PDF 格式。投递邮箱尽量选择学校邮箱或 163 邮箱等，QQ 邮箱易显示投递人的 QQ 昵称，一些昵称统一给人留下不专业印象。

**投递主题**：邮件标题采用"姓名＋求职岗位＋联系电话"格式；发件人姓名避免古怪，最好为真实姓名；邮件正文添加简短自我介绍，表明来意，注意礼貌、突出自己的优势、表达自己的求职意愿。

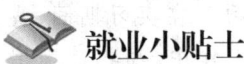

## 就业小贴士

### 使用简历模板的小技巧

1. **根据自身情况选择合适模板**：应届毕业生缺乏工作经验，可选用功能型或专业型简历模板。功能型模板强调工作能力与特长，能突出大学期间培养的沟通、组织等通用技能；专业型模板则适合申请对技术水平和专业能力要求高的职位，可着重展示专业课程成绩、项目经验等。有工作经验的求职者，若工作成果显著，可使用业绩型模板，突出工作成就与业绩；创意型模板适合广告策划、美术设计等创意领域岗位，能展现独特创意和个性。时间型简历强调工作经历，不适合应届毕业生，但对工作经历丰富且有连贯性的人较为适用。

2. **灵活调整模板内容结构**：在基本信息部分，要简洁明了，避免堆砌无用信息。求职意向应清晰明确，与应聘岗位一致，可适当阐述对该岗位的理解和自身优势。教育背景按学历从高到低排列，突出重点信息。实践/项目经历是简历重点，按"PAR"法则描述，即问题描述、行动采取、工作结果，强调与求职意向相关的能力和成果，用数字量化绩效。荣誉/成果部分，国企看重数量，可多列举；外企关注奖励难度和评奖标准，要突出含金量高的奖项。

3. **注重模板的排版与细节**：保持简历排版简洁美观，重点内容加粗或用不同颜色突出显示，但颜色不宜过多。字体与字号统一，中文用宋体，标题四号，内容小四，确保清晰易读。照片选择正装照，适当修饰，展现良好精神面貌。注意避免错别字、病句等低级错误，写完后仔细校对。

### （二）求职信

求职信在求职过程中具有不可忽视的作用，它是求职者向用人单位展示自己的重要途径，能帮助求职者在众多应聘者中脱颖而出。对于医药类学生来说，一份优秀的求职信可以突出专业优势、表达求职诚意，增加获得面试机会的概率。以下是常见的求职信模板。

## 求职信模板

尊敬的[招聘负责人姓名]：

您好！

我叫[姓名]，是[毕业院校][专业]的[学历层次]毕业生。怀着对药科行业的热爱以及对贵公司的敬仰，我真诚地向您投递这封求职信，应聘贵公司的[具体岗位名称]。

在专业学习方面，我成绩优异，系统学习了药理学、药物化学、药剂学、药物分析学等核心课程，具备扎实的药科专业知识。通过不断努力，我的[专业课程名称]成绩达到了[具体分数]，在班级中名列前茅。这些知识为我从事药科相关工作奠定了坚实的理论基础。

在实践经历上，我曾在[实习单位名称]进行了为期[实习时长]的实习。在实习期间，我参与了[实习项目名称]，负责[具体工作内容]。例如，在药物质量检测工作中，我熟练运用高效液相色谱仪（HPLC）等专业设备，对药品的成分进行精确分析，确保药品质量符合标准。通过这次实习，我不仅提高了自己的实验操作技能，还培养了严谨的科学态度和团队协作精神。

我对贵公司的[具体岗位名称]非常感兴趣，经过深入了解，我发现该岗位与我的专业技能和职业规划高度契合。我深知贵公司在[药科领域的成就或特色]方面表现卓越，我渴望能加入贵公司，在这个充满挑战和机遇的平台上，发挥自己的专业优势，为公司的发展贡献自己的力量。

如果我有幸能加入贵公司，我将以饱满的热情和严谨的态度投入工作，不断学习和提升自己，尽快适应岗位需求。我相信，我的专业知识和实践经验能够使我在这个岗位上取得优异的成绩。

感谢您在百忙之中阅读我的求职信。如有机会进一步交流，我将深感荣幸。我的联系方式是[手机号码]和[电子邮箱地址]。期待您的回复。

此致

敬礼！

[你的姓名]
[具体日期]

1. 开头部分

称呼要准确，若知道招聘负责人姓名，直接称呼其姓名，如"尊敬的[招聘负责人姓名]经理"。简要说明求职意向，如"我对贵公司正在招聘的药物研发岗位非常感兴趣，特来信表达我的求职意愿"。

2. 正文内容

阐述对该岗位的理解，结合行业动态和企业需求，说明自己对岗位的认识，如"随着医药行业对创新药物的需求不断增加，药物研发岗位在企业的发展中起着关键作用。我认为该岗位不仅需要扎实的专业知识，还需要创新思维和团队协作能力"。介绍自身优势，与岗位要求相结合，突出自己的专业技能、实践经验和个人特质，例如"我在大学期间参与了多个药物研发项目,熟练掌握了药物合成和分析的实验技能,并且在团队合作中积累了良好的沟通和协调经验,这些都使我有信心胜任该岗位"。

3. 结尾部分

表达期待回复和进一步沟通的意愿,如"感谢您抽出时间阅读我的求职信,期待能有机会与您进一步交流。如有需要,请随时与我联系",并留下自己的联系方式。

### (三) 其他类

除必备的简历与求职信之外,常见的求职材料也包括推荐信、成绩单、证书、作品或成果展示类等。

1. 成绩单

提供大学期间的完整成绩单或成绩优异的几门专业课程成绩。

2. 推荐信

推荐人优先选择熟悉自己专业能力和综合素质的导师、实习单位领导。导师能从学术能力、科研潜力等方面进行推荐,实习单位领导则可从工作表现、职业素养等角度给予评价。推荐人应在信中介绍与求职者的关系、对求职者的了解程度,重点评价求职者的专业知识、技能水平、工作态度、团队协作能力等,如"[求职者姓名]同学在我的指导下参与了科研项目,他/她展现出了扎实的专业基础和较强的学习能力,在项目中积极主动,能够与团队成员密切配合,出色地完成了各项任务"。

3. 证书

将相关证书整理成册,制作目录,方便招聘人员查阅。在简历中简要列出证书名称和获得时间,面试时可携带证书原件,以备查验。

4. 作品或成果展示类

参与药物研发项目的成果,如撰写的研究报告、发表的学术论文等;设计的药物合成路线或制剂方案;在实验中获得的数据和分析结果等。这些材料能直观展示自己在药物研发方面的能力和成果。参与食品研发的成品或样品照片、研发报告;食品检测过程中形成的检测报告、数据分析图表;撰写的关于药(食)品安全管理的方案或论文等。通过这些作品,能让招聘人员了解自己在食品领域的实际能力和专业水平。

## 三、注意事项

### (一) 材料真实性

确保所有求职材料内容真实可靠,一旦发现虚假信息,不仅会失去工作机会,还可能影响个人信誉。在描述实践经历和成果时,要实事求是,避免夸大其词。

### (二) 针对性调整

根据不同的求职岗位和企业要求,对求职材料进行针对性调整。比如,应聘药物研发岗位时,重点突出科研项目和实验技能;应聘食品销售岗位时,强调沟通能力和市场推广经验。

### (三) 材料整理与规范

将求职材料按一定顺序整理好,如简历在前,其他材料依次排列,使用文件夹或文件袋装订,保持材料的整洁和规范。电子材料的格式也要统一,方便招聘人员查看。

**职场宝典:**

#### 使用 DeepSeek 制作简历的操作指南

准备工作:打开如丁香人才网、前程无忧这类专业招聘网站,在搜索栏输入"药物销售专员"。筛选出至少 3 家大型药企(例如辉瑞、阿斯利康等知名企业)的岗位描述(JD)。大型药企的岗位描述更为详细、准确,能为制作简历提供精准的方向指引。

拆解 JD 获取岗位要求:将收集到的 3 份"药物销售专员"岗位 JD 完整复制到 DeepSeek 的相关指令下方。通常"药物销售专员"岗位要求包括:具备扎实的药学专业知识,以便与医生、药剂师等专业人士有效沟通;拥有出色的沟通表达与人际交往能力,能够建立并维护良好的客户关系;熟悉医药市场动态,有市场推广和销售技巧;具备一定的抗压能力和目标导向意识,能完成销售任务指标。DeepSeek 会整合这些关键信息,生成该岗位在招聘市场上通用的人才标准。

生成简历模板:在 DeepSeek 中详细输入个人基本信息,涵盖姓名、联系电话、电子邮箱、毕业院校、药学相关专业(如药学、临床药学等)、学历等内容。结合上一步得出的岗位要求指令 DeepSeek 生成简历模板。

◇个人优势:可能呈现为"拥有系统的药学专业知识,熟悉各类药物的作用机制、适应症和用法用量,能够专业地向客户介绍产品。在校期间积极参与各类社团活动和实践项目,锻炼了出色的沟通表达和人际交往能力,善于与不同背景的人建立良好关系。"

◇工作经历(如有实习经历):或许会显示"在[实习药企名称]担任药物销售实习专员,负责[具体区域或医院]的药品推广工作。通过积极拜访医生,了解他们的用药需求,成功推广了[具体药物名称],在实习期间实现该药物在负责区域销售额增长[X]%。"

◇项目经历(可将校园实践项目关联):例如"参与学校组织的医药市场调研项目,负责收集和分析[某类疾病相关药物]的市场数据。通过问卷调查、访谈等方式,获取了[X]份有效样本,分析出该类药物在本地市场的潜在需求和竞争态势,为相关企业的市场策略调整提供了参考依据。"同时,模板可能附带面试小贴士,比如"面试时可以列举具体的销售案例,强调自己在其中的沟通技巧和解决问题的能力。"

优化简历模块:深入研究目标公司的发展重点与产品特色。假设目标公司专注于心血管疾病药物的研发与销售,且其主打产品在降低血脂方面有独特优势。将这些信息输入 DeepSeek,让其针对该重点优化简历对应模块。它可能会在工作经历或项目经验中增加相关细节,如"在实习推广工作中,重点关注心血管疾病药物市场,深入了解目标公司主打心血管药物在降低血脂方面的独特优势和临床数据。通过组织小型学术推广会,向医生详细介绍产品的作用机制和临床优势,使该药物在负责区域心血管科室的处方量在[具体时间段]内提升了[X]%。"从而让简历与目标公司的需求更匹配。

押题与准备答案：如果担心面试时回答不上 HR 的提问，可使用特定指令让 DeepSeek 进行押题并提供参考答案。比如针对"药物销售专员"岗位，可能押中"当遇到医生对公司产品有疑虑时，你会如何应对？"的问题，答案示例可能是"首先，我会认真倾听医生的疑虑，对其表示理解和尊重。然后，运用自己掌握的专业知识，详细介绍产品的研发背景、临床数据以及独特优势，解答医生的疑问。同时，提供相关的文献资料或成功案例作为支撑，增强说服力。如果当场无法完全解答，承诺及时向公司专家请教后给予回复，并跟进反馈情况。"

注意事项：生成的简历模板只是参考，务必根据自身真实项目名称、信息和数据修改细节，确保简历真实可靠。比如项目中的实验数据、具体操作等都要以实际情况为准。同时，虽然 DeepSeek 能提供很大帮助，但在使用过程中，要保持独立思考，对生成的内容进行甄别和调整，使其更符合自身实际情况和求职需求。

### 课后实践

请尝试根据个人基本情况和目标岗位，制作个性化简历，并完成求职信的写作。

## 第二节　笔试技巧与策略

在求职过程中，笔试是众多企业筛选人才的重要环节。了解笔试类型、内容，并掌握有效的准备策略，能帮助求职者在笔试中发挥出最佳水平，增加求职成功的概率。

### 一、笔试类型

#### （一）专业考试

这类考试主要检验大家担任特定职务时是否具备所要求的专业知识水平和相关实际能力。不同专业领域的专业考试内容差异较大。例如，药学类专业考试主要考查涉及药物的制备、质量控制、药物与生物体的相互作用、药效学和药物安全性评价、药物治疗方案的设计、药物相互作用、临床药物治疗学等内容，以及国家药品监督管理的法律法规、政策文件等内容，专业知识考试的题目专业性很强，主要目的是评估求职者是否拥有胜任岗位的专业基础。

#### （二）文化素质考试

文化素质考试旨在检验毕业生的实际文化素质。用人单位通常会给出范围或特定要求，通过作文、阅读理解、知识问答等形式，考查同学们的知识储备、思维能力和文字表达能力。比如，要求文科学生运用某一历史知识分析当下社会现象，或者让理工科学生运用专业知识解决一个实际生活中的问题。这种考试的题目类型较为灵活，注重考查大家的综合素养。

### (三) 技能测试

技能测试是针对特定工作岗位，检验应聘者实际工作能力或专业技术能力的考试。比如，药学类考查考生的实际操作能力和综合运用知识解决问题的能力，如处方审核、用药咨询、药品调剂等。技能测试的题目与实际工作紧密相关，能够直接反映求职者是否具备岗位所需的实操技能。

### (四) 论文笔试

论文笔试主要用于检验求职者的分析、综合、比较、归纳、推理等思维能力。其形式通常采用论述题或自由应答型试题，要求同学们针对某一问题展开深入讨论，提出自己的观点和见解。例如，给出一个行业热点话题，让大家分析其产生的原因、影响及应对策略。论文笔试有利于考查大家的思考深度和逻辑思维能力，在一些对思维能力要求较高的岗位招聘中较为常见。

### (五) 心理测试

心理测试是运用事先编制好的标准化量表或问卷，在一定时间内让被试者完成，根据完成的数量和质量来判断其心理水平或个性差异的方法。一些特殊的用人单位，如对员工心理素质要求较高的企业、公安系统等，常常以此来测试求职者的态度、兴趣、动机、智力、个性等心理素质。比如，通过一些情景模拟问题，了解求职者的抗压能力、团队协作能力等。

## 二、笔试内容

### (一) 专业知识

专业知识是笔试的重要内容之一，涵盖大学期间所学的专业课程知识。不同专业的专业知识考查重点不同，如药剂学、药理学、药物化学、药物分析等基础理论知识。同学们需要对专业知识进行系统复习，梳理知识点，构建知识框架，重点关注与应聘岗位相关的专业内容。

### (二) 综合能力

综合能力考查包括语言理解与表达、数量关系、判断推理、资料分析等方面。语言理解与表达主要考查对文字的理解和运用能力，如阅读理解、词语辨析、病句修改等；数量关系考查数学运算和逻辑推理能力，包括数字推理、数学应用题等；判断推理考查对各种事物关系的分析推理能力，常见题型有图形推理、定义判断、类比推理、逻辑判断等；资料分析则考查对各种形式的文字、图表等资料的综合理解与分析加工能力。

### (三) 行业知识

部分企业会在笔试中考查行业知识，包括行业发展趋势、市场动态、竞争对手情况等。

例如,互联网行业可能会考查当前热门的技术应用、行业巨头的业务模式等;金融行业会涉及宏观经济形势、金融政策法规、金融市场动态等内容。同学们需要关注行业新闻、专业论坛、行业报告等,了解应聘行业的最新信息。

### (四)企业文化与价值观

有些企业为了筛选出与自身文化和价值观相契合的人才,会在笔试中设置相关题目。比如,通过一些案例分析或情景选择题,考查求职者对企业价值观的理解和认同程度。同学们在准备笔试时,要提前了解应聘企业的文化和价值观,思考自己的行为和观点是否与之相符。

## 三、笔试准备

### (一)了解笔试类型和内容

在得知要参加笔试后,首先要通过各种渠道了解笔试的类型和内容。可以向已经参加过该企业笔试的学长学姐请教,也可以在网上搜索相关信息,如企业的招聘官网、求职论坛等。了解清楚笔试的具体形式和考查重点后,有针对性地进行复习。

### (二)制定复习计划

根据笔试的时间和内容,制定合理的复习计划。将复习时间划分为不同的阶段,每个阶段设定明确的目标和任务。比如,在第一阶段系统复习专业知识,第二阶段进行综合能力的专项训练,第三阶段模拟考试,检验复习效果并查漏补缺。合理安排每天的复习时间,确保各个科目都能得到充分的复习。

### (三)复习专业知识

回归教材,对专业课程进行全面复习,梳理知识点,理解概念和原理。对于重点和难点内容,要进行深入学习和思考,可以结合课堂笔记、课后作业、实验报告等进行复习。同时,要注重知识的系统性,将各个知识点串联起来,形成完整的知识体系。此外,还可以参考相关的专业书籍、学术论文,拓宽知识面,加深对专业知识的理解。

### (四)提升综合能力

针对综合能力考查的各个方面,进行有针对性的训练。语言理解与表达方面,可以通过阅读大量的文章、书籍,提高阅读理解能力;进行写作练习,提升文字表达能力。数量关系和判断推理部分,可以通过做练习题、学习解题技巧,提高运算和推理能力。资料分析则需要熟悉各种统计图表的解读方法,掌握数据分析的基本技巧。可以购买相关的辅导资料或参加线上课程,进行系统的学习和训练。

### (五)关注行业知识和企业文化

平时要养成关注行业动态的习惯,通过阅读行业新闻、专业杂志、行业报告等,了解应聘行业的发展趋势、市场动态、前沿技术等信息。同时,深入研究应聘企业的文化和价值观,了解企业的发展历程、业务范围、经营理念等。可以通过企业官网、社交媒体、企业宣传资料等渠道获取这些信息。在答题时,将行业知识和企业文化融入答案中,展示自己对行业和企业的了解。

### (六) 进行模拟考试

在复习过程中,要定期进行模拟考试,按照笔试的时间要求和题型设置,进行全真模拟。模拟考试可以帮助同学们熟悉考试流程和题型,提高答题速度和准确率,同时也能让大家提前适应考试的紧张氛围。做完模拟试卷后,要认真分析答案,找出自己的薄弱环节,有针对性地进行强化复习。

### (七) 调整心态和作息

笔试前,保持良好的心态和作息非常重要。不要给自己过大的压力,相信自己的复习成果,以轻松、自信的心态迎接考试。考前几天要调整作息时间,尽量按照考试当天的时间安排来调整自己的生物钟,保证充足的睡眠,让自己在考试时保持清醒的头脑和良好的精神状态。

### (八) 准备考试用品

考试前一天,要准备好考试所需的各种用品,如身份证、准考证(如有)、文具(黑色签字笔、2B铅笔、橡皮、直尺等)。同时,要提前了解考试地点,规划好出行路线,确保考试当天能够按时到达考场。如果是线上考试,要提前检查电脑设备、网络连接等是否正常,准备好考试所需的软件和工具。

## 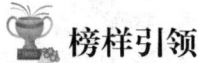 榜样引领

破茧成蝶　药海逐光

姓名:朱晓琪

毕业院校专业:浙江药科职业大学中药制药专业

现任岗位/职务:浙江大学环境与资源学院助理研究员

职业成就:以第一或第二作者在 *Physiologia Plantarum*、*Plant Physiology* 等期刊发表 SCI 论文 2 篇;获研究生国家奖学金、学业一等奖学金;主持参与多项植物营养生理研究课题

◆ 个人发展路径

(一) 专科阶段:破茧成蝶,厚积薄发

2016 年,朱晓琪进入浙江药科职业大学中药制药专业学习。初入校园时的社恐性格曾让她犹豫是否参与学生工作,但通过主持队的锻炼,她逐步克服心理障碍,学会自信表达,她从一个内向的女生逐渐成长为校团委副书记,策划组织多项大型活动,主持校内活动 40 余场。在校期间,她深度参与专业实践,参观药企、医院,并投身科研活动和技能大赛,为她后

续升学奠定基础。

**（二）本科阶段：逆风翻盘，挑战自我**

2019年，朱晓琪通过专升本进入宁波大学科学技术学院生物技术专业。面对两年完成四年课程的挑战，她每天学习时长超14小时，甚至在考研前4个月突击备考，一天用掉3支笔芯。尽管一志愿复试以0.5分之差落榜，但在老师鼓励下，她调整心态，最终调剂至福建农林大学攻读硕士学位。

**（三）硕士阶段：科研深耕，崭露头角**

在福建农林大学，朱晓琪以"卷王"姿态投入科研，发表2篇SCI论文，获国家奖学金。为攻克实验难题，她曾在实验室连续工作36小时，最终在《Plant Physiology》发表论文，为植物营养研究提供新视角，她总结科研能力核心为"自我管理"与"时间规划"，并通过游泳、羽毛球等运动平衡压力。

**（四）助理研究员阶段：志存高远，向光而行**

2023年，朱晓琪加入浙江大学环境与资源学院，专注植物营养生理与药用植物研究，提出"科研需敬畏生命科学"，目前正探索药用植物资源的高效利用路径。

◆ **案例启示**

（一）持续学习是突破天花板的钥匙。从专科到博士，她以行动证明学历并非终点，终身学习方能打开更多可能。

（二）心理韧性决定上限。面对考研失败、调剂挫折，她选择"再试一次"，而非自我否定。

◆ **校友寄语**

学习的本质是认识世界与自我。起点低不可怕，可怕的是丧失前进的勇气。想，永远都是问题；做，才有答案。愿每位学弟学妹都能在自己的领域成为No.1。

## 第三节 面试技巧与策略

面试是求职过程中的关键环节，它是用人单位深入了解求职者各方面能力和素质的重要途径。掌握有效的面试技巧与策略，能帮助同学们在面试中脱颖而出，成功获得心仪的工作机会。接下来，我们将从面试的类型、内容、准备工作以及应对技巧等方面进行详细介绍。

### 一、面试类型及应对

#### （一）结构化面试

在药科类相关岗位面试中，结构化面试较为常见，其核心特征体现为"三统一"：问题统一、评分标准统一、流程统一。面试官会依据预先设定的问题，从专业知识、实践能力、职业素养等多维度对应聘者进行考察。比如在应聘药企研发岗位时，可能会问到药物研发流程、实验操作规范等专业问题；应聘药房岗位，则可能涉及常见药物的功效、用法用量及配伍禁忌等知识。

应对策略:提前全面梳理药科专业知识体系,像药物化学、药理学、药剂学、药事管理学等核心课程的重点内容要烂熟于心。针对可能问到的问题,准备清晰、有条理的答案。例如,回答药物研发流程问题时,可以按照新药发现、临床前研究、临床试验(Ⅰ—Ⅲ期)、新药申请及上市后监测的顺序,详细阐述每个阶段的关键步骤和要点。

## (二) 行为面试

药科领域注重实践经验和解决实际问题的能力,行为面试能让面试官通过应聘者过去的经历,评估其是否具备岗位所需的能力。例如,面试官可能会问"请讲述你在药物合成实验中遇到的最大困难及解决方法",以此考察实验技能、问题解决能力和应对挫折的态度。

应对策略:回顾大学期间的实验课程、科研项目、实习经历等,挑选具有代表性的事例。按照"STAR"原则组织语言,即描述事情发生的情境(Situation)、面临的任务(Task)、采取的行动(Action)以及最终取得的结果(Result)。如讲述药物合成实验经历时,可以说:"在[实验项目名称]中(情境),需要合成一种新型药物中间体(任务),过程中遇到了反应产率低的问题。我查阅大量文献,与导师和同学讨论,调整反应条件,更换催化剂(行动),最终使产率提高了[X]%,成功完成了实验任务(结果)。"

## (三) 压力面试

部分药科企业在招聘质量控制、药品注册等岗位时,可能采用压力面试,考察应聘者在压力环境下的应变能力和情绪稳定性。比如,面试官可能会突然质疑你的专业能力,或者对你的回答进行连续追问,观察你的反应。

应对策略:保持冷静,不要被面试官的态度或问题所影响。遇到质疑时,客观地阐述自己的观点和依据,用事实和数据说话。例如,面试官质疑你对某药品质量标准的理解时,你可以说:"我在学习《药品质量检验》课程时,对这个标准进行了深入研究,根据[教材名称或行业规范文件]的规定,以及我在实习单位参与相关检测工作的经验,我的理解是……"如果一时回答不上来,可以诚恳地表示自己对该问题还需要进一步学习,但会在面试后及时补充知识。

## (四) 无领导小组讨论

在一些药企的校园招聘中,无领导小组讨论也时有出现,尤其是在招聘管理培训生等综合性岗位时。例如,给出一个关于新药研发项目资源分配的讨论题目,观察应聘者在团队中的沟通协作、组织协调、领导能力等。

应对策略:积极参与讨论,主动发言,提出有价值的观点和建议。但也要注意倾听他人意见,尊重团队成员。如果发现讨论偏离主题或陷入僵局,及时进行引导和协调。比如,可以说:"大家的观点都很有道理,不过我们现在讨论的重点是资源分配,我们是否可以围绕这个核心,进一步探讨如何优化分配方案呢?"在讨论过程中,展示自己的专业知识和逻辑思维能力,争取成为推动讨论进展的关键人物。

## 二、面试内容及准备

### (一) 专业知识与技能

药科类面试中,专业知识与技能是核心考察内容。除了基础的专业课程知识,还会涉及行业最新动态、前沿技术等。例如,应聘药物研发岗位,可能会问到基因编辑技术在药物研发中的应用;应聘药品销售岗位,需要了解各类药品的市场竞争态势和国家药品监管政策。

准备策略:复习专业课程,构建知识框架,对重点知识进行强化记忆。关注行业动态,阅读专业期刊、行业报告,参加学术讲座或研讨会,及时了解药科领域的最新研究成果和发展趋势。同时,回顾实验课程和实习经历中的实际操作技能,如高效液相色谱仪(HPLC)、质谱仪等仪器的使用方法,确保能够熟练阐述和演示。

### (二) 实践经验与项目经历

面试官非常看重药科学生的实践经验,包括实习、科研项目、实验课程等经历。他们希望了解你在实际工作中的表现和取得的成果。例如,在面试药物分析岗位时,可能会详细询问你在实习期间参与的药品质量检测项目,包括检测方法的选择、数据处理过程等。

准备策略:整理自己的实践经历,明确每个项目或实习的目标、任务、自己承担的角色和取得的成果。准备好相关的项目报告、实验数据等资料,以便在面试中能够清晰地展示自己的实践能力。对于科研项目,要熟悉项目的研究背景、创新点、研究方法和结论,能够回答面试官关于项目细节的提问。

### (三) 沟通与表达能力

在医药行业,无论是与团队成员协作开展研发工作,还是与客户沟通推广药品,良好的沟通与表达能力都至关重要。面试中,面试官会通过你的回答、语言组织和肢体语言等方面来评估这一能力。

准备策略:进行模拟面试练习,注意语言的逻辑性和条理性,避免使用模糊或不确定的表述。可以通过多参加演讲、辩论活动,或者与同学进行专业知识讨论等方式,提高语言表达能力。同时,注重肢体语言的运用,保持良好的坐姿、眼神交流和适当的手势,展现自信和亲和力。

### (四) 工作态度与职业素养

药科行业关乎人们的生命健康,对工作态度和职业素养要求极高。面试官会通过询问你对药科工作的认识、职业规划、对待困难和挫折的态度等问题,了解你的工作态度和职业素养。

准备策略:认真思考自己选择药科行业的原因,明确自己的职业目标和规划。在回答问题时,展现出对药科工作的热情和责任心。例如,在回答职业规划问题时,可以说:"我希望在未来三年内,能够在药品研发领域积累丰富的实践经验,掌握核心研发技术。五年内,能够参与到重要的新药研发项目中,为公司的创新发展贡献自己的力量。长期来看,我希望成为一名资深的药物研发专家,推动行业的技术进步。"同时,表达自己愿意不断学习、勇于面对挑战的态度。

### (五)综合应变能力

药科工作中可能会遇到各种突发情况,如实验结果异常、药品不良反应等,因此综合应变能力也是面试考察的重点之一。面试官可能会通过假设性问题来考察你的应变能力,如"如果在药品生产过程中发现一批产品质量不合格,你会如何处理?"

准备策略:思考药科领域可能出现的突发情况,提前制定应对方案。在回答问题时,按照先稳定局面、再查找原因、最后解决问题的思路进行阐述。例如,对于药品质量不合格的问题,可以回答:"首先,我会立即停止该批次产品的生产和流通,对已生产的产品进行封存。然后,组织相关人员对生产过程进行全面检查,包括原材料、生产设备、操作流程等方面,查找质量不合格的原因。最后,根据原因采取相应的解决措施,如更换原材料、维修设备、调整操作流程等,并对整改后的产品进行严格检测,确保质量合格后再恢复生产。"

### (六)求职动机与岗位匹配度

面试官希望了解你应聘该岗位的真实动机,以及你与岗位的匹配程度。例如,可能会问"你为什么选择我们公司的这个岗位?""你认为自己的哪些优势能够帮助你胜任这个岗位?"

准备策略:深入了解应聘企业和岗位的特点、需求,结合自身的专业技能、兴趣爱好和职业规划,阐述求职动机和岗位匹配度。例如,可以说:"我了解到贵公司在创新药研发领域处于行业领先地位,一直致力于为患者提供更有效的治疗方案,这与我的职业理想高度契合。我在大学期间学习了扎实的药物化学知识,具备较强的实验操作能力和创新思维,并且对新药研发充满热情,相信这些优势能够让我在这个岗位上发挥出自己的价值。"

## 三、面试前的准备工作

### (一)信息确认与时间管理

提前与 HR 确认面试时间、地点及所需材料,避免遗漏关键信息,提前 10 分钟到达面试地点,熟悉环境并调整心态。

### (二)深入了解应聘企业和岗位

通过企业官网、社交媒体、行业报告等渠道,全面了解应聘企业的发展历程、业务范围、企业文化、产品研发方向等信息。例如,了解企业是专注于仿制药生产还是创新药研发,主要产品针对哪些疾病领域等。同时,仔细研究招聘岗位的职责、要求和发展前景,明确岗位所需的技能和素质,以便在面试中能够有针对性地展示自己的优势。

### (三)准备面试材料

除了常见的简历、成绩单、证书等材料外,医药类学生还可以准备一些与专业相关的材料,如科研项目报告、实验成果论文、实习单位的推荐信等。将这些材料整理成册,制作清晰的目录,方便面试官查阅。确保材料的真实性和完整性,提前对材料中的内容进行梳理,能够清晰地阐述其中的重点和亮点。

### (四) 模拟面试练习

进行模拟面试是提升面试表现的有效方法。可以邀请同学、老师或已经工作的学长学姐充当面试官,按照面试流程进行模拟。在模拟过程中,注意回答问题的语速、语调、肢体语言等细节,及时总结自己的不足之处并加以改进。同时,通过模拟面试,熟悉各种面试题型和应对策略,提高自己的应变能力和自信心。合理利用校内资源进行面试模拟,各学校也会为毕业生准备模拟面试线上平台,如浙江药科职业大学通过"浙药大就业"平台为学生提供AI模拟面试点评。

面试常见 20 个小问题及回答技巧

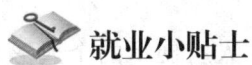 就业小贴士

面试跟进

面试结束后,不要认为求职过程就结束了。及时对面试进行总结,回顾自己在面试中的表现,分析哪些地方回答得较好,哪些地方还需要改进。如果有机会,还可以向面试官请教反馈意见,以便在今后的面试中表现得更好。

此外,在面试后的 1—2 天内,可以给面试官发送一封感谢信(邮件或短信),再次表达自己对获得面试机会的感激之情,以及对该岗位的持续兴趣。在感谢信中,可以简要提及面试中令你印象深刻的点,或者补充一些面试中没有充分表达的内容。但要注意感谢信的内容不要过于冗长,表达要真诚、简洁。以下是感谢信的常见模板:

---

尊敬的[面试官姓名]:

您好!我是[姓名],于[面试日期]参加了贵公司[具体岗位名称]的面试。此刻,我怀着诚挚的心情向您致以最衷心的感谢,感谢您给予我这次宝贵的面试机会,让我能更深入地了解贵公司和所应聘的岗位。

在面试过程中,与您交流令我收获颇丰。尤其是您提到的关于贵公司在[具体药物研发项目/质量控制体系等与药科相关的内容]方面的规划,让我对公司的发展前景充满信心,也更加坚定了我加入贵公司的决心。我深刻感受到贵公司在药科领域的专业和专注,这与我一直以来追求的职业发展方向高度契合。

回顾此次面试,我意识到自己在回答关于[某个面试问题]时,虽表达了主要观点,但由于时间紧张,有些想法未能充分阐述。我想补充说明的是,在[相关专业领域]方面,我曾参与过[具体项目/实践活动],通过[采取的行动],取得了[具体成果],这让我积累了[相关经验/技能提升],我相信这些经历能使我更好地胜任该岗位。

我对此次面试高度重视,也非常期待能加入贵公司。若有幸成为贵公司的一员,我定会全力以赴,运用所学知识和技能,为公司在药科领域的发展贡献自己的力量。同时,我也会不断学习,提升自己,以适应公司不断发展的需求。

再次感谢您抽出时间面试我,期待能得到您的回复,无论结果如何,我都将心怀感激。

祝您工作顺利,生活愉快!

[姓名]

[具体日期]

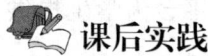
**课后实践**

情景扮演:与同学 4 人一组,自选应聘岗位,分别扮演应聘者进行模拟面试。

## 第四节　面试与求职礼仪

求职过程不仅是专业能力的展示,也是个人形象的展示。应聘时个人所展示的个人形象、举止礼仪至关重要,直接影响面试官对应聘者的第一印象,甚至可能成为决定面试成败的关键因素,为了提高面试成功率,我们需要掌握基本的面试礼仪。

美国心理学家洛钦斯提出首因效应,在社会认知中,个体获得对方第一印象的认知线索往往成为以后认知与评价的重要根据。人与人第一次交往中给人留下的印象,在对方的头脑中形成并占据着主导地位,这种效应即为首因效应。

我们面试过程中,要把握首因效应,因为没有第二次机会给人留下美好的第一印象。面试虽然是口语上的交流,但是在开口之前,面试官先看到的是求职者的整体着装、妆容、发型、语言表达和仪态,通过一个人的仪表,面试官可以判断求职者的气质、性格、品味以及对这项工作的重视程度。好的面试穿搭会让自己在面试时更加自信,在面试官眼里的形象也会有大幅度的提升,个人整体形象影响着面试的结果。

### 一、面试着装规范

面试开场的前十秒,第一印象,瞬间定格。面试官在短时间内可以通过个人着装判断面试者的气质和个性。得体的面试着装有助于留下正面的第一印象。面试着装的要领是让面试官,能把面试当天的穿着和个人展示的形象清晰地联系到今后的工作场景,并且认为应聘者形象和工作场景是匹配和契合。不同的行业有不同的面试着装要求,基本原则有以下几个方面:

整洁大方:这是面试着装最基本的要求。衣服应该没有污渍、褶皱和破损。确保鞋子干净光亮,没有磨损的痕迹。例如,衬衫要平整,不能有明显的汗渍;不穿奇装异服。

合身得体:服装的尺寸要合适,既不能过于紧身显得不专业,也不能过于宽松给人一种随意邋遢的感觉。比如,衬衫的肩部应该贴合肩膀,衣袖长度刚好到手腕处;裙子或裤子的长度要适中,避免过短或过长。

文明着装:不穿过于薄、露、透、短、花哨的服饰,全身服饰颜色不超过3种是比较实用的原则,让整体造型显得简洁、大方且协调,能够使面试官的视线更聚焦,在视觉上给人一种干净、利落的印象。

## 案例分析

某药企招聘一名市场营销专员,两位候选人履历相当。A穿着皱巴巴的T恤、破洞牛仔裤,蹬着双运动鞋就来了;B则一身利落的商务休闲装,简约衬衫配修身西裤,皮鞋锃亮。A刚进门,面试官看到A这随意模样,遂觉得A对职场规范怕是没多少敬畏。而B的得体装扮,瞬间传递出专业、靠谱的信号。最终,尽管A在专业问答环节表现尚可,但初印象的落差,让offer落入了B手。

**思考:** 我们能从两位面试的案例中得到哪些启示?应聘时除了专业知识的储备还应该注意哪些细节?

### (一) 女生面试着装礼仪

女生面试时着装款式选择自由度较高,服装款式简单大方为主,可以选择西装或裙装。服装的颜色选择不能太过艳丽,虽然黑白最为正式,但是女生可以选择清新的颜色进行搭配,以上浅下深为宜,避免给别人头重脚轻的感觉。

#### 1. 上衣

春夏季节,气温较高,可以选择衬衫搭配裤装或裙装,不要选择无袖或露肩上装,衬衫颜色可以纯色系为主,白色、淡蓝色较为清新;浅粉色、米黄色比较柔和可以作为色彩选择范围,能够彰显应届毕业生的活力;衣领可选择传统的翻领衬衫,领口和袖口要合身。避免低胸、透视或过于宽松的款式。例如,小尖领衬衫搭配西装会显得干练,而飘带式领口的衬衫则可以增添一丝柔和感,但飘带不能过于复杂。秋冬季,根据气温选择正装,外面穿着保暖大衣或羽绒服,面试之前将外套放置在面试室外面,避免着装臃肿。

#### 2. 下装

女生可以选择裙装或西裤,但是要与上装相协调,职业裙、套裙、直筒裙、A字裙都是比较合适的款式,这类款式能够修饰身形,给人干练的感觉,避免选择过于紧身或蓬松的裙子,如超短裙、蓬蓬裙、百褶裙等,裙子的长度要以坐下后过膝3厘米为宜。裙装搭配肤色丝袜,面试当天丝袜可多备一双以防划破及时更换。

裤装可选择直筒裤或微喇裤,此类裤型能够修饰腿型,并且看起来比较正式。避免选择过于休闲,运动裤、牛仔裤、工装裤都不适合面试场合。裤装长度要能够盖住脚面,搭配合适的鞋子后,裤子底部不会堆积或过短。

#### 3. 鞋子搭配

面试当天,根据服装搭配鞋子,黑色浅口皮鞋较为百搭,鞋面材质选择哑光更显稳重,鞋跟避免选择尖细跟部，3—5厘米粗高跟鞋最合适，平时不习惯穿高跟鞋可以选择乐福鞋，既舒适又比较正式。

4. 配饰选择

不建议佩戴首饰，特别是国考或事业编制面试。面试前考官会要求取下全部饰品。如果面试其他岗位，可以根据当天服饰搭配"小而精"的项链、耳钉等，避免夸张的首饰以分散面试官注意力。

### （二）男生面试着装礼仪

男生面试着装需要展现出专业、稳重、自信的形象。服装整体风格要求：正式得体、符合行业特点。

男生面试服装，一般可选择衬衫和西裤，衬衫颜色需低饱和度，以白色、浅灰色、淡蓝色为最佳。选择挺括的材质，不容易出现褶皱、压痕。

1. 领口围度

合适的领口大小一般第一颗纽扣扣紧后，领口与颈部有一根手指距离，过紧不舒服；过松则不立体，显得松垮。

2. 肩宽

合适的肩宽是在肩顶点的位置，过紧勒得不舒服，过松则显得休闲，不适合正装。

3. 袖口

袖口应该整齐、平整，在靠近手腕处的地方，袖口和手腕之间要有一个手指宽度，搭配西装，长度以露出西装袖口1—2厘米为宜，这样可以展现出穿着的层次感和精致感，同时也方便活动。

4. 袖长

长度一般以袖口遮住手腕关节为准。袖子要贴身并且留一些可让手臂随意活动的宽度空间，太紧了衬衫容易被扯开，行动也不方便，太松了显得拖沓。

皮鞋选择：黑色或棕色，系带或乐福鞋，鞋面亮光或磨砂均可。

## 二、面试妆容打造

### （一）女生面试妆面打造要点

女生面试妆面打造要遵循干净、整洁、自然、淡雅的原则，以展现出专业、自信的形象。面试前做好皮肤清洁和保湿工作，提前敷面膜让肌肤更水润，避免上妆后出现卡粉、起皮等问题。

1. 底妆

轻薄透气底妆是面试妆面的第一步，既要做好皮肤的保湿，也要选择适合的粉底。在脸颊与颈部交界处试色，选择与肤色最接近的色号，避免一味"求白"，涂抹之前粉底液可混合少量保湿乳液使底妆更加服帖。

轻薄均匀：选择与肤色匹配的粉底液或气垫，用美妆蛋或粉扑均匀涂抹，打造轻薄、自然的底妆，使肤色看起来光滑细腻。若有黑眼圈或色斑等较明显瑕疵，可用遮瑕膏进行局部遮盖后再抹粉底液。

定妆控油：使用散粉或粉饼定妆，防止脱妆，尤其T区等容易出油的部位要重点定妆，让妆面保持干爽持久。

2. 眉形

根据脸型画出自然眉形，避免过于锋利或夸张。眉色应与发色相近，使用眉笔或眉粉填充，保持柔和。

3. 眼妆

简洁大方，眼影以大地色系为主，避免过于鲜艳的颜色。眼线自然：使用棕色或黑色眼线笔，根据眼睛轮廓勾勒出自然眼线。睫毛清晰：夹翘睫毛后，涂抹睫毛膏，使睫毛清晰分明，避免结块。

4. 腮红

主要提亮气色，需选择自然色调的腮红，以少量多次的手法轻轻扫在苹果肌上，提升气色。腮红自然晕染，避免过于浓重或突兀。

5. 唇妆

色彩以自然色系为主，可选择豆沙色、珊瑚色等自然色系的口红，避免过于鲜艳或深色。换季期间唇部容易干裂，可在使用口红前使用润唇膏进行保湿。

6. 发型

发型应得体、整洁，避免过于复杂或松散。长发可以选择马尾辫，高马尾凸显干练气质，适合应聘管理岗岗位；低马尾较为知性柔和，适合应聘教育类、文职类岗位。彩色染发、夸张的头饰是面试时发型禁忌。在面试前清洁头发，有效避免油腻和头皮屑等问题。

7. 指甲

指甲是面试中的小细节，确保指甲无污垢、无残留；指甲长度建议修剪至与指尖平齐或略短；颜色可以是本甲、透明色、浅粉色等保守颜色，避免使用夸张的色彩。根据个人手型修剪合适的甲型，避免延长甲、贴钻、彩绘等夸张美甲。面试前务必改掉咬指甲习惯，否则会传递焦虑感。

整体妆面需要与面试服装搭配，保持整体形象一致。适度修饰：避免过度修饰，保持自然、自信的状态。

### （二）男生面试妆面打造要点

男生适当注重自己的妆容可以提升自信，当个人对自己的外表感到满意时，表现的行为也会更加自然、自信，积极的态度会给面试官传递积极的信号。男生面试妆容要求干净整洁、自然大方，以"无妆胜有妆"，避免妆面的厚重感。

1. 底妆

男生肤质大部分为油性，在上底妆之前用控油洗面奶进行洁面，仔细将胡须、鼻毛清理干净,再涂抹清爽型乳液或面霜,保证皮肤不干燥起皮;粉底选择轻薄质地,颜色选择自然色或深一个色号;定妆选用透明散粉,注意T区、额头等容易出油的部分。

2. 发型

建议清爽短发,头发长度以前发不覆眉,侧发不掩耳,后发不及领为标准,发色以黑色最佳,不要夸张染发、烫发;复古油头、韩式潮流发型不适合正式面试场合。

3. 眉毛

用修眉刀或镊子去除眉心、眉尾多余毛发,将眉毛修剪整洁干净,保持线条清晰,男士眉毛整体造型需要上扬的形态,眉尾不宜过尖。选择与发色相近的眉笔或眉粉轻轻填充眉毛,让眉毛看起来更加浓密、立体,眉头颜色要浅,眉尾颜色可适当加深,以增强眉毛的层次感。

4. 手部

手和指甲要保持整洁,不要留长指甲,更无需美甲。除手表外,不建议佩戴任何配饰。

5. 男生面试妆面打造注意要点:

(1) 避免过度修饰:不画眼线、不涂睫毛膏、不使用腮红或高光。

(2) 粉底色号匹配测试:务必在自然光下试色,避免与脖颈色差明显。

(3) 卸妆必须彻底:需用卸妆水清洁,防止毛孔堵塞。

面试妆面其他细节:戴眼镜需保持镜片清洁;粉底避免蹭到衣领处;避免使用香水,面试官可能对香味有个人好恶甚至是过敏,浓烈或特殊的气味容易引发负面联想,夏季可使用无香止汗剂以保持干净、清爽、无异味,在面试时避免任何可能引起争议的细节。

## 三、面试礼仪

面试礼仪分很多类,包含举止礼仪、沟通礼仪、情绪管理等,良好的仪态展现是获得职场机会的关键因素之一。

### (一) 面试基本礼仪

1. 入场礼仪

根据招聘单位面试时间通知提前15~20分钟到达面试现场,入场前将自己的手机调成静音或关机,以免面试过程中响铃影响面试过程。不要直接推门就进,面试者进场前应先轻轻敲门,力度适中。如果门是开着的,轻敲两下,听到入场指令后,然后进入;如果门是关着的,轻敲三下门,听到面试官回应后再进入。进入面试室后,转身轻关房门。注意不要长时间背对着考官。

走路不要过快过慢,自然大方,面带微笑,抬头挺胸。入场后鞠躬问好,给面试官留下良好的第一印象,一般问候型鞠躬礼仪的标准姿势是双腿站直,躯体向下稍微弯15—20度,弯腰速度适中,之后抬头直腰,动作可慢慢做,这样令人感觉很舒服。入场后如果需要递交个人简历或材料,双手递交,正面朝上,字体应正对接收者,方便对方阅读。

2. 退场礼仪

退出面试室:正对面试官行一般鞠躬礼,并表示感谢。离开面试室时,行走速度不要过快,关门时注意轻轻关稳后再松手,避免门砰的一声响。细节虽小,但关乎印象与分数,应聘时要认真对待。

3. 握手礼仪

在正式场合,握手一般由身份较高、年长或女士先伸手。在面试过程中,如果面试官有握手的行为,面试者要微笑积极伸手完成握手礼。握手时,两者距离约一步,上身稍微向前倾,四指并拢,右手相握,相握时间3秒左右,握手时微笑致意或问好。

4. 坐姿与站姿

入座时要轻稳,走到座位前,转身轻轻坐下。坐椅子时应坐满椅子的2/3左右,不要瘫坐在椅子上或只坐边缘。背部挺直,不要弯腰驼背,给人以自信和专注的印象。双手自然地放在大腿上或桌面上,双手自然相握,不要不停地摆弄手指或抖腿。

站姿:站立时双脚平稳站立,男生双脚分开与肩同宽,女生双脚并拢,身体重心均匀分布在双脚上,不要左右摇晃或单脚支撑重心。抬头挺胸,收腹提臀,双肩放松,手臂自然下垂,手指自然弯曲,不要插兜或抱臂,展现出积极向上的精神面貌。

走姿:行走时步伐要稳健、轻盈,抬头挺胸,双目平视前方,不要低头看地或左顾右盼。手臂自然摆动,幅度适中,不要过于夸张。步伐大小要适中,不要走得太快或太慢,给人以自信、从容的感觉。

5. 谈吐礼仪

开场可使用简洁且有亲和力的语言,"面试官您好,很荣幸能来参加这次面试"。面试时语速适宜,声音洪亮,表达时避免口头语和网络用语,在面试前可面对镜子进行多次练习。跟考官交流中,不要畏畏缩缩,要自信大方,语言表达清晰、准确、流畅。自我介绍时间控制在2分钟以内,语速控制在1分钟120—140字,避免背诵式自我介绍,简洁阐述个人应聘岗位相关的学习工作经历、技能和成就,展示自身的亮点。

6. 面部表情

眼神:与面试官保持适度的眼神交流,不要目光游离或长时间盯着其他地方。在回答问题时,要微笑注视着面试官的眼睛或面部三角区,表现出专注和真诚。同时,眼神要保持自然、温和,不要过于强硬或冷漠。不敢与面试官进行眼神交流,眼睛四处乱看,或者眼神呆滞、空洞,会让面试官觉得不自信、不真诚,对他们所说的话不感兴趣,也会让人怀疑你是否在隐瞒什么或者缺乏专注度。如果面试是多位面试官,在眼睛交流时需要及时与每位面试官进行眼神交流,3—5秒后自然地转移视线,面试过程中忌紧盯一位面试官。遇到无法回答的问题不要慌张,不能毫无根据乱回答,可以真诚地回答目前对这块知识有欠缺,以后会努力提升自己,弥补这块的不足。

表情管理:微笑是最好的语言,微笑可以让人看起来更加亲切、自信和友好,能够缓解紧张气氛,拉近与面试官的距离。但要注意微笑要自然得体,不要过于夸张或僵硬。平时可以对着镜子像对自己说悄悄话的形式读"引"字100遍,形成肌肉记忆。思考问题时不要皱眉,表情太过丰富会给人感觉内心慌张,准备不充分,更不要出现挠头、咬嘴唇、摸鼻子等动作。

7. 情绪管理

面试过程中良好的情绪管理影响个人第一印象和最终的面试结果。在面试过程中可能因为缺少面试经验容易紧张、焦虑或者太过自信而过度兴奋。面试前纠正自己的偏执理念—"我必须完美",换角度看待面试,把面试当作积累经验的宝贵经历。当感到紧张或情绪波动时,可通过4—7—8呼吸法,用鼻深呼吸,在心里默数到4,憋气7秒,嘴巴吐气8秒,让空气充满腹部,重复几次,可以有效缓解紧张情绪。专注于面试官的问题和讲话内容,积极回应,这样能将注意力从自身情绪上转移开,同时也能更好地理解问题,给出准确的回答。比如,在面试官提出一个较难回答的问题时,不要急于回答,先做一次深呼吸,让自己平静下来再作答。

8. 肢体语言

手势:使用适度的手势来辅助表达自己的观点,但不要过于频繁或动作过大。手势要自然、流畅,与说话的内容和节奏相配合。比如,在介绍自己或阐述观点时,可以用手掌自然地指向相关方向或物体,但不要用手指指点点或做出过于随意的动作。

头部:头部的动作也能传达出不同的信息。保持头部端正,不要歪斜或频繁点头、摇头。在倾听面试官讲话时,可以微微点头,点头是一种积极的反馈信号表示认真在听对方的谈话内容或表示对对方观点的认同和尊重,但不要点头过于频繁,以免给人一种敷衍的感觉。

总之,大学生在面试时要注重仪态细节,通过良好的姿势、表情和肢体语言展现出自己的自信、专业和亲和力,增加面试成功的机会。

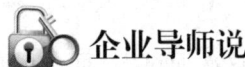

## 企业导师说

亲爱的同学们,作为一名在医药行业人事岗位上工作多年的人事经理,我给大家介绍一下在招聘时HR对一名应届毕业生主要关注的几个地方,以便大家在校学习和面试的时候能够更好地成长:

专业能力与技能。医药零售行业不同于其他行业,从业人员需要具备一定的专业知识,具备扎实专业基础和熟练技能的毕业生,往往能快速融入工作岗位,减少企业培训成本,因此专业能力和技能是招聘时首要考虑的因素。一般会从成绩绩点以及班级排名获取,同时也会通过基础专业知识的问答来了解应聘学生的专业能力。第二,综合素质与实践。综合素质和在校的实践经验也是HR重点关注的内容。包括沟通能力、团队协作能力、解决问题的能力、抗压能力等。工作后将会面临各种环境和挑战,人际关系的处理等,良好综合素质的毕业生,能够在工作中更好地适应,与同事建立良好的合作关系。在校期间有组织大型项目的经验,尤其是项目负责人的经验,也会为你的面试加分。在校期间大家一定要将自己的专业课程学扎实、积极参加实践活动为自己打造一副"真材实料"的"铠甲"更好地迎接职场世界。

另外,在面试时,大家谨记"真诚"是必杀技。在简历上一定要诚信为本,面对小伙伴简历上的实践经验,我们一般会对学生实践经历的真实性和深度进行探究询问,首先会细节追问,询问实践项目的背景、目标、具体任务和实施过程。根据学生的回答过程中的细节再追加提问例如,"当时团队是出于什么考虑采用这个方案?"通过学生对细节的描述,判断其是否真正参与其中。让学生讲述实践中遇到的困难及解决方法。如"在项目执行过程中,遇到的最大困难是什么?你是如何解决的?"真实经历者通常能详细阐述。针对实践经历中涉的专业知识进行提问,比如学生参与过药店实习,会让学生回答药店的一些日常行为要求及基本专业知识,以考察其对专业知识的掌握程度与实践的关联性。根据学生对项目表述的逻辑与连贯性,语言表达是否清晰流畅、条理分明来综合了解学生实践的真实性和深度。所以大家要重视在校期间参加的实践活动,学会整理和提取重要信息。实践经历所在行业与面试企业所在行业的相似度高,掌握的专业技能与企业需求匹配会大大提高面试成功率,如实践经历与面试企业不同行业,但其中的经验和方法具有可迁移性,向面试官展现出个人的沟通、团队协作、问题解决等通用技能,也会受到面试企业的青睐。从整体上来说,学生在面试中表现具有创新意识、改进意识、解决问题的意识、主动学习意识都会提高面试的通过率。

除了平时在校期间积累知识、技能、实践经验,在毕业季应聘的面试前后大家也可以早做准备:1. 面试前:要充分了解即将面试的公司及岗位的基本情况,如果可以通过校友或者是家人了解到应聘公司所在行业最新的资讯,对与面试官的沟通将有很大的帮助。提前准备好简洁,有重点,有亮眼经历的自我介绍,时间不超过 2 分钟,面试前可以练习自我介绍的表述语气、节奏,避免背书感。这里要特别强调下,不同公司不同岗位的自我介绍要略做调整,内容要贴近应聘岗位。面试时,大家也要适当提升自己的外在气质,面试着装要得体大方,一般以职业装为最佳,干净整洁,女生可以化淡妆提升气色,但不要浓妆,发型简洁,不要花哨。面试前小伙伴们可以提前熟悉路线,选择合适的交通工具,预留足够的通勤时间,避免面试迟到。2. 面试中:在面试候场区保持安静,不随意走动,不刷手机,可以在心中默默回顾提前准备的内容,期间碰到面试工作人员可以微笑点头示意。进入面试场地主动微笑打招呼后落座,单人面试可提前咨询 HR 面试官的姓氏及职务,多人面试可统称"各位面试官好",坐姿挺拔,不靠椅背,坐椅子 2/3 位置。面试整体过程中个人仪态要舒展,表达落落大方,与面试官交流时面带微笑注视对方的眼睛。面试过程中碰到不会解答的问题要保持平常心态,认真答好下一题,总体上来说面试中要保持大方得体。3. 面试后:在面试结束时,可以询问面试官大致的招聘流程和公布结果的时间,有的岗位还会设置二面甚至是三面,大家可以尽早准备。如果超过了预计时间仍未收到通知,可以发邮件或打电话询问进展情况,如果没有录用,可以礼貌询问自己能力和岗位要求存在的差距,以便及时复盘,在面试中积累经验,提升自己的不足。

小伙伴要相信,作为面试官肯定是希望通过面试交流多了解应聘者,为公司挑选优秀人才,大家准备得越充分,求职录用的机会就会越大,加油!

——方淼君(浙江英特怡年药房连锁有限公司人事行政部经理)

## (二) 面试礼仪关注事项

### 1. 礼貌与态度

进入面试房间时,要主动向面试官问好,保持微笑,眼神交流自然。面试过程中,始终保持礼貌和谦逊的态度,认真倾听面试官的问题,回答时注意使用礼貌用语。即使遇到不熟悉的问题,也不要表现出不耐烦或抵触情绪,而是以积极的态度表示自己愿意学习和努力。

### 2. 语言表达

回答问题时,语言要简洁明了、逻辑清晰。避免使用过于生僻或复杂的词汇,确保面试官能够轻松理解你的意思。可以使用"首先,其次,最后"等连接词,使回答更有条理。同时,注意控制语速和语调,语速不要过快,以免面试官跟不上你的思路;语调要有起伏,突出重点内容,增强表达的感染力。

### 3. 突出重点

在回答问题时,要围绕问题的核心,突出自己的优势和与岗位相关的经验、技能。避免冗长、无关的叙述,抓住关键信息,简洁地阐述自己的观点和经历。例如,在回答关于项目经验的问题时,重点讲述项目的成果和自己在其中发挥的关键作用,而不是详细描述项目的每个细节。

### 4. 展示热情与自信

对药科工作的热情和自信心能够给面试官留下良好的印象。在面试中,通过语言和肢体语言展示自己对这份工作的渴望和信心。例如,在回答求职动机问题时,真诚地表达自己对药科行业的热爱和对该岗位的期待;在阐述自己的能力和经验时,声音洪亮、眼神坚定,展现出自信的态度。

### 5. 注意非语言沟通

除了语言表达,非语言沟通也非常重要。保持良好的坐姿,身体微微前倾,展现出积极参与的态度。眼神交流要自然,不要频繁地看手机或其他地方,与每位面试官都要有适当的眼神互动。同时,注意手势的运用,不要过于夸张或频繁,避免一些无意识的小动作,如抖腿、转笔等。

# 第十章 药盾护航·大学生就业权益保障

>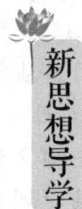
> 
> 要加强劳动者权益保障。健全劳动法律法规,规范新就业形态劳动基准,完善社会保障体系,维护劳动者合法权益。加强灵活就业和新就业形态劳动者权益保障,扩大职业伤害保障试点,及时总结经验、形成制度。加强市场监管和劳动保障监察执法,有效治理就业歧视、欠薪欠保、违法裁员等乱象。
> 
> ——习近平在中共中央政治局第十四次集体学习时的讲话

## 学习目标

1. 掌握签订就业协议和劳动合同的注意事项。
2. 了解五险一金的构成并能够运用相关劳动权益法规保护自我就业权益。
3. 树立积极就业、诚信就业的意识。

## 课前导入

2024年,某高校计算机专业毕业生张明,成功入职一家知名科技公司,担任软件开发工程师。该公司专注于软件开发与智能硬件研发,在行业内有一定影响力。张明对这份与专业契合的工作充满期待,渴望能在此施展才华。

**就业过程**

3月,张明收到公司录用通知书,明确试用期6个月,月薪8000元,转正后12000元,还包含福利待遇等信息。4月1日,他正式入职,签订了3年劳动合同,合同内容与录用通知一致。公司为其办理入职手续,分配设备,并安排导师指导。 试用期内,张明工作积极,经常主动加班。参与核心软件项目开发时,凭借专业知识和创新思维,多次提出优化方案。比如在一个软件性能优化项目中,他通过重构代码架构,将软件响应速度提升40%,获同事和领导好评,与团队协作顺畅。9月29日,即试用期最后一天前,直属领导突然通知张明,因"代码质量不达标"将其辞退。张明十分震惊,自己工作表现良好且多次受肯定,从未收到过负面反馈。他要求查看考核标准和依据,遭领导拒绝。随后收到的辞退通知也仅简单写着"试用期考核不合格,予以辞退",无具体内容。

**维权行动**

**证据收集：** 被辞退后24小时内，张明迅速收集证据。保存好企业盖章的《录用通知书》原件；整理了试用期内的代码文件、项目文档、沟通邮件等工作成果；收集了考勤和加班记录截图；与领导和人力部门沟通时进行录音，记录下对方无法提供考核依据的内容。

**协商未果：** 张明约见人力资源部负责人和直属领导协商。他陈述工作表现，展示证据，指出公司辞退缺乏合理依据，要求重新考核或给予合理赔偿。但公司坚持认为他不符合录用条件，只愿按试用期工资标准额外支付一个月工资，双方协商失败。

**投诉与财产保全：** 协商无果，张明向当地劳动监察大队投诉，提交证据材料，请求调查公司违法辞退行为。同时，为避免公司转移财产影响赔偿执行，他通过企业工商信息系统查询到公司银行账号，申请了财产保全，以便相关部门冻结账户。

**获赔结果：** 张明计算赔偿金额，5个月工资差额2万[(12 000－8 000)×5]，公司违法解除劳动合同的赔偿金1.2万(1.2万×0.5年×2)，社保补缴企业承担部分2.6万，共计5.8万。在劳动监察大队的调解及法律的威慑下，公司最终认识到自身行为的违法性，全额支付了上述赔偿。张明的维权经历，为初入职场的应届生上了生动一课——当合法权益受到侵害时，保持冷静、留存证据、依法维权，才能更有效地保护自己。

——根据今日头条《试用期权益保卫战：深圳应届生最后关头被辞，依法追回5.8万赔偿》整理

**思考：** 如果你是张明同学，你会通过哪些途径和方式维护自己的合法权益？

## 第一节 大学生就业权益的基本概念与法律依据

### 一、就业权益的定义

大学生就业权益是指在大学生就业过程中，保障其公平、合法的权利和利益，确保他们在求职、入职和职业发展中能够享有与其他劳动者平等的待遇。具体来说，大学生就业权益包括但不限于以下几个方面：

**平等就业机会：** 不受性别、种族、地域、年龄等因素的歧视，能够享有平等的就业机会。

**劳动条件保障：** 雇主需为大学生提供符合国家法律法规的劳动条件，包括合理的工资、工作时间、休息日等。

**就业信息透明：** 招聘过程中的信息公开透明，保证大学生能够获得准确、完整的招聘信息，避免虚假招聘或误导性广告。

**职业发展支持：** 在入职后，大学生应享有进一步职业发展的机会，例如继续教育、晋升机制等，保障其职业成长空间。

**社会保险保障：** 雇主需为大学生提供必要的社会保险，包括养老、医疗、失业等保险，确

保其在职场的基本生活保障。

法律保护：大学生在就业过程中享有的基本法律保护，如防止工作场所的性别歧视、种族歧视、恶劣工作环境等行为的发生。

这些权益保障的目标是让大学生能够平等地进入劳动市场，拥有公平的工作条件，以及得到充分的职业发展机会。

## 二、大学生就业权利的法律基础

国家通过多项法律、法规和政策在法律层面保障大学生的实习及就业权益。通过这些法律法规，国家为大学生提供了多重保障，确保他们在就业过程中的权益不受侵害。以下是保障大学生实习和就业权益的相关法律文件的详细介绍，以及部分具体的法律条文内容。

### （一）《中华人民共和国劳动法》

《中华人民共和国劳动法》是中国劳动关系的基础性法律，旨在保护所有劳动者的基本权利，包括大学生。特别是在实习和就业方面，它为大学生提供了保障。涉及的主要条文内容如下：

第十条：劳动者享有平等就业的权利，不受性别、民族、种族、宗教等歧视。

第十六条：用人单位应当与劳动者订立书面劳动合同，明确约定工资、工作时间等条件。对大学生而言，这保证了他们进入职场后，能够获得明确的劳动权益。

第三十条：用人单位支付给劳动者的工资不得低于当地最低工资标准，确保大学生在就业后的基本生活保障。

第四十六条：如果劳动合同期满，单位应依法与劳动者协商续签或终止合同，对于大学生来说，如果就业有期合同到期，单位必须依法处理。

### （二）《中华人民共和国就业促进法》

《中华人民共和国就业促进法》专门为促进就业，特别是大学生就业提供了具体的法律依据，保障大学生在求职过程中的合法权益。涉及的主要条文内容如下：

第十三条：国家鼓励高等教育机构和各级政府为大学生提供就业服务，并且提供相关的就业见习和培训机会。

第二十一条：禁止用人单位在招聘过程中设置不合理的门槛，包括学历、年龄、性别等歧视。大学生在求职过程中应享有平等机会。

第二十五条：政府应当制定政策，推动高校毕业生就业，支持企业吸纳大学生就业。

### （三）《中华人民共和国劳动合同法》

《中华人民共和国劳动合同法》对大学生就业时用人单位与员工签订劳动合同，及后续权益的保护进行了规范，确保大学生的实习及就业过程中不会受到不公正待遇。涉及的主要条文内容如下：

第二条：明确规定劳动合同适用于所有劳动者，无论是正式员工还是实习生，只要是与用人单位建立了劳动关系,就应享受《劳动合同法》保障。

第十六条:劳动合同必须依法签订,且用人单位需明确与员工(包括大学生)之间的权利与义务。

第三十九条:劳动者在试用期内与用人单位解除劳动合同的条件,以及用人单位解除劳动合同的条件,保障大学生在试用期内的基本权益。

### (四)《中华人民共和国社会保险法》

根据《中华人民共和国社会保险法》,大学生在实习和就业期间,如果符合条件,享有社会保险的权利。此法明确了劳动者在就业中的社会保障权益,包括养老保险、医疗保险、失业保险等。涉及的主要条文内容如下:

第十条:用人单位和劳动者均应按规定参加社会保险,缴纳社会保险费。

第十六条:实习生和在职大学生若为正式员工,单位应按规定为其缴纳社会保险。

### (五)《中华人民共和国高等教育法》

《中华人民共和国高等教育法》规定,高校应承担起大学生就业指导、职业培训以及其他就业相关服务的责任。涉及的主要条文内容如下:

第六条:高等学校应当为毕业生提供就业服务,定期组织职业指导和就业见习。

第七条:政府应当对高等教育机构提供政策支持,帮助学校建立和完善就业服务体系。

### (六)《中华人民共和国职业教育法》

《中华人民共和国职业教育法》是专门针对职业教育与培训的法律,虽然主要针对职业院校,但其中也包含了对大学生实习和就业权益的保护。涉及的主要条文内容如下:

第十条:职业院校必须与企业建立合作关系,为学生提供实习机会,并且确保实习过程中学生的合法权益不受侵害。

第十六条:职业教育培训中的实习工作,必须保障学生的安全、健康以及合理的报酬等权益。

### (七)《中华人民共和国劳动保障监察法》

该法规定了对用人单位的劳动保障监察,保障劳动者(包括大学生)的基本权益。涉及的主要条文内容如下:

第四条:劳动保障监察机构应当依法对用人单位的劳动条件进行检查,确保符合国家劳动法的规定,保障大学生的就业和实习环境。

第十条:用人单位在签订劳动合同、支付工资、提供社会保险等方面的违法行为,劳动保障监察机构有权进行调查并纠正。

### (八)《中华人民共和国反就业歧视法(草案)》

目前,《中华人民共和国反就业歧视法》草案正在讨论阶段,主要目的是消除就业领域中基于性别、年龄、民族等方面的歧视。这一草案对于大学生就业的公平性有重要意义,尤其是在招聘过程中消除对大学生的歧视。

草案中的主要条文(草案内容):

第二条:禁止用人单位在招聘、实习安排等方面存在歧视,确保大学生享有平等的就业机会。

**(九)《实习管理办法》**

除了国家制定的法律法规,各个地方政府也根据实习情况制定了相应的规章制度,各个高等院校也发布了具体的实习管理办法,明确了实习期间的相关权益保障。例如,实习期间不应低于最低工资标准,应提供保险、学校安排实习走访了解实习情况及时帮实习生解决出现的问题等。

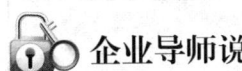
**企业导师说**

1. 明确职业规划:梳理自己的兴趣、能力和职业目标,选择适合的行业和岗位,设定好短期和长期职业发展目标,持续提升专业技能和综合素质,增强市场竞争力。

2. 做好充分准备:充分重视简历和求职信,突出个人优势并确保信息真实和准确;熟悉面试常见问题,充分了解公司背景和岗位要求。

3. 积极建立人脉:通过参加实习、社团等积累人脉,获取更多的职业发展机会。

4. 保持良好心态:求职过程中保持积极心态,面对挫折时需及时自我调整。

总之,大学生在求职时应做好充分准备。谨慎选择公司,并了解相关法律法规,确保自身权益得到保障。

——姚波(珀莱雅化妆品(浙江)有限公司人力资源部总监、工会主席)

## 第二节　正确签署《就业协议书》和劳动合同

### 一、《就业协议书》的签订

《全国普通高等学校毕业生就业协议书》(以下简称《就业协议书》)通常是由教育部或各省(自治区、直辖市)就业主管部门统一印制的,它是一份具有法律效力的书面文件,用于明确大学毕业生、用人单位以及学校在大学毕业生就业工作中的权利和义务。这份协议不仅为学校编制就业计划和大学毕业生派遣工作提供了重要依据,同时也为大学毕业生和用人单位之间建立劳动关系提供了明确的约定。

《就业协议书》通常采用统一制表的方式,确保格式规范、内容明确。如表10-1所示。

表10-1 浙江省普通高等学校毕业生就业协议书

协议书编号：

<table>
<tr><td rowspan="6">用人单位（甲方）</td><td>单位名称</td><td colspan="2"></td><td>统一社会信用代码</td><td></td></tr>
<tr><td>单位性质</td><td>单位行业</td><td></td><td>职位类别</td><td></td></tr>
<tr><td>通讯地址</td><td colspan="4"></td></tr>
<tr><td>联系人</td><td>手机</td><td></td><td>电子邮箱</td><td></td></tr>
<tr><td>档案转寄单位名称</td><td colspan="2"></td><td>联系人</td><td>联系方式</td></tr>
<tr><td>档案转寄单位地址</td><td colspan="4"></td></tr>
<tr><td rowspan="6">毕业生（乙方）</td><td>姓名</td><td colspan="2"></td><td>性别</td><td>民族</td></tr>
<tr><td>身份证号</td><td colspan="2"></td><td>政治面貌</td><td>毕业时间</td></tr>
<tr><td>毕业院校</td><td colspan="3"></td><td>学号</td></tr>
<tr><td>院系</td><td colspan="3"></td><td>学历</td></tr>
<tr><td>专业</td><td colspan="3"></td><td>学制</td></tr>
<tr><td>电子邮箱</td><td colspan="2"></td><td>手机号码</td><td></td></tr>
</table>

| 用人单位或用人单位人事部门 | 用人单位上级主管部门 | 毕业生 |
| --- | --- | --- |
| （签章）<br>年　月　日 | （签章）<br>年　月　日 | 签名：<br>年　月　日 |
| 院系毕业生就业管理部门 | 院校毕业生就业管理部门 | 协议书二维码 |
| 学院审核通过<br>年　月　日 | 学院审核通过<br>年　月　日 | 甲方盖章后请扫码验证协议内容！ |

续 表

| | |
|---|---|
| 协议内容 | 本协议供普通高等学校应届毕业生在与用人单位正式确立劳动人事关系前使用,由用人单位和毕业生在双向选择基础上共同签订,经学校审核后协议生效,是用人单位确认毕业生信息真实可靠、接收毕业生的重要凭证,也是学校进行毕业生就业管理、编制就业方案及毕业生办理就业手续的重要依据。为明确甲方(用人单位)、乙方(毕业生)、丙方(学校)三方在毕业生就业工作中的权利和义务,甲方、乙方、丙方达成如下协议:<br>一、甲方要如实向乙方介绍本单位的情况,明确对乙方的要求及使用意图,做好各项接收工作。<br>二、乙方应按国家规定就业,向甲方如实介绍自己的情况,了解甲方的使用意图,表明自己的就业意见,在规定的时间内到甲方报到,若遇到特殊情况不能按时报到,需征得甲方同意。<br>三、丙方要如实向甲方介绍乙方的情况,做好推荐工作,审核协议信息无误后,报上级主管部门备案,并负责办理就业手续。<br>四、乙方到甲方报到后,甲方须按照国家有关规定与乙方签订劳动合同。劳动合同签订后,本协议自动终止。<br>五、甲方正式录(聘)用乙方后,须按国家有关规定,为乙方缴纳社会保险费,并提供与工作岗位相关的福利待遇。<br>六、甲方、乙方应全面履行协议。一方违约,另一方可依法追究其违约责任,并要求其赔偿违约金,违约金另行约定。如甲方或乙方未如实向对方介绍与签订本协议相关的己方情况或隐瞒不良事实,足以影响对方签约意愿的,对方可单方解除本协议,不承担违约责任。<br>七、甲方、乙方协商一致,可以变更协议中双方约定的条款或解除协议。符合下列情况之一,经书面告知对方后,本协议解除:1.甲方被撤销或依法宣告破产;2.乙方报到时未取得毕业资格;3.乙方被判处拘役以上刑罚;4.法律、法规和政策规定的其他情况。<br>八、当乙方因录用为公务员、升学(留学)、参加国家及地方政府项目(选调生、选聘生、大学生志愿服务西部计划、"三支一扶"、农村特岗教师计划、入伍等)就业,而无法履行本协议的,甲方、乙方另行约定。<br>九、甲方、乙方因履行本协议发生争议,由甲方、乙方协商解决,或提请丙方及有关部门协调解决,也可向人民法院提起诉讼。<br>十、未尽事宜,由甲、乙、丙三方依照有关法律、法规和政策另行约定,并视为本协议的一部分。 |
| 补充协议内容 | 一、甲方拟录(聘)用乙方职位类别为_____,岗位名称为_____,试用期为_____,试用起薪为_____元,转正起薪为_____元,报到地点为_____,报到期限为_____,实际工作地点为_____。<br>二、甲方签约联系人_____,联系电话_____。甲方、乙方如有一方解除协议或违反协议条款规定的,应承担相应的违约责任并向对方支付违约金_____元。<br>三、其他补充协议条款:_____。 |

就业协议书是普通高等学校毕业生和用人单位在正式确立劳动人事关系前,经双向选择,在规定期限内确立就业关系、明确双方权利和义务而达成的书面协议,是用人单位确认毕业生相关信息真实可靠以及接收毕业生的重要凭据。协议在毕业生到单位报到、用人单位正式接收后自行终止。

**(一) 认识《就业协议书》**

**1. 就业协议书的基本内容**

(1) 高校毕业生基本情况,包括姓名、性别、身份证号、专业、学制、毕业时间、学历、联系方式等。

(2) 用人单位基本情况,包括单位名称、组织机构代码、单位性质、联系人及联系方式、档案接收地等。

(3) 高校毕业生和用人单位约定的有关内容,包括工作地点及工作岗位,户口迁入地,违约责任,协议自动失效条款、协议终止条款,双方约定的其他事宜。

(4) 各方应严格履行协议,任何一方若违反协议,应承担违约责任。

(5) 其他补充协议。

2. 协议条款

由甲方(用人单位)和乙方(高校毕业生),同意签订如下协议:

(1) 甲方应如实向乙方介绍情况,经了解,同意接收乙方,并负责有关接收手续。

(2) 乙方应如实向甲方介绍情况,同意到甲方工作,服从甲方的工作安排。

(3) 甲乙双方如有其他约定,应在备注栏明确,并视为本协议书的一部分。

(4) 双方中有一方要变动协议,须提前一个月征得对方的同意,否则按违约处理。

(5) 本协议一式三份,分别由甲方、乙方和学校就业工作部门留存,复印件无效。

(6) 就业协议书大部分是由各省级高校毕业生就业工作主管部门或高等学校印制,由高等学校统一发放给毕业生。浙江省从2022年开始启用了高校毕业生网上签约和毕业去向登记平台,毕业生可以通过线上申请纸质协议书或直接进行线上签约。

### (二)协议签订

1. 签订原则

就业协议书签订原则是指双方在订立就业协议时必须遵循的基本准则。

(1) **主体合法原则**:签订就业协议的当事人必须具备合法的主体资格。对毕业生而言,就是必须取得毕业资格,如果学生在派遣时未取得毕业资格,用人单位可以不予接收而无须承担法律责任。对用人单位而言,用人单位必须具有从事各项经营或管理活动的能力,单位应有录用毕业生计划和录用自主权,否则毕业生可解除协议而无须承担违约责任。

(2) **平等协商原则**:就业协议的双方在签订就业协议时的法律地位是平等的,一方不得将自己的意志强加给另一方。学校也不得采用行政手段要求毕业生到指定单位就业(不包括有特殊情况的毕业生),用人单位亦不应在签订就业协议时要求毕业生交纳过高数额的风险金、保证金。双方当事人的权利义务应是一致的。除协议书规定内容外,双方如有其他约定事项可在协议书"备注"内容中加以补充确定。

2. 签订步骤

(线下签订)

① 毕业生首先需要从学校毕业生就业指导中心领取《就业协议书》,并填写自己的基本情况,如姓名、专业、联系方式等。

② 大学毕业生与用人单位达成就业意向后,双方须在《就业协议书》上签字并盖章。在这一过程中,用人单位须注明大学毕业生档案的邮寄接收地址。

③ 用人单位的上级主管部门需要批准并签字盖章,确认双方的就业协议。

④ 大学毕业生或用人单位将已签订的《就业协议书》上交学校,由学校毕业生就业指导中心登记备案,列入当年大学毕业生就业方案。

⑤ 学校会及时将协议书的审核情况反馈给用人单位和大学毕业生,部分地区的用人单位可能还需要所在地人事局在《就业协议书》上加盖公章或填写单独的审批表。

(线上签订)

以浙江省为例,浙江省从2022年开始省内所有高校施行就业协议书网上签约模式具体步骤如下:

(1) 登录系统

大学毕业生进入"浙江省大学生网上就业市场"(http://www.ejobmart.cn)选择"学生登录",使用学号或身份证号注册/登录。

(2) 填写就业信息

登录成功后点击"就业协议申请",填写用人单位名称、统一社会信用代码、岗位信息等。

(3) 学校审核

学校就业指导中心审核协议后生成电子版三方协议(可下载存档)。

(4) 完成签约

学生下载三方协议后打印出来,用人单位盖章、自己签字。即完成三方协议签约,签订好的三方协议各方可拍照扫描留存。

3. 注意事项

① 每位大学毕业生原则上只能与一个用人单位签订《就业协议书》。若大学毕业生与原单位解约并想与新单位签订《就业协议书》,线下发放的就业协议书需要将作废的就业协议书上交学校就业指导中心,以换取新的就业协议书。线上申请的就业协议书需要进入浙江省大学生网上就业市场申请与原单位签订的《就业协议书》作废,待学校就业指导中心审核通过后,再依据流程重新申请新的《就业协议书》。

② 大学毕业生与用人单位在签订《就业协议书》时,如需约定其他条款,必须以书面形式注明,任何口头形式的协议或约定将不予承认;同时,所约定的条款内容必须符合国家法律法规的相关规定,不得侵犯学校、用人单位及大学毕业生的声誉和合法权益。大学毕业生和用人单位在签订协议前应仔细审查条款内容,确保合法合规,以维护各方权益。如有违反相关规定的条款,将视为无效,相关方需承担相应的法律责任。

③ 报考研究生或准备专升本的大学毕业生在签订《就业协议书》时,应将报考研究生或专升本的有关事宜告知用人单位,经协商达成一致意见后予以备注。在未告知、未协商的情况下,因研究生录取或专升本成功而违约的,由大学毕业生本人承担违约责任。

④《就业协议书》中"用人单位上级主管部门"的签字盖章情况直接关系到大学毕业生的户口、档案去向,因此大学毕业生在签订《就业协议书》时,务必向所签约的用人单位咨询其上级主管部门是否需要签字盖章,以及签字盖章的具体要求和流程。

⑤ 在生源地就业的大学毕业生可以不需要用人单位上级主管部门的签字盖章。

**(三)《就业协议书》的解除**

《就业协议书》的解除是一个需要慎重处理的过程,通常涉及大学毕业生、用人单位和学校三方的权益。以下是关于《就业协议书》解除的一些重要事项。

① 解除条件。原则上,《就业协议书》一旦签订并生效,不得随意解除。但在特殊情况下,如双方协商一致、用人单位或大学毕业生违约等,可以解除协议。此时,应首先检查协议书中是否有关于解除条件的约定,并按照约定执行。

② 征得同意与书面解约。大学毕业生如出于特殊原因需解除协议,应首先征得用人单位的同意,并与用人单位协商解除协议。双方达成一致。

③ 违约责任。如果是因为用人单位或大学毕业生违约而需要解除协议的,违约方应承担相应的违约责任。这可能包括支付违约金、赔偿损失等。因此,在解除协议前,双方应明确各自的责任和义务。

### (四) 无效协议

无效协议是指欠缺就业协议的有效要件或违反就业协议订立的原则从而不发生法律效力,无效协议自订立之日起无效。

有的就业协议书条款对毕业生显失公平,或违反公平竞争、公平录用的原则,为无效协议。采取欺骗等违法手段签订的就业协议无效,如用人单位未如实介绍本单位情况,根本无录用计划而与毕业生签订就业协议。无效协议产生的法律责任应由责任方承担。

### (五) 违约后果

就业协议书一经毕业生、用人单位签署即具有法律效力,任何一方不得擅自解除,否则违约方应向权利受损方支付协议条款所规定的违约金。

毕业生违约,除本人应承担违约责任、支付违约金外,往往还会造成其他不良的后果,主要表现在:

**1. 就用人单位而言**

用人单位往往为录用毕业生做了大量的工作,有的甚至对毕业生将要从事的具体工作也有所安排。同时,毕业生就业工作时间相对比较集中,一旦毕业生因某种原因违约,势必使用人单位的录用工作付诸东流,用人单位若选择其他毕业生,在时间上也不允许,从而给用人单位工作造成被动。

**2. 就学校而言**

用人单位往往将毕业生违约行为认为是学校的行为,从而影响学校和用人单位的长期合作关系。用人单位由于毕业生存在违约现象,而对学校的推荐工作表示怀疑。从历年情况来看,一旦毕业生违约,该用人单位在几年之内不愿到学校来挑选毕业生。面对激烈的就业竞争,用人单位需求就是毕业生择业成功的前提,如此下去,必定影响今后学校的毕业生就业工作。同时影响学校就业计划方案的制订和上报,并影响学校的正常派遣工作。

**3. 就其他毕业生而言**

用人单位到校挑选毕业生,一旦与某毕业生签订就业协议,就不可能再录用其他毕业生。若日后该毕业生违约,有些当初希望到该用人单位工作的其他毕业生由于录用时间等原因,也无法补缺,造成就业信息的浪费,影响其他毕业生就业。因此,毕业生在就业过程中应慎重选择，认真履约。

## 二、签订就业协议书的意义

就业协议作为用人单位、毕业生之间双方的一份意向性协议，不仅能为毕业生解决工作问题，保障毕业生在寻找工作阶段的权利与义务；同时，也保障了用人单位能够从不同学校找到合适、优秀的毕业生。

第一，保障毕业生在寻找工作阶段的权利与义务，约束签订劳动合同的时间，劳动合同的内容等。当发现所要签订的劳动合同与就业协议不一致，特别是出现对维护毕业生权益不利的情况时，毕业生应该要求用人单位按照已经签订生效的就业协议，制定新的劳动合同，使其内容符合就业协议。

第二，保障用人单位能方便地直接从学校方面调出该毕业生真实的档案、资料，以使用人单位能够方便、清楚地了解毕业生真实情况。

就业协议书是大学生就业过程中的重要环节，通过签订协议可以明确双方的权利和义务，为顺利就业打下基础。大学生在签订协议前应充分了解相关法律法规和政策，提高自我保护意识。

## 三、劳动合同的签订

为了确保在就业过程中自身的权益得到保障，大学毕业生应当与用人单位建立稳固的劳动关系。这种劳动关系本质上属于合同关系，其核心在于双方签订的劳动合同。劳动合同不仅调整和规范了双方的权利与义务，更是确立劳动关系的法律凭证。若缺乏劳动合同，大学毕业生在维权时将面临极大的困难，因为缺乏有力的法律依据来支持自己的诉求。

### （一）劳动合同概述

劳动合同是劳动者与用人单位之间确立劳动关系、明确双方权利和义务的协议。根据《中华人民共和国劳动法》的规定，劳动者通过劳动合同加入企业、个体经济组织、国家机关、事业组织、社会团体等用人单位，成为该单位的一员，承担一定的工种、岗位或职务工作，并遵守所在单位的内部劳动规则和其他规章制度。用人单位有责任及时安排被录用的劳动者工作，按照劳动者提供劳动的数量和质量支付劳动报酬，并提供必要的劳动条件，保证劳动者享有劳动保护及社会保险、福利等权利和待遇。

劳动合同的内容可分为两方面：一方面是必备条款的内容；另一方面是协商约定的内容。《劳动合同法》规定，劳动合同的法定形式是书面形式

1. 必备条款

（1）用人单位的名称、住所和法定代表人或者主要负责人。

（2）劳动者的姓名、住址和居民身份证或者其他有效身份证件号码。

（3）劳动合同期限。

（4）工作内容和工作地点。

（5）工作时间和休息休假。

(6) 劳动报酬。
(7) 社会保险。
(8) 劳动保护、劳动条件和职业危害防护。
(9) 法律、法规规定应当纳入劳动合同的其他事项。

2. 约定条款

《劳动合同法》规定，劳动合同除上述必备条款外，用人单位与劳动者可以约定试用期、培训、保守秘密、补充保险和福利待遇等其他事项。一般简称协商条款或约定条款，其实称为随机条款似乎更准确，因为必备条款的内容也是需要双方当事人协商、约定的。

这类约定条款的内容，是当国家法律规定不明确，或者国家尚无法律规定的情况下，用人单位与劳动者根据双方的实际情况协商约定的一些随机性的条款。劳动行政部门印制的劳动合同样本，一般都将必备条款写得很具体，同时留出一定的空白地由双方随机约定一些内容。例如，可以约定试用期、保守用人单位商业秘密的事项、用人单位内部的一些福利待遇等内容。

随着劳动合同制的实施，人们的法律意识、合同观念会越来越强，劳动合同中的约定条款的内容会越来越多。这是改变劳动合同千篇一律状况、提高合同质量的一个重要体现。

劳动合同具有特定的主体，一方是具有法人资格的用人单位或能独立承担民事责任的经济组织和个人，另一方是具有劳动权利能力和劳动行为能力的劳动者。劳动合同的条款分为法定条款和协商条款，其中法定条款是指法律、法规规定必须协商约定的条款，而协商条款则是根据工种、岗位的不同特点，以及双方各自的具体情况，由双方选择协商约定的具体条款。此外，劳动合同除具有一般特征外，还有其自身的基本特征，如劳动合同的主体是特定的，劳动合同的订立和变更必须遵循平等自愿、协商一致等原则。

劳动合同的种类主要包括固定期限劳动合同和无固定期限劳动合同。固定期限劳动合同是指用人单位与劳动者约定合同终止时间的劳动合同，而无固定期限劳动合同则是指用人单位与劳动者约定无确定终止时间的劳动合同。

### （二）劳动合同的签订原则

劳动合同的签订原则，是劳动关系双方当事人在确立劳动关系、明确各自权利和义务时应遵循的基本准则。这些原则不仅体现了劳动法的基本精神，也保障了劳动者和用人单位的合法权益，促进了劳动关系的和谐稳定。以下是对劳动合同签订原则的详细阐述。

1. 平等自愿原则

平等自愿原则是劳动合同签订的基础。在签订劳动合同的过程中，劳动者和用人单位应当处于平等的地位，享有平等的权利，承担平等的义务。双方都有权自主表达自己的意愿，并有权就合同内容进行协商。劳动者有权根据自己的意愿选择用人单位和岗位，用人单位也有权根据自身的需要选择合适的劳动者。这一原则体现了劳动者的主体地位和人格尊严，也体现了市场经济的自由竞争原则。

2. 协商一致原则

协商一致原则要求劳动合同的内容应当经过双方充分协商，达成一致意见后才能确定。

劳动合同的内容涉及劳动者和用人单位的切身利益,因此双方应当在平等、自愿的基础上,就工作内容、工作地点、工作时间、劳动报酬、社会保险等条款进行充分的协商和讨论。只有在双方达成一致意见后,才能签订具有法律效力的劳动合同。这一原则体现了双方当事人的平等地位和自主权利,也避免了因合同内容不明确或产生歧义而引发的纠纷。

3. 合法性原则

合法性原则是劳动合同签订的根本要求,劳动合同必须符合国家法律法规的规定。双方当事人在签订劳动合同时,应当遵守国家的劳动法律、法规和规章,确保合同的合法性和有效性。同时,劳动合同的签订也不得侵犯劳动者的合法权益,如不得侵犯劳动者的休息权、健康权等。

4. 诚实信用原则

诚实信用原则是劳动合同签订的重要道德准则。在签订劳动合同时,双方当事人都应当诚实守信,遵守承诺,不得隐瞒真相或提供虚假信息。劳动者应当如实提供自己的学历、工作经历、健康状况等信息,用人单位也应当如实告知劳动者工作岗位、工作内容、工作环境等情况。同时,双方当事人都应当遵守合同的约定,履行自己的义务,不得随意变更或解除合同。诚实信用原则有助于维护劳动关系的稳定与和谐,也有助于促进社会的诚信建设。

5. 公平原则

公平原则是劳动合同签订的重要准则。在签订劳动合同时,双方当事人都应当遵循公平、公正的原则,不得利用自己的优势地位或对方的弱势地位进行不公平的协商或签订不公平的合同。同时,劳动合同的内容也应当体现公平、公正的精神,如劳动报酬应当与劳动者的劳动贡献相匹配,社会保险的缴纳比例应当符合国家规定等。公平原则有助于保障劳动者的合法权益,也有助于劳动关系的和谐发展。

(三) 劳动合同的解除

劳动合同的解除是指在劳动合同签订之后,尚未全部履行完毕之前,特定原因导致的劳动合同一方或双方决定提前终止劳动关系的法律行为。根据《中华人民共和国劳动合同法》(以下简称《劳动合同法》)的规定,用人单位辞退劳动者的情形主要可以分为三类:过失性辞退、无过失性辞退及经济性裁员。为了切实保障劳动者的合法权益,《劳动合同法》对每一种辞退情形都设定了明确的条件限制。

过失性辞退属于即时通知解除劳动合同的情况,用人单位需要承担举证责任,证明劳动者存在以下情形之一:在试用期间被证明不符合录用条件的;严重违反用人单位的规章制度的;严重失职、营私舞弊给用人单位利益造成重大损害的;劳动者同时与其他用人单位建立劳动关系,对完成本单位的工作任务造成严重影响,或经用人单位提出,拒不改正的;被依法追究刑事责任的;等等。

无过失性辞退属于预告通知解除劳动合同的情况,用人单位必须满足法律规定的特定情形,并且必须按照法定程序进行操作。这通常涉及提前通知劳动者、支付经济补偿等步骤。

至于经济性裁员,用人单位需要符合裁员的相关条件,并按照法定程序进行。这通常涉及对裁员必要性的评估、与劳动者的协商、支付经济补偿等环节。

这些规定可以确保用人单位在辞退劳动者时,必须依法行事,不能随意解除劳动合同,从而有效地保护劳动者的合法权益。

1. 用人单位可解除劳动合同的情形

《劳动合同法》第四十条规定,有下列情形之一的,用人单位提前三十日以书面形式通知劳动者本人或者额外支付劳动者一个月工资后,可以解除劳动合同:

① 劳动者患病或者非因工负伤,在规定的医疗期满后不能从事原工作,也不能从事由用人单位另行安排的工作的;

② 劳动者不能胜任工作,经过培训或者调整工作岗位,仍不能胜任工作的;

③ 劳动合同订立时所依据的客观情况发生重大变化,致使劳动合同无法履行,经用人单位与劳动者协商,未能就变更劳动合同内容达成协议的。

2. 用人单位不可解除劳动合同的情形

《劳动合同法》第四十二条规定,劳动者有下列情形之一的,用人单位不得依照本法第四十条、第四十一条的规定解除劳动合同:

① 从事接触职业病危害作业的劳动者未进行离岗前职业健康检查,或者疑似职业病病人在诊断或者医学观察期间的;

② 在本单位患职业病或者因工负伤并被确认丧失或者部分丧失劳动能力的;

③ 患病或者非因工负伤,在规定的医疗期内的;

④ 女职工在孕期、产期、哺乳期的;

⑤ 在本单位连续工作满十五年,且距法定退休年龄不足五年的;

⑥ 法律、行政法规规定的其他情形。

3. 用人单位应支付经济补偿的情形

《劳动合同法》第四十六条规定,有下列情形之一的,用人单位应当向劳动者支付经济补偿:

① 劳动者依照本法第三十八条规定解除劳动合同的;

② 用人单位依照本法第三十六条规定向劳动者提出解除劳动合同并与劳动者协商一致解除劳动合同的;

③ 用人单位依照本法第四十条规定解除劳动合同的;

④ 用人单位依照本法第四十一条第一款规定解除劳动合同的;

⑤ 除用人单位维持或者提高劳动合同约定条件续订劳动合同,劳动者不同意续订的情形外,依照本法第四十四条第一项规定终止固定期限劳动合同的;

⑥ 依照本法第四十四条第四项、第五项规定终止劳动合同的;

⑦ 法律、行政法规规定的其他情形。

总体来说,除了劳动者出于个人原因主动提出辞职,或者因不满足岗位需求、违法乱纪等行为被辞退,出于用人单位方面的原因,如经营不善导致倒闭等,导致劳动合同解除的,用人单位都应依法向劳动者支付相应的经济补偿。经济补偿的金额通常根据劳动者在本单位实际工作的年限来确定,具体计算方式如下。

① 用人单位应按工作每满一年支付一个月工资的标准向劳动者支付经济补偿;六个月以上但不满一年的,按一年计算。

② 对于工作不满六个月的劳动者,用人单位应支付半个月工资的经济补偿。

此外,需要强调的是,支付经济补偿的年限并非无限延长的。根据法律规定,支付经济补偿的年限最高不超过十二年。这些规定旨在保障劳动者在失去工作后能够得到合理的经济补偿,同时也对用人单位的经济负担进行了合理控制。

## 拓展阅读

### 就业协议与劳动合同的区别

大学生毕业前后往往要签署三份协议:实习协议、就业协议、劳动合同,但是不少学生和用人单位都不能区分三份协议的特点和效力。

实习协议是指在校学生通过参加实习单位的实际工作进行实践学习,明确双方权利义务的协议。就业协议是指在校学生毕业前与学校、用人单位三方签订的协议,目的在于约束学生和用人单位在毕业后建立劳动关系。

劳动合同是指劳动者与用人单位建立劳动关系,明确双方权利义务关系的合同。

就业协议书与劳动合同是职场中常见的两种法律文件,它们在形式和内容上有显著的区别。法律性质:就业协议是应届毕业生与用人单位及学校三方之间签订的,它依据的是教育部颁发的部门规章。而劳动合同是劳动者与用人单位双方在遵循平等自愿原则下依法签订的,其依据的是《中华人民共和国劳动法》和《民法典》。

主体:就业协议的主体包括毕业生、用人单位和学校。学校在其中起到维护毕业生就业秩序和保障双方合法权益的作用,同时也证明学生毕业信息的真实性。而劳动合同的主体仅包括劳动者和用人单位两方。

内容:就业协议书往往包含的内容较为简单,主要涉及就业意向、基本待遇、工作地点、服务期限等基本事项。而劳动合同则更为详尽,不仅包括了就业协议书中的基本内容,还会涉及工作时间、休息休假、劳动报酬、社会保险、福利待遇、劳动纪律、合同变更、解除和终止条件等具体的劳动权益保障条款。

签订时间:就业协议书在录用后、正式工作前签订;劳动合同在正式入职时签订。

目的不同:就业协议书旨在确认双方的就业意向,为后续合作做准备;劳动合同是为了明确双方的权利和义务,规范双方的工作关系。

法律效力:劳动合同一经签订,即具有法律约束力,双方都必须遵守合同条款,否则将面临违约责任。而就业协议书虽然也具有一定的约束力,但其法律效力相对较弱,一旦双方正式签订了劳动合同,就业协议书的效力通常会被劳动合同所取代。

就业协议书往往是劳动合同签订的前提和基础。在实际就业过程中,毕业生与用人单位首先通过就业协议书达成初步合作意向,然后在正式入职后,根据实际工作情况和法律法规的要求,进一步签订详细的劳动合同,明确双方的权利和义务。

总的来说,就业协议更多地体现了毕业生与用人单位及学校之间的一种初步就业安排,而劳动合同则是劳动者与用人单位之间建立具体劳动关系的法律文件。

### 企业导师说

亲爱的同学们,对于即将踏入职场的你们,替你们既开心又担心,开心点:你们是企业未来的希望和发展的动力;担心点:面对困难和挑战时随意放弃。年轻带来无限可能,学历只是我们进入职场的敲门砖,而我们自身的能力和坚持不懈的努力才是我们的资本。希望我们每位同学都有专业、努力、分享、创新的精神,找到属于自己的职场天空。

——李璐璐(杭州联川生物技术股份有限公司创新技术孵化中心总监)

## 第三节　了解五险一金

我国的社会保障制度在多年的演变中不断完善,从计划经济时代的特定产物,到改革开放后逐步与市场经济体制相契合,形成了由中央和地方人民政府分级负责、适应时代需求的社会保障体系。而在现行的社会保障制度中,人们特别关心的是与日常生活息息相关的社会保险制度,尤其是众所周知的"五险一金"。这一制度在保障劳动者权益、促进社会稳定方面发挥着不可替代的作用。

### 一、什么是五险一金

通常,五险一金指的是五种社会保险及公积金,其中"五险"包括基本养老保险(后简称为"养老保险")、基本医疗保险(后简称为"医疗保险")、失业保险、工伤保险和生育保险;"一金"指的是住房公积金。

#### (一)养老保险

养老保险是社会保障制度的重要组成部分,是社会保险五大险种中最重要的险种之一,也是为保障劳动者因年老丧失劳动能力,退出劳动岗位后的基本生活需要而设立的保险。其主要内容有:离休、退休条件;离休、退休后的待遇;死亡后的丧葬费、补助费、抚恤费、供养直系亲属的救济费等。养老保险的缴费通常由单位和个人共同承担,具体比例因地区和行业而异,但一般单位缴费比例为16%,个人缴费比例为8%。

#### (二)医疗保险

医疗保险是为保障劳动者在患病或非因工负伤期间暂时或长期丧失劳动能力时的基本生活需要而设立的保险。其主要内容包括病假及病假期间的工资待遇、医疗费用、住院费用、药费、供养直系亲属的医疗费等。医疗保险的缴费由单位和个人共同承担,通常单位缴费比例为6%~10%,个人缴费比例为2%。

#### (三)失业保险

失业保险是国家为保障劳动者在失业后寻找工作期间基本生活需要而设立的保险。其主要内容包括失业救济金、生活补助费、失业期间医疗费用等。失业保险是社会保障制度的重要组成部分,对于维护社会稳定和促进经济发展具有重要意义。失业保险的缴费由单位和个人共同承担,通常单位缴费比例为0.5%~1%,个人缴费比例为0.2%~0.5%。

### (四)工伤保险

工伤保险是为保障劳动者在身体受伤及因病或因伤而致残疾,暂时或永久丧失劳动能力时的基本生活需要而设立的保险。用人单位和劳动者都需要依法参加工伤保险,其主要内容包括因伤残而退休、退职的处理方法,因工伤残抚养费,因工伤残补助费和工作照顾等。工伤保险的缴费由单位承担,个人无须缴费。单位缴费比例通常为0.2%~2%,具体比例根据行业的风险程度而定。

### (五)生育保险

生育保险是国家为保障妇女劳动者在怀孕和分娩期间因暂时中断劳动而产生的基本生活需求而设立的保险。其主要内容包括生育津贴、生育医疗费用等,旨在让女职工在生育期间得到适当的经济补偿和医疗保障,促进公平就业。

### (六)住房公积金

住房公积金是指国家机关、国有企业、城镇集体企业、外商投资企业、城镇私营企业及其他城镇企业、事业单位、民办非企业单位、社会团体及其在职职工缴存的长期住房储金。我国的住房公积金制度主要有以下5个方面的内容。

一是住房公积金制度只在城市建立,农村不建立住房公积金制度。

二是只有对在职职工才能实行住房公积金制度,无工作的城市居民及离退休职工不实行住房公积金制度。

三是住房公积金由两部分组成,一部分由职工所在单位缴存,另一部分由职工个人缴存,职工个人缴存部分由单位代扣后,连同单位缴存部分一并缴存到住房公积金账户内。

四是住房公积金缴存具有长期性。

五是住房公积金是职工按规定存储起来的专项用于住房消费支出的个人住房储金,具有两个特征:积累性,即住房公积金虽然是职工工资的组成部分,但不以现金形式发放;专用性,住房公积金实行专款专用,存储期间只能按规定用于购、建、大修自住房,或交纳房租。

住房公积金的缴费由单位和个人共同承担。单位缴费比例和个人缴费比例通常均为5%~12%,具体比例根据地区和单位政策而定。

## 二、五险一金相关常识

### (一)养老保险

退休后领取的养老金主要由两部分组成。一部分养老金是基于当时的社会平均工资按一定比例发放的,这部分养老金直接反映了国家经济发展的水平。另一部分养老金来源于个人在工作期间所缴纳的养老保险所形成的个人账户资金。简言之,第一部分养老金与国家整体经济状况紧密相关,而第二部分养老金则是个人储蓄的体现,类似于将资金存入银行。

此外,养老保险的缴纳还涉及单位缴纳的部分,这部分资金会直接纳入统筹基金,与个人账户并无直接联系。现行的养老保险制度在一定程度上有助于缩小贫富差距,实现社会公平。养老保险被视为一种风险保障措施。因此,个人在缴纳养老保险时,应理性对待,根据自身经济状况和风险承受能力进行合理规划。

### (二) 医疗保险

并非所有的医疗行为都能获得保险赔付。例如,整容手术、减肥治疗、增高手术、近视矫正及精神疾病的诊疗等,通常不在医疗保险的覆盖范围内。此外,因交通事故或遭受歹徒伤害所产生的医疗费用,也不在医保的报销之列;只有在公安机关证实确实无法找到加害人的情况下,相关费用才能由医保暂时核销。

因此,在享受医疗保险带来的便利时,个人也需要了解其覆盖范围和限制,以便在需要时能够做出正确的选择和决策。

### (三) 失业保险金

具备下列条件的失业人员,可以领取失业保险金,并同时按规定享受其他各项失业保险待遇。

① 失业前所在单位和本人已按照规定履行失业保险缴费义务满 1 年的。
② 非因本人意愿中断就业的。
③ 已依法定程序办理失业登记的。
④ 有求职要求,愿意接受职业培训、职业介绍的。

劳动者非因本人意愿中断就业时,应在离职之日起 60 日内持个人身份证明材料、终止或解除劳动(聘用)合同或者工作关系的证明到指定的经办机构进行失业登记,办理申领失业保险金手续。满足非因本人意愿中断就业的情况如下。

① 劳动合同终止的。
② 被用人单位解除劳动合同的。
③ 因用人单位不按规定提供劳动条件,提出解除劳动合同的。
④ 因用人单位以暴力、胁迫或者限制人身自由等手段强迫劳动,提出解除劳动合同的。
⑤ 因用人单位克扣、拖欠工资,或者不按规定支付延长工作时间的劳动报酬,提出解除劳动合同的。
⑥ 因用人单位低于当地最低工资标准或者集体合同约定的工资标准支付工资,提出解除劳动合同的。
⑦ 因用人单位扣押身份、资质、资历等证件,提出解除劳动合同的。
⑧ 因用人单位未依法缴纳社会保险费,提出解除劳动合同的。
⑨ 法律、法规另有规定的。

### (四) 生育保险

生育保险制度涵盖了医疗服务、生育津贴和产假等福利,旨在给予生育的职工适当的经济补偿和医疗保健支持。生育保险的费用由企业按月缴纳,职工个人无须承担,缴费比例通常为0.3%~1%。职工的缴费基数则根据个人的上一年月平均工资计算:若该工资低于上一年本市职工月平均工资的60%,则按上一年本市职工月平均工资的60%计算;若高于上一年本市职工月平均工资的3倍,则按上一年本市职工月平均工资的3倍计算;若职工上一年月平均工资无法确定,则采用上一年本市职工月平均工资作为计算依据。这一制度体现了国家对生育妇女的关心与支持,为她们在特殊时期提供了有力的保障。

生育保险是由单位统一缴纳费用的社会保险制度。职工至少需要缴费满一年方可享受相关待遇。如果职工辞职回家备孕,且生产当月生育保险处于断缴状态,则无法享受生育保险带来的相关福利。

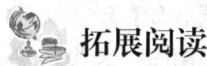

我们经常听到一些人会说到六险二金,其实六险二金就是在五险一金的基础上增加了补充保险和企业年金,六险二金多见于国企、事业单位以及一些福利较好的大型企业。其中补充保险是企业在法定"五险"基础上增加的商业保险或特殊保障,常见类型如下:1.补充医疗保险;2.长期护理保险;3.意外伤害保险。其主要作用在于提高员工的医疗保障水平,减轻员工在重大疾病或意外伤害发生时的经济负担。其缴费根据险种的不同而不同,商业险可以是企业全额缴纳,或者企业和员工按比例缴纳,而意外伤害险则是由企业全额缴纳。而企业年金是企业及其职工在依法参加基本养老保险的基础上,通过集体协商自主建立的补充养老保险制度,是我国多层次养老保险制度体系中第二支柱的重要组成部分。其作用在于完善职工薪酬体系,展现企业良好文化、增强人才吸引力、稳定职工队伍。同时,职工参加企业年金可以在基本养老保险的基础上,另外增加一份养老积累,进一步提高退休后的收入水平和生活质量。企业年金的缴费比例通常由用人单位和员工共同承担,企业缴费比例应不超过本企业职工工资总额的8%,而企业和职工个人缴费合计则不得超过本企业职工工资的12%。具体的缴费比例需要由企业和职工协商确定。

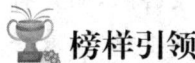

### 历练基层绽锋芒　拓新笃行攀高峰

◆ **人物简介**

姓名:谢视港

毕业院校专业:浙江药科职业大学(原浙江医药高等专科学校),药物制剂技术专业2017届毕业生

现任岗位/职务:宁波大红鹰药业股份有限公司/质量保证部经理助理

职业成就:主导新建注射剂车间顺利度过GMP符合性检查;引入数个注射剂产品完成注册申报进入商业化生产

◆ 个人发展路径

**(一) 初入职场,直面挑战**

2017年谢视港刚从学校毕业进入药企时并未给自己设立明确目标,只是从最基础的生产车间操作工人做起。每日与思维固化的工友为伴,重复单调的流水线作业,但是他逐渐看清了这种生活的轮廓——稳定却令人窒息。看着身边工友安于现状的模样,他深知自己与他们的不同:他渴望挑战,而非蜷缩在安稳的壳中。

生产设备的频繁故障成为他的首个突破口。当机器屡屡偏离质量标准,在无人愿驻守的B级洁净区内,他裹着两套闷热的洁净服,连续20小时调试设备。汗水浸透工装,手指被零件磨破,却在一次次拆解重组中摸透了设备的构造原理。这场孤独的战役最终以设备平稳运行为句点,也让他意识到:唯有主动规划未来、在困境中淬炼专业能力,才能在平凡中撕开一道光。

**(二) 突破瓶颈,岗位蜕变**

首战告捷后,他开始有意识地轮换车间岗位。当高学历者不屑驻足产线、低学历者止步于温饱时,他穿梭于各个工位间积累实操经验,将设备参数与工艺要点刻入脑海。这些沾满机油与药粉的日夜,构筑起他人难以企及的一线知识壁垒。

带着满身"烟火气",他主动叩响专业部门的大门。质量部向他敞开新战场时,车间积累的每一处细节都化作独特优势。白天研读FDA、ICH法规指南,夜晚对照生产线逐条落实要求,他像桥梁般连接起纸面规范与轰鸣的机器。而当美国委托生产项目突发重大偏差时,这份双重视角的价值轰然显现——无人愿接的烫手山芋,成了他腾跃的跳板。

**(三) 转战质量,迎难而上**

那份全英文偏差调查报告如同试剑石。三周时间里,他蹲守车间追溯每个操作节点,与管理层推演逻辑漏洞,将数百页技术文档反复锤炼。当报告通过跨国审核时,指尖残留的键盘余温仍在提醒:这场硬仗不仅让他跃入领导视野,更打通了从实操到体系的认知经脉。

随后的三年,无菌制剂现场QA主管的肩章悄然落下。FDA突击检查的警报声中,他与团队彻夜整改的身影成为成长的最佳注脚。但看着文件柜里越垒越高的认证证书,新的焦虑开始滋长——当日常监管变成肌肉记忆,突破的契机何在?

**(四) 厚积薄发,规划未来**

"机会不等人,但能自己造。"带着这份觉悟,他选择跳出舒适区。离职不是终点,而是将多年积淀化作跳板:从车间到质量体系的完整认知链,从操作工到管理者的多维视角,最终助他在新平台实现跃迁。

回望来路,那些在洁净区独守的长夜、被法规条文填满的周末、为厘清偏差蹲守的产线,都化作暗处的养分。当旁人抱怨前路拥挤时,他始终坚信:主动踏入无人愿走的荆棘地,平凡之路自会绽放非凡之花。

◆ 案例启示

在逆境中主动破局

面对重复性工作的困局,他选择将他人避之不及的设备故障转化为突破契机,通过20小时攻坚掌握核心技术,印证了"挑战即机遇"的底层逻辑——唯有主动踏入无人愿行的荆棘地,方能在实践中淬炼出不可替代的竞争力。

用长期主义规划生涯

三年车间沉淀、三周报告鏖战、三次职业跃迁，每一步都彰显清醒的自我认知与战略耐心。当他人困于学历或安于稳定时，他始终以"拓荒者"姿态深耕细分领域，最终在 FDA 检查、跨国项目等硬仗中完成从执行者到决策者的蜕变。

◆ 校友寄语

要不断打破认知边界。真正的"稳定"不在于固守岗位，而在于锻造随时破界的能力；所谓的"脱颖而出"，往往始于甘愿在无人问津处深挖一尺的勇气。

 课后实践

1. 情景模拟与角色扮演

学生分组，设定不同的职场情景，如面试、发生工作纠纷等，小组成员分别扮演求职者、员工、HR 等角色。在模拟过程中，引入各种权益保障问题，如薪酬不公、加班无偿等，学生亲身实践遇到此类问题时应如何应对。

2. 劳动合同签订与审查

学生分组，小组成员讨论如何签订劳动合同、如何审查劳动合同以识别合同中的潜在陷阱和不公平条款，并思考如何维权。

# 第三篇

# 第十一章　大学生职业规划和创新创业竞赛概况

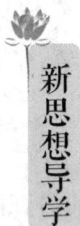

新思想导学

　　青年人是全社会最富有活力、最具有创造性的群体,也是推动刨科发展的生力军。要为青年铺路搭桥,提供更大发展空间,支持青年在创新创业的奋斗人生中出彩圆梦。

——习近平在香港科学园考察时的讲话

## 学习目标

1. 能够深入理解大学生创新大赛与职业规划大赛在高等教育及个人发展中的重要地位。
2. 能够主动关注大赛动态和行业前沿信息,培养创新思维和职业规划能力,为未来的职业发展和创新创业活动做好充分准备。
3. 能够将所学的知识与自身职业发展和创新实践相结合,积极参与校内相关培训和模拟比赛,积累经验。

## 第一节　大学生创新大赛与职业规划大赛的重要性

### 一、培养职业规划意识,促进高质量就业

在高等教育深化改革与社会经济转型的背景下,大学生创新大赛与职业规划大赛作为两大重要实践平台,共同构建起高校人才培养的创新生态体系。二者通过差异化的定位与协同联动,在培养大学生职业规划意识、创新创业能力及社会责任感等方面发挥着不可替代的作用。

#### (一)增强职业规划意识,锚定发展方向

职业规划大赛通过引导学生科学分析个人兴趣、能力与职业目标间的适配性,推动其主

动探索职业世界。参赛过程中,学生需结合《"十四五"就业促进规划》要求,立足国家产业发展趋势与区域经济需求设定职业目标,例如智能制造、乡村振兴等重点领域。通过撰写生涯发展报告、模拟求职答辩等环节,学生可系统掌握SWOT分析、职业决策平衡单等工具,形成动态调整职业路径的能力。2023—2024年首届大赛吸引952万学生参与,反映出青年一代对职业发展的迫切需求。

**(二)深化校企协同育人,提升就业竞争力**

大赛搭建起"高校-企业-学生"三方互动平台:企业评委深度参与赛事评审,将真实岗位能力模型引入评价体系(如就业赛道"岗位胜任力"指标占比达80%),促使高校优化生涯教育课程。例如,某高校基于大赛反馈增设"行业前沿工作坊",联合华为、字节跳动等企业开发实训项目,使毕业生岗位适配率提升23%。这种产教融合模式有效缩短了学生从校园到职场的适应周期。

## 二、激发创新潜能,培育新质生产力

大学生创新大赛聚焦国家创新驱动发展战略,通过"教育-实践-转化"闭环培养拔尖创新人才。

**(一)构建创新思维体系,强化实践能力**

创新大赛要求团队从技术痛点、市场需求出发设计解决方案。以2024年产业命题赛道为例,参赛项目需对接专精特新企业真实需求,如"AI驱动的工业质检系统开发""生物降解材料工艺优化"等命题,倒逼学生跨学科整合知识。数据显示,历届获奖项目中72%涉及新工科、新医科交叉领域,体现大赛对复合型创新能力的塑造作用。

**(二)推动成果转化,服务社会发展**

大赛构建"创意孵化-创业实践-产业落地"全链条支持体系。2019年第五届大赛促成406个投资意向,金额超17亿元;2024年470个金奖项目中,38%已成立科技型企业。例如,某团队研发的"智慧农业物联网系统"通过大赛对接资源,在新疆建成万亩示范基地,带动当地农户增收30%。这种"以赛促创"模式加速了创新成果向现实生产力转化。

## 三、双赛协同育人,助力全面发展

两项赛事虽侧重不同维度,但共同构成能力培养矩阵:职业规划大赛主要是夯实发展根基,通过职业认知、目标管理、动态调整等训练,培养学生终身发展能力;而创新大赛注重拓展成长边界:依托真实场景中的技术攻关、商业模式设计,锤炼批判性思维与团队协作能力;

作为新时代高校人才培养的"双引擎",职业规划大赛与创新大赛分别从职业发展力塑造与创新领导力培养切入,响应了《关于深化高等学校创新创业教育改革的实施意见》的核心要求。二者通过课程联动(如将创新创业学分纳入职业规划课程)、资源共享(如共建校企实践基地),共同推动学生实现从"被动就业"到"主动创造"的跨越,为教育强国建设提供高质量人才支撑。

## 第二节　大学生职业规划大赛概述

### 一、大学生职业规划大赛简介

《"十四五"就业促进规划》强调加强高校生涯教育和就业指导,增强大学生的职业规划意识,指导其及早做好就业准备,以择业新观念打开就业新天地,促进高校毕业生高质量充分就业。作为《"十四五"就业促进规划》的重要举措,大学生职业规划大赛是一项旨在引导大学生树立正确的成长成才观和择业就业观,科学合理规划学业与职业发展,提升就业竞争力的全国性赛事。

#### (一)竞赛目的

大赛以"筑梦青春志在四方,规划启航职引未来"为主题,目的在于通过以赛促学、以赛促教、以赛促就的方式,打造强化生涯教育的大课堂、促进人才供需对接的大平台、服务毕业生就业的大市场,促进高校毕业生高质量充分就业。

#### (二)竞赛意义

大学生职业规划大赛对学生个人层面、高校层面和社会层面都有深远影响。

1. 提升学生职业素质

职业规划大赛在帮助大学生合理设定职业目标、动态调整职业规划、提升综合素质及确立正确择业观方面发挥了重要作用,从而增强学生就业竞争力,从而实现高质量就业。

2. 打造强化生涯教育的大课堂

高校正利用此机会完善生涯教育和就业指导课程,做实做细就业指导与服务。高校通过课堂教学、校外实践、新生到毕业生的全程参与,以及利用大数据和人工智能技术,对学生的职业规划和就业意向进行跟踪分析,旨在提供更系统化的就业指导服务。

3. 搭建校企合作平台

大赛引入企业评委,将职场的真实人才需求带入比赛,推动人才供需对话与合作。企业与高校从课程共建、实习实训基地建设、科研项目与创新创业项目共创等多角度建立合作关系,有助于大学生了解真实的职场,进而及早做好职业发展规划。

### 二、大学生职业规划大赛发展历程

#### (一)大赛起源

2007年,教育部印发《大学生职业发展与就业指导课程教学要求》,要求高校开设职业发展与就业指导课程,并作为公共课纳入教学计划。经过3~5年,大学生职业发展与就业指导课程教学作为高校的必修课程。2021年,国务院印发《"十四五"就业促进规划》,推动全国大学生职业规划大赛成型。

### (二) 近期赛事

(1) 2023—2024年:首届全国大学生职业规划大赛于2023年9月启动,2024年4—5月在上海举行全国总决赛。大赛以"筑梦青春志在四方,规划启航职引未来"为主题,采用校赛、省赛、全国总决赛三级赛制,吸引了全国952万名高校在校学生参与。

(2) 2024—2025年:第二届全国大学生职业规划大赛于2024年10月正式启动,由教育部与湖南省人民政府共同主办。大赛主体赛事包括成长赛道和就业赛道,其中成长赛道设高教组和职教组,就业赛道设高教本科生组、高教研究生组和职教组。

## 三、大学生职业规划大赛参赛事项

### (一) 参赛资格

参赛选手须为普通高等学校全日制在校学生,每名选手结合自身条件选择符合要求的一个赛道报名参赛。首届大赛全国总决赛获金奖、银奖选手,不得再次报名原赛道比赛。

### (二) 参赛流程

(1) 报名参赛:访问全国大学生职业规划大赛官方网站首页(网址:https://zgs.chsi.com.cn/),点击"报名参赛"或"登录"按钮以进入登录页面。在登录页面中,选择以"学生用户"身份进行登录,并使用学信网账号完成登录过程。填写目标职业和行业,上传材料,阅读并勾选"诚信声明",最后点击"确认参赛"完成报名。

(2) 提交材料:若选手成功晋级到省赛,则个人中心-报名信息页面会显示"进入省赛"状态标签,可点击"上传省赛材料"按钮,提交省赛参赛材料。若选手成功晋级到国赛,则个人中心-报名信息页面会显示"进入国赛"状态标签,可点击"上传国赛材料"按钮,进行国赛参赛材料的提交。

### (三) 参赛作品要求

成长赛道:
(1) 生涯发展报告:介绍设定职业目标的过程;实现职业目标的具体行动和成效;职业目标及行动的动态调整等(PDF格式,文字不超过2 000字,图表不超过5张)。
(2) 生涯发展展示(PPT格式,不超过50 MB;不可加入视频)。
就业赛道:
(1) 求职简历(PDF格式)。
(2) 求职综合展示(PPT格式,不超过50 MB;不可加入视频)。
(3) 辅助证明材料,包括实践、实习、获奖等证明材料(PDF格式,整合为单个文件,不超过50 MB)。

表 11-1 大学生职业规划大赛参赛作品评分标准

| 指标 | 说明 | 分值 |
|---|---|---|
| 成长赛道参赛作品评分标准 | | |
| 职业目标 | 结合所学专业多渠道了解相关行业发展趋势和就业市场需求,综合分析个人能力优势、兴趣特长等,合理设定职业目标。 | 10 |
| 职业目标 | 基于职业目标对综合素质和专业能力等方面要求,科学分析个人现实情况与职业目标间的差距,制定合理可行的成长计划。 | 10 |
| 职业目标 | 职业目标能够将个人理想与国家需要、经济社会发展相结合,体现正确的择业就业观念。 | 10 |
| 学习实践行动 | 围绕目标职业要求,结合学校育人特色和所学专业,利用学校及社会资源开展学习实践。 | 30 |
| 学习实践行动 | 学习实践行动取得阶段性标志性成果,接近职业目标要求。 | 20 |
| 动态调整 | 及时对学习实践行动成效进行自我评估,总结分析收获、不足和原因,对职业目标和学习实践行动路径等作动态调整。 | 20 |
| 就业赛道参赛作品评分标准 | | |
| 职业目标 | 能够结合就业市场需求和个人所学专业、能力及兴趣等特点,合理设定职业目标。 | 5 |
| 职业目标 | 准确把握目标职业的任职要求、工作内容、基本流程和发展前景等。 | 5 |
| 岗位胜任力 | 具备目标岗位所需综合素质,如思维认知、沟通协作能力和执行力等,具有敬业奉献的职业精神。 | 40 |
| 岗位胜任力 | 具备目标岗位所需的专业知识和技能要求,相关实习实践经历丰富,具备解决实际问题的专业能力。 | 40 |
| 发展潜力 | 具备持续学习能力、创新精神和应对不确定性挑战的潜质,适应未来职业发展要求。 | 10 |
| 职业目标 | 能够结合就业市场需求和个人所学专业、能力及兴趣等特点,合理设定职业目标。 | 5 |

# 第三节 大学生创新大赛概述

## 一、大学生创新大赛简介

大学生创新大赛,特别是中国国际大学生创新大赛(原中国"互联网+"大学生创新创业大赛),是一项由教育部与政府、各高校共同主办的全国性大学生创新创业赛事。大赛遵循政府引导、公益支持、市场助力的原则,"三位一体"统筹推进教育、科技、人才工作,把创新教育贯穿教育活动全过程,加强拔尖创新人才自主培养,培育新质生产力发展新动能,为教育强国建设支撑引领中国式现代化作出更大贡献。

### (一) 目的与宗旨

更中国、更国际、更教育、更全面、更创新、更协同,落实立德树人根本任务,传承和弘扬红色基因,聚焦"五育"融合创新创业教育实践,开启创新创业教育改革新征程,激发青年学生创新创造热情,打造共建共享、融通中外的国际创新盛会。

### (二) 竞赛意义

(1) 以赛促教,探索人才培养新途径。全面提高人才自主培养质量,强化高校课程思政建设,深入推进新工科、新医科、新农科、新文科建设,深化创新创业教育改革,引领各类学校人才培养范式深刻变革,形成新的人才培养质量观和质量标准,切实提高学生的创新精神、创新意识和创新能力。

(2) 以赛促学,培养创新创业生力军。着力造就拔尖创新人才,激励广大青年扎根中国大地了解国情民情,在创新创业中增长智慧才干,怀抱梦想又脚踏实地,敢想敢为又善作善成,做有理想、敢担当、能吃苦、肯奋斗的新时代好青年。

(3) 以赛促创,搭建产教融合新平台。把教育融入经济社会发展,推动成果转化和产学研用融合,促进教育链、人才链与产业链、创新链有机衔接,以创新引领创业、以创业带动就业,推动形成高校毕业生更高质量创业就业的新局面。

## 二、大学生创新大赛发展历程

### (一) 大赛起源

2015年,《政府工作报告》中提出"互联网+"行动计划,随后国务院办公厅发布《关于深化高等学校创新创业教育改革的实施意见》,要求激发在校大学生的创新创业热情,体现高校创新创业教育成果,搭建大学生创新创业项目与社会投资对接平台。2015年5月,首届中国"互联网+"大学生创新创业大赛正式启动,标志着该赛事的正式诞生。大赛自2015年创办以来,累计有超过600万个团队、2 500多万名大学生参赛,覆盖了全国所有高校。

### (二) 扩展与深化

随着赛事的扩展,大赛的影响力不断扩大,吸引了来自全球五大洲的国际团队参与,实现了"百国千校万人"参赛的规模。同时,大赛主题不断深化,在传统产业基础上吸纳了信息技术、社会服务和文化创意等新兴产业,基本实现了"互联网+"领域的全覆盖。

### (三) 影响力提升

2019年10月,第五届中国"互联网+"大学生创新创业大赛落下帷幕。在此次大赛投融资对接活动中共有284个总决赛参赛项目提交融资意向,335名投资人参与对接,达成406个投资意向,累计金额超过17亿元。

### （四）国际化与多元化

2023年，大赛吸引了来自国内外151个国家和地区5 296所学校的421万个项目、1 709万人次报名参赛，1 260个优秀项目脱颖而出。2024年，大赛共有153个国家和地区5 406所学校的514万个项目、2 083.6万次报名参赛，其中，470个项目获得金奖。大赛采用校级初赛、省级复赛、全国总决赛三级赛制。大赛内容包括高教主赛道、"青年红色筑梦之旅"赛道、职教赛道、产业命题赛道和萌芽赛道。

## 三、大学生创新大赛参赛事项

### （一）参赛资格

项目负责人须为在校或毕业五年内的专科生、本科生、研究生（年龄不超过35岁）。每个团队参赛成员不少于3人，不多于15人，且须为项目的实际核心成员。每名学生可参加多个团队，但只能作为一个项目负责人。参加全国总决赛现场赛的参赛人员应为3—5人（含项目创始人）。各赛道及赛道内各组别对参赛对象的学籍学历有不同要求。

高教主赛道：根据参赛申报人所处学习阶段，项目分为本科生组、研究生组。根据项目发展阶段，本科生组和研究生组均内设创意组、创业组，并按照新工科、新医科、新农科、新文科、"人工智能+"设置参赛项目类型。其中创意组参赛项目要求具备较好的创意和较为成型的产品原型，但尚未完成工商登记注册，且团队负责人须为在校生；创业组参赛项目须已完成工商登记注册，且团队负责人须为参赛企业法定代表人，在校生或毕业5年内学生。团队负责人的项目股权不少于10%，团队成员股权合计不少于1/3。

"青年红色筑梦之旅"赛道：参加红旅赛道的项目应当在推进农业农村、城乡社会经济发展等方面有创新性、时效性和可持续性。根据项目性质和特点，分为公益组、创意组、创业组。其中公益组参赛申报主体为独立的公益项目或社会组织。其余组别的参赛资格与高教主赛道相同。

职教赛道：该赛道设创意组、创业组，并按照创新类、商业类、公益类设置参赛项目类型。参赛对象为职业学校（包括职业教育各层次学历教育，不含在职教育）、国家开放大学学生（仅限学历教育）。其余参赛资格与高教主赛道相同产业命题赛道：申报团队应积极与产业代表性企业、行业龙头企业、专精特新企业以及入选国家"大众创业万众创新示范基地"的大型企业进行对接，聚焦国家"十四五"规划战略性新兴产业方向，倡导新技术、新产品、新业态、新模式。围绕新工科、新医科、新农科、新文科对应的产业和行业领域，基于企业发展真实需求进行申报。

国际赛道：国际赛道项目方向和组别分类参考高教主赛道。

### （二）参赛流程

（1）参赛报名。参赛团队通过登录"全国大学生创业服务网"（网址：https://cy.ncss.cn)或微信公众号（名称为"全国大学生创业服务网"或"中国国际大学生创新大赛"）任一方式进行报名。

（2）初赛复赛。各高校登录对应的报名网站进行报名信息查看和管理。校级账号将统一创建、分配及管理。校级的比赛环节、评审方式等由高校自行决定。省级的比赛环节、评审方式等由各省(区、市)自行决定,遴选参加全国总决赛的候选项目。

(3) 全国总决赛。大赛设金奖、银奖、铜奖；另设省市组织奖、高校集体奖及若干单项奖。大赛组委会通过全国大学生创业服务网、国家大学生就业服务平台(https://www.ncss.cn)为参赛团队提供项目展示、创业指导、人才招聘、资源对接等服务。

### (三) 参赛作品要求

创意组：需提交项目计划书、路演PPT(30页左右)和项目视频(1分钟左右)。

创业组：除上述创意组提交材料外,还需提交工商注册证明、股权结构等材料。

表11-2 大学生创新大赛职教赛道创意组、创业组参赛作品评审规则

| 职教赛道创意组参赛作品评审规则 | | |
| --- | --- | --- |
| 评审要点 | 评审内容 | 分值 |
| 教育维度 | 1. 项目应弘扬正确的价值观,厚植家国情怀,恪守伦理规范,有助于培育创新精神。<br>2. 项目符合将专业知识与商业知识有效结合并转化为商业价值或社会价值的创新创业基本过程和基本逻辑,展现创新教育对大学生基本素养和认知的塑造力。<br>3. 体现团队对创新创业所需知识(专业知识、商业知识、行业知识等)与技能(计划、组织、领导、控制、创新等)的娴熟掌握与应用,展现创新教育提升大学生综合能力的效力。<br>4. 项目充分体现团队解决复杂问题的综合能力和高级思维；体现项目成长对团队成员创新精神、创新意识、创新能力的锻炼和提升作用。<br>5. 项目能充分体现院校在职业教育建设方面取得的成果；体现院校在项目的培育、孵化等方面的支持情况；体现职普融通、产教融合、科教融汇、多学科交叉、专创融合、产学研协同创新等模式在项目的产生与执行中的重要作用。 | 30 |
| 创新维度 | 1. 具有原始创意、创造。<br>2. 具有面向培养"大国工匠"与能工巧匠的创意与创新。<br>3. 项目体现产教融合模式创新、校企合作模式创新、工学一体模式创新。<br>4. 鼓励面向职业和岗位的创意及创新,侧重于加工工艺创新、实用技术创新、产品(技术)改良、应用性优化、民生类创意等。 | 30 |
| 团队维度 | 1. 团队的组成原则与过程是否科学合理；团队是否具有支撑项目成长的知识、技术和经验；是否有明确的使命愿景。<br>2. 团队的组织构架、人员配置、分工协作、能力结构、专业结构、合作机制、激励制度等的合理性情况。<br>3. 团队与项目关系的真实性、紧密性情况；对项目的各项投入情况；创立创业企业的可能性情况。<br>4. 支撑项目发展的合作伙伴等外部资源的使用以及与项目关系的情况。 | 15 |
| 商业维度 | 1. 充分了解所在产业(行业)的产业规模、增长速度、竞争格局、产业趋势、产业政策等情况,形成完备、深刻的产业认知。<br>2. 项目具有明确的目标市场定位,对目标市场的特征、需求等情况有清晰的了解,并据此制定合理的营销、运营、财务等计划,设计出完整、创新、可行的商业模式,展现团队的商业思维。<br>3. 其他：项目落地执行情况；项目促进区域经济发展、产业转型升级的情况；已有盈利能力或盈利潜力情况。 | 15 |

续 表

| 职教赛道创业组参赛作品评审规则 | | |
|---|---|---|
| 评审要点 | 评审内容 | 分值 |
| 社会价值维度 | 1. 项目直接提供就业岗位的数量和质量。<br>2. 项目间接带动就业的能力和规模。<br>3. 项目对社会文明、生态文明、民生福祉等方面的积极推动作用。 | 10 |
| 教育维度 | 1. 项目应弘扬正确的价值观，厚植家国情怀，恪守伦理规范，有助于培育创新精神。<br>2. 项目符合将专业知识与商业知识有效结合并转化为商业价值或社会价值的创新创业基本过程和基本逻辑，展现创新教育对大学生基本素养和认知的塑造力。<br>3. 体现团队对创新创业所需知识(专业知识、商业知识、行业知识等)与技能(计划、组织、领导、控制、创新等)的娴熟掌握与应用，展现创新教育提升大学生综合能力的效力。<br>4. 项目充分体现团队解决复杂问题的综合能力和高级思维；体现项目成长对团队成员创新精神、创新意识、创新能力的锻炼和提升作用。<br>5. 项目能充分体现院校在职业教育建设方面取得的成果；体现院校在项目的培育、孵化等方面的支持情况；体现职普融通、产教融合、科教融汇、多学科交叉、专创融合、产学研协同创新等模式在项目的产生与执行中的重要作用。 | 20 |
| 创新维度 | 1. 具有原始创意、创造。<br>2. 具有面向培养"大国工匠"与能工巧匠的创意与创新。<br>3. 项目体现产教融合模式创新、校企合作模式创新、工学一体模式创新。<br>4. 鼓励面向职业和岗位的创意及创新，侧重于加工工艺创新、实用技术创新、产品(技术)改良、应用性优化、民生类创意等。 | 30 |
| 团队维度 | 1. 团队的组成原则与过程是否科学合理；团队是否具有独特的支撑项目成长的知识、技能、经验以及成熟的外部资源网络；是否有明确的使命愿景。<br>2. 公司是否具有合理的组织构架、清晰的指挥链、科学的决策机制；是否有合理的岗位设置、分工协作、专业能力结构；是否有良好的内部沟通机制；是否有合理的股权结构、激励制度等。<br>3. 团队对项目的各项投入情况及团队成员的稳定性情况。<br>4. 支撑公司发展的合作伙伴等外部资源的使用以及与公司关系的情况。 | 15 |
| 商业维度 | 1. 充分掌握所在产业(行业)的产业规模、增长速度、竞争格局、产业趋势、产业政策等情况；具有明确的目标市场定位，充分掌握目标市场的特征、需求等情况；具有完整、创新、可行的商业模式。<br>2. 经营绩效方面，重点考察项目存续时间、营业收入(合同订单)现状、企业利润、持续盈利能力、市场份额、客户(用户)情况、税收上缴、投入与产出比等情况。<br>3. 经营管理方面，是否有清晰的企业发展目标；是否有完备的研发、生产、运营、营销等制度和体系；是否采用先进、科学的管理方法，以确保企业具有较强的竞争力。<br>4. 成长性方面，是否有清晰、有效、全方位的企业发展战略，并拥有可靠的内外部资源(人才、资金、技术等方面)实现企业战略，以建立企业的持续竞争优势。<br>5. 现金流及融资方面，关注项目融资情况、获取资金渠道情况、企业经营的现金流情况、融资需求及资金使用情况是否合理。<br>6. 项目促进区域经济发展、产业转型升级的情况。 | 25 |
| 社会价值维度 | 1. 项目直接提供就业岗位的数量和质量。<br>2. 项目间接带动就业的能力和规模。<br>3. 项目对社会文明、生态文明、民生福祉等方面的积极推动作用。 | 10 |

# 第十二章 职规启航·大学生职业规划大赛指导

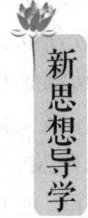

职业教育前景广阔,大有可为。三百六十行,行行出状元。希望你们继承优良传统,与时俱进,认真学习,掌握更多实用技能,努力成为对国家有用、为国家所需的人才。

——习近平在甘肃山丹培黎学校考察时的讲话

### 学习目标

1. 掌握医药专业兴趣探索方法,明确个人兴趣倾向。
2. 学会多维度选择医药职业,制定合理职业规划。
3. 提升竞赛展示技巧,在职业规划比赛中脱颖而出。

## 第一节 个人兴趣探索

在职业生涯规划比赛中进行个人兴趣探索时,可通过以下要点呈现参赛者的思考过程,结合专业工具和实践案例,增强说服力和展示效果。

### 一、自回溯成长经历,捕捉兴趣萌芽

成长经历是挖掘个人兴趣的富矿。回顾童年和学生时代,那些反复出现、令人投入其中的活动往往蕴含着兴趣线索。比如在医药专业领域,有的人小时候可能因为家人身体不适,对中药调理产生好奇,开始主动了解各类中药材的功效,进而对中医药产生浓厚兴趣。或是在生物实验课程中,对显微镜下的细胞结构和化学反应着迷,为日后探索药物作用机制埋下兴趣的种子。通过深入挖掘这些成长经历,能找到与医药专业相关的兴趣源头,为职业规划提供有力支撑。

### 二、借助专业测评,明确兴趣倾向

专业测评工具能为个人兴趣探索提供科学依据。像霍兰德职业兴趣测评,若结果显示

为社会型(S)和研究型(I),对于医药专业学生来说,可能更倾向于临床护理工作,因为这需要与患者密切沟通(社会型特质),同时也涉及对疾病护理的研究(研究型特质);MBTI性格测试中,INTJ型人格的人,理性、善于思考和规划,可能对医药研发中的创新药物设计、临床试验方案制定等工作感兴趣。结合测评结果,能更清晰地把握个人在医药领域的兴趣倾向,为职业选择提供参考。

### 三、参与实践活动,体验专业乐趣

实践是检验兴趣的重要途径。参与医药专业相关的实践活动,如实验室科研、医院实习、药学公益服务等,能让学生亲身感受不同工作场景的魅力。在实验室参与药物合成实验,看着一个个化学试剂在自己手中发生奇妙反应,最终合成新的药物成分,这种成就感可能激发对药物研发的兴趣;在医院实习时,帮助医生为患者诊断病情、制定治疗方案,感受到帮助他人恢复健康的快乐,或许会对临床医学产生浓厚兴趣;在社区进行健康知识普及,与居民交流用药注意事项,发现自己对健康管理和医药科普有热情。通过多样化的实践,能更直观地发现自己在医药专业中的兴趣所在。

### 四、分析课程反馈,挖掘潜在兴趣

大学课程是探索兴趣的重要窗口。在医药专业课程学习中,注意观察自己在不同课程上的表现和感受。例如,在学习《药理学》时,对药物与机体相互作用的原理理解迅速,成绩优异,且在课堂讨论中积极参与,这可能暗示对药物作用机制研究有潜在兴趣;而在《中药炮制学》课程中,对传统中药炮制工艺充满好奇,喜欢动手实践,或许可以考虑从事中药炮制相关工作。分析课程学习过程中的成绩、参与度和内心感受,能挖掘出隐藏在专业课程中的兴趣点。

### 五、研究行业动态,寻找兴趣契合点

医药行业发展日新月异,关注行业动态能发现新的兴趣方向。随着精准医疗、人工智能辅助药物研发等领域的兴起,了解到这些前沿趋势后,结合自身能力和兴趣进行思考。比如,对数据分析和计算机技术有一定基础,同时又对医药研究感兴趣的人,可能会对利用人工智能技术筛选药物靶点、预测药物不良反应等工作产生兴趣。通过研究行业趋势,将个人兴趣与行业发展需求相匹配,能开拓更广阔的职业发展空间。

### 六、与专业人士交流,拓宽兴趣视野

与医药领域的专业人士交流,能获取宝贵的经验和信息,拓宽兴趣视野。参加行业讲座、学术会议,与专家学者交流;或是寻找实习机会,向企业中的资深从业者请教。他们分享的工作经历、行业见解和职业发展路径,可能会启发新的兴趣点。例如,与一位从事医药市场营销的专业人士交流后,了解到药品推广过程中的策略和挑战,发现自己对医药市场的运作机制很感兴趣,从而为职业规划增加新的选择。

## 七、进行自我反思，巩固兴趣认知

定期进行自我反思是深化兴趣认知的关键。回顾自己在参与医药相关活动中的表现、情绪变化和收获，思考哪些活动让自己充满热情，哪些方面遇到困难但仍愿意坚持。例如，在参与一个药物临床试验项目时，虽然数据收集和整理工作烦琐，但看到研究成果可能为患者带来新的治疗方案，就会感到充满动力，这说明对临床研究有较强的兴趣。通过不断自我反思，能进一步巩固对个人兴趣的认知，为职业生涯规划提供更坚定的基础。

## 案例分析

卢静萱，2025届中药学专业学子。她以热忱深耕专业领域，在多项赛事中崭露锋芒：不仅摘得第十五届浙江省大学生职业规划大赛就业赛道金奖，更斩获高职组医药卫生赛道中药传统技能银奖，用实力勾勒出对中药学的执着与精进。

心之所向，素履以往。她早在学生时代锚定职业坐标——成为一名卓越的中药制剂师，将专业所学融入药物研发与制备的实践中。目前，她入职天大药业有限公司，实现了职业梦想，让初心在中药制剂的沃土上持续生长，用匠心守护中医药的传承与创新。

卢静萱在个人兴趣方面，与中医药专业紧密相连，展现出浓厚且多元的探索痕迹。

1. 成长经历激发兴趣：卢静萱小时候每逢端午就和奶奶上山采草药制作"端午茶"，省级非物质文化遗产的熏陶，让她早早对中药产生了兴趣，这种源于生活与文化传承的经历，成为她对中药兴趣的萌芽。

2. 实践活动深化兴趣：积极参与各类实践活动，校内担任专业课学习助教、参与"药道传习"活动分享会，校外走进小学和社区进行中药科普宣传，累计志愿时长超100小时。在这些实践中，她不仅巩固了专业知识，还在与他人交流分享中药知识的过程中，进一步深化了对中药的热爱。

3. 竞赛经历强化兴趣：参加市、省、国家级各类实践竞赛20余次，如世界职业院校技能大赛中药类竞赛获得国赛铜奖、2024年高职组医药卫生赛道（一）中药传统技能银奖等。竞赛的经历不仅提升了她的专业技能，更让她在竞争与挑战中坚定了在中药领域发展的兴趣和决心。

4. 专业学习巩固兴趣：中药制剂核心课程成绩稳居专业前列，主修的《实用中药学》《中药制剂检验技术实验》《中药炮制学》等课程均分90分以上，良好的学业成绩反映出她在专业学习过程中的投入和兴趣，同时也为她深入探索中药领域提供了坚实的知识基础。

**讨论与思考：**

1. 如果多种专业测评结果互相冲突，怎么确定自己的兴趣倾向？
2. 实践机会有限，怎样利用它有效探索兴趣？
3. 医药行业趋势多变，如何规划契合的职业兴趣？
4. 医药跨学科探索兴趣，怎样融合不同学科知识？

## 第二节　职业的初步选择

在职业生涯规划比赛中,做出合理的职业初步选择对于医药专业学生至关重要。以下要点围绕多维度评估、行业洞察、自我提升等方面展开,旨在为学生提供全面且具有针对性的职业选择思路。

### 一、依据个人性格与能力筛选职业

性格和能力是职业选择的关键因素。性格严谨、耐心细致的人,在药品质量检验工作中,能够专注于复杂的检测流程,确保药品质量达标;而善于沟通、富有亲和力的人,在医药销售领域更具优势,能与客户建立良好关系,有效推广药品。认真分析自身性格特点和能力优势,就能初步筛选出适配的医药职业,为职业规划找准方向。

### 二、通过实践体验明确职业偏好

实践能让我们直观感受不同医药职业的工作内容。在医院药房实习时,若享受调配药品、解答患者用药疑问的过程,药剂师职业或许就是心仪之选;参与药企的临床试验项目,若对收集、分析数据,推进研究进程充满热情,那么临床研究助理的工作可能更适合自己。通过丰富的实践经历,能真切体会不同职业的工作氛围和职责,从而明确职业偏好。

### 三、追踪行业动态把握职业发展机遇

医药行业发展迅速,关注行业动态能发现新的职业机会。随着生物制药技术的进步,基因治疗药物研发、细胞治疗技术应用等新兴领域对专业人才需求增大,对前沿技术感兴趣的人可投身其中。另外,人们对健康管理重视程度的提升,使得健康管理师、营养咨询师等职业前景向好。紧跟行业政策、技术变革和市场需求,有助于锁定有潜力的医药职业。

### 四、参照企业招聘需求确定职业目标

不同医药企业的岗位需求各不相同。制药企业通常需要药物研发、生产工艺、质量控制等专业人才;医药电商企业则侧重于医药产品运营、线上营销等方面的人才。了解企业的招聘要求后,对比自身技能和兴趣。比如,有较强的网络营销能力和沟通技巧,医药电商运营岗位就比较适合;若具备扎实的专业知识和严谨的实验操作能力,制药企业的质量控制岗位可能更能发挥自身价值,以此确定职业目标。

### 五、借鉴专业人士经验优化职业选择

与医药领域的专业人士交流,能获取实用的职业信息。他们能分享不同职业的真实工作情况、职业发展路径和面临的困难。与资深医药研发人员交流,可了解研发工作中的关键环节和挑战;和医院的护士长沟通,能知晓护理工作的日常和发展方向。借鉴他们的经验,

能更深入地了解医药职业,优化自己的初步职业选择。

### 六、结合个人规划保障职业选择合理性

职业选择要与个人的长期规划相契合。若期望工作稳定且有较多个人时间,基层医疗机构的药剂岗位、社区卫生服务工作可能更符合需求;若立志在专业领域取得突出成就,大型药企的研发中心、知名医院的专科科室等平台或许更有利于发展。同时,还需考虑地域、家庭等因素,确保职业选择合理可行,符合个人整体发展规划。

### 案例分析

卢静萱在"职业初步选择"过程中,通过兴趣培养、能力提升、实践探索和行业认知等多方面的努力,逐步明确了自己在中药领域的职业方向,为未来的职业发展奠定了坚实基础。

1. 基于兴趣驱动,确立职业方向:卢静萱源于生活的亲身体验,在她心中种下热爱中药的种子,成为她选择中药制剂相关职业的重要情感基石。儿时的经历让她熟悉多种中药材,也培养了她对中医药文化的认同感,使她在职业选择初期,自然地将目光投向中药领域。

2. 凭借学业成绩,巩固职业选择:在学业上,卢静萱表现优异,中药制剂核心课程成绩稳居专业前列,在中药制剂专业领域具备扎实的理论基础。优秀的学业成绩增强了她在中药领域发展的信心,也让她更加坚定地将中药制剂师作为自己的职业目标。

3. 参与实践活动,深化职业认知:卢静萱积极参与各类实践活动,通过不同的实践场景深化对中药职业的认知。之前提及的这些实践经历让她从不同角度了解中药行业,确认了中药制剂相关职业与自己的兴趣和能力相匹配。

4. 借助竞赛经历,强化职业信心:卢静萱积极参加各类实践竞赛,并斩获佳绩,给予她极大的成就感和自信心,让她更加坚信自己在中药领域的发展潜力,从而在职业初步选择中,更加坚定地走向中药制剂师这一职业道路。

**讨论与思考:**

1. 当职业信息来源冲突时,如何确定职业方向?
2. 实践机会稀缺的情况下,怎样高效探索职业可能性?
3. 医药行业变化快速,如何确保职业选择具备前瞻性?
4. 医药领域探索职业,怎样实现知识和技能的有效融合?

## 第三节 职业行业的现状调研

在职业生涯规划比赛中,针对医药专业进行职业行业现状调研是至关重要的环节,它能为职业规划提供坚实的依据。以下是结合医药专业进行职业行业现状调研的要点:

## 一、研读政策文件把握行业导向

医药行业受政策影响深远。国家和地方会出台一系列政策来规范行业发展、推动技术创新和人才培养。例如,《"十四五"中医药发展规划》对中医药传承创新、人才队伍建设等方面做出了明确部署。仔细研读这些政策文件,能了解到国家对医药行业不同领域的扶持重点,像对中药新药研发、基层中医药服务能力提升的支持,从而把握行业未来的发展方向,为职业选择提供政策依据。

## 二、分析市场数据洞察行业趋势

市场数据是反映行业现状和趋势的重要指标。通过查阅中国医药工业信息中心、前瞻产业研究院等权威机构发布的数据报告,了解医药行业的市场规模、增长速度以及细分领域的发展情况。比如,近年来生物制药市场规模持续扩大,而传统化学药市场竞争日益激烈。分析这些数据,能洞察医药行业的发展趋势,帮助我们判断哪些领域具有更大的发展潜力,哪些职业需求可能增加。

## 三、研究企业招聘信息了解岗位需求

各大医药企业的招聘信息是了解行业岗位需求的直接窗口。浏览药企、医疗机构、医药研发公司等的招聘网站和招聘平台,分析它们对不同岗位的要求。例如,制药企业招聘药物研发人员时,通常要求具备扎实的药学专业知识、实验技能以及相关的项目经验;而医院招聘药剂师,除了专业医药知识,还注重沟通能力和应急处理能力。通过研究招聘信息,能明确不同职业所需的技能和素质,评估自身与岗位的匹配度。

## 四、关注行业热点聚焦前沿动态

医药行业科技发展迅速,不断涌现新的热点和前沿技术。如基因编辑技术在药物研发中的应用、人工智能辅助疾病诊断等。关注《柳叶刀》《新英格兰医学杂志》《欧洲心脏杂志》等权威医学期刊,以及丁香园、生物谷等专业行业网站,了解最新的研究成果和行业动态。这不仅能拓宽专业视野,还能发现新兴的职业机会,比如从事基因治疗药物研发、人工智能医疗数据分析师等新兴职业。

## 五、参与行业展会和研讨会获取一手信息

参加医药行业展会和研讨会,是获取行业一手信息的重要途径。在展会上,可以看到各大企业展示的最新产品和技术,与企业代表、专家学者面对面交流,了解行业的最新趋势和面临的挑战。例如,在国际医疗器械博览会上,能看到各种先进的医疗设备和技术,还能参与相关的论坛和讲座,听取行业专家对未来发展的预测。通过参与这些活动,能更直观地感受行业的现状和发展趋势。

## 六、访谈行业从业者获取实际经验

与医药行业的从业者进行访谈,能获取到书本和数据无法提供的实际经验。可以通过

校友网络、实习机会或者专业社交平台,联系医生、药师、医药研发人员等不同职业的从业者。询问他们的工作日常、职业发展路径、行业内的竞争情况等。比如,与一位资深的医药代表交流,能了解到药品销售工作中的挑战和机遇,以及需要具备的沟通技巧和市场洞察力,为自己的职业规划提供参考。

### 七、分析行业竞争格局评估职业发展空间

了解医药行业的竞争格局,对于评估职业发展空间至关重要。分析不同企业、不同地区在行业中的地位和竞争优势。例如,在创新药研发领域,一些大型跨国药企如辉瑞、默沙东具有很强的技术实力和研发投入;而在中药领域,国内省内一些老字号药企如同仁堂、胡庆余堂等具有深厚的品牌底蕴和市场份额。了解这些情况,能帮助我们选择更具发展潜力的企业和地区,为职业发展争取更大的空间。

## 案例分析

卢静萱在"职业行业的现状调研"中采用了多渠道、多方式的调研方法,全面深入地了解中药制剂师职业及所在行业的情况,为其职业规划提供有力支撑。

1. 钻研政策,锚定行业发展方向:卢静萱认真钻研各类中医药政策文件,像国家的《"十四五"中医药人才发展规划》。从政策里,她精准把握国家对中医药行业的扶持重点,像人才培养的方向、产业创新的着力点等。她明白在政策推动下,中药制剂师有着广阔的发展空间,为自己的职业规划找到了政策依据。

2. 剖析数据,洞悉行业市场走向:卢静萱十分注重收集和剖析中药行业数据,比如近五年中药行业的市场规模数据,以及中药饮片加工行业主营业务收入变化情况。从这些数据中,她看到中药行业市场规模在不断扩大,行业发展态势良好。这让她意识到中药制剂师的市场需求会持续增长,更加坚定了她从事这一职业的想法。

3. 投身实践,了解岗位具体要求:卢静萱积极参与实践活动,无论是在学校实验室,还是去企业实习。在实验室,她亲自动手制作中药制剂,熟悉整个流程和技术要点;在企业实习时,她深入了解药品质量把控、GMP规范等实际工作内容。这些实践经历让她清楚知道中药制剂师这份工作到底需要哪些技能和素养,为自己的学习和提升找准了方向。

4. 参与竞赛,紧跟行业技能标准:参加各类中药专业竞赛,是卢静萱了解行业的重要方式。在世界职业院校技能大赛中药类竞赛等赛事中,她和其他选手交流竞争。在这个过程中,她接触到前沿的技术和理念,也清楚了行业对中药制剂师在饮片鉴别、质量控制、制剂工艺等方面的高要求。这让她能对照自己的能力,找到差距,然后努力提升专业技能,跟上行业发展的步伐。

**讨论与思考:**

1. 调研渠道有限时,如何全面了解职业行业现状?
2. 调研结果出现矛盾时,该如何判断和抉择?
3. 如何将短期调研结果转化为长期的职业规划依据?
4. 跨地区调研时,如何平衡不同地区的行业差异?

## 第四节　自我能力的评估

在职业生涯规划比赛中,结合医药专业进行自我能力评估是精准定位职业方向的关键步骤,这能帮助我们清晰认识自身优势与不足,为未来职业发展提供有力支撑。以下是评估要点:

### 一、依据专业课程成绩评估知识掌握程度

医药专业课程成绩是衡量知识掌握程度的重要指标。在《药理学》课程中取得优异成绩,意味着对药物作用机制、药物代谢等知识有深入理解,这为从事药物研发、药物制剂等工作奠定了坚实的理论基础。通过分析专业课程成绩,能明确自己在医药知识体系中的优势模块和薄弱环节。

### 二、借助实验课程表现考量实践操作能力

实验课程是医药专业培养实践技能的重要环节。在药物化学实验中,熟练掌握化合物合成、提纯等操作,精准控制实验条件,得到可靠实验结果,反映出在化学实验操作方面的能力,这对药物研发、质量检测等工作至关重要。在微生物学实验里,规范进行菌种培养、鉴定操作,体现出微生物实验技能,在从事医药检验、生物制药等职业时会更得心应手。从实验课程的操作熟练度、实验结果准确性等方面评估实践操作能力。

### 三、通过参与科研项目判断创新与研究能力

参与科研项目能有效锻炼创新与研究能力。在某新药研发项目中,提出独特的研究思路,设计合理的实验方案,并通过实验验证假设,展现出创新思维和研究能力。在项目执行过程中,面对实验数据异常,能运用所学知识分析原因,提出解决方案,体现出解决实际问题的能力。积极参与科研项目,从项目中的贡献、遇到问题的解决方式等方面评估自身的创新与研究能力。

### 四、根据实习经历评估职业适应能力

实习是将理论知识应用于实际工作的过程,能检验职业适应能力。在医院药房实习时,快速熟悉药品摆放位置、调配流程,准确为患者发放药品,与医护人员、患者沟通顺畅,表明具备良好的职业适应能力。在药企生产车间实习,适应生产线的工作节奏,遵守生产规范,参与解决生产中的小故障,体现出对生产环境的适应和应对实际工作问题的能力。回顾实习经历,从适应新环境的速度、工作任务完成情况等方面评估职业适应能力。

### 五、借助竞赛获奖情况衡量专业技能水平

参加医药专业竞赛是展示专业技能的重要途径。在全国大学生药苑论坛中获奖,说明

在药学研究成果展示、学术交流方面有一定能力。在医药技能操作大赛中取得优异成绩,证明在实际操作技能上表现突出。竞赛获奖情况能直观反映出在特定专业技能领域的水平,与同行相比的优势所在,为职业定位提供有力参考。

### 六、从沟通协作经历评估团队合作能力

医药工作往往需要团队协作。在小组实验中,担任组长协调成员分工,确保实验顺利进行,促进成员间的知识交流,提高团队整体效率,体现出沟通协调和团队合作能力。回顾在学习和实践中的沟通协作经历,评估自己的团队合作能力。

### 七、结合自我学习成果评估自主学习能力

医药行业知识更新快,自主学习能力至关重要。利用业余时间学习最新的药物研发技术,阅读专业前沿文献,并将新知识应用到实际学习或实践中,体现出较强的自主学习能力。通过在线课程学习新兴的医药领域知识,拓宽知识面,为未来职业发展储备能量。从自我学习的主动性、学习成果的应用等方面评估自主学习能力。

### 八、根据解决问题经历评估应变与解决问题能力

在医药学习和实践中,会遇到各种问题。在实验过程中,实验仪器突发故障影响实验进度,能迅速判断故障原因,通过查阅资料、请教老师等方式解决问题,体现出应变和解决问题的能力。回顾解决问题的经历,总结经验,评估自己的应变与解决问题能力。

## 案例分析

卢静萱在"自我能力的评估"中,通过多维度的实践与反思,系统梳理了自身在医药专业领域的核心能力,为职业规划提供了精准依据。具体做法如下:

**1. 依托专业课程成绩,明确理论知识优势**

卢静萱通过分析课程成绩,清晰认识到自己在中药制剂理论、炮制技术及质量检验等方面的知识储备优势。例如,优异的《中药制剂检验技术实验》成绩,让她意识到自己对药品质量控制的理论理解较为深入,为从事中药制剂师职业奠定了坚实的理论基础。

**2. 借助实践竞赛,量化专业技能水平**

卢静萱积极参与各类中药专业竞赛并屡获佳绩,如世界职业院校技能大赛中药类竞赛国赛铜奖、中药传统技能银奖等。这些竞赛经历使她能够客观评估自己的实操能力,例如在饮片鉴别、制剂工艺等环节的精准操作,反映出她在中药实践技能上的优势。同时,竞赛中的全国性交流让她对比同行,进一步明确了自身技能的竞争力。

**3. 通过团队协作活动,评估沟通与组织能力**

在校内外实践活动中,她需要协调团队分工、与不同年龄群体沟通,从而评估了自己的团队协作和组织能力。例如,她在活动中展现出的统筹规划能力,以及与小学生互动时的耐心讲解,都凸显了她在沟通与团队管理方面的潜力。

**4. 结合科研与问题解决经历,审视创新与应变能力**

在参与中药制剂相关的实践项目中,卢静萱需独立设计实验方案、分析数据并解决突发

问题。例如,在一次制剂工艺优化实验中,她通过查阅文献、调整参数,成功改进了药材提取率不稳定的问题。这一经历让她评估了自己的创新思维和解决实际问题的能力,也增强了她在科研领域的信心,为未来从事中药研发工作提供了能力支撑。

**讨论与思考:**
1. 当专业课程成绩与实际操作能力不符时,该如何综合评估自我能力?
2. 竞赛获奖能否完全代表个人在医药领域的专业能力?
3. 职业测评结果与自我认知冲突时,应该相信哪一个?
4. 如何在实践中持续提升那些难以量化评估的能力,如沟通协作和应变能力?

## 第五节 实习实践的经验

在职业生涯规划比赛中,提升实习实践经验对于医药专业学生至关重要,既能深化专业认知,又能为职业发展积累核心竞争力。

### 一、主动链接医药机构,精准匹配实习方向

医药专业学生可通过学校就业平台、行业招聘会或校友网络,主动联系医院、药企、医药研发机构等单位。例如,向医院药剂科申请实习,参与药品调配、用药指导;或联系药企的质量控制部门,学习药品检测流程。通过主动出击,不仅能争取优质实习机会,还能根据职业目标选择与中药制剂、临床药学等方向契合的岗位,为职业规划积累直接经验。

### 二、依托校企合作项目,深化专业实践能力

许多高校与医药企业建立了校企合作机制,学生可积极参与此类项目。例如,加入学校与药企联合开展的"仿制药一致性评价实训项目",在企业导师指导下进行药物溶出度测试、质量分析;或参与医院与学校合作的"慢性病用药管理实践",跟随药师为患者制定个性化用药方案。通过校企合作,学生能在真实场景中应用理论知识,提升实操能力,同时了解行业对人才的具体要求。这对比赛中更对口的实践能力更为关键。

### 三、实习中多岗位轮换,拓宽职业认知边界

在实习期间,争取在不同部门或岗位轮换,全面了解医药行业运作。例如,在医院实习时,除了在药房学习药品管理,还可申请到临床科室观察药物治疗效果;在药企实习时,除了参与生产环节,还可到研发部门、仓储部门、办公室等参加协助工作。通过多岗位体验,学生能更直观地感受不同职业的工作内容,发现兴趣所在,为职业实习实践增加更多经验。

### 四、参与科研项目,培养创新与解决问题能力

在实习单位中,主动申请加入科研项目或课题研究。例如,在医药研发机构实习时,协助研究员进行新药临床试验数据整理,或参与中药复方制剂的活性成分分析。通过参与科

研,学生能深入了解医药领域的前沿技术,提升实验设计、数据分析和解决实际问题的能力,这些经验在职业生涯规划中能显著增强个人竞争力。

### 五、建立职业导师关系,获取行业经验指导

在实习过程中,主动与单位中的资深从业者建立联系,寻求指导。例如,在医院实习时,向临床药师、药剂科专家请教药物相互作用的实际案例;在药企实习时,向生产主管、技术能手学习 GMP 规范的执行要点。导师的经验分享能帮助学生理解行业运作逻辑,同时,导师的专业建议也能为职业规划提供更贴合实际的方向。

### 六、参加行业会议与培训,拓宽专业视野

利用实习机会,参与医药行业的学术会议或技术培训。例如,在药企实习时,报名参加"全国医药创新技术研讨会",了解最新的创新药前沿资讯;或参加医院组织的"抗菌药物合理使用培训",学习临床用药的规范。通过这些活动,学生能接触行业前沿信息,拓宽专业视野,为职业规划注入新思路。

### 七、记录实习成果,强化经验总结与反思

实习期间,定期记录工作内容、成果及感悟,形成实习日志或报告。例如,整理在医院实习期间发现的典型用药问题及解决方案,或在药企实习时提出的生产流程优化建议。通过总结,学生能更清晰地认识自身能力的提升与不足,这些成果也可作为职业生涯规划比赛中的案例,展示实践能力与专业素养。

### 八、利用业余时间补充实践,丰富经验维度

除了正式实习,可利用课余时间参与医药相关的志愿活动或兼职。例如,加入药学公益志愿服务团队,为居民普及安全用药知识;或在医药电商平台兼职,负责药品信息审核。这些额外实践能丰富经验维度,增强对医药行业不同环节的理解,为职业规划提供更全面的视角。

 **案例分析**

卢静萱围绕中药制剂师的岗位能力要求,从多维度积累实习实践经验,具体做法如下:

**(一) 深化专业知识应用,夯实中医药理论基础**

担任专业课学习助教期间,卢静萱在《中药炮制学》等课程中辅助教学,指导同学实验操作。她细致讲解中药药性、功效、用药量及配伍规律,深入剖析中药炮制、提取、制剂工艺对药效的影响,不仅巩固了中医药基本理论,还强化了对中药制剂核心知识的掌握,直接对应中医制剂师"中医药专业知识"的能力要求。

**(二) 通过竞赛实践,提升制剂操作与质量控制能力**

参与中药传统技能等专业竞赛时,卢静萱需精准完成饮片鉴别、制剂工艺操作等任务。例如,在竞赛中通过观察中药性状鉴别药材,严格把控炮制工艺细节,这些实践让她熟悉药

品生产质量规范(GMP),锻炼了对中药原料及成品的质量分析能力,契合中医制剂师"药品生产与管理""质量分析与控制"的岗位技能需求。

### (三)组织科普活动,强化知识运用与传播能力

作为学院中药科普中心主任,卢静萱策划"药草识别""中药炮制体验"等科普活动。她向公众讲解中药炮制工艺、制剂技术对药效的作用,在传播知识的过程中,系统梳理了中药制剂知识体系,深化了对中医药应用的理解,间接提升了对中药制剂全流程的认知能力,为岗位所需的综合知识运用奠定基础。

### (四)参与科研项目,培养制剂创新与质量分析能力

在中药制剂工艺优化等科研项目中,卢静萱独立设计实验方案、分析数据,解决提取率不稳定等实际问题。她通过探索制剂技术改进,锻炼了中药新剂型、新工艺的研发能力;在分析原料与成品质量时,掌握了质量分析方法,切实提升了"制剂技术与工艺创新""质量分析与控制"的核心岗位能力,与中药制剂师的职业能力要求高度匹配。

**讨论与思考:**

1. 医药行业知识更新迅速,如何通过实习实践持续更新知识体系,匹配职业发展需求?
2. 在实习实践中,如何平衡不同医药岗位(如研发、生产、质检)的能力培养,避免资源分散?
3. 当实习实践中遇到与职业规划预期不符的情况(如岗位内容枯燥、发展受限),该如何调整应对?
4. 团队协作类的实习实践(如医药科研项目团队),如何精准评估个人在团队中的贡献与能力提升?

## 第六节 未来职业的规划方向

在职业生涯规划比赛中,结合医药专业进行未来职业规划方向的探索,需立足行业特性与个人特质,构建科学、可行的发展路径。

### 一、紧扣政策与行业趋势,锚定发展方向

医药行业受政策与技术变革影响深远,职业规划需紧密结合国家战略与新兴趋势。例如,《"十四五"中医药发展规划》推动中医药传承创新,参赛者可聚焦中药新药研发、中医药健康管理等领域;同时关注人工智能、基因治疗等前沿技术,探索AI辅助药物设计、精准医疗等新兴职业方向。通过政策解读与趋势分析,选择与行业发展同频共振的领域,如投身疫苗研发或智慧医疗体系建设,确保职业规划的前瞻性。

### 二、融合个人兴趣与专业能力,明确职业定位

通过职业测评、实践体验等挖掘个人兴趣,结合专业课程成绩、实验技能等评估能力,实现兴趣与能力的精准匹配。若对药物作用机制充满好奇且擅长实验操作,可规划进入药企

的药物研发部门;若热衷医患沟通且具备扎实的药学知识,可选择临床药师方向,为患者提供用药指导。这种"兴趣驱动+能力支撑"的定位,能增强职业发展的内在动力与可行性。

### 三、依托实践资源,深化职业认知

通过实习、科研项目等实践活动,深入了解不同职业的工作内容与要求。在医院实习时,观察临床药师如何参与用药方案制定;在药企参与生产实习,体验药品从研发到上市的全流程。这些实践经历能帮助参赛者修正职业认知,例如通过科研项目发现对药物制剂工艺优化的热情,从而明确职业方向为药品研发。

### 四、制定阶段性目标,细化发展路径

将长期职业目标拆解为可执行的短期、中期计划。例如,若目标是成为药企研发总监,可规划先通过读研深入药物化学领域,毕业后进入研发岗位积累经验,中期参与重大项目提升技术能力,后期逐步向管理岗位转型。每个阶段设定明确的学习或能力提升目标,如考取执业药师资格、发表高质量科研论文,确保规划的可操作性。

### 五、建立行业人脉,获取职业支持

积极参与行业会议、学术论坛,与从业者建立联系,获取职业建议与资源。通过校友网络联系医药企业的管理人员,了解行业动态与招聘需求;与科研院所的专家交流,获取科研方向的指导。人脉资源不仅能为职业规划提供参考,还可能创造实习或就业机会,例如通过行业活动获得参与新药临床试验的机会。

### 六、融入社会责任,提升职业价值感

医药行业具有显著的社会公益属性,职业规划可结合社会需求,选择具有价值感的方向。例如,投身罕见病药物研发,解决临床未满足的需求;参与公共卫生项目,推动基层医疗服务普及。将个人发展与社会福祉结合,能增强职业的使命感,如选择传染病防控方向,在应对公共卫生事件中实现职业价值。

### 七、保持动态调整,适应行业变化

定期评估职业规划的实施情况,根据行业政策、技术发展及个人成长进行调整。若发现某一细分领域因技术革新导致需求下降,及时转向更具潜力的方向,如从传统药物制剂转向生物制剂研发;若个人能力提升超出预期,可适当调高职业目标,如从药品质量检测岗位向研发管理岗位进阶。通过灵活调整,确保规划始终与内外部环境相契合。

## 案例分析

### (一)锚定岗位进阶路径

参照中药制剂师"中药试剂制备技术员—中药制剂师—技术总监/研发总监"的岗位进阶体系,卢静萱以初级岗位为起点,规划逐步向高端技术管理岗位发展,紧扣职业晋升通道

设定阶段性目标。

**（二）匹配技能进阶要求**

围绕中药学专业技术资格（初、中、高级）及中药制剂工证书等技能进阶标准，通过竞赛、科研等实践强化专业能力，规划系统性获取对应资质，为职业晋升筑牢技能基础。

**（三）依托实践明确核心方向**

基于专业课助教、中药科普、科研项目等实践经历，卢静萱结合自身在中药制剂理论应用、工艺优化的优势，明确以中药制剂师为核心职业方向，深耕制剂技术与研发领域。

**（四）对标顶尖专家目标**

以"大国工匠""顶尖专家"为职业愿景，通过参与中药复方研发等项目积累创新经验，规划向高级中药制剂师、研发总监进阶，着力塑造专家级技术与管理能力。

**讨论与思考：**

1. 实习、科研等实践资源丰富，但参赛者如何将其系统整合进职业规划，避免实践经历零散化，真正形成职业能力的积累？

2. 行业人脉对职业规划有重要支持作用，若院校资源、地域条件有限，参赛者该如何突破限制，有效建立行业人脉并获取职业指导？

3. 选择融入社会责任的职业方向（如基层医药服务），常面临个人发展空间、待遇等现实问题，参赛者如何在规划中平衡理想价值与现实条件？

4. 医药行业政策、技术等突发变化（如新药审批政策调整）易影响阶段性目标，参赛者在制定规划时，如何构建弹性机制应对这类不确定性？

## 第七节 动态评估

在职业生涯规划比赛中，结合医药专业进行动态的职业生涯评估，需通过系统性、多维度的审视与调整，确保规划与个人成长、行业变革同频共振。

### 一、定期自我反思与多维度能力诊断

医药专业学生需每学期复盘专业课程学习、实验操作、科研项目等经历，建立"能力雷达图"，直观分析理论知识、实践技能、科研创新等维度的优势与短板。例如，通过《药理学》课程的深入学习，若发现对药物作用机制的理论分析能力突出，但在《药物制剂技术》实验中常出现操作失误，可针对性加强实验训练，并制定"理论-实践"平衡发展计划。同时，主动收集导师、同学、实习单位的反馈，如在科研项目中，通过团队成员评价识别沟通协作能力的不足，进而参加医药行业的团队协作培训，实现自我评估与外部反馈的双向校准。

### 二、持续跟踪行业政策与技术前沿动态

医药行业政策（如《药品管理法》修订、医保目录调整）与技术变革（如 mRNA 疫苗、AI 辅助药物设计）对职业发展影响深远。参赛者需建立"行业动态档案"，定期整理政策文件、学术论

文、企业招聘要求等信息。例如,当国家出台鼓励中药创新的政策时,及时调整规划,增加中药复方研发、中药质量标准研究等方向的学习投入;若AI技术在药物筛选领域快速应用,则通过在线课程学习机器学习基础,参与相关科研项目,将技术趋势转化为职业竞争力。

### 三、依托实践经历动态修正职业定位

比赛中需通过具体案例展示规划的动态调整。例如,在医院实习时发现对临床用药指导兴趣浓厚,遂将职业目标从药物研发调整为临床药师。在比赛中,可通过对比实习前后的规划书,展示如何根据实践反馈优化学习计划(如选修《临床药学》课程、参加用药咨询培训),并用实习中的具体案例(如成功纠正医生用药方案)证明调整的合理性,使规划更具说服力。

### 四、设计"职业测评迭代方案",体现规划灵活性

在比赛中设计定期重做职业测评的方案,例如每学年进行一次霍兰德测评与MBTI测试,并将结果对比展示。若测评结果从"研究型"转向"社会型",可在比赛中阐述如何据此调整规划,如从实验室研究转向医药科普或健康管理,并用参与社区医药宣教的经历作为支撑,体现规划随个人成长的灵活调整。

### 五、借助比赛搭建"行业人脉网络",提升规划专业性

职业生涯规划比赛常邀请行业专家担任评委,参赛者可借此机会建立联系。例如,在比赛中向药企研发专家请教"中药创新制剂的技术难点",并将专家建议融入规划,如增加微球制剂技术的学习。赛后通过社交媒体持续沟通,获取行业前沿信息,使规划更贴近实际需求,同时在比赛中展示这一过程,体现主动获取职业支持的能力。

### 六、制定"阶段性成果展示清单",量化规划进度

在一系列比赛中制定阶段性成果清单,例如"本科阶段完成3项制剂实验项目、发表1篇核心期刊论文、考取中药制剂工证书"。通过清单式展示,向评委清晰呈现每个阶段的目标与行动,并说明如何通过定期评估(如每学期末的项目复盘)确保进度。若某阶段未达成目标(如论文延迟),可在比赛中展示调整方案(如增加科研时间、寻求导师指导),体现规划的动态管理能力。

### 七、用比赛来检验规划的抗风险能力

职业生涯规划比赛中,评委常提出挑战性问题(如"若某政策取消中药审批绿色通道,你的规划如何调整?")。参赛者需借此机会展示应对突发变化的能力。例如,可在比赛中预设政策突变场景,阐述如何快速转向化学药研发,通过补充有机合成课程、参与仿制药一致性评价项目等行动,确保规划的弹性。这种"压力测试"不仅能检验规划的合理性,还能体现参赛者的应变能力。

### 八、设计"跨学科能力展示模块",突出竞争力

医药行业的创新离不开跨学科融合,职规比赛中需突出这一优势。例如,参赛者可在比

赛中展示"医药+人工智能"的学习计划,如学习编程用于药物分子对接模拟,并参与"AI辅助中药活性成分筛选"科研项目。通过展示跨学科项目成果(如算法优化提高筛选效率),向评委证明综合能力,使规划在比赛中脱颖而出,同时为职业发展构建差异化竞争力。

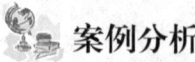 **案例分析**

**(一)分阶段设定评估节点**

围绕职业准备期、适应期、提升期、成熟期,设定各阶段评估重点。如准备期评估理论知识掌握、技能竞赛参与度;适应期评估岗位技能熟练度、管理能力培养效果,通过阶段性目标完成度进行动态校验。

**(二)基于实践反馈优化规划**

在职业适应期,以实习实践为核心,评估是否适应中药制剂师工作环境,能否提升配制检测技能。若实践中发现管理能力不足,及时调整学习方向,强化团队协作训练,确保规划贴合岗位需求。

**(三)技能与岗位进阶动态匹配**

对照职业通道的技能要求(如初级、中级资格证书),在各阶段评估技能获取进度。例如,职业提升期评估是否掌握复杂中药试剂配制方法,是否具备带教能力,通过技能与岗位标准的匹配度,动态调整学习与实践策略。

**(四)长期愿景牵引阶段性评估**

以"国家级制剂专家"为长期目标,定期审视各阶段规划是否服务于最终愿景。如职业成熟期评估是否具备解决复杂技术问题、参与行业标准制定的能力,确保每个阶段的动态评估都向长远目标推进。

**讨论与思考:**

1. 在定期自我反思与多维度能力诊断中,如何确保"能力雷达图"的分析全面且客观,避免因主观认知偏差(如过度放大优势或忽视短板)影响评估结果?

2. 持续跟踪行业政策与技术前沿动态时,参赛者面临信息海量且更新快的现状,如何高效筛选出真正影响医药职业规划的关键信息?

3. 依托实践经历动态修正职业定位时,若实践反馈与原有规划冲突剧烈(如发现兴趣与能力完全偏离目标岗位),该如何在现实调整与长期目标稳定性间找到平衡?

4. 设计"跨学科能力展示模块"时,如何避免展示内容碎片化,真正让评委看到跨领域整合的竞争力?

## 第八节 竞赛的技巧

职业生涯规划比赛通过优化 PPT 制作、提升展示答辩技巧,系统呈现规划的科学性、专业性,凸显个人竞争力,助力在比赛中展现最佳水平。

## 一、构建逻辑清晰的 PPT 框架,体现规划系统性

在 PPT 制作中,以"自我认知—职业探索—规划制定—评估调整"为主线搭建结构。例如,开篇用医药专业相关的测评工具(如医药职业能力测试)结果,直观呈现个人优势;中间章节结合医药行业政策(如中医药发展规划)、岗位能力模型,论证"中药制剂研发"等目标岗位的匹配性;结尾用流程图展示动态评估机制。清晰的逻辑链条能让评委快速理解规划的科学性,例如在"职业实施路径"部分,分阶段罗列医药实验项目参与、资格证书考取等计划,体现层层递进的规划思维。

## 二、融入医药元素的视觉设计,强化专业质感

PPT 视觉围绕医药主题设计,色调选取白、蓝、绿等冷色系,呼应医疗行业属性;图标融入药分子结构、实验器皿等元素,如在"能力提升"板块,用显微镜图标装饰技能培养内容;配图优选实验室实景、药品研发流程图。例如,在展示"科研实践"时,插入参与中药提取实验的现场照片,搭配数据图表,既专业又直观,避免视觉内容泛化,让评委感受到医药领域的针对性。

## 三、用数据与案例提炼内容,增强说服力

精简 PPT 内容,以数据和真实案例支撑观点。如在"实习经历"部分,明确标注"在医院药剂科实习期间,完成 600＋处方审核,发现 5 例用药配伍问题并协助解决";在"职业目标"章节,引用行业报告数据"2025 年生物医药研发人才缺口达 n 万",结合自身规划说明填补缺口的行动。精准的医药相关数据(如药品研发项目耗时、实验成功率)与实践案例,能直观体现规划的可行性,让评委认可内容的真实性与深度。

## 四、语言表达张弛有度,传递职业情感与信念

现场展示时,语言流畅且富有情感。讲述职业理想时,融入个人故事:"在参与社区医药科普活动中,看到居民因正确用药改善健康,让我坚定成为临床药师的决心。"讲解重点内容(如规划创新点)时,调整语速语调,放慢节奏强调"针对中药制剂稳定性难题,规划中设计了某实验优化方案",引导评委关注核心内容,通过情感共鸣与信息传递,展现对医药职业的深度理解与热忱。

## 五、借助肢体语言辅助表达,提升现场感染力

运用自然的肢体动作增强展示效果。站立时保持端正姿态,讲解到关键规划阶段时,抬手示意时间轴;与评委保持眼神交流,传递自信。例如,答辩环节回应问题前,点头致谢"感谢评委提问",阐述观点时辅以适度手势,如讲解医药实验流程时,用手势模拟操作步骤,展现专业素养与表达张力,避免僵硬陈述,让展示更具亲和力与说服力。

## 六、预判答辩问题,灵活应答展现逻辑思维

赛前梳理评委可能关注的方向,如规划风险、医药行业趋势应对等,针对性准备应答。

例如,面对"如何应对医药技术快速迭代"的提问,可回应:"我持续关注 AI 制药趋势,已规划学习生物医药数据分析课程,并参与'AI 辅助中药活性成分筛选'课题,提升技术适配能力。"答辩时先明确问题核心,分点有序作答,若问题复杂,拆解为"技术学习—实践应用—持续优化"等层面逐步回应,体现清晰的逻辑与应变能力。

### 七、挖掘个人特色亮点,打造差异化记忆点

在展示中融入独特经历或技能,形成专属标签。例如,分享"设计中药便携制剂盒,获医药创新大赛奖项"的经历,凸显创新能力;或讲述"疫情期间制作医药科普短视频,覆盖 $n$ 万人次",体现医药知识传播力。这些个性化内容能让评委快速区分同质化规划,例如在"职业能力"板块,突出"掌握医药数据分析与传统中药鉴定双重技能",强化自身在医药领域的复合竞争力,给评委留下深刻印象。

### 八、精准把控展示时间,保障内容完整性

通过反复演练规划时间分配,如 6 分钟展示可细化为:开场 1 分钟,自我分析 2 分钟,规划主体 2 分钟,总结 1 分钟。展示时借助计时器提示,若时间不足,精简次要内容,确保核心模块(如职业目标、实施路径)完整呈现;若时间充裕,深化重点细节,如展开讲解医药实验项目中的技术突破。例如,在介绍"医药科研实践"时,若时间允许,补充实验中解决的具体难题(如中药提取率优化),提升展示饱满度与专业性。

**讨论与思考:**
1. 如何在同质化竞争中突出个人特色?
2. 如何应对答辩环节的专业技术性提问?
3. 如何在限时展示中平衡细节与全局?
4. 团队参赛时如何分工协作提升展示效果?

# 第十三章 药创未来·创新创业大赛指导

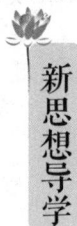

**新思想导学**

创新是人类进步的源泉,青年是创新的重要生力军。希望你们弘扬科学精神,积极投身科技创新,为促进中外科技交流、推动科技进步贡献青春力量。

——习近平给中国国际大学生创新大赛参赛学生代表的回信

### 学习目标

1. 掌握创业项目筛选与定位方法,能够结合国家战略、市场需求和技术趋势,运用市场调研工具与资源评估手段,精准识别高潜力创业机会。

2. 熟练运用商业模式画布、SWOT分析、财务预测等工具,形成逻辑清晰、可落地的商业计划书。

3. 理解创业资源分类与获取途径,掌握资源整合策略与资金测算方法,具备识别、评估和应对创业风险的能力。

## 第一节 探寻创业项目

### 一、项目选择

#### (一) 紧扣大主题

关注国家战略需求、社会热点问题、产业发展方向,体现创新、协调、绿色、开放、共享的新发展理念。项目应具备明确的市场需求和广阔的发展前景。建议参赛团队深入调研市场,了解潜在客户需求,确保项目具有实际应用价值。大赛依托教育部与政府,有一层国家属性,同学们进一步确定选题时,可以选择一些亟须解决的社会问题,比如:人工智能技术突破、人口老龄化、绿色可持续发展、文旅数字化赋能等议题。

## （二）技术创新为核心

技术创新是项目竞争力的关键。参赛团队应注重技术研发，力求在技术层面实现突破，形成核心竞争力。同时项目在追求经济效益的同时，应兼顾社会效益，体现企业的社会责任。这样的项目更容易得到评委和市场的认可。

## 二、项目来源

与学校学科优势、科研成果或社会热点相关的项目。例如，科技成果转化项目、家族创新项目、非遗传承项目等都是不错的选择。

参赛项目来源
- 科创融合：依托已有科技成果转化
- 专创融合：充分发挥专业优势
- 产创融合：与当地产业和区域发展相结合
- 思创融合：源于社会实践（红旅项目）
- 前沿技术的应用——开启新应用
- 家族企业的传承——开拓新业务
- 校友资源的挖掘——开展新合作
- 社会问题的发现——开创新局面
- 大创项目、"挑战杯"中国大学生创业计划竞赛转化
- 往届参赛项目的完善（长期规划的制定，持续打磨推进）

## 三、项目定位

### （一）深入进行市场调研

（1）分析市场需求：通过问卷调查、访谈、焦点小组等方式，精准把握市场的痛点、需求和趋势。例如，当前大学生对便捷、高效的学习工具需求较高，可针对这一需求探索相关项目。

（2）研究目标客户：明确项目的目标客户群体，分析其年龄、性别、消费习惯、消费能力等特征。以校园外卖服务为例，目标客户主要是在校学生，他们追求便捷，对价格有一定敏感度。

（3）了解竞争对手：全面调研市场上已有的竞争对手，分析其产品或服务的特点、优势、劣势及市场份额，找出市场空白点或竞争薄弱环节，以便确定项目的切入点。

### （二）清晰评估自身资源与能力

（1）盘点资源：详细梳理自身拥有的资金、设备、场地、技术、人脉等资源。比如，团队成员拥有相关技术专利，或学校能提供创业场地和启动资金，都是重要的资源优势。

（2）评估能力：客观评估团队成员的专业技能、创新能力、管理能力、营销能力等。若团队成员在软件开发方面能力突出，可考虑开发相关的软件项目。

(3) 结合资源与能力匹配市场机会：基于自身资源与能力，选择与之相契合的市场机会。若团队有较强的设计能力和一定的资金，可考虑定制化礼品设计与销售项目。

## （三）明确项目差异化优势

(1) 产品或服务特色：打造独特的产品或服务特色，如开发具有个性化推荐功能的学习软件，区别于市场上普通的学习软件。

(2) 创新的商业模式：探索新的商业模式，如采用共享经济模式开展校园闲置物品交易项目，为学生提供便捷的二手物品交易平台。

(3) 卓越的用户体验：注重用户体验，以优质的服务赢得用户。如校园快递服务，可通过提供上门取件、短信及时通知等服务，提升用户体验。

## （四）确定项目的价值主张

(1) 明确解决的问题：清晰阐述项目能够为用户解决的核心问题。如创业项目是开发一款校园运动社交 APP，其价值主张就是解决学生在校园内缺乏运动伙伴和运动信息交流平台的问题。

(2) 提供的核心价值：确定项目为用户提供的核心价值，如节省时间、提高效率、带来乐趣、提升生活品质等。以校园代取快递服务为例，核心价值就是为学生节省取快递的时间，让他们能够更专注于学习和其他活动。

## （五）精准选择细分市场

(1) 市场细分：将整体市场按照不同的标准进行细分，如按地域、年龄、性别、兴趣爱好等。以校园文创产品为例，可细分为毕业纪念品类、日常学习用品类、校园文化衫类等。

(2) 选择目标细分市场：根据市场调研和自身资源能力，选择一个或几个具有潜力和竞争力的细分市场作为项目的重点发展领域。例如，团队在设计方面有优势，可选校园文化衫这一细分市场，专注于设计和销售具有校园特色的文化衫。

## （六）进行项目定位调整与优化

(1) 持续监测市场变化：关注市场动态、政策法规变化、技术发展趋势等，及时调整项目定位。随着人工智能技术的发展，可将其应用于项目中，提升产品或服务的竞争力。

(2) 收集用户反馈：通过用户调查、客户评价等方式，收集用户对项目的意见和建议，根据反馈优化项目定位。如用户反馈校园外卖服务的菜品选择较少，可增加菜品种类，满足用户需求。

(3) 根据自身发展调整定位：随着项目的推进，团队的资源和能力可能会发生变化，此时需要重新审视项目定位，确保其与团队发展相适应。例如，团队获得了新的投资，可扩大项目规模，拓展市场范围。

### 四、创业项目的筛选原则

衡量一个好的创业项目的条件是必须存在一项独立的、有一定创新的产品或服务,能切实满足用户需求的同时还应具有较好的技术可行性和商业可行性,同时还需有商业利润增长空间。主要包括如下:

(1) 项目所针对的痛点具有持续性,在相当长一段时间内,都会有用户对产品(服务)持有一种期许和渴望的态度。

(2) 该产品(服务)与问题解决方案有很高的匹配度,切实解决了用户的痛点问题。

(3) 该产品(服务)是有一定的创新性的,不是单纯的模仿和复制,并且在技术上是可以实现的。

(4) 该产品(服务)的成本结构合理且持续可控,具有良好的商业可行性。

(5) 该产品(服务)的市场容量很大,成长率高且持续时间长。

(6) 所属行业正处于成长期,并且发展前景良好。

(7) 该产品(服务)的目标客户群体清晰,有明确的细分市场。

(8) 在现有竞争者中有明显的竞争优势,并能构建起竞争壁垒。

(9) 利润空间大,潜在价值高,能在较短时间内实现盈亏平衡。

(10) 风险可识可控,容易退出。

### 五、创业项目遴选的方法

由于大学生创业者群体的特殊性,大学生在筛选创业项目时要尽量发挥自身优势,优先考虑以下4个方面。

(1) 优先考虑政策优惠的创业项目;

(2) 优先考虑技术可行性高的项目;

(3) 优先考虑处于成长期的项目;

(4) 优先考虑有特色的项目。

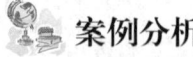 **案例分析**

项目背景:本项目医器精英求职者为医疗器械类学生打造专属的招聘小程序,宗旨和目标是为医疗器械类学生提供实习应聘信息,缓解大学生就业压力。本项目开发医器精英求职者招聘小程序并为求职者提供医疗器械类招聘信息,同时也监督企业诚信及大学生招聘信用。

**讨论与思考:**

1. 根据项目选择要求,结合当前国家战略需求,你认为哪些领域存在未被充分挖掘的创业机会?

2. 如何通过项目设计体现创新、协调、绿色、开放、共享的新发展理念?

3. 分析你所在团队的核心优势(如专业背景、科研成果、资源条件等),并讨论如何将这些优势转化为一个有市场前景的创业项目

4. 技术创新是项目竞争力的关键,但在追求经济效益的同时,如何兼顾社会效益?

## 第二节 医药行业商业模式类型

### 一、商业模式主要包括

价值主张、客户细分、客户关系、收入来源、核心资源、关键业务、成本管理等方面,在这一过程中可以参考商业模式画布进行分析与整合。公司管理主要包括公司运营的整体框架、管理团队的建设与经营、人员管理制度等。风险分析与管理主要包括风险识别、内部风险分析与防范措施、外部风险分析与防范措施。具体来说,要针对具体项目进行分析,例如生产端可能涉及环保风险,金融往来涉及经济风险与法律风险等。

### 二、产品运营的技巧

产品运营的核心是连接产品与用户,通过传递价值实现用户增长。关键策略如下。

(1) 用户画像构建:通过标签化分析用户社会属性与消费行为,建立精准用户模型,聚焦垂直社区高效触达目标群体。

(2) 产品迭代优化:基于用户反馈持续改进功能,强化产品与运营协同,以创新速度提升用户体验和留存率。

(3) 深度用户洞察:挖掘用户核心需求与兴趣点,验证解决方案有效性,通过激励机制激发用户裂变传播。

(4) 口碑裂变传播:建立用户信任关系,鼓励用户自发分享,形成社交扩散效应。

(5) 数据驱动运营:筛选核心数据定位目标用户画像,针对性制定推广策略,剔除数据噪声提升决策效率。

(6) 精准营销组合:媒体投放:借助高流量平台传递产品价值;UGC激励:设计用户生成内容的传播链路;社交链接:通过职场/兴趣社群扩展用户网络。

### 三、营销计划的制订

营销计划是商业计划的重要组成部分。每一个创业者都需要编制市场营销计划。这里把营销计划书分解成5个步骤,如图13-1所示。

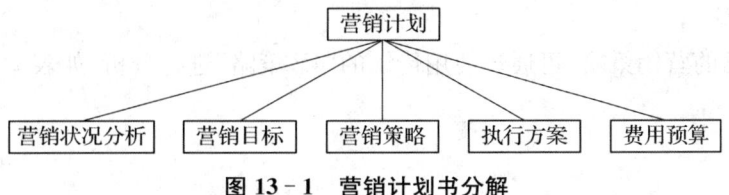

图13-1 营销计划书分解

1. 营销状况分析

首先可以对创业领域的相关市场、产品、竞争对手、目标用户等背景因素进行分析(见表13-1)。

表13-1 营销状况分析表

| 分析要素 | 对象描述 |
|---|---|
| 市场环境 | 宏观环境 |
| | 微观环境(所创业的具体区域) |
| 用户分析 | 目标对象 |
| | 潜在对象(选填) |
| 产品分析 | 该产品市场现状 |
| | 该产品未来前景 |
| 竞争对手分析 | 同质竞争对手(直接的、提供相同产品或服务的) |
| | 异质竞争对手(间接的、提供类似产品或服务的) |

2. 营销目标

营销目标是销售计划的重要内容,它指导着企业的营销策略与行动方案的方向与力度(见表13-2)。

表13-2 营销目标制订表

| 项目 | 目标 | 时间 |
|---|---|---|
| 销售额 | | |
| 品牌知名度 | | |
| 市场占有率 | | |
| 市场扩张计划 | | |
| 利润 | | |

3. 营销策略

要分析自己的营销策略,可通过使用传统的"4P策略"进行分析,如表7-4所示。

表 13-3 "4P 策略"分析表

| "4P 策略" | 策略描述 |
| --- | --- |
| 产品(Product)策略 | 产品定位 |
|  | 产品延伸 |
| 价格(Price)策略 | 价格定位 |
|  | 定价手段 |
| 渠道(Place)策略 | 平台选择 |
|  | 分销网络 |
| 促销(Promotion)策略 | 促销方式 |
|  | 推广形式 |

4. 执行方案

执行方案是基于目标对营销策略的具体化实施方案,它通过对时间、人员、资源、经费等要素的安排,给创业主体以规范,尽力保证在创业路上行动的一致性,同时也是对行动进行的反思与改进。推荐大家将甘特图(见图 13-2)与"5W2H 分析法"相结合,制订执行方案。

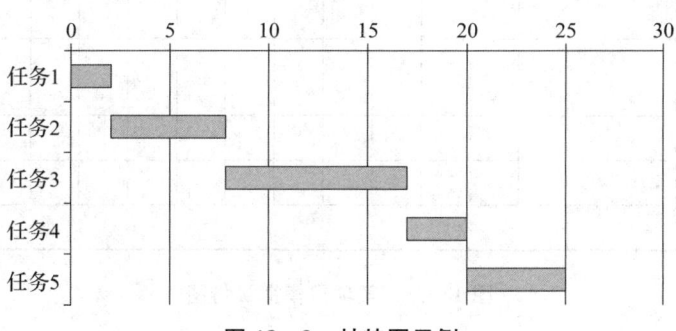

图 13-2 甘特图示例

(1) 甘特图

甘特图(GanttChart)又称为横道图、条状图(BarChart)。它通过条状图来显示项目、进度以及和其他时间相关的系统进展的内在关系随着时间进展的情况。甘特图以图示形式,通过活动列表和时间刻度表示特定项目的顺序与持续时间,直观表明计划何时进行,进展与要求的对比。甘特图便于管理者弄清项目的剩余任务,评估工作进度(见图 13-3)。

| 时间(日) | | | 3月 | | | | | 4月 | | | | | | | | |
|---|---|---|---|---|---|---|---|---|---|---|---|---|---|---|---|---|
| 内容 | 负责人 | 工作成果 | 27 | 28 | 29 | 30 | 31 | 1 | 2 | 3 | 4 | 5 | 6 | 7 | 8 | 9 | 10 | 11 |
| 方案确认 | | | 方案确认 | | | | | | | | | | | | | | |
| 方案提交 | | | | ■ | | | | | | | | | | | | | |
| 方案审核 | | | | | ■ | | | | | | | | | | | | |
| 方案确认 | | | | | | ■ | | | | | | | | | | | |
| 前期准备 | | | | | | | | 前期准备 | | | | | | | | | |
| 文案准备 | | | | | | | ■ | ■ | ■ | | | | | | | | |
| 图片准备 | | | | | | | | ■ | ■ | ■ | | | | | | | |
| 活动页面制作 | | | | | | | | | ■ | ■ | | | | | | | |
| 联系博主、微群管理员 | | | | | | | ■ | ■ | ■ | | | | | | | | |
| 活动执行 | | | | | | | | | | | | | 活动执行 | | | | |
| 活动发布 | | | | | | | | | | | | ■ | | | | | |
| 名博转发 | | | | | | | | | | | | ■ | ■ | ■ | ■ | ■ | ■ |
| 微群置顶 | | | | | | | | | | | | ■ | ■ | ■ | ■ | ■ | ■ |
| 活动收尾 | | | | | | | | | | | | | | | | | |
| 公布获奖名单 | | | | | | | | | | | | | | | | | |
| 发放奖品 | | | | | | | | | | | | | | | | | |
| 效果分析 | | | | | | | | | | | | | | | | | |
| Notes: | | | | | | | | | | | | | | | | | |

×××线上活动时间推进表(2012)

图 13-3 某项目模拟甘特图

(2)"5W2H 分析法"

甘特图指引我们把时间与任务计划好,"5W2H 分析法"则让我们对每个具体的行动进行明确的思考,当我们对某个具体工作感到迷茫时,不妨按照图 13-4 所列,通过询问自己,也许便能从中找到答案(可将结果填于表 13-4)。

图 13-4 "5W2H 分析法"

表 13-4 "5W2H分析法"项目表

| 方案主题(这个行动达到怎样的结果) | |
|---|---|
| 目的(为什么要做这个行动) | |
| 渠道(在哪里实施,在什么平台实施,工作地点) | |
| 执行时间(开始时间、结束时间、是否允许误差时间) | |
| 执行者(责任人、实施者、其他参与者) | |
| 怎么做(具体采取什么措施) | |
| 预算 | |

5. 费用预算

营销所涉及的费用预算通常是一个公司里变动比较大的部分,主要有如下几部分构成:

(1) 销售员薪资

销售员薪资指一切支付销售任务所产生的人工成本,包括销售人员的基本工资、五险一金、商业保险、销售提成、各类福利补贴(通信费、网络费)及具体项目完成后的奖励奖金支出,等等。

(2) 场地成本

场地成本包括销售场地租金、产品展位租金、打造营销事件所需的场地维护费用等等。

(3) 推广宣传

推广宣传费用包括广告制作费用、平台推广费用、促销费用、广告传单(卡片)印刷费,等等。

(4) 业务招待费

业务招待费主要指为促进订单达成而宴请重要客户的费用,有时也包括为加深感情、强化合作关系所花费的宴请上下游供应商、销售渠道商等的其他费用。

(5) 公关费

在商业活动中,公关费一般指处理公共关系所付出的费用。如第三方帮助达成交易后的佣金,为搞好社会关系所付出的礼品费用,处理紧急公众事件所花费的媒体费用,等等。

(6) 交通差旅费

交通差旅费指具体销售活动中销售人员的交通费报销、酒店宾馆费用、打车租车费用及其他因为营销活动产生的必要花销。

**讨论与思考:**

1. 结合自己项目产品分析确定产品细分赛道?
2. 结合自己的项目思考如何开展市场营销与营销策略?
3. 如何将5W2H的方法更好地融入营销计划中去?
4. 结合AI技术,你觉得如何实现营销计划更加完善?

## 第三节 评估创业资源

### 一、创业资源的分类与作用

1. 创业资源的种类

（1）有形资源

有形资源一般是指具有物质形态的、价值能用货币衡量的资源，也即可量化的资产，如创业者的物质资源、资金资源和人力资源都属于有形资源。

（2）无形资源

无形资源是具有非物质形态特征，其价值很难用货币做精确衡量的资源。无形资源对企业非常重要，能产生和创造的价值也不可估量。一般来说，无形资源包括政策、技术、社会、管理、信息、品牌、文化等。

2. 创业资源的作用

（1）对生产过程的作用。资源还可以按照其对生产过程的作用分为生产型资源和工具型资源。生产型资源直接用于生产过程或用于开发其他资源，例如物质资源，像机器、汽车或办公室，一般直接用于生产产品或提供服务；工具型资源则被专门用于获得其他资源，例如财务资源，因为其具有很大的柔性，一般用来获得人才和设备等。

（2）对创业过程的作用。在创业过程中通常将创业资源的作用划分为两类，一类是运营性资源，主要包括人力资源、技术资源、资金资源、物质资源、组织资源和市场订单等资源。另一类是对新企业生存和发展具有关键作用的战略性资源，主要包括知识资源。知识型社会给企业带来了持续而深远的影响，知识成为企业进行生产、竞争的关键，企业组织工作的重要任务是战略性地开发和利用知识资源。由于新企业的高度不确定性及创业者和资源所有者之间的信息不对称性，知识资源对运营性资源的获取和利用具有促进作用。

### 二、创业资源获取的途径与方法

获取市场及政策信息的途径主要有：政府机构、同行创业者或同行企业、专业信息机构、图书馆、大学研究机构、新闻媒体、会议及互联网等。对于这些信息的获得，创业者可以根据自己的实际情况与各种方式的特点，选择一种或多种方式，尽可能获取有效的、需要的信息。

近年来，政府和高校出台了一系列创业优惠政策鼓励大学生创业。相对于一般的中小型企业，大学生创业者申请小额创业贷款更加容易，还可通过参加大学生创业大赛获得创业基金的资助支持。

### 三、创业者资源整合能力

新创企业资源整合能力是指在创业过程中,以人为载体,在资源整合过程中所表现出的对资源的识别、获取、配置和利用的主体能力。创业资源在未整合之前大多是零散的、一般性的商业资源,要发挥其最大的效用,转化为竞争优势,为企业创造新的价值,就需要新创企业运用科学方法将不同来源、不同效用的资源进行优化配置,使有价值的资源充分整合起来,发挥"1+1>2"的放大效应。资源整合能力在创业的各个阶段发挥着极为重要的作用。在创业起步阶段,资源整合能力影响并决定了创业者对创业机会的评估、识别与开发,同时帮助创业者摆脱资源约束,取得所需资源;生存与成长阶段新创企业需要筹措更多的资源来满足自身的发展,创业者资源整合能力会对新创企业成长过程的战略决策与运营能力产生重要影响,资源整合的深度与广度将保障组织运作的持续性,进而影响创业绩效。

### 四、创业启动资金的测算

1. 创业启动资金估算的重要性

融资是指通过一定的渠道,采用一定的方法,以一定的经济利益付出为代价,从资金持有者手中筹集资金,满足资金使用者在经济活动中的资金需求的一种经济行为。具体来说,创业者需要梳理以下几个问题,并给出明确的答案。

(1) 有多少自有资金?能否满足初创资金需求?
(2) 还需要再筹措多少资金?
(3) 是通过银行贷款还是向风投融资?
(4) 能否预测现金流量的发展趋势?
(5) 预计什么时候能盈亏平衡?

一般认为,一定要在银行账户里留有足够公司运营12~18个月的资金。创业计划的启动和发展必须靠足够的资金来实现。如果一个企业没有资金或者资金不足,再好的计划和项目都是空想,再好的投资活动都有可能中途搁浅。充足的资金是企业经营活动顺利进行的重要保障之一,起着根本性作用。企业之所以运转,是因为资金在不停地流动。

在融资前,创业者首先要弄清楚自己创业需要多少钱。创业者准确衡量需要多少启动资金是成功的关键,这个启动资金需要测算到创业公司盈利的平衡点。如果低估了初创资金需求,则创业者在盈利之前就可能用光了所有资金,而如果过高地估计了初创资金需求,创业者则可能永远无法筹集到所需资金来启动创业。

2. 创业启动资金的内容

创业启动资金是指企业开业初期运作所必需的资金,即启动资金=固定资产投资+流动资金。创业启动资金主要用于场地费、办公家具和设备、机器、折旧费、原材料、广告费、促消费、工资、差旅费、水电费、营业执照和许可证办理等。创业启动资金测算的具体操作可通过表13-5进行。

表 13－5　创业启动资金测算表

| 项目 | 具体内容 | 测算金额(元) |
| --- | --- | --- |
| 固定资产投资 | 场地费用 | |
| | 设备费用 | |
| 流动资金 | 购买原材料和商品存货 | |
| | 促销费用 | |
| | 支付工资 | |
| | 支付租金 | |
| | 保险费用 | |
| | 其他费用 | |
| | 应缴费用 | |
| 开办费用 | 筹建公司期间所发生的费用 | |
| 总计(元) | | |

## 五、融资渠道

（1）银行贷款

银行贷款被誉为创业融资的"蓄水池"，由于银行财力雄厚，因此在创业者中很有"群众基础"。从目前的情况看，银行贷款有以下4种：

一是，抵押贷款，指借款人向银行提供一定的财产作为信贷抵押的贷款方式。

二是，信用贷款，指银行仅凭对借款人资信的信任而发放的贷款，借款人无需向银行提供抵押物。

三是，担保贷款，指以担保人的信用为担保而发放的贷款。

四是，贴现贷款，指借款人在急需资金时，以未到期的票据向银行申请贴现而融通资金的贷款方式。

（2）风险投资

在许多人眼里，风险投资家手里都有一个神奇的"钱袋子"，从这个"钱袋子"里掉出来的钱能让创业者像坐上阿拉丁的"神毯"一样一飞冲天。但风险投资是一种高风险高回报的投资，风险投资家以参股的形式进入创业企业，为降低风险，在实现增值目的后会退出投资，而不会永远与创业企业捆绑在一起。而且风险投资比较青睐高新技术创业企业。

（3）亲友融资

向亲朋好友融资也是创业初期较为常见的融资渠道，并且融资成功率比较高。亲友融资是建立在亲情和友情的基础上，彼此之间不需要过多的信誉担保，出资方也不是单纯为了高额的回报。需要注意的是，在向亲友融资时，创业者需遵守现代市场经济的游戏规则，树立正确的契约精神和法律意识，保障投融资双方的合法利益，避免不必要的经济纠纷。

(4) 自有资金

自我筹集资金是大多数创业者的首选筹资渠道。处于创业初期的企业由于缺少经营记录，往往很难利用其他渠道融资，只能通过创业者和团队自筹资金。这不仅是因为自有资金筹集最为快捷，而且也是创业者吸引来自其他渠道投资本项目的基础。作为创业项目的所有者，自己首先要对项目有资金的投入，以证明自己相信项目能够成功，并愿意为之付出的决心。

(5) 融资租赁

融资租赁是一种以融资为直接目的的信用方式，表面上看是借物，实质上是借资，以租金的方式分期偿还。该融资方式具有以下优势：不占用创业企业的银行信用额度，创业者支付第一笔租金后即可使用设备，而不必在购买设备上大量投资，这样资金就可调往最急需用钱的地方。

(6) 政府扶持基金

在国家提倡"大众创业、万众创新"的号召下，各省市相应出台了一些政策，设置了政府扶持基金。科技含量高的产业或优势产业可以申请政府扶持基金，若创立的是科技型中小企业，还可以申请地方政府的创新基金。

(7) 高校创业基金

高校在大学生创业期间能起到鼓励和促进的作用，大多数高校都设立了相关的创业基金以鼓励本校学生进行创业实践。相对于大学生创业群体而言，通过这种途径融资是有独到优势的，但高校创业基金的资金规模不大，面向的对象有限，所以融资者面临的竞争也相当激烈。

**讨论与思考：**

1. 大学生在校期间如何积累创业资源？
2. 创业要素资源包括哪些？
3. 如何将创业资源在创业过程中给予帮助需要考虑哪些方面的因素？
4. 评估我的创业项目：结合项目选定考虑因素，确定自己的创业项目，并从多个方面对该项创业项目进行自评？

## 第四节　选择创业团队

### 一、团队组建原则

(1) 目标明确、合理原则

创业团队的发展目标必须是明确的，才能使所有的团队成员清楚共同的奋斗方向；同时这一目标必须是合理的、切实可行的，如此才能真正达到激励的目的。

(2) 精简高效原则

为了减少创业初期的运作成本，更好地分享创业成果，创业团队应充分控制团队建设和运营成本,提高整体工作效率。

(3) 互补原则

团队合作的优势之一是可以弥补目标与不同成员能力、资源等方面的差距。只有当团队成员之间的知识、技能、资源、经验等方面实现互补时,才有可能发挥出"1+1>2"的效果。

(4) 动态开放原则

创业的过程充满了不确定性,创业团队结构也不是固定不变的。由于创业团队的人员流动性较高,创业者应该注意保持团队的动态性和开放性,不断寻找和筛选合适的人才加入团队。

(5) 激情原则

激情是衡量一个人是否能够成功的基础标准。创业团队一定要选择对项目有高度热情的人加入,企业初创时,所有人要有每天长时间工作的准备。任何人,不管其水平如何,如果对事业的信心不足,将无法适应创业的需求,而这种消极情绪对创业团队所有成员产生的负面影响可能会导致创业的失败。

## 二、创业团队人员的构成

"团队角色理论之父"梅雷迪思·贝尔宾在观察与分析成功团队时发现,一个结构合理的团队应该由3大类、9种不同的角色组成,依据成员所表现出来的个性及行为划分,这9种角色分别是完成者、执行者、塑造者、协调者、资源调查者、协作者、创新者、专家、监控评估者。他们分别负责行动导向(执行团队任务)、人际导向(协调团队内外部人际关系)、谋略导向(提出创意与提供专家智慧)三类任务。确保每个职位的逻辑性与完整性,并帮助团队成员正确分析自我能力与特质,找准自己在团队中的定位,同时不断优化自己的能力,形成优势互补,从而实现"1+1>2"的效果,以此来塑造出一个优秀的创业团队。9种角色分类及详细释义如表13-6所示。

事实上,创业团队通常不会有这么多人,何况一个优秀团队的形成也不可能一蹴而就。但是,这个理论框架至少给我们提供了一个重要的信息,那就是角色之间的能力互补,我们仍然可以参考这种成功团队的组合结构,尽量按照这个标准去组建自己的团队,规划和寻找合适的成员。而在创业初期,完全可以一个人兼任不同的角色,成员之间也可以轮换角色,这样依然会取得较好的团队成效。

表13-6 角色分类详细释义

| 类型 | 角色 | 角色描述及个性特征 |
| --- | --- | --- |
| 人际导向(负责协调团队内外人际关系) | 协调者 | 成熟,起到掌舵、支柱的作用。成熟和自信,能够阐明目标,推进决策,合理分工,受成员信任与认同,典型的人际导向型团队领袖。 |
| 人际导向(负责协调团队内外人际关系) | 资源调查者 | 外向、热情、健谈,善于发掘机会、谈判,构建关系网络并获取外部资源。 |
| 人际导向(负责协调团队内外人际关系) | 协作者 | 高效合作,有凝聚力,善于倾听,性格温和,感觉敏锐,能够防止摩擦、平息事端,趋利避害,促使团队融洽,保持振奋向上的团队精神。 |

续　表

| 类型 | 角色 | 角色描述及个性特征 |
|---|---|---|
| 谋略导向（负责提出创意与提供专家智慧） | 创新者 | 为团队带来创新和变革力。高智商、有创造力和想象力，不墨守成规，敢想敢干，能够解决难题。 |
| | 专家 | 为团队带来特殊技能、专业性。目标专一，提供专业的知识和技能，同时表现为高度内向，自我鞭策，甘于奉献。 |
| | 监控评估者 | 能客观评判、明智决策。明智、谨慎、聪明，遇事沉稳、冷静，具有战略眼光与远见卓识，在重大决策上往往能够做出正确的评估与判断。 |

**案例分析**

### 三、创业团队管理的方法

（1）建立信任

信任是一个团队的基础。如果管理者能够在团队内部建立起坚实的信任基础，那么管理成本就会大大降低。相反，如果团队没有很好的信任基础，管理成本就会大大增加。在建立团队信任的过程中，管理者起到了非常关键的作用。

（2）目标管理

为了在高度竞争的环境中生存，企业需要员工能够保持一贯的高绩效。许多企业采用了结果导向型计划和控制系统的形式。目标管理是一个为达到所希望绩效的循环过程，它通常包括以下4个步骤：

① 目标设定。目标设定是指在单位的整体目标和资源督导下，管理者与员工共同确定员工未来合适的绩效水平。这些目标通常是为下一年度制订的。

② 行动计划。行动计划是指员工参与或独立制订如何达到这些目标的计划。给员工一定的自主权有利于他们发挥自己的聪明才智，并且更加关注计划的成功。

③ 阶段复查。阶段复查是指管理者和员工共同评估目标完成情况，这种复查是非正式的，有时是自发的。

④ 年度考核。年度考核是一种更正式地对员工完成年度目标情况的评估，并伴随着新一轮的计划。有些目标管理系统还通过绩效考核将员工报酬与达到的绩效水平联系起来。

（3）管理民主

团队内部的管理方式，特别是团队的管理层的领导方式对员工的积极性影响很大。管理层作风民主、广开言路、乐于接纳意见、办事公道、遇事能与大家商量、善于体谅和关怀下属，这时士气就会非常高昂。而独断专行、压抑成员想法和意见的管理者就会降低团队成员的士气。

### 四、股权的几种形态

(1) 股东:依法出资并在工商登记的主体,享有公司决策权与盈亏权。需经工商备案确认股权,按持股比例承担企业经营风险。

(2) 干股:未实际出资的分红权协议,常见于民营企业激励骨干。持有人仅享有约定比例的分红收益,不参与公司治理,通常不承担亏损责任。

(3) 股份期权:企业授予核心团队的未来购股权利,行权需满足业绩条件。上市公司采用流通股,非上市公司采用虚拟股权,激励对象通过达标获得实际股权,总占比一般不超过10%。

(核心差异:股东属法定权益,干股为契约分红,期权属附条件激励)

### 五、股权架构设计的原则方法

股权架构标准要简单清晰,具体的设计策略如下所述。

1. 为吸收新的合伙人和融资预留出期权池

公司在发展、壮大的过程中不可避免地会出现新的合伙人或需要股份激励的新进人员。因此在进行股权架构设计时应先预留出一部分放到期权激励池,以备后期新加入的成员可以得到相应的激励。创业项目发展到一定阶段,可能需要融资来进一步扩大发展。而在融资过程中,投资人一般会要求占有一部分股份,所以在初期股权设计时也要预留出用于融资的股份,避免从其他股东既有利益中分割,造成矛盾。

2. 股权分配方案

(1) 根据出资多少按比例分配。创业初期,启动资金非常珍贵,很多事情都需要用到大量资金,根据团队成员出资多少来按比例配置股权,是比较容易让大家都接受的方案。

(2) 团队负责人占有相对多的股份。团队负责人是一个团队的总指挥、总领导,具有较大的权力,同时也担负着更多的责任。负责人通常需要有较多的股份来确定领导地位,发挥带头作用。负责人必须具有公司的控制权和决策权。

(3) 根据合伙人的优势分配。创业过程中,主要涉及资金、专利、创意、技术、运营、个人品牌等方面的资源,在创业的初期、发展、成熟、变化等不同阶段,成员的贡献度是不一样的,因此需要综合考量,动态调整,预留出一定的调整空间。例如,CTO本来应该拿23%,CMO是20%,为了适应将来的变化,可以先给他们降低5%放在期权池,各位合伙人约定好这些作为预留部分,将来会根据每个人的贡献度再适度二次分配,这样也可以促进团队成员积极为团队的集体利益贡献力量。

(4) 有明显的股权比例区别。根据团队成员的贡献度,股权的比例形成梯次差别,进一步形成团队成员的权力级别和话语权。

例如:

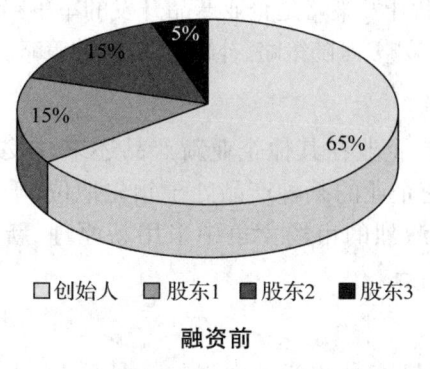 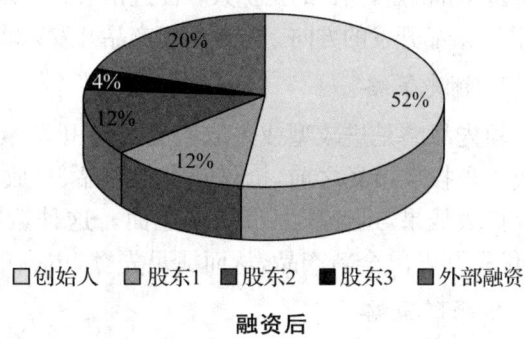

图 13-5　融资前后股权分配对比图

**讨论与思考：**

1. "组建我的团队"：创业者需要组建团队吗？如果需要，组建创业团队时需要考虑哪些因素？
2. 股权分配的原则、有哪些注意点？
3. 融资前需要考虑哪些因素？
4. 融资后如何更好地做好财务规划？

## 第五节　研讨产品与服务

### 一、产品开发考虑因素

（1）市场潜力：聚焦产品功能能否满足客户显性/潜在需求，突出与竞品的差异化优势，通过目标市场规模测算验证商业价值。

（2）收益能力：平衡单品利润率与市场总量，评估稀缺性产品高溢价与市场规模限制的平衡点，结合团队渠道运营能力综合测算收益。

（3）竞争壁垒：基于企业核心技术优势构建产品竞争力，精准切入市场容量充足且竞争薄弱的领域。

（4）资源适配：优先选择与现有技术工艺、生产设备兼容的开发方案，确保材质环保性、成本可控性和生产可行性。

（4）落地能力：严格匹配研发设计与实际产能，避免过度超前设计。统筹渠道布局、政策合规等配套要素，保障产品市场化可行性。

### 二、产品开发策略

产品开发策略，是指在现有市场改良现有产品或开发新产品而采取的策略，它是企业积极应对市场机遇挑战、评估内部资源能力的优劣势所进行的全面且富有前瞻性的思考和认识之后所做出的选择和决定,其目的是扩大和促进销售。可以说,产品开发策略是企业产品开发的军事路线图,指引产品开发的方向。常见的新产品开发策略有领先策略、跟随策略、补缺策略、延伸策略。

1. 领先策略

领先战略是进攻型或进取型的产品开发策略,是指企业在其他企业新产品还未开发成功或还未投放市场之前,抢先开发新产品、投放市场,使企业的某种产品处于领先地位,千方百计扩大战果,迅速扩大市场覆盖面。这种策略是在激烈的市场竞争中采用新原理、新技术,优先开发出全新产品,从而捷足先登,占领市场制高点。

2. 跟随策略

跟随策略是指企业在发现市场上刚崭露头角的畅销产品或竞争力强的产品后,不失时机地仿制,并组织力量将仿制产品及时投放市场。采用这种策略的企业往往针对市场已有的产品进行仿制或进行局部的改进创新,但基本原理和结构是仿制的。

3. 补缺策略

专注大企业忽视的细分需求,填补市场空白。适合资源有限的小企业,通过精准定位获取生存空间。补缺策略要求企业对市场上现有产品及消费者的需求进行详细的分析,从中发现尚未被占领的市场。技术、资金实力相对较弱的小企业可采用这种开发策略。

4. 延伸策略

企业可增加每一产品品目内的品种数,即增加产品组合的深度,这样能扩展自己企业的产品数量,推出更多细分产品。例如:各牙膏厂商都推出了多种口味与香型的牙膏,这就构成了同一牙膏产品的延伸策略。

### 三、产品运营

1. 产品运营的概念

产品运营就是通过把用户、内容、渠道、活动等各种各样的运营手段进行不同组合,从而更好地将产品和用户连接起来,实现产品价值,并持续产生商业价值的过程。产品运营涵盖的范围很广,它贯穿产品的整个过程,从最初的设计到最终的推广销售,见表13-7。

表13-7 不同产品生命周期阶段的产品运营工作内容

| 产品生命周期 | 产品运营工作内容 |
| --- | --- |
| 产品研发期 | 产品上线前,首先产品运营要搞清楚产品的定位以及目标用户。 |
| 产品种子期 | 即产品内测期。在这个阶段,产品运营主要目的在于收集用户行为数据和相关的问题反馈,和产品策划一起分析讨论进行产品优化。 |
| 产品成长期 | 即产品爆发期。产品要爆发,活动策划是必不可少的一部分。 |
| 产品成熟期 | 产品成熟期重要的就是小版本的迭代更新。产品运营需要做好产品策划和用户之间的桥梁作用。 |
| 产品衰退期 | 这个阶段用户流失加剧,用户活跃度也明显下滑,营收贡献也急剧下降。公司技术支持减少,新产品开始推出。 |

产品运营的目标是让产品活得更好、活得更久。活得更好,就是产品运营要通过活动和推广、培训教育等多种手段,让产品的用户数据不断提升、增长;活得更久,需要产品运营通过数据分析和了解用户的行为,从而不断迭代、优化产品,提高产品的功能、易用性和用户体验等方面,从而延长产品的生命周期。

**讨论与思考:**
1. 什么样的产品是一个好产品?从哪些方面进行考虑?
2. 结合自己项目的产品,思考分析产品竞争点?
3. 产品运营需要考虑哪些方面的影响?
4. 如何正确地规划产品运营管理策略?

## 第六节 市场定位与分析

### 一、市场调查和分析

市场调查是一种将市场和消费者连接在一起的特定营销活动,用于识别市场机会、组织活动和评价营销活动的效果及其后续步骤。创业市场调查是创业者针对未来潜在的市场机会进行调查、研究、识别和分析等系列活动,并从中识别出创业机会和创业路径的市场活动。

1. 宏观市场调查

(1) 政策环境

政策对创业活动有直接的影响,与企业的生存、发展密切相关。有的行业受到国家的管制限制,如铁路、航空等,国家对这类企业的经营资格有比较严格的限制;有的行业有特殊的要求,如安全问题、环保问题等,这些要求会阻碍创业者进入。因此,创业者初期应考虑相关的政策和法律,要选择适合自己的行业进行创业。

(2) 经济环境

经济环境是影响企业生存和发展的国家经济形势、经济特征,经济环境包括经济结构、经济周期以及资本市场发育程度等因素,它们决定了企业潜在市场的大小。经济结构是指企业所在地区的生产力布局情况,包括产业结构、分配结构、交换结构、消费结构、技术结构等。与新创企业关系最密切的是产业结构,社会对最终产品的需求影响经济结构的形成,科学技术进步会影响经济结构的变化。

(3) 社会环境

社会环境有广义和狭义之分,这里指的一般是狭义的社会环境,就是组织生存和发展的具体环境。随着我国经济的不断发展,整个社会的需求发生了巨大的变化,社会的主要矛盾也转化为人民日益增长的美好生活需要和不平衡不充分的发展之间的矛盾。

(4) 技术环境

技术环境一般是指影响市场和营销的外部技术因素的总和。有些基础技术甚至会对商业和创业产生决定性的影响，作为大学生创业者，我们要充分了解当今社会科学技术的发展情况，了解其最新动态，争取站在巨人的肩膀上，去更好地完成创业使命，而不是重复投入资源，浪费人力、物力进行重复的技术开发研究。我国当前科学技术突飞猛进，在无人机、人工智能和工业机器人领域积累了大量的基础科研成果，大学生完全可以在充分了解和掌握这些技术的基础上，进行集成创新和二次开发，争取在各领域取得更大的创新创业成果。

2. 微观市场调查

微观环境是指直接影响、制约企业运行的各种力量和因素的总和，微观环境包括企业资源、企业文化、企业核心竞争力等。

（1）企业资源

企业资源是指企业在向社会提供产品或服务的过程中所拥有、控制或可以利用的、能够帮助实现企业经营目标的各种生产要素的集合。

从资源的范围看，企业的资源可分为外部资源和内部资源。企业的内部资源包括人力资源、财力和物力资源、信息资源、技术资源、管理资源、可控市场资源、内部环境资源；企业的外部资源包括行业资源、产业资源、市场资源、外部环境资源。资源的外部形态看，企业的资源也可分为有形资源和无形资源。有形资源主要是指财务资源和实物资源，它们是企业经营管理活动的基础，一般都可以通过会计方式来计算其价值；无形资源主要包括时空资源、信息资源、技术资源、品牌资源、文化资源和管理资源等。相对于有形资源来说，无形资源似乎没有明显的物质载体而看似无形，但它们却成为支撑企业发展的基础，能够为企业带来无可比拟的优势。

（2）企业核心竞争力

企业的核心竞争力是企业内部多种要素的结合，是企业长期形成的，在其竞争领域表现出来的，支撑企业过去、现在和未来的竞争优势和能力，或者说，是其不容易被竞争对手所模仿或效仿的，能带来独特利润的能力，它具有价值高、不易模仿、稀缺性、不可替代性等特点，核心内容包括知识、制度和资源。企业的核心竞争力要从以下几个方面进行考虑：管理的规范化、竞争对手分析、资源竞争分析、市场竞争分析、差异化分析、无差异化分析、人力资源竞争等。

## 二、市场分析的主要方法

市场分析是创业者对创业机会或项目进行行业规模、市场情况、用户需求的深入研究，有助于创业者正确评估创业机会，科学细分目标市场，客观认识优势与挑战。市场分析的具体方法有很多种，初创企业常用的市场分析方法主要有 PEST 分析法、波特五力模型和 SWOT 分析法。

（1）PEST 分析法

PEST 分析法主要用于分析影响行业发展的主要外部因素，主要是针对政治环境（Politics）、经济环境（Economy）、社会环境（Society）、技术环境（Technology）这四大类因素加以分析，把握创业企业和项目所处宏观环境的现状及变化的趋势，简称为 PEST 分析法。

政治环境是指一个国家或地区的政治制度、体制、方针政策、法律法规等方面。

(2) 波特五力模型

波特五力模型由迈克尔·波特于20世纪80年代提出,用于分析行业竞争态势。该模型通过五种核心力量评估市场吸引力与企业战略选择:

① 同业竞争强度:现有企业间在价格、服务、营销等方面的对抗程度,直接影响行业利润空间。

② 新进入者威胁:潜在竞争者突破市场壁垒(如规模经济、政策限制)的能力,以及现有企业的反击可能性。

③ 替代品压力:其他行业产品替代本行业产品的可能性,制约价格与利润提升。

④ 供应商议价权:供应商通过提价或降质施压的能力,取决于其市场集中度、产品独特性及前向整合能力。

⑤ 买方议价权:购买者压价或要求更高品质的能力,受购买规模、产品标准化程度及后向整合可能性的影响。

五种力量共同决定行业竞争格局与企业盈利潜力。

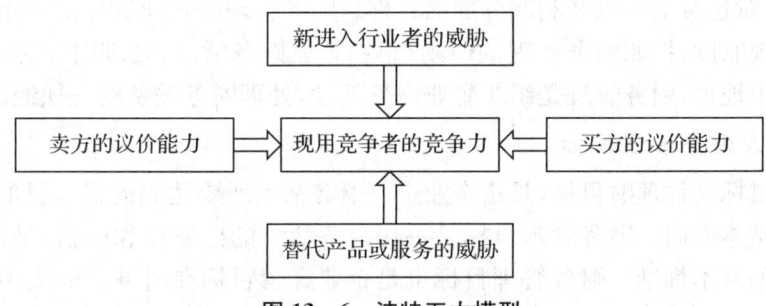

图13-6 波特五力模型

(3) SWOT分析法

SWOT分析法是一种项目可行性分析工具,就是将与研究对象相关的优势、劣势、机会、威胁四个方面因素列举出来,然后通过系统分析的方法,把各种因素有机结合起来加以分析,并得出结论。简称SWOT分析法。

在SWOT分析的四种因素中,内因(优势/劣势)可通过自身优化调整,外因(机会/威胁)需动态适应外部环境变化。

① 优势:核心竞争力、技术壁垒、差异化优势、获客能力;

② 劣势:能力短板、资源缺口、竞争弱势、客户流失风险;

③ 机会:政策红利、消费趋势、技术迭代、市场空白点;

④ 威胁:市场竞争加剧、需求变迁、政策波动、行业标准升级。

表13-8 SWOT分析矩阵

|  | 优势 S | 劣势 W |
| --- | --- | --- |
| 机会 O | SO(利用这些) | WO(改进这些) |
| 威胁 T | ST(监督这些) | WT(消除这些) |

**讨论与思考：**
1. 创业项目开展市场调查一般需要从哪些方面进行？
2. 结合自己的创业项目，进行项目市场定位与分析？
3. 结合你的创业项目，你觉得哪些方面是在市场分析重点考虑的？
4. 简要概述一下 SWOT 分析法？

## 第七节　财务计划与分析

### 一、企业财务管理

企业财务管理是在一定的整体目标下，企业关于资产购置（投资）、资本融通（筹资）和经营中现金流量（营运资金），以及利润分配的管理。财务管理是企业管理的一个组成部分，它是根据财经法规制度，按照财务管理的原则，组织企业财务活动，处理财务关系的一项经济管理工作。简单地说，财务管理是组织企业财务活动，处理财务关系的一项经济管理工作。

1. 创业企业财务管理目标

财务管理目标又称理财目标，是指企业进行财务活动所要达到的根本目的，它决定着企业财务管理的基本方向。财务管理目标是一切财务活动的出发点和归宿，是评价企业理财活动是否合理的基本标准。财务管理目标也是企业经营目标在财务上的集中和概括，是企业一切理财活动的出发点和归宿。制订财务管理目标是现代企业财务管理成功的前提，只有有了明确合理的财务管理目标，财务管理工作才有明确的方向。因此，新创企业应根据自身的实际情况和市场经济体制对企业财务管理的要求，科学合理地选择、确定财务管理目标。

2. 创业企业财务管理常见的问题

新创企业管理者在财务管理活动中，容易有以下错误倾向：一是事前预算不力，事后分析不到位；二是信息化程度不高，缺乏财务创新；三是财务架构不健全，组织机构设置不合理；四是监控体系不完善，缺乏风险管理意识；五是费用管理不规范，资产管理散乱；六是成本核算粗放，成本控制不严。在财务管理当中应着重避免上述问题的出现，在日常企业管理方面只有加强财务管理，才能增加企业的竞争能力，提高企业抵抗市场风险的能力，扩大企业盈利，所以财务管理的有序和规范是新创企业可持续发展的前提。

### 二、创业企业财务管理体系的建立

对于初创及成长期企业，规范的财务管理制度是保障企业稳健发展的基石。新创企业需结合实际情况搭建财务管理体系，并在明晰产权基础上，通过权责分明的内控与激励机制，明确董事会、财务经理及财务人员的战略职责。创业者作为企业财务第一责任人，需掌握财务管理基础知识，以有效监督并规避风险。该体系建设需逐步完善，通过制度约束与专业能力提升实现科学化管理。

1. 成本管理：成本管理是指企业生产经营过程中各项成本核算、成本分析、成本决策和成本控制等一系列科学管理行为的总称。成本管理充分动员和组织企业全体人员，在保证产品质量的前提下，对企业生产经营过程的各个环节进行科学合理的管理，力求以最少生产耗费取得最大生产成果。

2. 财务分析：财务分析是以会计核算和报表资料及其他相关资料为依据，采用一系列专门的分析技术和方法，对企业等经济组织过去和现在关于筹资活动、投资活动、经营活动、分配活动的盈利能力、营运能力、偿债能力和增长能力状况等进行分析与评价的经济管理活动。

3. 财务控制：新创企业进行财务控制活动，主要是对企业的资金投入及收益过程和结果进行衡量与校正，目的是确保企业目标以及达到此目标所制订的财务计划得以实现。

4. 税务管理：新创企业应严格遵守国家税法，积极开展企业税务管理活动，即在不损害国家利益的前提下，充分利用税收法规所提供的包括减免税在内的一切优惠政策，达到少缴税或递延缴纳税款，从而降低税收成本，实现税收成本最小化的经营管理活动。

### 三、收付实现制和权责发生制

管理报表的方法有两种，即收付实现制和权责发生制，如表13-9所示。企业的会计实务必须遵循一定的会计原则，有效的会计原则能协助创业者进行财务管理。收付实现制和权责发生制就是其中的两种原则。这两种原则各有特点，其中收付实现制更适合新创企业；而权责发生制适用于大型企业，因为这些企业短期现金流量充足。从表13-9可以看出，权责发生制不能真实地反映现金的流入和流出：当现金还未收到时，收入可能已经发生了；当现金还未支付时，费用可能已经发生了。相比之下，收付实现制与现金流量更一致，更有利于现金管理。尽管如此，创业者仍应特别重视一些非费用的现金流出，因为这些流出可能使一个盈利的企业无法到期还债。例如，某年某企业发生了大笔设备费用或偿还了本金，这笔现金流出不能记为一次性的费用，而只能按期摊销。

表 13-9 报表管理的两种方法

| 方法 | 收付实现制 | 权责发生制 |
| --- | --- | --- |
| 销售 | 收入现金时入账 | 销售发生时入账 |
| 费用 | 付出现金时入账 | 费用发生时入账 |

### 四、现金流管理

由于现金流出可能超过现金流入，创业者必须随时了解企业的现金状况。可以按月编制预算现金流量表，然后将预算值和实际值比较。创业者可以将实际值列在预算值旁边，这种做法不但有助于创业者调节以后月份的预算，还能帮助发现问题的根源。在现金流管理中尤其要注意以下几个问题。

1. 实际销售收入较预算值少

当实际销售收入较预期值少时，可能是因为顾客未付款或信用卡购货比重增加，应对这两者进行分析。如果顾客未付款,创业者应该通过邮寄或电话的方法直接向顾客催款。如果顾客拒绝付款,而创业者已将收入登记入账,企业的现金流量将受到影响。如果是因为信用卡购货的增加导致实际销售收入较少,创业者可向银行借入短期借款或延长向供应商付款的期限。

2. 一些项目的现金支出比预算值大

如果发现某些项目的现金支出超过预算,管理者就应注意加强成本控制。例如,销售成本为2万元,比预算值高出1万元。这可能有两个原因:第一,供应商提价,创业者就可能需要寻找另外的供应商或者相应提高本企业产品或服务的价格;第二,销量比预算值大,此时,进货量也会相应增加,从而导致销售成本增加,创业者应该根据损益表估计出正常的库存成本。但是,如果销量的增加引起信用卡销售的增加,企业可能会出现短期现金不足的情况。这时,创业者需要做好贷款的准备,而只要估算出信用卡销售额和库存成本,创业者就可以确定贷款计划了。

3. 较高的销售费用

如果多余的销售费用只是为了增加销售量(包括信用卡销售),问题还不严重。但如果销售量并未增加,创业者应该检查所有支出项目,并加强成本控制。通过对照估计现金流量表与实际现金流量表,创业者还可以估计出近期潜在现金需求,发现资产管理和成本控制中可能出现的问题。

## 五、资产管理

在新创企业发展初期,创业者需要仔细管理资产项目,除了现金管理外,创业者还必须控制其他资产项目,如应收账款、库存、日用品,这是实现现金流量最大化和资金有效管理所必需的。由于信用卡数量的增加及使用范围的扩大,许多顾客愿意用信用卡购物。有的企业甚至想发行本企业专用的信用卡,以节省支付给专业信用卡公司的佣金。如果新创企业使用信用卡销售,就可以将应收账款的风险转移给信用卡公司。但是,风险转移的同时,创业者还必须支付给信用卡公司3‰~4‰的佣金。更为常用的方法是,公司对使用现金购物的顾客索取较低价格。由于可以赊账购买,使用信用卡的顾客必须支付较高的价格,这样就抵消了企业支付的部分佣金。库存控制也非常重要。库存是一项成本昂贵的资产,创业者必须认真确定库存数量,使它正好能满足产品的需要。如果库存不足,公司无法及时满足需求,会造成脱销;相反,库存太多会增加库存成本。初创企业用在库存上的资金通常比较高。

## 六、成本、利润和风险管理

通常情况下,可以通过公司的各种报表和数字发现问题,然后研究解决办法。

1. 损益表

为了向股东、银行、其他投资者汇报财务状况,损益表概括了所有产品及服务的支出情况。管理者不仅需要借助现金流量分析、估计和控制成本,还需要计算出年内某一时段的净损益。这种临时损益表的最大作用是建立目标成本,便于将该时段的实际值与预算值进行比较分析。损益表又称利润表,它是反映企业一定时期(月度或年度)经营成果的报表,是根据"收入—费用—利润"的会计平衡公式和收入与费用的配比原则编制的。

2. 资产负债率

许多新创企业向他人借入资金,以筹集开办费,资产负债率可以帮助创业者评价企业偿还长期和短期债务的能力。由于负债由利息和本金这些必须偿还的债务组成,这一比率也是衡量风险的指标。

其计算公式为:资产负债率＝负债总额/资产总额

3. 销售利润率

销售利润率反映企业销售额转为利润的能力。也可以使用毛收益率这一指标来衡量盈利能力,在运用这两个比率时应考虑行业的标准,并动态地评价这些指标。

其计算公式为:销售利润率＝利润/销售额

4. 投资收益率

这个比率用于衡量企业管理资产投资的能力。也可以用股东权益代替下面公式中的资产总额,计算出每股收益率,用以反映企业给股东带来收益的能力。

其计算公式为:投资收益率＝净利润/资产总额

## 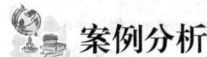 案例分析

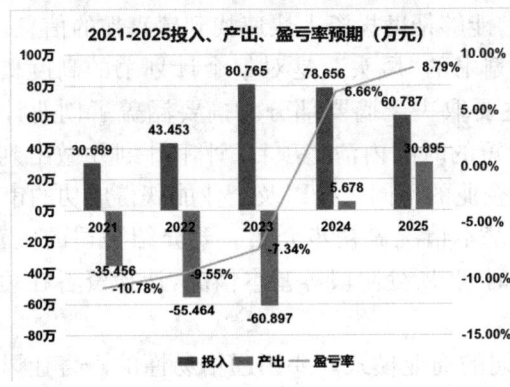

讨论与思考:

1. 在现金流管理中,需要注意哪些问题?
2. 谈谈现在企业对现金管理不严造成的资金闲置或不足等问题?
3. 请你简述成本、利润和风险管理之间的关联关系?
4. 作为创业企业,如何更好地做好资产管理?

## 第八节　竞赛的技巧

### 一、创业计划书的基本结构

（1）封面。封面的设计要有艺术性，一个好的封面会使阅读者产生好感，形成良好的第一印象。

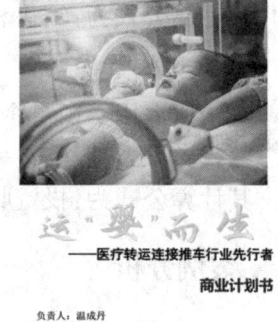

（2）目录。投资人在阅读创业计划书时，不一定会从头到尾全部通读，而会按需检索相关内容。因此建立一个附带页码的目录，能够帮助投资人快速找到感兴趣的信息。

（3）计划摘要。摘要是整个商业计划书的"凤头"，是对整个计划书的高度概括。从某种程度上说，投资人是否中意该项目，主要取决于摘要部分。摘要涵盖了创业计划书的要点，要求一目了然，以便能使投资人在最短的时间内清楚项目、评审计划并做出判断。摘要概述要尽量简明、生动，特别是要说明本企业的不同之处以及企业能获得成功的市场因素。

（4）公司介绍。这一部分需对公司基本情况做初步介绍。要介绍公司的主营产业、产品和服务公司的竞争优势以及成立地点时间、所处阶段等基本情况，让投资者在短时间内对公司有一个整体的初步了解。

（5）产品（服务）。产品（服务）是公司的商业模式。要用通俗易懂的语言让风险投资者明白和理解公司怎么赚钱，解决了客户的什么问题，填补了什么市场空白。这一部分需对公司主要产品或服务做出详细的阐述，最好能附上产品（服务）的原型照片或者其他证明材料。

（6）行业与市场分析。"行业"和"市场"是两个不同的概念，需要做好区分。"行业"是指生产或提供相似产品/服务的企业群体，是指公司所生存的整个大环境；"市场"是行业中的一部分，是企业所追逐和吸引消费者注意的那部分目标市场。行业分析与市场分析是创业公司对其所生存的外部环境的具体研究。行业分析主要介绍企业所归属的产业、行业领域的基本情况，以及企业在整个产业或行业中的地位；市场分析主要介绍产品或服务的市场情况，包括目标市场基本情况、未来市场的发展趋势、市场规模、目标客户的购买力等。

（7）营销计划。营销计划需要阐述公司产品或服务如何从生产现场到达最终用户的营销策略,包括产品策略、价格策略、渠道策略和促销策略等多个方面。企业营销计划的全部内容都应该明确以客户需求为导向,确保营销活动都是基于营销的总体任务和对目标市场的深入了解。

（8）运营计划。运营计划应当介绍企业如何生产产品和提供服务,可以包含以下内容:企业选址、工艺流程、设备引进、生产周期、生产计划、物料需求、劳动力需求、库房管理、质量管理、售后服务等。如果是创意服务类,由于运营的复杂性较低,这一部分可侧重于介绍企业的人力资源、位置优势、信息优势、售后等。

（9）管理团队。管理团队部分详细阐述初创企业的管理团队和企业组织结构。高素质的管理团队和良好的组织结构是管理好企业的重要保证。对主要管理人员需介绍他们所具备的能力、经历、背景以及在公司的职务和责任。对公司的组织结构需提供公司的组织结构图,并介绍各部门的功能和职责范围、各部门负责人及主要成员、公司的报酬体系、公司的股权分配情况等。

（10）财务规划。财务规划是指初创企业对相关资金使用、经营收支及财务成果等信息梳理整合的书面文件。这一部分首先需做出企业的基本财务假定,即对销售量、销售成本和毛利润做出预期或假设;还需要制作和分析三大财务报表,现金流量表、资产负债表和利润表;除此之外,还需分析盈亏平衡点、资金的来源和使用情况。

（11）风险控制与资本退出。风险控制与资本退出部分应详细分析初创企业可能会面对的风险种类和程度,企业将采取何种措施和方案去降低或防范风险。创业者需在这一部分中告诉风险投资者,他们的投资将会以何种方式退出,预期能获得多少回报。

（12）附录。为了保证创业计划书正文内容重点突出且不影响阅读的连贯性,需要把一些非必要内容和相关支撑材料放在附录中,为创业计划书的正文内容提供客观翔实的补充材料。

## 二、创业计划书的展示技巧

1. 创业计划书内容展示技巧

① 保持激情:创业者需以真诚态度和充沛情感展示创业计划,用激情感染投资人。② 语言精练:介绍时语言简洁准确,语速平稳,避免不确定词汇,展现专业严谨性。③ 选择合适路演人:创始人是最佳人选,熟悉项目战略,问答环节更具优势。

2. PPT制作及展示技巧

创业者借助PPT图文排版精美、表现形式丰富的优势,把创业计划中最具吸引力的重点要点展示出来。展示所用PPT的作用是为讲演者提供讲演的思路,起到提示的作用,因此在制作PPT时需注意每张内容的要点只需用关键词(句)展现出来,无须堆积大量的文字段落。讲演者需要做到的是在PPT的辅助下把创业计划更好地展现给观众,帮助观众迅速把握创业计划中的要点,而绝不能对着PPT一字一句地照读甚至是打开PPT让观众自己看。PPT上需要展示的重点内容包括以下几个部分。

标题页(1页)。创业计划书的标题是整个路演PPT的第一页,为了能给观众留下先入为主的第一印象,标题页需有自己的亮点,如可将拟创公司的宗旨或目标浓缩成一句话,作为副标题展现,也可以为公司设计一个亮眼的 LOGO 等。

产品(服务)介绍(1~2 页)。用简洁且通俗易懂的语言讲清楚企业是做什么的。建议配上示意图或实物图,也可以配服务流程图,让观众对公司所提供的产品或服务一目了然。

市场痛点分析(2~3 页)。用 2~3 页 PPT 讲清楚潜在消费者有待解决的痛点或者痒点问题,公司的产品或服务正是在目前合适的行业背景下为潜在顾客解决了一个甚至多个痛点问题,或者是为他们提供了具有更高性价比的服务体验。

市场规模分析(1~2 页)。通过引用数据、借助图表的形式直观地分析产品的市场规模,展示所属行业和细分市场的规模和潜力都是巨大的。

竞争力分析(1~2 页)。向投资人展示你的核心优势,包括专利技术、供应链、营销渠道等,让他们相信这个项目只有你和你的团队能做,或者是你能够做得比其他人更好。

商业模式介绍(3~4 页)。讲清楚公司的商业模式,尤其是盈利模式,告诉投资人企业是如何赚钱的,包括现有投入、生产运营、营销策略、盈利途径等,这部分是投资人关心的重点。

团队介绍(1~2 页)。投资"项目"实际上是在投资"人",项目团队的介绍是必不可少的。需讲清楚核心团队的构成与分工,每位核心成员的背景与专长,需突出个人能力与岗位职责的匹配度,必要时可增加组织结构图或者股权分配比例等内容。

财务预测与融资计划(2~3 页)。用图表形式直观分析近几年的财务状况并对未来三年进行财务预测,讲清楚自己的融资计划,需要多少资金,准备稀释多少股份,融资所得资金怎么使用等。

### 三、创业项目路演准备

1. 人员选择

参加路演的人员因赛事不同而有所不同,有的是全体队员上台,有的是团队核心成员上台,但项目负责人是一定要上台的。项目负责人是做路演的最佳人选,作为项目的创始人,其对项目的熟悉度一定优于团队其他成员。在答辩的时候以项目负责人回答为主,若项目其他成员对自己所负责的内容比较熟悉,也可以帮助负责人补充或提醒。

2. 路演流程

项目路演流程主要包括项目展示环节和答辩环节。路演者可能是参加竞赛,也可能是去见投资人,针对不同目标路演的时间长度会有所不同。拿创业赛来说,一般展示环节为 5 分钟左右(含项目视频 1 分钟时间),答辩时间大约为 3 分钟。项目展示是创业团队对创业项目进行 PPT 陈述和视频展示。要求在规定时间内完成展示,不得超时。接下来的环节就是答辩,由评委根据项目展示的内容进行提问,创业团队成员回答问题,同样也有时间限制。

3. 路演道具

路演之前准备好道具,并且能很好地把控。首先是你的产品。有的小组有产品的样品需要现场演示,这个样品一定要事先调试好,确保展示时万无一失。其次是主办方准备的一些道具,如翻页笔、话筒,事先也要学会使用。

#### 4. 演说风格准备

(1) 热情自信。演说是有机语言和体态语言的结合体,演说者应将语言、声音、眼光、动作姿态有机结合,浑然一体,吐词准确、语调动听、表情丰富、动作适度、仪态大方、感情充沛、精神饱满,做到每一句话都很有力,从而展现其自信和从容。

(2) 快速吸引。在第一分钟就用最精练的语言告诉投资人这个项目是做什么的,然后说出项目的最大亮点,如绝对的创新点,还是团队够强等,以迅速吸引评委或投资人的眼球。

(3) 突出重点。懂得将重点放在商业模式、数据(用户数据、营收数据、专利数据等)、竞争者和应对的策略、团队介绍、融资方案和融资用途等上面。

(4) 引起共鸣。用最简练的语言把要做的事、怎么做以及做成什么样讲清楚,拥有一套容易被理解和认同的、切实可行的营销、销售模式。简单直接的模式最有效率和效果。

#### 5. 问辩的准备

在参加路演之前除了要将演讲内容结合 PPT 背熟之外,还要准备现场答辩。要事先进行预答辩,即请你的队友或导师,提前对路演者进行模拟提问,共同设想评委或投资人会问哪些问题。问题会有以下几类:目标顾客、竞争优势、技术壁垒,以及你怎么看待这个市场等。

#### 6. 路演排练

在路演之前写好演讲稿,并结合 PPT 反复练习,做到一点都不卡顿,如果某个地方总会卡顿,一定要想办法换掉引起卡顿的词或者是引起卡顿的话。

### 四、创业项目路演的技巧

#### 1. 现场展示

(1) 开篇:项目的来源,就是直接开篇说明项目的名称以及用一句话描述项目到底是做什么的,其他的可以简单概述一下或者直接略过。

(2) 行业市场:不需要用太多的时间去讲述市场的情况,只要通过数据告诉评委或投资人,数据是可靠的,数据的来源是让人信服的,的确有比较大的市场空间,点到为止就够了。

(3) 行业痛点:清楚地告诉评委或投资人项目是要解决哪些痛点问题,以及遇到这些问题的人群,细分客户是谁。痛点即为费时、费力、食品安全、产品追溯难、挑选礼物难等。简单罗列总结即可,用关键词,不需要详细展开。

(4) 产品服务:产品服务可以很简单地用一句话概述,整个项目路演的重点都在产品服务,要讲清楚产品服务是怎么帮助目标客户群体来解决他们的痛点问题的。说明产品类型、性能特点、产品优势或者创新点在哪里,注意不要在讲技术上花太多时间,评委或投资人不一定能听得懂技术,他更关心你的技术能给目标顾客带来什么样的利益。

(5) 商业模式:商业模式主要阐述收入模式有哪些,用什么样的策略吸引和转化消费者。收入模式不仅仅是产品,可能还会有一整套、打包式的服务。可以用单独的一页来讲述营销方式,如通过哪些营销方式,销售了多少产品。另外,根据不同的产品类型或者产品技术的应用场景,定价策略是不一样的。

(6) 核心团队:核心团队所有成员的照片和简介要用一页 PPT 展示,但是在介绍的时候不需要把所有人的情况全部介绍出来,根据项目核心,介绍两个人左右比较适合。如果项目最核心的是技术,那就要强调技术负责人,介绍他能够支撑这个项目技术开发的经验和能力。如果项目核心是运营市场推广,那就要介绍市场负责人的丰富履历和能力。要注意团队分工除了专业搭配合理,最好还有导师团队顾问。

(7) 财务预测:财务预测一般只要预测3年即可。财务预测要有理有据,建议用表格的形式展示。重点介绍今年预计的目标是多少,已经完成多少。

(8) 融资计划:融资金额不是越大越好。一般情况下,10%到15%相对比较合理。要根据项目估值,预测融资金额。比如项目估值是1 000万,那么可能就需要融资100万。要注意阐述资金用途和预期效果。不同的项目,资金运用的侧重点不同。如果项目的核心是技术,那资金运用的重点就是技术研发;如果项目的核心是市场开拓,那资金运用的重点就是市场开拓。如果还有时间,可以告诉评委融资后在未来一年内预计达到什么目标,包括用户量、销售量、营业额、收入等方面,让评委相信团队有做过充足的计划或准备。

(9) 未来规划:未来规划可从产品开发、市场开拓、市场营销、团队建设、经营业绩等方面阐述。如在现有的营销方式基础上,将会开拓或者采取哪些营销方式?跟什么样的人合作?是否会开发其他市场?未来的经营目标是怎样的?

(10) 结尾:路演最后需进行首尾相互呼应,用一句话阐述价值主张、项目愿景等。

2. 精神面貌

(1) 富有感染力。上台介绍项目时,路演者第一句话一定是"我是××项目的××"。第二句一定要用一句话把项目概念说清楚。要讲一个有吸引力的、能让评委或投资人兴奋的故事,这个故事可以是未来你的项目能够实现的某个场景,也可以是目前用户的痛点。

(2) 激情。演讲时一定要很有激情,不要让听众感到昏昏欲睡,觉得很平淡没有意思。

(3) 自信。始终保持微笑与自信,千万不要从头到尾都只盯着屏幕讲,可以看一看评委,再回到屏幕。

3. 答辩技巧

(1) 行业市场:如果评委或投资人问市场分析数据来源于哪里?路演者回答:"来源于某个不知名的网站或不知名的机构。"他很可能会说:"你这个数据可能还是需要重新梳理,不够权威。"

因此,分析行业市场时,一定要引用权威机构的市场分析数据,而且要找跟项目密切相关的数据。一旦被问到"你们的目标客户群体"这样的问题,你们需要告诉评委确切的目标群体。如有的人会说我们的目标群体是白领或大学生。那是什么样的白领呢?这就需要准确描述。如25~35岁且收入在7 000元以上的女性白领。还可具体描述该群体的共同爱好,比如,喜欢旅游、喜欢网上购物等。不然的话,评委会觉得你们的目标客户群体定位不清晰。

(2) 市场痛点:若列举的市场痛点有些评委不认同,这时候该如何回答? 一般可说明通过市场的问卷调查以及一些权威的数据总结,比如发放了多少份问卷,反映了哪些问题或者根据网络或权威机构的统计调查结果,发现了市场的哪些痛点。

(3) 竞品分析:在很多比赛项目答辩中路演者会被问到市场上有哪些竞争对手,自己项目的竞争优势是什么,客户凭什么要选择你们的产品等问题。这取决于你们的产品或服务能够给客户带来的价值,其实也是你们核心优势的体现,比如说你们可以让客户节约时间成本,别的公司要一天才能完成,你们半天就可以完成;或者说更便捷,缩小使用的空间;或者可提供私人定制化的服务等等。

(4) 产品服务:你们的产品服务有哪些?主要的收入来自哪些产品?要对产品和服务进行分类,说明哪些产品会赚钱,利润主要来自哪些产品。如引流款或者爆款是针对普通大众的,可以低价取胜。

(5) 商业模式:你们采用什么样的营销模式?有的学生会说:"我们要去某平台打广告。"那么评委或投资人就会问效果如何?转化率如何?预计销售如何?也有的团队会说去参加展销会,评委或投资人也会追问效果如何?预计有多少签订厂商,即多少家合作商跟你签订合同等等。

你们产品服务定价如何?评委关心的问题是你们跟市场上的同类产品对比的优势,市面上同类产品只要 99 元,你们的定价却要 199 元,未来你是否会有市场空间。那就必须解释你们为什么这么定价?你们的重要合作伙伴有哪些?包括渠道商、经销商等,可以分点来回答。

你们的这种商业模式如何复制出去呢?如果项目是可复制的,那么未来的市场就可以做得更大一些,如果不可复制,那要强调商业模式不可复制的优越性。

(6) 执行情况:你们现在有多少用户量?主要是哪些人在使用你们的产品服务?复购率如何?可以告诉评委,这款产品已经有多少人买了,复购率是多少。如果问你们的产品服务和销售情况如何?卖了多少?利润多少?比如你说一个月卖了一千套产品,假设这一千套产品的利润是 2 万块钱,评委就会去算,平均下来一天要卖多少?如果数据不合理,说明你的数据造假,一旦有造假的嫌疑,整个项目的可信度就会大大地降低。

(7) 核心团队:你们的团队股权架构如何?从企业发展的角度来讲,股权架构一般是团队创始人占 70%,团队成员占 20%,融资占 10%。具体股权架构比例要根据项目实际情况设定。如果团队专业方面与项目不匹配,则会受到质疑。这时候要从实践经验、兴趣、资源方面等方面去解释。如果解释不清楚,就会质疑这个项目未来落地性问题。

(8) 财务融资:你们凭什么在今年或者明年能够获得这么多的利润?那必须得用数据来支撑,比如说今年你们已经做到这样的程度,你们未来将通过什么方式吸引多少客户,卖多少的产品,占有多少市场等,这样能够有非常清晰的利润来源计算,让评委信服。

4. 时间控制

不同的赛事项目时间要求会有不一样。假设一个比赛要求路演 5 分钟,答辩 3 分钟,那么写稿子的时候就要计算字数,一般 5 分钟之内,中等语速标准下,是 800~1 200 字,不能超过 1 200 字。

5. 把握重点

(1) 项目名字要有特点,既要反映项目内涵,同时也要让人留下深刻印象;项目价值、意义、市场潜力说明到位,有力度、有翔实数据会更有说服力。

(2) 项目与学校特色、专业特色结合会有加分可能,让你的学校与专业为项目背书;项目如果是科研成果转化项目会有加分可能,因为目前国家大力鼓励高校科研成果通过大学生创新创业进行转化;项目指导老师的良好资质、背景会有帮助,如院士、重点实验室负责人、科研成果拥有人等。

（3）项目产品服务有明显市场优势会有加分可能;项目产品服务与竞争对手相比有明显优势;项目已经实现收入,并有较好成长,预期会有优势;项目团队的介绍要体现出与创业项目强相关;项目如已经有投资人,要做清晰说明;项目路演 PPT 的结尾要有感染力,争取能够给评委留下深刻印象。

**讨论与思考：**

1. 什么是创业计划？为什么要制定创业计划？
2. 制定一份完整的创业计划书包括哪几部分组成？
3. 根据自己的项目制定一份创业计划书？
4. 你觉得打动投资人的创业计划书应当具备哪些要素？

# 参考文献

[1] 徐蓉,侯爱君,刘燕.新药科背景下药学人才实践能力培养体系的研究与探索[J].实验室研究与探索,2024,43(03):204-207.

[2] 姚文兵,王欣然,樊陈琳.我国高等药学教育改革十年来的创新与实践[J].中国药学杂志,2023,58(10):849-855.

[3] 杨慧蓉,吴结兵,梁佳.应用型药学创新人才培养路径探究[J].中国现代应用药学,2024,41(02):248-252.

[4] 胡莹莹,张勇."药学+"模式助力构建复合型药学人才培养体系[J].中国医学教育技术,2021,35(04):520-522.

[5] 熊友谊,张孝林,马世堂.药学复合创新型人才培养所面临的问题分析及应对方法探讨[J].现代职业教育,2021,(50):8-9.

[6] 尤启冬,姚文兵,席晓宇.创新型药学人才培养面临的问题及对策研究[J].中国工程科学,2019,21(02):79-483.

[7] 熊友谊,张孝林,马世堂.药学复合创新型人才培养所面临的问题分析及应对方法探讨[J].现代职业教育,2021,(50):8-9.

[8] 胡鸿毅.产教融合背景下的中医药高校人才培养问题与对策研究[J].国家教育行政学院学报,2020,(01):38-43.

[9] 蔡婉玉.黄炎培职教思想视域下高职学生工匠精神培养现状及路径研究[J].辽宁农业职业技术学院学报,2024,26(05).

[10] 刘永亮,卢文敏.职业生涯规划与就业指导[M].西安:西安交通大学出版社,2023.

[11] 刘升学,肖奎,阳彦.大学生职业发展与就业指导[M].成都:电子科技大学出版社,2023.

[12] 张德琦.大学生职业生涯规划[M].北京:化学工业出版社,2020.

[13] 李硕.孔子大历史[M].上海:上海人民出版社,2019.

[14] 戴鸿铭.从本草纲目读李时珍[M].武汉:湖北科学技术出版社,2018.

[15] 于美亚.医药类大学生职业发展与就业指导[M].北京:中国传媒大学出版社,2018.

[16] 孔美美.中华传统文化与大学生职业生涯规划教育融合研究[J].辽宁经济职业技术学院.辽宁经济管理干部学院学报,2024,(06):81-83.

[17] 李红霞,张建武,刘丽丽等.职业生涯规划对大学生高质量就业的影响——基于23所高校2019、2020届本科毕业生的分析[J].中国劳动关系学院学报,2022,36(06):46-59.

[18] 庞海荣."00后"大学生职业生涯规划教育的问题研判与应对策略[J].卫生职业教育,2022,40(17):30-32.

[19] 赵梓丞,曹迎.大学生职业生涯规划指导存在的问题与对策[J].高等工程教育研究,2019,(06):114-117.

[20] 成晓典.中国式现代化建设进程下大学生就业心态及职业选择的研究[J].黑龙江教育(理论与实践),2025,(02):40-43.

[21] 黄守峰.职业本科专业建设:类型特征、实践误区与未来路向[J].黑龙江高教研究,2025,43(02):1-7.

[22] 蔡明,孙志权.人工智能赋能职业教育的价值意蕴、内涵特征及实践路径[J].教育与职业,2025,(03):98-105.

[23] 韩志孝.一体化的思政教育实践:职业教育专业思政的必要性、内涵与实现路径[J].中国职业技术教育,2024,(08):65-69+87.

[24] 李虎,赵腾.自我效能与兴趣对数字职业选择的影响研究[J].杭州电子科技大学学报(社会科学版),2024,20(03):62-72.

[25] 秦幸萍,丁美双,丁晨.政策引导与市场需求导向下的大学生就业规划[J].就业与保障,2024,(11):103-105.

[26] 孙一平.从数字技术到数字职业:内涵、特征与类型[J].中国人事科学,2023,(02):23-30.

[27] 匡瑛,李琪.此本科非彼本科:职业本科本质论及其发展策略[J].教育发展研究,2021,41(03):45-51.

[28] 刘海涛.中国高校本科专业设置研究[D].厦门大学,2019.

[29] 史广政,刘景宏.职业能力测评在高等教育中的应用[J].人民论坛,2010,(26).

[30] 朱存扣.基于多元智力理论的化学教学策略[J].理科考试研究:初中版,2013(12):2.

[31] 张磊.论人事考试中行政职业能力测验的应用依据[J].职工法律天地:下,2017(2).

[32] 冀芳艳.小学生多元智力评定问卷的编制及信效度研究[D].山西大学,2011.

[33] 杜秋枝.多元智能理论对高职外语专业人才培养的启示[J].2019.

[34] 霍力岩.多元智力理论及其对我们的启示[J].教育研究,2000(9):71-76.

[35] 李超.大学生综合技能对就业力的影响之初探[J].出国与就业(就业版),2010,(08):24-25.

[36] 孙靓.大学生就业出路何在?[J].金融博览,2007,(04):20-21.

[37] 蔡八弟.跨国公司遭遇"高层人才荒"[J].理财:市场版,2006.

[38] 李晓炜.新形势下大学生职业规划的调查与思考——以福建应用型本科工学生为例[J].吉林省教育学院学报,2018,34(9).

[39] 于吉伟.大学生职业发展与就业指导[M].人民邮电出版社,2022:172.

[40] 李超.大学生综合技能对就业力的影响之初探[J].出国与就业:就业教育,2010,8(2).

[41] 黄华,鲁晓华.大学生职业生涯规划:职业咨询案例报告[J].西南民族大学学报(人文社会科学版),2012,33(S2):212-215.

[42] 赵文蕾,张玉华,徐一帆.论高职高专人才可迁移技能的培养[J].大学(学术版),

2011,(05):32-36.

[43] 吴楠.考虑多元出行服务需求的青年群体绿色出行选择行为机理研究[D].东南大学,2022.

[44] 葛玉辉.职业生涯规划[M].北京:电子工业出版社,2019.

[45] 吕平.大学生职业生涯规划[M].北京:化学工业出版社,2020.

[46] 张洪潮.大学生职业生涯规划[M].成都:电子科技大学出版社,2018.

[47] 钱春芸,姚建林.大学生职业生涯规划与指导:慕课版[M].北京:人民邮电出版社,2024.

[48] 陈万思.职业生涯规划[M].北京:高等教育出版社,2023.

[49] 段丽华.职业生涯规划[M].北京:高等教育出版社,2023.

[50] 任文霞.医药职业道德[M].北京:中国医药科技出版社,2020.

[51] 孟建,沙迪.大学生就业指导[M].北京:首都师范大学出版社,2022.

[52] 陈晓琴,王丽莉,陆莹.从思维创新到创业实践[M].南京:南京大学出版社,2024.

[53] 司马迁.史记[M].北京:中华书局,1959:1945.

[54] 叶桂.温热论[M].北京:人民卫生出版社,2007.

[55] 王乃代,曾行.影响教育的30项脑科学研究[M].北京:教育科学出版社,2024.

[56] 孟建,沙迪.大学生就业指导[M].北京:首都师范大学出版社,2022.

[57] 胡恩立.大学生就业指导[M].北京:高等教育出版社,2021.

[58] 何小姬,杨永贵.大学生就业指导[M].北京:中国人民大学出版社,2024.

[59] 吴笑晗.政府促进就业创业政策研究[M].中国金融出版社,2021.

[60] 李可依,毛可斌,朱余洁.大学生职业生涯规划[M].上海:上海交通大学出版社,2020.

[61] 杜文清,张宝玲.医药类大学生职业规划与就业创业指导[M].南京:南京大学出版社,2021.

[62] 陈兴国,张铁力.大学生职业生涯规划与就业指导[M].重庆:重庆大学出版社,2022.

[63] 佘正松.高适研究[M].北京:中华书局,2008.

[64] 徐晓丽,丁晓蕾.跨越求职"独木桥":大学生职业准备困境与破局路径[J].学海,2024,(06):94-102.

[65] 秦大雨.高校毕业生求职应聘一本通[M].人民邮电出版社,2023:158.

[66] 田丰.择业大于就业:大学生就业意愿的趋势性分析(2012—2021)[J].学海,2023,(03):63-72.

[67] 王爱国,程郎可意.大学生主动性人格对择业焦虑的影响:择业自我效能感和求职清晰度的链式中介作用[J].黑龙江高教研究,2022,40(07):132-137.

[68] 杨彬,王沛然,李小红.大学生就业指导[M].人民邮电出版社,2019:276.

[69] 孟繁兴,郭禹辰,许诺.大学生职业生涯规划[M].大连:大连理工大学出版社,2023.

[70] 邱璟,孔爱民.大学生职业生涯规划与就业指导[M].北京:人民邮电出版社,2024.

[71] 徐颖.全面依法治国背景下高校毕业生就业权益保护研究[J].中国大学生就业,

2021(24):40-44.

[72] 崔静,陈其煌,冯丽.新时代下大学生就业维权对策研究[J].科技视界,2019(12):134-135.

[73] 张美玲,印芝.高校人才培养与大学生就业保障研究[J].合作经济与科技,2020(21):124-127.

[74] 林桂宏.浅谈高校大学生就业权益问题及其对策[J].现代交际,2020(10):165-167.